I0716736

白天遇见黑暗

夏榆　著

1 Plus Books

壹嘉出版
1 Plus Books
http://1plusbooks.com

作者：夏榆
书名：白天遇见黑暗

2024 1 Plus Books 壹嘉出版
Paperback Edition
Published and Printed in the United States of America

ISBN: 978-1-949736-86-1

出版人：刘雁
封面設計：郭亚红
定价：$23.99

San Francisco, USA , 2024
htts://1plusbooks.com
email: 1plus@1plusbooks.com

目 录

III

IV

【代后记】

黑暗的书写者（代序）

林贤治

七八年前，因为要编一个年度文学选本，我几乎翻遍了所有的文学杂志。文字重重叠叠，气闷中，顿觉有一道霹雳，击破这一大片混沌的水雾。那是署名夏榆的一篇文章：《失踪的生活》。原来，我与这个作者在《南方周末》的一次聚会中见过面，不过从来不曾联络过，即便在当时，彼此也没有过什么交谈。论印象，他没有那种文人作派，敦实的个子，木实的模样多少让人感到亲近，只是想不到他能写这样的文章。

我以集束的形式编发了夏榆的散文，并且置于选本的卷首位置，向读者做了推荐。两年过后，我又编辑出版了他的第一个散文集《白天遇见黑暗》。在我所编的年度选本里，几乎每年都选入他的文字，为此曾经收到一位读者来信，责备我对他以及其他几位作家的偏爱。我承认，我是一个偏执主义者。对于文学，我始终坚持一个观念论原则，就是：书写黑暗乃最高意义上的写作。

文人喜闲适。上世纪30年代有过"京派"与"海派"之争，这"京派"，可以说是中国文人的典型。近些时候又有人标榜"新京派"，走的是同一条传统的路子。可是，夏榆的文字是无法叫人适意的。他的集子是一个打开的洞穴：黑暗、静寂，充满广大无边的虚无。在那里，不时响起瓦斯的爆炸声、救护车的尖锐而疾速的鸣笛、黑衣人震天的哭号，当然还有被淹没的无声的饮泣……夏榆把自己的家庭深深植入矿区的生活，然后无情地撕开，让我们看见暴力、叛卖、暧昧、压抑、惊恐、焦虑和苦痛。他写了自己，从顶班下井的小矿工到京漂一族，那是一部少年的成长史和追寻史。孤独中，因为遭逢一些特异的物件，比如书籍、半导体收音机，他中了外部世界的蛊惑，愈加不满于眼前的黑暗；目睹大面积的伤亡，包括自戕，离奇入狱与神秘失踪的种种，终于使他下定决心逃奔自由——其实那是一种艰难而动荡的前途未卜的生活。

在夏榆的叙说里，赵松的歌声，L用铅笔小心勾画的政治明星的肖像，张明亮的《大悲咒》，让我过目难忘。前些年，由于接连发生的矿难，我曾经追踪阅读过相关的报道。在新闻记者那里，我看到的是灾难外部的可怕的框架，生命的脆弱和卑贱；而在夏榆这里，才洞见了内心的黑暗，黑暗中人性所作的沉潜的绝望的反抗。

当夏榆远离矿区，行走在陌生的城市和人群中的时候，所见依然黑暗。长期生活在黑暗中的人，已然习惯于凝视黑暗。黑暗是一种实存，而光明往往是虚幻的。沿着不断向前延伸的铁轨，他到过许多地方，结识了中国大地上的许多流亡者、上访者、妓女、拆迁户，各种各样的无权者。场景和故事不断转换，而黑暗是同一的。记者的生涯，让夏榆走得更远，也走得更深。他不但深入到荒瘠的中国腹地，现实中的黑暗地带，还深入“文革”，深入那些早已沉沦于岁月深渊中的集体记忆，直到域外的奥斯威辛和柏林墙。他寻找不幸的人，也寻找倾心的人物；寻找黑暗，也寻找光明的源头。在他那里，国家，民族，轮廓分明而又没有限界。他以悲悯，以理性，以对自由的渴望和人道主义的热情，从中发现人类血脉的联结。

小说《百年孤独》的作者马尔克斯在诺贝尔文学奖的授奖仪式上提醒说，值得注意的，不应当只是拉美的文学表现，而是这块孤独的大陆异乎寻常的现实本身。正是这一现实，每时每刻都决定着在我们中间发生的不可胜数的死亡，为我们提供了一个永不干涸的创作源泉。他说他这个流浪在外，怀念故乡的哥伦比亚人不过是被命运指定的一个数码，因此毫无例外地属于这一源泉。上世纪80年代，我们的新进作家群起模仿《百年孤独》，殊不知那魔幻、那荒诞，并非现代主义的叙事手段，而是直接来自拉美的现实生活。马尔克斯说过：为命运所决定，作家必须尽少地求助于想象。夏榆的写作多属纪实之作，即使小说，也不像那类凭空臆想以炫示“才华”的作家。他深知，他是被矿工和广大底层的命运指定的数码，因此，宁可受困于现实生活，也不愿委身于无根的想象。他说：“我成了一个被真实生活所裹挟的人”，“也是一个被真实生活所救赎的人”。所谓真实，其实就是黑暗，为黑暗而写作成了他的宿命。

就是说，夏榆自始至终走不出矿区。矿区是人类生存困境的一个原型，一个隐喻，一个象征。黑暗、封闭、压抑。要勇于面对，而且看清其中的所有一切，作家的内心必须有光。夏榆曾经称引过俄罗斯天才的黑暗书写者陀思妥耶夫斯基的话：“黑暗也是一种真理。”这种真理特别严酷，接受它，首先需要经受道德良知的考验。由此，我们可以理解，在文学史上，为什么会有那么多的作家害怕黑暗，而极力设法规避。

读夏榆的作品，一个突出的感觉就是自然、准确、坚实有力。无疑地，他把写作当成了个体生存的一部分。在这里，艺术表现不是什么修辞学、风格学的东西，而是作者的生命质地和生存状态的外铄。所以，我们看到，夏榆是朴素的，不是华美的；是明朗的，不是含蓄的；是掘进式的，不是呈碎片化的。在许多篇章里，我们看到他的用笔散漫无依，甚至离题万里，如《我知道黑夜的悲伤》《在天之上，地之下》，其实这正是上下求索的自由意志的产物；貌似疏离，却仍然有着同一个方向，同一个场。

我与夏榆之间，谈不上亲密的关系，十年中不过见面三几回，平时也很少书信来往。不过，依靠书报，我可以不断地读到他的书写黑暗的文字，这些文字，会唤起我深切的同感。重复使用“黑暗”一词为自己的文集命名，在中国作家中间，这是我所仅见的。今天，当他的又一部黑暗之书即将问世，我愿意写下多年阅读的感受，献与作者，连同众多喜爱光明的读者。

2010年1月20日

PART
I

飞越天穹回故乡

1

昔日我不顾一切出走，而今频繁地返回，故乡的面貌和我的容颜都被时间改变。只有在远离故乡后才认识它,我走得越远，看得越清楚。走得地方愈多，回望故乡时愈真切。对我来说故乡就是一个寓言，充满象征意味。甚至它就是一部我随身携带的词典，我的身世、生命的源头、存在的真相，都能从这词典找到来处。我与故乡的关系如同光谱与物体形影共存。

C城机场候机厅，旅行皮箱放在脚边。我坐在天蓝色橡胶座椅上，等候前往故乡的航班。

从落地钢化玻璃照射进来的阳光，在候机厅切开明暗两个区域。

我坐在暗的区域。离登机还有一个小时，我从随身的双肩背包取出珍妮特·温森特的书阅读，那是本黑色封面的自传。在两天前我读完她的另一本书。我很少会以这样的速度阅读一位作家的书。事实上这两本我在旅途随身携带的书曾经被我丢弃过，最初它们激发过我的阅读的热忱，那是推广辞的蛊惑。然而买回来又热情消退，书的流行化装帧，译文的失准是我疏离它们的缘由。直到我看到《巴黎评论：女作家访谈》，读到珍妮特·温森特的，印象被改变。我信任《巴黎评论》，信任他们的职业判断力，我对她在访谈中的言说深感契合。

珍妮特·温特森呈现的是别样的个人生活。1959年8月出生，自小由笃信基督教的家庭收养，16岁时出走，依靠在殡仪馆、精神病院等地的兼职完成在牛津大学的学业。她的虚构体文本呈现出更为奇异的叙事景观，圣灵附身、跟随教友团体四处浪迹传道、奇异的精神生活，从事写作之后远离圈子，偏僻独行，这都是我喜欢的。

比如以下的对话——

> 《巴黎评论》：你加入过任何作家群体吗？
>
> 温特森：更多时候我是个独来独往的人。当然我认识一些作家，但是我不是个混任何群体的人。我不喜欢文学派对、文学聚会或者文学圈内人的身份认同。不管多么松散的组织我都不乐意加入……我从一开始就认为自己是个局外人，很大程度上，我现在依旧留在圈子外面。我不会改变这一点。我对任何所谓内部人士的圈内活动都抱有质疑。

眺望故乡。这是我经常做的事情。无论到哪里都会想到故乡。

近两年我频繁回到故乡。乘坐飞机穿越天穹，从我居住的C城回老家。

天空总是瞬息万变。白云像海浪涌流，天空幽蓝，让我想起某年乘坐哥斯达号邮轮在太平洋之上航行的震撼。“那里天国清浅/犹如此刻海洋深邃。”其时，伊丽莎白·毕肖普的诗句在心里自然映照。我不是任何宗教的信仰者，然而生命的灵性之光是懂的。

就座后扣紧安全带，使用座椅坐垫作救生浮物。救生衣在您座椅下，在滑行、起飞及降落时扣好桌板。中英文字体印在椭圆型白色便笺纸上，贴在座椅后的桌板上。飞机在天穹之上航行，我透过舷窗所见的云层每一分钟，每一秒都有不同的形态。

2

现在我回到矿区，回到母亲独居的老屋时就会将阳台当作临时工作间。

六月的季节，阳台是可以作为工作间的。首先是天气凉爽，在阳台可以待得住。太冷或太热都不行。乳白色大理石窗台是我的写字桌，宽约三尺，长一尺盈余。我将随身带回的书摆到窗台边缘。珍妮特·温森特的自传《我要快乐，不必正常》、《橘子不是惟一的水果》。母亲找出此前我回来从仓房里找出没有带走的书，美国作家约翰·巴思的《路的尽头》，法国作家柯莱特的《锁链》，朱利安·格拉夫的《林中阳台》。还有我的笔记本、眼镜盒。电脑没有摆出来，放在屋里床头的枕边。回故乡这段时间，我不准备使用电脑，也断绝网络，将自己与外部世界隔离几天。我应该更多倾听自己的内心，倾听自己的灵魂之音，将自己从庸常的生活中拖出来，放置到清寂的时间之岸，在全然的沉静中观看、沉思、冥想。

阳台有一把旧电镀座椅，黑羊皮坐垫，可以是我的座椅。阳台的尽头是久已弃用的灶台，母亲用这个位置摆放我从仓房里检出来的旧书。很多年前，我在矿上花6000元钱买的第一幢楼房留给岳父居住，岳父去世后房屋出售他人。房屋易手时，母亲雇了一辆平板三轮车，将我放在旧屋书架的书全搬运回来，存放到阳台外的仓房里。那是我1996年离家前留在矿上的读物，当时我离家时认为再不会阅读。然而在2010年我辞去新闻职业，决心成就自己小说家的志业，每次我回到矿上都会到仓房里翻找一通。

仓房是父亲和我盖起来的。父亲做大工，我做帮手，这是我在少年时的事情。砖与沙土都是父亲用手推平板车从附近的工地运来的。与我家相邻一墙之隔的医院也是刚刚投入修建，那里堆满建筑材料，成垛的灰砖、成堆的沙土。父亲就是用从那里拉回来的砖石沙土盖起仓房，家里不用的杂物都会放到里边。这仓房在父亲去世之后我就很少再进去。然而有一年我突然想进去，想看看我丢弃又被母亲拉回来的旧书有哪些是可用的。

打开小仓门生锈的铁锁进去前，我还怕有老鼠乱窜。

母亲说："仓房妈经常清扫，哪儿还有老鼠呢。"

这些年我陆续翻检出来的旧书，最先被我带走的有福克纳的《喧哗与骚动》《我弥留之际》，罗曼·罗兰的《约翰·克里斯多夫》、卢梭的《忏悔录》、索尔仁尼琴的《古拉格群岛》、普鲁斯特的《追忆似水年华》、詹姆斯·乔伊斯的《一个青年艺术家的肖像》，这是我少年时用积攒的零用钱在城里的书店买的，当时未必看得懂。时隔多年我重新认识也深感精神契合的作家，他们被我重新供奉到个人的万神殿。最近一次我带走的是尼采的《悲剧的诞生》，它与我在C城居所的《瓦格纳》《海德格尔》《存在与时间》《尼采思想评传》一起成为我构建个人精神维度和疆域的新基石。尼采的《查拉图斯特拉如是说》受潮后污损严重，纸页黏连一起不能再看，但是我愿意留下它以纪念我的青春时光。

我的青春时光，应为青春之殇。1980年代，国家的创伤与个人的哀痛交织在一起。

我准备在老屋过这几天。陪母亲和姐姐。同时也沉思我的青春之殇。

尽管我将这沉思的果实，已经化为一部四十万字的虚构文本。

然而未尽之意还可以再写两部长篇小说。

3

六月的季节，没有蚊蝇的飞翔和叮咬，这是令我安适的。

阳台之外的院落长满埋过膝的荒草。这些荒草在楼房后连成一片，因为这后置的院落已少有人行走，通常这里的住户都走前院，无人行走的后院荒草丛生。还有就是野猫的出没。我偶尔抬眼望向阳台窗外的灰色屋顶，就看见卧在砖石间的野猫。如果在春天的夜晚，野猫叫春的声音听来瘆人如同婴儿的啼哭。我就会想这猫与婴儿的灵魂是否同体。

如果这院落只有荒草与野猫也就罢了，怕的是荒草中的幽灵，母亲从不让我从后院进出。

没有蚊蝇飞动的声音，但是有风声，风掀动铁皮的声音，风自身携带的呼啸声。透过阳台的玻璃窗也可以看到摇曳的绿树的形影。见过塞北黄沙漫卷昏天黑地的狂风，这样的风势已无碍。然而在寂静的阳台，我听到从远处传来的唢呐之声。这是扩音器放出来的声音响彻矿区的上空。必定是谁家又有丧葬之事，我回故乡的时候，很少没有丧葬之声。不是在眼前，就是在远处。只要不在眼前出现，我的心境也会如常。发生在眼前的死亡总是令人黯然。

爆竹炸响的声音响起。按照仪规，丧亡者的亲人要沿街为亡者招魂。

这是我回故乡经常遇到的队伍。死亡已成人间的日常景象，如同生命的诞生是日常景象。

“每个活着的人都是与幽灵共存的人，”这是博尔赫斯说过的话。

回到老屋，我总能看见贴在衣柜壁上的照片。最重要的是我的灵性师父，证悟于喜马拉雅山的圣者是令我获救的力量。还有就是缔造我生命的源头，我的父亲。这些年来我总是让父亲出现在我的文字海洋。然而依然感觉不够，或者我远没有触及父亲真正的人生。我写到的只是我看见的，他的个人生命史，我是看不见的。父亲的大部分生活场景是我看不见的。能看见的物品似乎是他存在的证据，比如旧相册里的老照片，父亲头戴中国人民解放军的军帽，身穿军服骑着高头大马的影像，他跟军中战友的合影。复转军人证件，军队授予他的嘉奖令也是父亲戎马生涯的证据。然而更具体翔实的叙事我是未知的。

我也无处去求证，这世上已经没有熟悉他的人。

只有母亲的记忆和讲述。这是接近父亲的人生和我家族叙事的唯一路径。

从前父亲与我是疏远的。我们从来没有交流的习惯。他的人生是我忽视的。

这忽视是一种无知。让我意识到父亲个人史重要的，是保罗·奥斯特的《孤独及其创造的》，以及库切的《幽暗之地》，那里有充满奇遇和奥义的父亲的形象。加缪的《第一个人》也写了他的父亲。这些作家都帮助过我。只有在更为广阔的视野下才能认识清楚父亲的生命史。不仅是我个人需要这种来自他者的文化与智识的映照，我们所在国度与所在的社会和周遭的人群也需要。让一种更为现代的文明映照我们，只有如此才能看清楚我们的生活。

也看清楚我们存在的真相和境况。

4

电视里在实况直播在韩国交接中国人民志愿军遗灵的仪式。我坐在老屋的沙发上看着电视。解放军仪仗队的年轻士兵手持军刀，神情肃穆列队震步走，在停着的飞机的机翼之下摆放着数十位志愿军烈士的灵柩。时光倒流回1953年，我的父亲也是中国人民志愿军的一员。

现在父亲辞世多年。当然不是作为功勋获得者，而是普通平民。

父亲15岁参加抗日游击队，后来改编为八路军，再后来是解放军与志愿军。

他参加过各种小型战斗和大型战役，在战火和硝烟里出生入死也从死里逃生。

结束军旅生涯的父亲贪念安定人生，只想守着老婆孩子热炕头安度生活。

“世界反法西斯战争”背景之下的个人命运史。

母亲说她的心脏炸裂过。1985年二姐罹患伤寒不治而逝。母亲在医院的病房里看到二姐停止呼吸，她的心脏被悲伤击穿。哀恸之时她疯狂到想要抓破胸膛放出在哀殇中冲撞的心。

当然那不是母亲惟一一次炸裂。在她的后半生里，母亲不断地体验着心脏炸裂的情态。

1995年，父亲的去世。1997年，姥姥的去世。1998年姥爷的去世。1999年舅舅的去世。

每一次亲人的生离死别都令她心脏炸裂。现在母亲所经受的心脏的疼痛就是来自不断炸裂带给她的遗迹。母亲的床头和组合柜的几个盒子里摆满了药物，那是她平时服用的。出生于1937年的母亲，经历过战乱、社会动荡、大饥荒，经历过1960年代纷繁的政治运动，经历过1976年之后的社会变革，这些经历都在她身上留下遗迹，成为她独特的生命史。

老人的记忆也是精神遗存。然而这记忆不会是永存的，也因此而珍贵。

书写是最持久的纪念方式。“生活不是我们活过的日子，而是我们记住的日子。”这是马尔克斯说的话，我铭记于心。用刻记的方式写下我对家族的追忆，这是我在某个时刻的工作。

母子连心。母亲心脏疼痛袭来时，我的心脏会抽搐。

我是看见过那样的时刻，一个老人与痛苦的鏖战。母亲要静卧下来，蜷缩着身体等待席卷她的疼痛狂潮的过去。面对这痛苦我们都无能为力，这痛苦难以治愈也不可替代。

无力是必然的，无能也是必然的。而痛楚就是开在我们心头的隐秘之花。

我会写下我体验到的人的存在之无力和无能感，写下我隐秘或公开的痛楚。

从这个角度说，写作就是治愈。它使我获得心灵和精神的平衡。

在人世间生活，悲欣交集。精神的平衡感是必需的。

在霹雳中奔跑

我相信我回忆的能力，

我有力量唤起并召回各种东西的气味、声响、颜色、式样，

我将使它们触摸上去具体而鲜明。

——【美】/托马斯·沃尔夫

父亲的一个耳光使儿子魂飞魄散。

那个少年，我至今不知道他的名字。我看见他的时候，他侧勾着脖子，在街上缓慢游走。少年神情恍惚，他侧勾着的眼睛只注视他自己，在行走的时候，街道、楼群、人流是少年移动的背景，而非他眼中的景物。每天的早晨或者黄昏，我都能看到少年，他漫游的道路是我每天从家里到中学的必经之途。

“看，那个废物。”我的父亲指着那个少年的背影对我说：“看那毬相。”

父亲这样教训我，那个成为傻子的少年成为父亲训诫我使用的最具杀伤力的武器。

看见少年我就感觉寒冷，少年精神溃散魂魄迷失的状态是我畏惧的。

少年的魂魄是他的父亲在愤怒之中挥拳打在他脸上之后飞走的。那是个深夜，因为恐惧，少年走近父亲面前的时候身体剧烈颤动。少年一直在延缓自己走向父亲的时刻，那是他灵魂陷落的时刻。邻街是高高隆起的铁路的路基，两条铁轨笔直地从路基穿过，每天都会有装满煤炭的火车从路基之上轰鸣着奔驰而过。在推开建筑在铁道路基之下的院落木门的时候，少年畏惧的本能使他妄想夺路而逃，但是他没有逃走。他逼迫自己在推开吱呀作响的木门之后穿过卵石铺就的通道走向暗黑的屋宇。少年看见了火

的红光在暗黑的房间闪动，那是父亲点燃的烟斗。辛辣的兰花烟呛出了少年眼中的泪水，他胆怯地注视着黑暗中的父亲，他的形影比黑暗的光影更黑。少年准备着迎接父亲降临在他头上的拳脚和斥责，虽然他用了整整一个下午试图躲避和脱逃可能骤然袭来的打击，但是他明白自己将无可逃遁，他只能迎接突如其来的打击。

穿在双脚上的鞋子从河边带回来的雪沫落在地上迅速化成泥水，少年站在父亲面前，看着自己脚下的雪化成泥水。悬挂在屋里正壁上穹形的大钟秒针急速行进时发出的声响，在寂静中变得清晰而嘹亮。少年觉得自己应该开口，他刚要启动双唇，刚想让自己的声音从内心里出来，猝不及防的是父亲的拳头迎面砸过来。那是一个终年在矿井和田园里劳作的中年男人的拳头，铁锨、锹镐、石锤和钢钎使这个男人的双手粗糙结满老茧，在矿井和田园的劳作使这双手结实有力，等它握成拳头横掼下来的时候，少年清晰地感觉到冷风袭来，只是他还没有来得及反应右边的脸就被那只拳头砸中。颚骨错裂，血从口腔里喷出来，和血一起喷出来的还有少年的两颗牙齿。少年弯腰蹲在地上，因为那一刻除了剧痛还有眩晕和昏厥。那一刻，蜿蜒如长龙的火车从窗外高高隆起的道基上沿着钢轨轰然奔驰，少年感受到房屋和自己脚下的地在震动，震动传送到少年的身体和心里，但是那一天他听不见火车呼啸而过的隆隆的声音，此后他也再没听到过。

少年的魂魄是在这个雪夜飞散的。我想。多年前发生在一间黑暗居所的情景不被人察觉。

在那个冬季的雪夜，一个瞬间悄然而来，瞬间而逝。但是这个瞬间改变了一个人的命运和生活道路。黑水河岸的乡邻们见证过少年的魂魄没有消散之前的风貌，那时候少年的相貌是清秀的，他的满是书卷气的面孔显示出他内向而多思的气质，少年热爱缅想沉思，因为他的身影常常出现在黑水河岸长满水草的小路上，他经常坐在河边那些巨石之上一动不动。谁也不知道他遥望和缅想的具体内容，但是他的姿态给很多人留下了深刻的印象。

自从那个冬季的雪夜之后，出现在矿区大街上的那个少年就有了别样的面貌。昔日相貌清秀衣冠整洁的少年，在那个冬季的雪夜之后变得肮脏，他的衣服破烂，面孔由清秀而邋遢，性格由内向而木然。他经常会在大街上傻笑，把肮脏的破衣服顶在头顶，赤裸的双脚趿拉着一双破鞋，在大街上如在无人之境。我的父亲也不知道那个少年叫什么名字，但他知道那个少年的形容、神情和姿态。父亲看过少年之后的眼睛再看着我的时候，眼光中充满蔑视。从他的神情判断，似乎我跟少年是一路货。

我的敏感而内向的性格是父亲厌恶的，我习惯于缅想和沉思的状态是父亲憎恨的。只要看见我独自发呆，父亲就会把他的榆木烟斗劈头丢过来，那个烟斗很结实，砸到我头上的时候也不会损坏，当然它的力度也不会导致我头上流血。不会损坏，不至于流血，父亲往我头上丢烟斗的时候就无所顾忌。

我的被头发遮盖的头上有时会留下父亲烟斗砸起来的包，通常我隔着头发摸着那些包，我把疼痛隐忍在心中，把委屈吞咽到肚里，我不让眼泪流出来。这是父亲愿意看到的，虽然他不会赞扬我。我走到院里，抡起锋利的斧头对付那些堆积在院中的木绊，把斧刃对准木绊中间的纹路狠劈下去，我喜欢听木绊在斧劈之下碎裂的声音。而碎裂的木绊在院中堆积起来的时候，我内心的痛感和忧伤就会消逝。

与其说父亲不喜欢软弱，不如说父亲害怕软弱。在父亲看来，一个人的铁石心肠是对付生活最好的利器。父亲的生活就是每天清晨即起，坐在灶前吃自己做好的早饭，然后再用铝制的饭盒装好自己的下一顿饭。父亲把装好饭菜的饭盒和他使用的工具一起放到工具包里，然后骑着他的永久牌自行车上班，去五里地之外的矿井劳作，父亲走进矿井的时候实际上也是走向凶险莫测的命运。

其时，对于父亲所能遭遇的凶险我是没有办法体察的，我甚至不能想象。

我只从母亲望眼欲穿的等待中感受父亲所经历的凶险。到黄昏来临的时刻，家里有男人下矿井的女人们，会在路边等待她们的男人归来。母亲牵着我的手，我站在那些女人的中间，看着那些女人手搭凉棚急切地等待着自己的男人。准时出现在大路尽头的男人让女人领受到她们洋溢在内心的幸福，不能按时归家的男人就把女人的心魂带走。随着黄昏夕阳的消隐，她们内心就深陷黑暗，苍凉一片。我感受过母亲的欢乐，也感受过母亲的焦虑；感受过她的幸福，也感受过她的悲戚。那时候我明白，母亲的欢乐和幸福是我人生全部的欢乐和幸福，而母亲的忧伤和悲戚也是我人生全部的忧伤和悲戚。

习惯了看到父亲归来时携带的黑色，因为矿井净水的短缺，父亲经常不洗澡就会回家。他的面孔和手臂是黑的，衣服也是黑的。只要他的动作幅度大的时候就会有煤屑落下来。记得我最初看见父亲的黑是害怕的，甚至是嫌恶的，但是等我看见白的时候，我才意识到，白比黑更令我畏惧。黑对于我的意义，则是日常的，平安的，吉祥的。

看到父亲归来时携带的白，我本能地感觉到惊恐，因为我听到母亲在猝然之间爆发的哭声，母亲的哭声尖利，嘹亮响彻。母亲扔开我不顾一切扑向父亲，在道路的尽头我看见父亲，他的一条腿和一条手臂是白色的，他的打着厚厚的石膏的腿和手臂缠满了白色的绷带。伤和残，在矿区是家常便饭，没有什么新鲜的。父亲单手拄着拐杖，被一个男人搀扶着站立在道路的尽头。他的神情安静，用那只完好的手抚着伏在他身上哭泣的母亲的背。

母亲是在那个时候开始下矿井的。

有人招家属女工下矿井，布告贴在街道办事处的门口。母亲看见了，回家就跟父亲说要报名下矿井。父亲那时坐在院子里晒太阳。他把拐杖放在身边，那条打满石膏的腿被他斜放在地上，父亲的一只脚肿胀硕大如赭色的石头，父亲平静地接受了母亲下矿井的想法。

母亲把领到的工装穿在身上，对着梳妆镜看。工装肥大，把母亲的整个身体罩起来。粗布上衣、裤子、藤制的安全帽、胶靴，母亲把它们全部披挂在身上，长久地端详着镜子里的自己。我想母亲内心是犹豫的，我看见母亲长久地站在镜子前，院子里是坐在阳光下的父亲，我站在母亲的身后，我注视着母亲的神情，我感觉到母亲的犹豫和忧虑。

即使是在矿区，也很少有女人愿意下矿井。矿井之下迭出的险恶和丛生的灾难，使男人都望而生畏，别提女人。但是母亲还是决定下矿井，因为父亲那时候因为身体的伤痛无法继续工作。父亲不去工作，一家老小的生活就成问题。

我希望父亲能够阻拦母亲，让女人下矿井，等于把女人送入虎口。下到矿井的男人就等于两条腿的牲口，这是父亲说过的话。女人到了矿井无疑就是虎口中的食物，这是我想象的。我觉得父亲不能让母亲下矿井，为了他生为男人的骄傲和尊严他也不能答应。我那时把男人的骄傲或者尊严看得严重无比。我很希望父亲能像他所标榜的那样像个男人，希望他把母亲套在身上的工装脱下来扔掉，希望父亲反对母亲的决定，希望他们不惜为此争吵，或者打架。

但是父亲没有，他一直坐在院子里摆着他的一条伤腿晒太阳。

我的期待落空的时候，我对父亲充满蔑视，我觉得他要么冷漠自私，要么财迷心窍。表面上我没动声色，我安静如常，但是事实是，从那一刻开始，父亲的形象在我内心坍塌了，我觉得我可以不服从父亲，因为他的冷漠和自私，因为他的财迷心窍。

接下来的生活就发生了变化。每天早晨，父亲会早起给母亲做好饭，他看着母亲坐在灶前吃尽他端到面前的饭菜，又把装好下一顿饭菜的铝制饭盒放到母亲随身带着的工具包里。然后父亲目送母亲出门，看着她走上通往矿井的道路。父亲开始承担了家务的劳动，在他的腿脚能勉强活动的时候，他就开始洗衣做饭。不变的是我，到黄昏的时候我会被父亲领着走上高坎之上的道路，在路边迎候母亲。

禁止女人和未成年孩子从事采矿业是后来的事情，但在母亲下矿井的时候并没有什么人觉得不对。母亲和另外的三十二个女人组成了一个家属区，那些女人由一个有经验的老矿工带队。她们的工作是开采被国营大矿采过的剩余煤层。家属区和国营大矿任何一个区队一样，有各类工种，有采煤，掘进，有打眼、放炮，有开车、检修，母亲分到的工种是检修工。但是她每天必得和别的女人一起下矿井，去掌子面干活。

我迎住母亲的时候，看见她脸上和身上的炭黑很害怕。母亲要回家洗澡的原因是井口并没有供女人洗浴的地方，没有干净的水，也没有合适的浴室。水是用水泵从井下抽上来的污水，注到水池里经常不换，而洗澡堂的门窗都是坏的，男人在里边洗浴可以对付，女人却不行。也有女人在那里洗澡，但是母亲却不愿意。她情愿黑着脸和身体回家来洗，母亲回到家里的时候，父亲已经为她烧好了大桶的热水。热水蒸腾的水汽经常会把屋里的窗玻璃蒙住，我看不到母亲的形容，只能听到屋里水声的喧哗。

有女人被野车撞伤，是在母亲下矿井的四个月以后。一个喜欢唱晋剧被称为孔老二的女人，在收班的时候走在大巷里，她跟别的女人一样走在出井的路上，但是据母亲说，孔老二那时候在打瞌睡。实在是困极了。瞌睡来临的时候，眼皮是死活抬不起来，有时候人走着就会睡着。有的人实在困倦得不行就会找一个地方睡去。孔老二没有往地上躺，她只是在路上一边走，一边打盹。野车从坡上挣脱缆绳飞速滑行，在矿井是很正常的事情，腿脚灵活身手敏捷的矿工躲开就是了。一群女人看见从坡上飞奔而下的野车，都四下躲避，大家都躲开了，母亲也躲开了，没有躲开的只有孔老二。她正醉酒一般眯着眼趔趄而行，狂奔的野车迎面撞到孔老二的时候她醒了，但是很快就是更深的昏迷。昏迷持续了两个小时，孔老二被家属女工们抬着出矿井，从昏迷中醒来的孔老二不断地发出呻吟和哀号，女人们听到这呻吟和哀号也都放声号哭。

母亲是那次灾难的目击者。我看见母亲的时候也看见她脸上的恐惧，我和父亲等在道路的尽头，我们的身上披满白雪，白雪也覆盖了我们身后的道路和原野。母亲看见父亲和她的孩子们，身子一软就坐在地上，母亲不管不顾地放声恸哭。

但是第二天母亲还是早早起来，在吃过父亲做好的早饭之后，带上父亲做好的下一顿饭菜，步行四十分钟去矿井工作。母亲的胆量是在她下矿井以后练大的，慢慢地，母亲能够正视自己和同伴的鲜血。在矿井之下，人被磕伤、碰伤、砸伤已经毫不稀奇。母亲那时候给我最深的记忆就是她在夏天黄昏的时候，穿着肥大的满是煤尘的工装，踩着因不合脚而略显空洞的胶靴，提着安全帽回家。母亲最先做的事情就是走到水瓮前，她用铜瓢从水瓮舀起半瓢凉水，对准嘴狂饮而下。我在她身后都能听到那些水流被吞咽时候轰响的声音。

我的孤僻个性可能就是在那个时候形成的。

不断寻找自己个性的源头，分析自己精神的历史，是我救助自己的方法之一。

因为生之迷惘，我作为人生而具有的渴望、欲求、性情曾经让我困惑，使我充满疑问，这也是我成长中必须面对的困境。我无法安心。我既不能心安，也不能安心。这是我曾经的状态。我后来明白，安心或者心安是人获得幸福感的标志，对幸福感的追寻是人生活的动力和归途。但是我长久地盘桓在通往幸福感的道路上，我的身体和内心，我的知性和灵觉都沉陷在黑暗之中。这样的境况让我的精神倍感艰辛，饱尝困苦。

一个人，对于世界而言是无足轻重的。它的沉陷和获救，沦落和上升对世界而言没有意义。但是对那个活着的人而言，他的道路对他的生命具有绝对的意义。他的精神的疾苦和肉身的磨难一起构成生之障碍。他的沉陷和获救，他的沦落和上升，将成为检验幸福与不幸的重要尺度。生活在我看来是诡谲的，人生充满动荡，命运凶险莫测，而生命则脆弱易碎。

我不知道如何是好，我一个人的时候经常感觉到精神巨大的重负，精神慰藉的缺失使我的内心哀伤，充满厌世情结。对父亲而言我是可笑的，他不喜欢我的性格，对我内心的欢乐和苦痛充满蔑视。在父亲看来人的精神的疾苦是自寻烦恼，和人真实的困苦和磨难比，我那些所谓的精神的疾苦一钱不值。父亲阻止我沉溺在个人精神困境的方式之一，就是没完没了地让我干活儿，他觉得只要我没有空闲就不会胡思乱想。而胡思乱想的结果，他也会让我看到，就是经常出现在街头披头散发、满脸污垢、傻笑痴狂的那个精神失常的病少年。

在我迷惘而寂寞的少年时代，姐姐是唯一能带给我内心温暖的人。

姐梳着两只大长辫，她的辫子黑亮呈麻花状，拖到她的臀部。走路的时候，两只长辫就随着姐姐身体的运动起伏舞动，姐姐行走的姿态成了一道风景。

作为家里的男孩子,我一直觉得自己有保护姐姐的责任，有一次姐姐去街口的锅炉房打开水，我跟着，姐姐喜欢做什么事情都带着我。姐把暖水瓶对准水龙头灌水，烧锅炉的韩三拐正站在锅炉房的门口抽着他的长杆旱烟，他看见姐姐，脸上的皮肉就堆起坏笑。我听大人说韩三拐不是正经人，就对他保持着警惕。韩三拐光头，一辈子就烧他的锅炉，没有女人，也没有儿女。我不喜欢韩三拐的笑脸，我觉得他的笑藏着下流的念头。我一直盯着韩三拐，我看见身边的垃圾场有半块坏西瓜，我就把半块西瓜操在手里藏在背后，那是夏天。韩三拐瘸着腿，绕到姐姐的身后，他看着姐姐的辫子就伸手去摸，姐姐的辫子被韩三拐握在手里玩，他涎着脸怪笑。我没等韩拐子笑出声来，就把半块坏西瓜扣到他的头上。我拽起抱着暖水瓶的姐姐就跑，听到身后韩三拐在跳着脚骂。

姐姐也是挨过父亲烟斗敲击的，区别在于那是她唯一的一次。

母亲看到姐姐隆起来的肚子时，是在一个早晨。母亲像往常一样坐在灶前吃父亲做好的饭，她已经做好准备，在吃过饭以后就去工作。但是母亲看到了姐姐的肚子，那只端在母亲手上盛满黄色小米粥的白瓷碗被母亲狠狠砸在地上，母亲挥手打了姐姐一个耳光。

家人全愣住了，母亲果断而凶狠的出手只能证明一个事实，就是姐姐犯下了不可饶恕的错误。母亲把姐姐从炕上揪起来，厉声呵斥她。她想知道的是，谁是使姐姐的肚子变大的那个人。父亲终于把经常扔在我头上的烟斗砸到姐姐的头上，同时也挥手打了姐姐一个耳光。这是从来没有过的事情。姐姐没有哭，她背转身脸朝墙，任凭父母亲的拳头和训斥暴雨一样倾泻在她身上。父亲把一盘麻绳丢在姐姐的脚下，说："你去死吧，老子丢不起人呢！"

姐姐没有看那盘丢在脚下的麻绳，她的脚踩过那盘麻绳，向屋外走去，身影在洞开的门前消失。母亲追出去，但是没有追到。母亲疯了一样到处去找姐姐，到河边，到废弃的厂房，到堆满沙土砖石的工地，但是没有姐姐的身影。母亲担心姐姐是寻死了，但是等她在后半夜回到家的时候，看到了姐姐放在桌上的一封信。那并不是遗书，那只是姐姐用来要求母亲理解的信件。

我想我能猜到姐姐的肚子是怎样变大的。

那时姐姐跟着街道一个女理发师学手艺。和姐姐的理发生涯同时开始的，是姐姐的恋爱史。父母亲出去工作的时候，家里就剩了姐姐，我不去读书的时候也会留在家里。我看见有一个男人到我家来找我姐姐，那个男人个子很高，也很瘦，他的长相还是英俊的。他趁母亲不在家的时候来看姐姐，但这个男人姐姐并不喜欢。通常他们只是站在几米之外说话，姐姐说话的态度也不是多么热情。郑永贵来的时候，姐姐的态度就不一样。姐姐会跟他拥抱在一起，姐姐返身坐在郑永贵的腿上，双手环抱着他的脖颈。她会把自己的舌头伸到郑永贵的嘴里让他吸吮，他们两个就这样亲热着，时间会持续一个下午。

在父亲快要回家的时候，姐姐就结束自己的游戏，让郑永贵离开。

我配合姐姐进行着她的恋爱游戏，姐姐经常带我参加各种聚会，一起去礼堂看电影。我看见很多人的注意力并不在银幕上，在电影里的李玉和被日本宪兵严刑拷打的时候，观众席里的男女青年嗑着瓜子吃着糖果，悄悄说话。他们的脚下到处是吐出来的果核皮屑。姐姐经常把我安排在她和一个男青年之间，他们相互隔着我说话，我的在场使他们的表达半隐半现，暧昧含混。

我想姐姐的肚子是郑永贵搞大的。她只有在看见郑永贵的时候态度变得鲜明，在见到郑永贵的时候姐姐就变得娇柔无比。她给郑永贵当爷，而郑永贵注视着她的眼光充满了爱意，这是我能看见的。我没看见的是姐姐和郑永贵怎么睡在了一起。奇怪的是，当时我对那样的时刻并不好奇，我觉得那是自然的，父亲和母亲的暴怒反而是反常的。

我不能总是伴在姐姐身边，因为有一段时间，姐姐夜夜回家很晚。

我在睡一觉醒来的时候还看到身边姐姐睡觉的位置空着。在一条大炕上，我的左边是弟弟，右边是姐姐。父母在另外的房间住。我记得有一段时间我右边的位置总是空着。经常是在后半夜，我被姐姐开门的声音惊醒，我看见姐姐和屋外的月光一起进来。姐姐摸黑洗脸，洗脚，脱衣服，然后爬到炕上，钻到被子里。她不言不语，枕着手臂仰面躺着，眼睛发亮地想心事。

姐姐的心事我大约能猜得清。有一天，我在姐姐的被褥下看见过一本叫《生理卫生手册》的书。我随手翻看了一下，那些内容是一个农村赤脚医生应该掌握的全部知识和技术。我的注意力停在生理卫生的部分。我第一次从书上看到对人身体的描述。人，在书里被分解为男人和女人，我看见被绘画出来的彩色的男人和女人的身体，骨骼、肢体、内脏、器官。

看见这本书，我就能猜到姐姐心里发生的变化，甚至我能判断出姐姐做的事情。

我想，姐姐是和郑永贵发生了关系。这是她被父母亲暴打的最真实的原因。

对成人的世界我真得没有办法理解。他们的爱情、仇恨、幸福和悲伤是那样的脆弱。

在母亲母狮一般凶猛地剿灭出现在家庭中的情色的时候，我的爱的情感不可遏制地生长起来。我怀着隐秘的好奇和冲动，心惊肉跳地看了一遍我所看见的人体生理部分。我记住了那些内容，也记住了它们的名称。那些人体彩色的图画就这样印在了脑海里。

姐姐躺在我身边的时候，我就感觉到身体的悸动和战栗。我清晰地感觉到自己的抖动，心和身体一起抖动。姐姐那时在跟一个女理发师学徒，回家时她身上经常会沾着客人的头发茬，那些碎发有时会从衣服钻到肉上。在睡前，有时候她会感觉碎发扎在肉上的刺痒，于是便叫起我给她找那些碎发。那一天晚上，当我在姐撩起衣服的背上仔细寻找时，突然就意识到自己身体的颤抖。姐姐嘎嘎嘎地笑着，她觉得我的手指在她的背上滑动的时候，感觉奇痒难耐。我把找到的几根头发茬交给姐姐就像交出战利品。姐姐说：好弟弟，这回好了。姐姐叫我睡。我钻到被子里，枕着枕头，但是我睡不着。因为我看见了姐姐的乳房。我感觉心惊肉跳，不知道是快乐还是难过。

这是我在成长中所遭遇到的第一次战斗。在内心里，甚至在精神的疆域中，我跟自己作战。我的蒙昧的心灵因为某种发现开始觉醒。我开始了自己对人的认识，对男人和女人的认识。让我难过的是促使我觉醒的不是别的女人，而是自己的姐姐。

在矿区，女人是匮乏的。我们所认识，或者说跟我们生命相互产生联系的女人只有母亲和姐姐。除此之外的女人对我们而言，遥远和陌生。她们难以让我们获得生命的美感。但是母亲和姐姐在我们的生命意识觉醒的时候，会令我们产生原罪之恶。对原罪之恶的畏惧和逃避也使我逃避自己内心对姐姐的亲近与好奇。

但是我也发现，那种亲近和好奇几乎是不可战胜的，它们是伴随着我生命意识的觉醒而来临的。在此之前我是混沌的，我的生命的意识隐在沉暗之中，但是突然就醒来，眼前和内心被照亮。在深沉的夜里，我抚摸到姐姐的手臂时感觉颤栗，但我还是抚摸住了。我经受着那种颤栗带给自己的震动。当我的手被姐姐的手握住的时候，我感觉到内心巨大的慰籍。

我抚摸到了姐姐的乳房。我感觉到眩晕。幸福和罪恶的感觉同时像涌浪一样淹没了我。我甚至触到了姐姐隆起来的肚子，那里温暖如绵。姐姐醒来了，她在黑暗中感受着我的抚爱，我感觉姐姐在迎接我的爱抚。她拥抱住我的时候，我看到一道霹雳。这道霹雳是闪在我心灵的夜空的，我真的看见它白炽耀眼的光。在霹雳的闪击下，我突然感觉恐惧。

突然来临的羞耻感和罪恶感使我在这个夜里逃离了姐姐。

我在内心霹雳不断的夜空下奔跑，我不知道逃向何处，只是奔逃。

现在，在这个夜晚逝去多年以后,我依然能看见自己的奔跑，那是迷惘的，绝望的奔逃。

悲伤的耳朵

1990年，当时的东德人满怀幸福地拆除柏林墙，他们拿着铁锤、钢钎，拿着铁锹和绳索，成群结队的人站在那面巨墙下，有的人骑在墙头上，他们用各种工具对付这面矗立在他们生活中长达半个世纪的隔离墙。在这些人里边有中年人，也有孩子。有人在拆除的过程中流下了热泪。那些激动的人都感觉到随着这面巨大的隔离墙的倒塌他们获得了新生。有很多世界著名的歌星在柏林波茨坦广场举办了场面浩大的摇滚音乐会，在那个时刻，只有摇滚才能表达他们获得自由以后的狂欢和幸福。一面巨大的模拟柏林墙在燃烧起来的摇滚激情中崩塌，全世界都看到了这个时刻，看到了这个场景。

我没有看到。我没有办法获得世界的这个信息。那时候我被隔离在世界之外，隔离我的不是具体的墙，而是一种生活。这是一种被屏蔽的生活。我尝试过打破这种屏蔽，但是很难。那年的夏天，在一个黄昏到来的时刻，我看到母亲在流泪。母亲是睡着的，但是我看到从她闭着的眼角渗出来的泪水。那时候我站在床前，看着母亲，我告诉她，我要离开她。泪水沿着母亲的额角流动，最后落到枕头上。母亲没有动，因为她已经知道无法改变。也因为我并不是在征求她的同意，而是宣布一个结果。

母亲一直希望我能找到一个爱我的女人，她可能以为，我有了女人就会停止我的想法。女人会让男人变得现实。女人会让男人关注他脚下的道路和明天的生活，会让男人放弃梦想。我估计母亲会这样想。她实在是畏惧了我的梦想。因为她亲眼看到我在成年之后被梦想引领着在现实世界穿行而四处碰壁。我的梦想使我和我的现实格格不入，母亲不能明白我的头脑中为什么会有那么多的念头，她无法知道我会被我的梦想带到哪里。在我为她描述的梦想的指引中，她看到一个巨大的虚空。而她是那样的爱我。在家里的五个孩子中只有我是能跟她交流的孩子。我的离去会把她抛掷到一个无处倾诉无法言说的寂寞中。

母亲是一个热爱词语的人，7岁的时候经常到村里一个私塾先生的窗外偷听先生念书。私塾是在村里一个油坊的附近，母亲经常借口打油而到那里，母亲喜欢听那些念书的声音就像喜欢闻麻油的香气。她近于贪婪地摄取和吸纳那些飘在空气中的物质。在听课的孩子里有舅舅。姥爷把舅舅送到私塾而让母亲放羊。老爷说：女娃念甚书呢？识的字再多也是别家的人。姥爷反对母亲想要念书的要求，相反却鼓动舅舅去私塾，但是舅舅并不喜欢读书，他经常在姥爷不知道的时候逃课。母亲一直对姥爷的那个说法和随后的做法耿耿于怀。但她是太热爱那些词语了，私塾就成了她最想去的地方。她把在私塾窗外偷听到的词语记在心里，晚上睡觉的时候就在肚皮上画。

我告诉母亲我想当一个作家，母亲很高兴，但是不相信。作家就是写书的人。母亲不相信我能当一个写书的人，因为她能看到我的时候，我就是一个沉默的影子，我不在她眼前的时候，我就在黑暗中，我在黑暗中的时候，她也在黑暗中。我的黑暗是物质的，她的黑暗是内心的。母亲不能把写作的行为跟我联系起来，在她看来两者之间距离遥远。成年之后母亲对她能见到的任何的文字之书都怀有敬畏，她会抚摸那些形状不同的书籍，玩赏那些排列有序的汉字，那些书籍她能够打开，但是无法进去。母亲虽然热爱词语，但她始终被隔绝在词语之外。

我也不相信自己能成为一个作家。那时候我理解的作家是一个充满神圣感的职业，写作是能唤起我崇敬感的行为。我不相信自己可以做到。但是我喜欢写作这样的行为。托尔斯泰、雨果、杰克·伦敦、海明威和卡夫卡，那时候我已经知道这些令我尊敬的名字，我也看到过他们汉译的书，把他们引为我的榜样成为我内心的秘密。我把自己写出来的文字给母亲看的时候，她的表情欢乐，母亲一直对我沉默而孤僻的性格感觉不安。虽然她并不明白我写出的那些文字所代表的确切意义，但是她能明白那些文字本身所具有的价值。她很骄傲我有当作家的梦想，但她又很担心我有这个梦想。她跟我说那是很难的事情，你祖坟上还没长出你当作家的宰宰苗。宰宰苗是传说中能预测未知事物的神草。母亲说只怕你是有那个心没那个命。

我并没有顾虑母亲的担忧。我想我可以不当作家。但我还是要写作。

写作就像我在黑暗中穿行时候头顶的一盏灯，它照亮了我的道路。我那时还热爱萨特，萨特说：词语高于一切。当人看见一棵梧桐树的时候，其实是在等待着关于这棵梧桐树的形容词。只有这个形容词，有关对于梧桐树的表达才使得这种凝视具有了意义。他说，人的一切生活经历都凝聚在对"说出的存在"即对一切的审查之中。萨特的这个想法帮助了我，他使我重新打量自己的生活。我试图为自己的生活命名，试图说出我的生活的存在。那是我写作行为的开始。

我在一个精神近于荒漠的地方开始自己对写作的梦想，由我的幻想而赋予写作行为的神圣感和崇高感那时候被我深深地迷恋。我把那种书写的姿态看成是我每天的仪式，我工作完毕走出矿井洗过澡之后回家，我必要先把我脑子里涌动的想法用词语呈现出来。

我经常跟母亲交谈，告诉她我的理想。这样做的一个目的是为了能获得母亲的理解和支持。还有一个目的就是抵抗父亲对我的生活的控制和操纵。父亲想让我找女人，想让我结婚，延嗣后代。在父亲看来那是真实的生活。他想象不出我还应该有什么别样的生活。我每天往矿井走的时候，我同时带走了母亲的心。父亲却不以为然。他觉得男人就不能婆婆妈妈，不能怯懦不能软骨头。男人骨头软就没法儿在世上活。

父亲认为我每天把时间和精力浪费在纸上纯粹是瞎扯蛋。他看到我彻夜亮着灯在纸上写着那些始终没有名堂的字就愤怒。他觉得我是中了邪。父亲在北山上开垦了两亩地，他在那里种植了玉米、粟子、莜麦和马铃薯。父亲出了窑以后就上山照看他的田地。父亲不满意我的时候就会让我往山上的庄稼地送粪。那是我绝望的时刻。我无法反抗父亲，挑着装满粪肥的箩筐穿过巷口往后山走，很快我就想到肩头被挑着箩筐的扁担磨压着的疼痛，我的双腿发软，脚步踉跄，虚汗直流，但我除了咬紧牙关挺着往前走没有别的办法。那时候那山路和箩筐里的粪肥一样令我厌恶和仇恨。父亲并不怜悯我，他要看着我把那些箩筐里的粪肥挑到山上，倒在他的面前为止。

父亲不喜欢他儿子身上出现的书卷的气息，他觉得不像个男人。

父亲一直畏惧我如果喜欢了那些字和纸就不能喜欢女人了。我把心思和精力放进那些字和纸上，就不会搞女人。那是父亲真正的恐惧。

不能搞女人的男人就是一个废物。父亲说。

父亲的话就像一个谶言。

我爱的女人拒绝了我的爱情。另一个爱着我的女人也嫁给了他人。但是我没有像母亲那样伤感，相反我感觉到解脱的轻松。因为那个时候我并不想要一个女人。我想我有了女人，就会被女人拴牢在这个我厌恶和仇恨的地方。

那段时间我想得最多的是出走而不是女人。女人是男人身体的一根肋骨。我想在伊甸园中亚当和夏娃是这样，在现实中我认为也应该是这样。男人只有找到自己，才能找到他的女人。出走在那个时候成为我内心的一个强烈的情结。在我真正迈出离家的脚步之前，我一直在内心在精神里经历着出走和漫游。在一个雷电交加的雨夜，我和一个爱着我的女孩子躲在附近的石崖下。我们互相拥抱着，我们的衣服湿透了，浑身冰凉只有用相互间的拥抱彼此温暖。我们的家就在山下，但我们都不愿意回家。她把跟我在一起的这一天看成是她活在人世的最后一天，到了夜晚她就看成是她此生最后的一个夜晚，到了黎明她就看成是最后一个黎明。她不愿意跟我分开，分开她就再也触摸不到我了。在那个雷电交加的雨夜，她一直抱着我，她甚至抱着我站着就睡着了。东方的天色泛青的时候雨停了。她从睡梦中醒来，更紧地搂住我，她所用的力气好像是要把我砌到她的身体里。她说：我给你吧。她腾出一只手解自己的裤带。我把自己都交给你，你要我一次。她说。我闭着眼睛制止了她的手。重新抱住她。我没有要她。就那样站在石崖下。我那时没有欲望，没有冲动，也没有爱。即使是在她绝望，为爱而心碎弃生的时候我也没有。出走的愿望使我成了一个没有激情没有爱也没有怜悯的铁石心肠的人。我想我不能要她，我要了她就会依恋她或被她依恋，就会瓦解我出走的决心和意志，会动摇我对我所在的生活的仇恨。我要保持这种仇恨。这是我跟我的生活作战的武器。

在距离我们不远的地方就埋着矿区一对殉情的恋人。那两个年轻人，因为父母的反对不能成婚就双双喝了敌敌畏。他们在死去之后，双方的父母才为他们阴配成婚。

"我不如海桃呢，海桃死也是为爱情死，我就是死了也没有名堂。我不死了。"

她说。我们就往山下走，各回各家。

柏林墙倒塌的消息我是在L的家里获得的。

我去找L，到了他建在矿区北山的石头屋里，我看到他在桌前收听半导体，他戴着耳机，他的神情很诡异。我站在他身边，但是什么都听不到。L经常会做一些神秘的事情，那段时间他一直在疯狂地学习英语，疯狂地踢足球，也疯狂地练习拳击。L是被城里一所会计学校开除回家的。那所学校是他好不容易考进去的，因为他和同学去电影院看电影跟负责治安的警察发生冲突被拘留，然后被送到劳改地。在劳改地他度过了十五天黑暗的时光。他是被他的姐姐用三千块钱赎出来的。但他获得自由的时刻也是他被学校开除的时刻。

L从城里又回到矿区。他成了一只被折断翅膀的鸟。

L以前的梦想是做一个肯尼迪那样的政治家。这个想法对一个生活在矿区的孩子来说当然很幼稚，因为肯尼迪显赫的家族、财富和能量，不是他能想象的，他和肯尼迪生存在两个不同的国度和环境。但是他说他想做肯尼迪那样的政治家。

> 亲爱的公民们，在你们的手中有比我更多的东西，将决定我们方针的最终的成功与失败。现在号角又向我们召唤，去反对人类共同的敌人：暴虐、贫困、疾病和战争本身。不要问你的国家能为你做什么，而要问你自己应该为你的国家做什么。

高中二年级的时候，在一个深秋的黄昏L面对着我念诵肯尼迪著名的演讲。他的普通话很标准，念诵的时候声情并茂。我是他唯一的听众，当时我们在矿区一所中学的操场上，我们分别站在一副双杠的两边，脚下是丛生的枯草。天气很凉但是我感觉有一种热力在身体内部游动。这种热力和肯尼迪有关，也和L有关。在我看来肯尼迪是一个杰出的人，而L是一个神奇的人，他的头脑是一个奇妙而深奥的库藏，那里储存着很多对我来说不可思议的东西。包括肯尼迪，那时我第一次听到这个名字。作为一个人，我那时候是混沌未开。我不知道那些奇异的想法是如何在L的头脑里诞生的，那时候我很佩服他。

那时候，一个用拳头开创霸主地位的男生正命令一些屈服于他的淫威的男女生在操场绕圈爬着给他当马骑。这个男生智力平庸，但是性情凶恶。他大概是尝到了用拳头征服他人所获得的快意，所以动辄就挥拳相向，只要他看着不高兴的事情，他都靠拳头解决。学校里很多人看到他就恐惧，老远就要避开他，避不开的就要尝一下他的老拳。因为功课比较糟糕，他经常会受到老师的训斥和羞辱。他在看着那些怀有优越感的成绩出色的同学时就像看到了敌人，那是他打击的对象。他经常会叫一些见了他因害怕而颤抖的同学伏在地上给他当马骑，学狗叫，直到他满意为止。这个人滥施淫威却缺乏创意，但是很多人就是畏惧他这种缺乏想象力的行为。

我和L都没有服从。我们拒绝在他的拳头的挟持下做出屈辱行为。我们的不服从让那个男生很愤怒，他捡起地上的一块砖头朝我们砸来，我和L，我们躲过了砖头，但同时抽出藏在裤腰的榔头。L出手的速度凶猛快捷，他把手中的榔头准确地砸到了那个男生的头上。我的速度慢，跟我内心的犹豫怯懦有关。我从家里的工具箱里抽出父亲那把生锈的榔头用砂布磨擦的时候，我难以想象我挥舞着它砸到一个人的头上的情形。榔头小巧，是一个只有一寸大小的尖锥体铁器，一尺长的木柄，木柄上边有凹槽，很适合手握，握在手里有精巧的感觉。这样一个东西成为我们的武器。我知道如果它被加力落到一个人的头顶，肯定会击破一个人的头颅。我对击破一个人的头颅这个可能的现实感觉不安。如果力度失衡，那个被击破的头颅会碎裂，一个人的生命会受到伤害。我们为什么要使一个人的生命受到伤害?

但是我的质疑很快就被在强暴统治之下所产生的屈辱和反抗之心所覆盖。因为那个男生经常找我们的麻烦，无故寻衅。他让你无法回避一个事实。一个被奴役的事实。这个现实如果不改变，会让我们丧失生活的快乐和幸福。因为只要想到那个人，就会感觉到笼罩到头上的阴影。有很长的时间那个阴影一直跟随着我。我跟L决定反抗那个人的暴力侵犯，我们秘密制定反抗的计划。在那个男生向我们施暴的时候共同出击，我们分别把榔头砸到他的肩头、后背。砸到他头顶的那一击是由L施行的，他说对一个暴力的人只能以暴易暴。结果是那个男生吓傻了，他的脑袋鲜血直涌。

这是我们一直在温习的人生的功课。以暴易暴，那时候被我们这些生长在矿区的野孩子看成是世间普遍的真理。我们成为这个真理朴素的实践者。很长时间，我们的书包里都藏着那把榔头，我们随时提防被报复。手中的榔头就是我们反击强暴，捍卫和保护自己的武器。那时候我看到一个人对恶和暴力的不服从产生的真正意义：那就是让我们赢得一种有尊严的自主和自由的生活。反抗的经历让我们获得了生而为人所应该有的尊严和信心。

柏林墙倒塌了。L摘下耳机对我说。

他把插在半导体上的耳机插头拔下来，把半导体的音频旋钮调大，我听到一阵急骤的音乐，然后有一个男人说除了东德人拆除柏林墙的消息。同时还有南非黑人领袖曼德拉获释，种族隔离制度的废除，还有捷克荒诞派剧作家哈维尔当选捷克总统的消息。

我觉得我发现了一个秘密。为什么L知道很多事情而我不知道；为什么L可以知道世界的很多信息，而我无从获悉。我看着他的那个普通的袖珍型半导体。只要把调频调到某一个波段的时候就能获悉那些来自地球另一端的声音。那些声音完全不同于我们以往听到的声音。

我在历史课本中看到过柏林墙，历史教科书里说：柏林墙是一堵伟大的墙，它的修建使一个国家抵御着另一个国家的影响和侵蚀。

L给我看他收藏的当年东德人建筑柏林墙的图片，当年刊登在美国《时代》周刊的英文报道。我不懂，L念给我听：

> 1961年8月31日，柏林墙这个东西方不可调和的冷战时代的产物，像一把利剑把柏林的心脏一分为二。这堵墙是用预制混凝土块以惊人的速度快速筑成的，要通过这堵墙是很困难的，东柏林人想通过时要有特殊的通行证，而东德人的士兵对任何人绝不徇情。用机枪武装的东德士兵架起刺铁丝做成的界限把东西柏林分开。这是封锁边界的第一步。往西柏林迁移成为十分麻烦的事。每天约有两千个难民离开这里。边境的守卫者加固了勃兰登堡门附近的边界，因该处成为逃跑的出口。守卫者阻止了每周五万东德人前往西柏林。

我看到几张照片，守卫边界的卫兵和警察铺设构成围墙基础的带刺铁丝网和预制混凝土块。有夜间偷越柏林墙被捕的人。还有在柏林墙边荷枪实弹的士兵和警察以及挥舞着自制武器玩冲锋游戏的儿童。

这些声音，这些影像，还有这些文字是我闻所未闻的。那时候我很茫然。这样的信息超越我的认知能力和判断能力。但是更多的是悲伤。我看到我是被隔绝和屏蔽的。我的所知，我的所见，我的所感都是被限制的。我发现我的生活并不真实。我们被切断了和外部世界的联系，切断了和这个世界更广大人群的沟通。我们被屏蔽在时间、语言和声音之外。我的眼睛、耳朵、大脑因为被屏蔽而显示出某种迟钝和麻木。

但是当时这种获取信息的方式令我不安。

这些声音被看成是对我们生活的颠覆。那些声音被严厉禁止。那时候我听到这个声音的时候感觉惊慌。我甚至害怕被什么人听到。以前在矿区有人因为收听这些电台而被判刑，被游街示众。我看到过那个被押着示众的人。公审的告示在大街小巷张贴着，一些将要被处决的人的名字下打着火红色的叉。我看到那个人的名字。他的罪名是现行反革命，犯罪事实是收听敌台广播。我得到公审的信息以后步行一个小时去赶往行刑的山头。很多人都去看，人潮壮观如同赶集。一列卡车在盘旋的山路上逶迤而行，走到近前的时候我看到卡车的车顶上架着机枪，后边是戒备状态中的军人，即将被处决的犯人脖颈后插着亡命牌，五花大绑被押着。我看到那个因为收听敌台而被拘禁的人，那是一个年轻人，他和因为杀人放火因为打架斗殴流氓成性而被捕的人一起站到同一辆卡车上，他们胸前挂着纸牌子，被人五花大绑押解着。警察设立了警戒线，观看行刑的人群被阻挡在警戒线之外。我在那些蜂拥的人群中精神紧张身体颤抖，我看着那些犯人被押到刑场，他们背对一个山崖，一字站开，有的人已经无法站立，被警察提着。所有的警察都戴着墨镜口罩。

到了中午的时刻，行刑的命令下达，行刑的警察坐着三轮摩托车，摩托车开动，在摩托车行驶之中，警察伸展握着手枪的手臂，手起枪响，那些犯人就扑倒在地。那个胸前挂着现行反革命牌子的人是陪刑的人，我看到在身边的犯人扑倒在地的时候，他又被提起来重新押到车上。我的身体颤抖。这样的场景让我感觉恐惧。直到那些行刑的车队开来，观看的人群散去，我在下山回家的时候依然内心颤栗。回到家吃饭的时候，手捧饭碗，脑子里就是那些犯人扑倒在地的情景。

L让我听到的声音使我的心头颤栗。尽管时间已经是1990年，但是我依然感觉到余悸在心。但是我又无法抵御那些声音的吸引。那么声音对我的耳朵而言是完全陌生的，但同时也是新奇的。它们不同于我熟悉的那种话语形态。我承认我更喜欢那种陌生而新奇的话语形态。我觉得这是一些不同的信息，它们为我打开一个更为广阔的世界。它们可能帮助我更全面地了解自己，了解自己的生活，了解自己所生存的环境。当然也在帮助我更为全面地了解一个国家和它的人民。

那时候我感觉到真实的悲伤。那些声音让我看到我和一个真实的世界有多远。

我认为我的耳朵是为真实的声音准备的，就像我的眼睛是为世间的真相准备的，我的耳朵跟真实的声音相遇的时候，我既悲伤又幸福。我的眼睛跟世间的真相相识的时候我同样是悲伤而且幸福。我的悲伤是因为我竟然长久地跟那些真实的声音相互隔绝，幸福是因为我还能找到那些真实的声音，还能遇到世间的那些真相。

我用积攒的钱给自己买了一个半导体收音机。从这个机子里传来各种不同的声音，我的耳朵第一次享受到声音的盛宴。我贪婪地吸纳那些声音。我甚至觉得我的耳朵是为那些信息准备的。我很快乐。我感觉到隐密的快乐和幸福。

我依靠这些不同的声音来获取外面世界真实的消息。尽管这种真实是相对的真实，但最少它可以帮我们甄别谎言。这些声音让我感觉自己被屏蔽的生活受到瓦解，我看到自己已经由那些声音和这个世界产生了某种联结。

柏林墙倒塌的消息让我看到人为改变自己命运和境遇时奋斗的可能性。尽管东德人对获得自由生活所感受的快乐和幸福离我非常遥远，但我还是感受到了真实的慰藉。我自己跟他们联系在一起。这种联系对他人来说完全不可思议。他们的行动和行动所获得的结果会让我受到鼓舞和激励。

父亲托人给我介绍一个女孩子。

那是爱我的那个女孩子出嫁以后。那个女孩子跨过河流，远嫁他乡。出嫁的那天她的哭泣使送亲的人心生畏惧。她把我的照片撕碎扔到河水里。她对她的母亲说：你就当我是死了。

父亲不满意我的生活，也不满意我的行为。他很愤怒。父亲跟母亲说：这小子成天胡思乱想，得给他个女人，找个女人结婚生上个娃儿他就老实了。父亲想用一个女人拴住我。母亲也想让我找一个女人，但母亲希望我能被一个女人照顾和爱。他们的出发点不一样，但我全部反对。我不领他们任何人的情面。说好的媒人带女孩子到我家相亲的时间，我带着我的半导体收音机在外边游荡，知道他们离开了我才回家。父亲很愤怒，父亲在家门前截住我。他看着我戴着耳机摇头晃脑的样子，劈脸就给我一个耳光，我还没来得及反应，他就把我的收音机夺去。父亲愤怒已极，他把我的半导体扔到脚下，父亲眼里冒着火，用脚来回踩，我的收音机，我亲爱的收音机就那样成了父亲愤怒的牺牲品。

我重新成了一个被屏蔽的人。

一个与世隔绝的人。

忧愁像秋阳一样照耀我们

整个世界落脚于一个家庭中，
世界的尽头就在家门之外。

——唐纳德·里奇

父亲没有想到的是，在他的家里，由他统治下的领地，会出现监督和反对他的力量。每天从清晨开始，他从睡梦中醒来，他不立即翻身而起，而是躺在被子里辗转反侧，这些情形都没有能够逃掉我们的眼睛；等他在炕上躺够了，起身穿衣，用香皂洗脸，在脸颊上涂满皂沫，面对着镜子刮胡子，用木梳梳头，他在做着这些动作的时候，都没能逃过我们的眼睛。

我们躲在另一个房间里，从那个房间的窗口能直接看到父亲在他的房间里的起居。我们的眼睛是惶恐的。那样一双惶恐的孩子的眼睛，你只要具有某种人生的经验都能够想象得出来。我能想象出的是战乱中的阿富汗的儿童，巴勒斯坦冲突地区的孩子，非洲饥馑地区的幼儿，他们的眼睛和眼神是相同的，我觉得那就是我们的眼神。我们的眼神是衰弱的，有一种绝望的微光，绝望是因为我们看到了真相。打一个比喻，就像看到一艘木船遇到撞击以后在慢慢开裂，渐渐沉没，而我们完全没有能力拯救或者抵御。这是我们不幸的经验。

是的，那时候，在每一天到来的时候。

我们的观察以及观察到的结果都加剧着我们内心的惶恐。

我们不愿意相信，但事实无可辩驳地呈现出它冷酷的面目。

那就是——父亲在外面有别的女人了。这是我们的判断。

我们，指的是我和姐姐。姐姐那时刚从插队的西村办理病退回家。

病退只是一个回家的理由，其实姐姐的身体并没有病。她的胸前戴着大红的光荣花，后背负着折叠起来捆扎好的背包坐着绿色的解放牌大卡车，被送到遥远的西村，在那里一待就是三年，垦荒、养殖、冶炼和铸造，姐姐干过很多事情。她所在的西村我也是去过的，那是在她插队的第二年，回家的姐姐在返乡的时候带着我去西村玩，我们坐了一辆马车，三匹棕色的高头大马驮着一挂大车行走在辽远的乡间道路上，那里天高地阔，空气清冽，远处的青山被白色的冰雪覆盖，令人赏心悦目。

到达那个村子，我看见了姐姐的房东，他们淳朴而热情，在见到我的时候，房东大妈不断地送来他们稀罕的食物，比如油炸糕、比如烧红薯，或者煮毛豆。夜晚睡在乡下的空屋里，狗吠的声音格外清澈。我是有些喜欢姐姐在乡下插队的生活，但是姐姐未必喜欢。

带我到西村的那个冬季，是姐姐在西村度过的最后一个冬季。

那一年姐姐频繁地往返于西村和矿区之间，她要办理病退手续回家。

那是知青返城的时刻，返城的知青们寻找着各种各样的理由，有的招工，有的入伍，有的提干，这些返城的方式需要有势力的家庭背景，需要有权力的社会关系，姐姐没有那些背景和关系，她给自己找到的返城的理由就是病退。姐姐带着从街道开出的证明，那张印制好的表格有很多空出的位置，需要加盖各种公章。我陪着姐姐进出各个地方，从县到公社再到大队，姐姐要找各种人为她病退的报告加盖公章。每加盖一个公章，姐姐都要买礼物给掌握公章的人。那些礼物有时候是烟酒、有时候是别的。姐姐那时候梳着两条拖到后背的黑亮的麻花辫，现在想来正是她青春的时期，她的样子会令很多男人动心。跟着她到西村的时候我还是12岁的小孩，我虽然紧随着她，但是很多事情我也仍然看不到，比如她走进那些办公室央求人给她盖章的情景我没有办法看到。

现在我已经知道当年知青返城的狂潮是怎样如滔天洪水席卷着中国的城乡，知道那些被以革命的名义放逐到偏远山寨贫穷乡村的年轻人以怎样的意志为返城艰苦奋斗，比如当年云南百万知青集体绝食，可惊天地，亦可泣鬼神。知青们为返城给那些握有权力的人送礼，送当年流行的各种礼物，自行车、手表，收音机，等等。女知青们会送上自己的身体，换取她们返城的通行证。

那几天我虽然紧跟着姐姐，看着她进出乡村各级政府机关，但是姐姐究竟怎样获得返城的证明，我其实是难以知晓的。姐姐是一个寡言的女子，很多事情都会埋在她的心里。我能知道的是，最后姐姐带着盖满公章的病退通知回到家里，她不用再去插队，不用再以柔弱之身参加繁重的田间劳动。回到家来，也去除了父母亲牵挂她的心病。回到家来的姐姐，一时还没有工作可安置，就那样赋闲在家。我也还没有去上学。我记得那时候是假期，矿区子弟小学无限漫长地放着暑假。

我不需要去学校读书，就和赋闲在家的姐姐一起担负起监督父亲的责任。

我和姐姐执行的是母亲的旨意，她命令我们监视父亲的行动。

母亲那个时候要去马武山的小煤窑工作，她和很多男性矿工一样，要穿着满身煤屑的窑衣，穿着不合脚的胶鞋，戴着不合脑袋的安全帽下煤窑。我们见过母亲下煤窑，那时候我们经常去马武山的小煤窑，去那里捡可以卖钱的废铜烂铁，那时就会看到我们的母亲。在走进煤窑之前，母亲会抽一支烟，她把头上的安全帽垫在屁股下当坐凳，她的手指夹着烟，深吸一口，再吐出来。这个动作很有风格，很酷，如同我们现在经常在城市的酒吧里或者餐馆里看到的吸烟的女孩子。

我们围坐在母亲身边，看她抽烟。母亲的仪态很有魅力，我想她会吸引男人的目光。在下矿井的男人眼里，只要有女人出现，都会让他们流连，令他们痴迷。但是我想没有男人敢打母亲的主意，她是那座煤窑出了名的检修工，机电大拿，她和别的窑工不一样的是在她的腰间系着皮带，皮带挎着硬牛皮套，牛皮套里插着钳子、改锥、扳手、螺丝刀等等工具，她的样子很像挎着枪的士兵，看起来英姿飒爽。在那座小煤窑，没有男人敢惹母亲，没人敢惹是因为男人们惧怕她身上的一股正气。

是的，正气。这是老窑工们对母亲的形容，也是对她的评价。

据说有男人对母亲怀有不轨的想法，工长刘海宽借着他的权力随意地挑选女工，那些在煤窑干活的女人们为了能分到不那么繁重的营生百般讨好刘海宽，他要什么给什么。但是刘海宽的趣味很古怪，他不是很看得起那些送到他怀中的女人，他打起了母亲的主意。但是在他突然从身后抱住母亲的时候，他得到的回报是一记响亮的耳光。很多人看到了这一幕，恼羞成怒的刘海宽不罢休，他扑上去就把母亲按倒在地，恼怒和羞耻让他的心意变得凶狠，他本来只是想调戏母亲，没想到会得到一记响亮的耳光。

他凶狠地把母亲压在身下，就那样当着很多男女窑工的面骑在母亲的身上。刘海宽没想到的是母亲从挎在身上的工具套里摸出一把改锥，她挥起改锥就扎在了刘海宽的背上。

你妈的眼睛里不揉沙子。这是老窑工乔山对母亲的评价。她身上有股正气。乔山说。

多年以前，我家里还会有老窑工们来做客，他们可能是父亲的朋友，也可能是母亲的同事，老窑工乔山就是上门来的一个人。因为这股正气，很多人都不敢打母亲的主意。我想，因为这股正气，父亲的日子也会不好过。就是说他不能随心所欲地生活。他要承担起自己在家庭中的责任，他要在某种规则之内行事。这个没有商量，也没有妥协的余地。

小煤窑是在马武山脚下。一条长满枯草的土路蜿蜒曲折地通向那里，枯草和黄土因为日久被弥漫的烟尘所覆盖渐显黑色。小煤窑的附近是一座工棚，不管昼夜都会亮着昏黄的灯。工棚的漆皮脱落的门已经从门框上脱下来，歪斜地靠在门框上。代替门板的是一张挂在门上的黑帆布，撩起黑帆布就看见了工棚里边的景况。一铺大炕，炕上是破旧的颜色发黑的竹席，窑工们有时候上炕不脱靴子，他们就那样蹲在炕上，说话或者吃什么东西。这当然指的是正常的时候。在煤窑总会有不正常的时候，比如落顶，就是工作面有窑顶塌落；比如透水，跑野车，再比如瓦斯爆炸。这些是煤窑常见的事故，事故发生的时候，这里自然是另一番景象。

母亲不是很愿意我们到井口来玩，她觉得这很危险。但是我记忆里她也并没有多么坚决地反对，而是听之任之，她不在意那些事情。矿区的孩子大多不被家长娇惯，去哪里玩都可以由自己决定，只要不出去偷抢，家长一般不会干预。要是有孩子偷抢，被家长发现肯定是暴揍。在那时母亲应该是愿意看到我们到煤窑的，她可以看到我们，也可以获得家里的消息。因为母亲是三班倒，就是说在每个月里，她有15个白天是在矿井里，有15个夜晚是在矿井里。换句话说，对于母亲而言，她并不能完全掌控她在家庭里的局势。父亲总有时间是在她掌控之外的。

这个局面显然不能使母亲放心，她就把监督父亲的责任交给我和姐姐。

姐姐刚从插队的西村办理病退回到家里，她接受了监督父亲的责任。

我总以为姐姐比我更胜任这个责任，因为说到底她已经是成人了，她有着成人的意识和判断。比如有一天，父亲跟姐姐要去了她戴的英格手表。为什么要去这块手表？要去手表做什么用途？对我来说这不算问题，对姐姐来说这是问题。她服从了父亲的要求，把英格手表从自己的手腕退下，交给父亲。父亲并没有解释为什么他要这么做，显然父亲是心虚的。

那块英格手表是姐姐去西村插队那年，母亲特意买给她的。这也是姐姐最心爱的东西。

姐姐对我说，手表肯定是给了那个女人。爸爸还说不要把他要去手表的事情告诉妈。

我现在还能记得那天跟姐姐谈话时的情景。我们分别坐在院子里的两块青石上，秋阳正从高空照到我家的院子里，在我们的脚边有好几只公鸡和母鸡，它们抖动着红色的下垂的鸡冠，伸长着脖子在地上觅食，它们不时发出只有它们自己才能懂的咕咕的声音。还有一只猪是躺在猪圈里的，浑身长满黑色毛发的猪肥得已经难以站立，它每天的状态就是横卧在猪圈里，那是属于它自己的领地。

我和姐姐是看着父亲睡觉起来，看着他下地给水盆打水洗脸，他用香皂在脸上涂满皂沫，然后用刮胡刀刮去了两鬓的胡髭。父亲对着镜子做着这一切。我们还听到了他吹口哨的声音。显然父亲的心情很好，至少是很轻松，很快活。他泼掉了脸盆里的水，走回屋里。然后拎着一件蓝色的卡其布上衣出门，他站在院子里用笤帚掸去衣服上的尘土。我们都知道那是父亲最心爱的一件衣服，他只在过节的时候才舍得去穿它。父亲穿好卡其布上衣，他还在衣服的上衣口袋别了一支钢笔，那也是他最喜爱的钢笔。我们就这样看着父亲走出家门，看着他的身影消失在街口。

那时候，忧愁像秋阳一样照耀到我们的身上。

夜晚的时候，我们也没有放松警惕。有一天晚上睡觉，我被姐姐推醒，她说你听。

于是我听到院子里的响动。我们用来晾衣服的铁丝绳被人触碰时发出金属的嘶鸣声。

晾衣服的铁丝连接着屋里和屋外的两个门框，它悬在半空，与门头齐高，铁丝能发出声音一定是因为有人触碰到了它。那个人显然是父亲，只有父亲的身高能够到它。

我们知道在夜静更深的时刻，父亲攀上门庭，越墙而出。

他没有打开门锁，开门出去，而是翻越门庭，越墙而出，我们猜想他是要保持自己在家里睡觉的假象，事实上他离家而去，到了哪里我们都无法知晓。姐姐说父亲一定是去了那个野女人那里。

在我们的生活中出现了一个隐匿起来的他者。这个他者是女人，她是我们家庭结构之外的一个女人。我们不知道她的企图，但是因为她在暗处，不被我们所见，所以我们更多地揣测她是不怀好意的。因为她使父亲变得诡谲，怪异，她还使父亲变得虚假和善于乔装，包括撒谎。我们认为这些都是人的恶行。但是我们无能为力。作为生活在成人世界之外的孩子，我们对父亲背叛的举动束手无策。只知道我们的家庭像一艘行在水中的大船，在某种时刻因为被暗中侵略而出现了裂隙。

它开始沉没。我们的像破损的船只的家庭开始在水中沉没。这是我们想象的情景。

在电影院里看到父亲的时候，我们就觉得不能再沉默。觉得必须要有所行动。

在电影院看到父亲我吓了一跳。我见到他的时候总是很紧张，我并不知道为什么。

我躲在人群里，不让父亲发现我。我看他走进电影院，他的手里拿着两张电影票。

因为紧张我甚至没有敢去看他身边的人。但我确信我是看到了父亲。我逃也似的离开人群。我找到姐姐说我看见爸爸了。姐姐也吓了一跳。她开始犹豫我们要不要再走进电影院。

电影院那时候在轮番上演样板戏，《红灯记》《沙家浜》《智取威虎山》，看一场电影票价是五毛钱，在白天的时候，姐姐会带我来看电影。在电影院我们会暂时忘记母亲嘱咐我们的事情，姐姐买来炒熟的葵花籽，我们就在买到的位置上看电影，从电影院后部开出的矩形的孔射出电影机投射出来的光束，舞台上遮幅的白色的银幕上演着那些廉价的电影。我和姐姐边吃瓜子，边看电影。很多人和我们一样，边吃瓜子边看电影。以至于我在恍然间听到最强劲的声音不是来自电影，而是来自人们嘴巴嗑瓜子的声音。每到电影散场时，电影院的地面就积着厚厚的瓜子皮，脚踩上去就像踩在地毯上。但是那天，姐姐说咱们不去看电影了，回家吧。她带着我往家里走，我看见姐姐的表情有些恍惚。我们都没有看到父亲在跟谁看电影，但肯定不是母亲，因为那个时刻，母亲正在矿井里劳作。那时我们无端的觉得母亲受到伤害。

我们决定跟母亲通报所看到的情况。

母亲安静地听完了我们的情况汇报。她从随身带的烟盒里抽出一支烟，用火柴点燃。

白色的烟雾从母亲的嘴里和鼻腔出来，但是只吸了两口，母亲就把烟摁灭了。

在她摁灭香烟的时候，一个决定也在她心里形成了。

作为一个精明强干的女人，母亲携带着她的满身的正气。

她下井，钻到黑咕隆咚的矿井里工作，这是为了养家糊口。这个责任本来是父亲的责任，但是她为了家庭生活得更宽裕分担了父亲的责任，赚钱养家。然而在她分担了父亲的责任，肩上除去了压力的父亲却心猿意马，开辟了另外的战线。这是母亲不能接受，也无法容忍的。

就在这一天，母亲对父亲实施了她的精确打击。她在掌握了足够的证据之后发动了她的攻势。那天，母亲没有去矿井工作，也没有让父亲出去工作。她把门反锁起来，把她和父亲关在门里，把我和姐姐关在门外。我们都知道大事不好，预感到一场残酷的风暴将要降临。我们深感不安和惊惧，但是母亲不允许我们在场，她也不去管我们在那一天的生活，比如温饱和餐饮。所有这些都被她置之度外。我们只是透过玻璃窗依稀看得到屋里的情景。那是一场爆发于家庭的战争。

道义的力量，这是我现在想到的词语。我觉得当年母亲发动家庭战争的时候，她是拥有这个力量的。母亲不是哀求父亲清理他的婚姻之外的男女关系，整肃他的情感，母亲是直接命令父亲这么做，她直接告诉父亲这么做必然出现的结果，那就是他仍然可以拥有这个家庭，拥有他的女人和儿女；如果父亲不能清理和整肃他的情感和婚外的男女关系，必然的结果就是他失去这个家庭，失去他的女人和儿女。还有就是他将把自己置于与这个家庭敌对的立场上，那样会遭受到母亲严厉而冷酷的打击。

父亲在开始就见证了母亲强韧的捍卫家庭的意志，她选择不去工作，也不让父亲出去工作，她关闭和反锁起房门，显然她是做了最充分的准备。母亲最先表达她对家庭出现变异状态的愤怒和耻辱，在她冒着生命危险下到矿井的时候，她的男人做贼一样偷偷摸摸在外面搞野女人。这件事情带给母亲的感觉就是愤怒和耻辱。母亲没有打骂父亲，她选择了打骂自己。她在反锁的房间里，面对着父亲狠狠地抽自己的耳光，她用责打自己表达她感受到的愤怒和耻辱。她狠劲地坚决地抽打自己的耳光，她表现出来的刚毅的意志吓坏了父亲，他看到站在面前神情哀伤的女人不停歇地抽打自己的耳光，父亲被这一幕吓坏了。他不知道如何才能使母亲停下来，最后他给母亲跪了下来。

这时候母亲才哭出了声。愤怒和耻辱之后是她深深地悲伤。她哀哭着，发出最深切的号啕之声。我们无法进入屋内，只能从玻璃窗看进去，屋里的情景令我们难过，我觉得我的泪水在脸上无声地流淌。我抬起头来的时候看见姐姐的脸上也挂满泪水。母亲的精神之殇也是我们的精神之殇，她的情感之恸也是我们的情感之恸。那时候我们真的是轻视父亲，觉得他痴迷鬼祟，不正大光明。父亲交代了他的错误。供出了跟他有婚外男女关系的女人，包括讲出他们在一起的细节，比如他们是在工歇的时候，在工棚之外的庄稼地里相会。他们把窑衣铺在地上做自己的坐垫。等等。

在这场家庭的战争中，父亲是战败者，他完全没有反手和自卫的能力。

女人爆发出的强悍的自卫的力量把父亲震慑住了，他只有完全地缴械投降。

直到第二天的黄昏，母亲才把房门打开。她的面容疲惫，神情倦怠。

我和姐姐在院子里劈柴，这是我们能为父母做的事情。

在他们困苦交战的时候代替他们准备冬天御寒的木柴。

斧头劈到木绊上翻松了脚下的泥土。

我看见房门打开，看见从房间里走出来的父亲，他竟然面露愧色。

父亲甚至都没有抬头看我们，就仓促地走出家门。

在他闪身而去的瞬间，我看到父亲的脸上有指甲抓伤的痕迹。

一场征战结束，这本来应该是我们欢庆的时刻，

但是看见父亲羞愧的面容，我突然间就有泪水涌出来。

我低下头，看见泪水落到脚下，消失在泥土里。

白天遇见黑暗

他们白天遇见黑暗，
他们中午摸索而行，
宛如在夜间。

——引自理查·赖特《黑孩子》

那年秋天我的朋友L来看我。夜晚我们散步到矿区的一座石桥上，石桥下涌动着被烟尘污染的黑色的河流，河边黑色的植物在夜晚散发出干草的气息,我们的头顶是星光微暗的夜空。那时候我说我有一个梦想。我说我的梦想就是有一天生活在一个文明之城，那里天空蔚蓝，空气清新，那里日光和煦，草木葱茏。那里老人有儿童一样的笑脸，孩子有真实的快乐，在那里生存的人勤劳而幸福、安详而智慧，那里没有权力压迫，没有强者奴役，那里没有贫穷也没有困苦。

这些话我是背诵出来的，它不具备口语化的特质，但是对一个生活在矿区敏感而内向的孩子来说,语词和文字是可以信赖和值得亲近的事物。那时候我不像现在这样害怕被人看成知识分子,不像现在这样对语词和文字充满怀疑。因为我是一个在底层社会依靠苦役来维持生存的人。我愚钝，缺少见识，远离学院的教育和知识的塑造。我在地上行走的时候周围是高耸的井架、隆起的煤山和连绵的群峰。天上是沉积的浓重的烟尘，那些烟尘的颗粒会落到我的头发里，落到脸上，甚至飞到口腔，进入我的肺腑。我下到地腹中的时候周围是无限的黑暗，漫无际涯的寂静和没有尽头的劳役。我生存的境况让我对文字和语词怀有敬重之心，我对我所能获得的令我热爱的书籍充满感情，我把它们看成神性的物质。

那时候我欣赏一部名叫《黑孩儿》的书。那是被称为“美国黑人文学之父”的理查·赖特写的。现在，二十年之后，这部书就放在我的面前，它的装帧朴素，纸张普通，印在纸上的字也平凡如常，还有它的定价只有1块5毛钱。但是二十年前就是这部329页的小书打动了我。我是在远离矿区的城里一间狭小昏暗的书店里看到它的，当时它蒙满了灰尘，被弃在书店幽暗的角落里。我看到绿色的封面印着一个黑孩子的头像，那个孩子有一双明亮而忧郁的眼睛。在黑孩子的头颅之下是一座城市的剪影，是高楼的丛林。我看到它的扉页有一张照片：一个中年的黑人男子，在一个临窗的地方，坐在一张小木桌前用他的打字机在写作。他穿着黑色的西服，黑色的皮鞋和白色的袜子。照片印在纸上的质量并不好，图像模糊，但那个工作中的黑人的形像还是吸引了我。我还看到一段写在结尾的文字，那个叫理查·赖特的美国南方的黑人写着：

> 生活是可以过得有尊严的，别人的人格不应受到侮辱。人们应该可以毫无畏惧或羞愧地去与另一些人正面相视，而且，如果他们在地球上过日子走运的话，由于他们曾在星空下进行过斗争，忍受过痛苦，他们可能会获得某种补偿。

这段文字和那张照片成为我热爱这部小书的理由。我买下了它，这部书成为我内心的秘密和宝藏。我把我喜欢的那段话用钢笔抄写在一个蓝色日记本的扉页上。那个日记本被我放在一个隐秘的地方可以早晚看到，它是我少年时代在人世聆听和倾诉的工具。

L说：“你说的梦想我知道，它是美国民权领袖马丁·路德·金在1964年时候的梦想。马丁·路德·金在华盛顿的林肯广场，面对着跟随他游行而至的千百万民众念诵他的梦想。”

马丁·路德·金说：给予所有的人以生存、自由和追求幸福的不可剥夺的权利。给予我们宝贵的自由和正义的保障。我们现在并不满足，我们将来也并不满足，除非正义和公正犹如江海之波涛，汹涌澎湃，滚滚而来。

马丁·路德·金说：我有一个梦想，有一天这个国家会站起来，讲出这个真理——我们相信人类在上帝面前是平等的，这是显而易见的真理。

我知道马丁·路德·金是一个伟大的人，他把自己献给了非凡的梦想，他因为自己的梦想被刺身亡。如果我胆敢把马丁·路德·金的梦想作为我的梦想,会受人嗤笑,遭人轻蔑。我不敢，因为我是一个胆怯、卑微、渺小、愚钝而平凡的人。我的生活封闭而灵性蒙昧。而且我的皮肤是黄不是黑，我没有黑人作为一个种族被歧视被欺凌被侮辱的苦痛。

但是我依然把马丁·路德·金的梦想看成是我的梦想,因为我想，我们的梦想来自一个共同的黑暗的处境,区别只是马丁·路德·金对黑暗的体察是来自人类的种族迫害,我对黑暗的痛彻体验不是来自皮肤而是来自生存的真相和实况。

我对L说，1964年,这个梦想是马丁·路德·金的梦想。但现在,它是我的梦想。

我对着天地对着星光和河流念出我的梦想，我知道它们就住在我的身体里，在我的血液和心念里,我能够真切的感知到它的存在,能感觉到它的形状和力量。

那时候L刚刚从城郊的看守所出来。

他在矿区一幢建在废墟之上的上下层的石头房里找到我,我看到他的形容枯槁,神情晦暗。在进看守所以前L是一所市立会计学校的学生，他留着黑亮干净的披肩长发，因为长期爱好足球，他的身体结实、挺拔而矫健。因为天性聪慧，他的气质潇洒、飘逸。他的理想是要做一个肯尼迪那样的政治家，他在中学时代热爱国际政治。我也见过他的一个日记本,热爱隐秘的书写是我们少年时代共同的爱好。我看到他在日记本的扉页上书写的是美国作家杰克·伦敦的一段话:

> 让我在热血沸腾中度此一生，
> 让我在醇酒般的幻梦里醉沉，
> 莫使我眼见这泥塑的肉身，
> 终以空虚的躯壳毁于泥尘。

矿区中学靠近河边,几幢灰色的平房,一个操场,两个木制的布满裂纹的篮球架,一片长满枯草的空地。河床干涸，河边堆满乱石，从河床穿过的风会把河岸腐败的腥气送到我们的教室。在中学读书的时候，我和L是很好的朋友和伙伴，我们的性格和情趣迥异，他的性格外向，我的性格内倾，他的智力超群，反应敏锐，我是做事慢半拍的人。但我们的关系很好，我们互相欣赏，我们是那种能够互补和互益的伙伴和朋友。

上课的时候我们经常不听老师的讲课，我的书桌上经常摆着我喜欢看的闲书，《黑孩儿》，《鲁迅全集》，卢梭的《忏悔录》、雨果的《悲惨世界》、罗曼·罗兰的《约翰·克里斯朵夫》。这些书都是学校图书馆的，我设法跟图书馆的老师搞好关系，然后把书借出来。我看书的时候，L总是用一支铅笔勾勒着他热爱的政治明星的肖像。他经常画的肖像是戴高乐、丘吉尔、列宁和斯大林。

我们有一个化学老师，他是北京来的插队知青。那时候我们喜欢在露天广场看电影，有一部阿尔巴尼亚的电影《勇敢的人》给我的印象很深，化学老师长得跟《勇敢的人》里边的那个挎着卡宾枪身穿黑色风衣的游击队很像。瘦削而修长，眼睛深陷而鼻梁挺拔，到冬天的时候他经常会穿一身米色的中山装，围一条银色的羊毛围巾，手臂间夹着几本书从宿舍到教室，他从操场优雅的穿过，给我们的感觉真是风流倜傥。

在代课的老师中，化学老师是唯一受我们欢迎的老师。他来上课大家就乐不可支。我们都很配合他讲课，不给他捣乱。他讲普通话，他的嗓音充满磁性，在一个充满晋北方言俚语的地方，他的声音和语调几乎有一种高贵的气质。他讲课的时候风趣幽默轻松，他从不批评我们，看大家上化学课犯困，他就会用粉笔为我们在黑板上画领袖的肖像逗我们开心。戴高乐、丘吉尔、列宁、斯大林，几笔就勾勒出来。化学老师让我们着迷。事实上他当时的命运是被流放的命运，他作为那一代知识青年中的一个，从北京迁徙流转到晋北矿区，但他的性格却乐观、开朗。我们很少看到化学老师有阴郁的时候。

L受化学老师的影响很深，他的模仿能力极强，他爱化学老师，就喜欢模仿化学老师。他的聪明使他的模仿富有成果。很快我们就看到从L笔下诞生的领袖肖像。因为爱好国际政治，L崇拜戴高乐和丘吉尔，列宁和斯大林也是他崇拜的。他是在苏联十月革命的历史解密之后才知道斯大林不应该在热爱和崇拜之列。但那时在一个封闭的矿区，一个生性自由活泼的中学生，他不管也不懂那些真正在权力峰巅之上的人在现实中是什么样的人。我也不懂，我们的热爱和崇拜显得盲目，但似乎情有可原。

L上课的时候就用铅笔画那些伟人的肖像，数学老师背过身体在黑板上写字，等老师转过身的时候就发现他的涂鸦行为，当然也会发现我的偷看闲书的行为。老师走下讲台，走到他的跟前，把他手中的肖像画拿在手里看都不看就撕得粉碎，然后又会走到我的面前。虽然我在老师走近之前，已经把书藏到了书桌里，老师还是把书拿走，放到他的书桌上继续讲课。

我们都不太在意老师的态度，我没书再看，就望着窗外胡思乱想，但是他要再画的时候就会被老师赶出教室。赶出教室他也不在乎。下课的时候他的身边就围起同学，他酷肖的模仿在收音机里听到的宋世雄的声音解说中国女排的夺冠之战。他模仿的声音和语速把围着他的我们笑得肚子直抽筋。

我觉得L的聪明可能和他的母亲有关。

他的母亲解放前是包头一个纺织厂老板的三姨太，受过私塾教育，不像我的母亲，从小没念过一天书。解放以后，纺织厂老板被镇压，L的母亲作为资本家的姨太太被遣散。L的母亲从包头流落到我们所在的矿区，在那里嫁给一个姓李的窑工，L和他的姐姐是母亲和那个李姓窑工的婚姻果实。但是在他7岁那年，他的父亲有一天下窑，走在一条斜巷里；斜巷里正有人放矿车，被钢缆系着的矿车，开始平稳的滑行，但是中途加速度行进的时候，突然钢缆崩断，脱缆的矿车从斜巷飞弛而下，L的父亲被矿车拦腰撞击，当场身亡。

L的母亲多年孀居，但是她的身上残存着旧式姨太太的古怪习气，抽大烟，赌牌，性格乖戾。我们的班主任老师想培养我们考大学，班主任老师以前也是矿工，他有一个脚趾被塌落的煤炭砸断了，他是依靠自己会写一手好看的毛笔字而被抽到学校教书。他的愿望是培养几个大学生。但是因为贪玩和心思全无，我们的功课表现平平。有一天我们的班主任老师家访，到L的家，他的家在山上的一个贫民窟里，老师沿着盘曲的山路在一片东倒西歪用石头建筑的房屋丛中找到他家的时候，L的母亲正在聚人打牌，那些人抽着烟，房间里乌烟瘴气。我们的班主任老师看了一下就走了。

班主任老师找到L，对他说："你想活出个人样，就好好念书，考大学，离开你的家，离开矿区；你想做废物就混下去，像你爹一样混到个没尸首的下场。"

“没尸首”这种说法在我们那里几乎是一种诅咒。它让人不寒而栗。L受到刺激，那时离高考只有三个月的时间，L开始发愤苦读，就差头悬梁，锥刺骨了。我那时功课实在是糟糕，除了语文，别的功课一塌糊涂。老师看我不可救药长叹一声就撒手不管了。最后L考到会计学校。我则到矿井做工。

L在学校里表现出众，因为他出众的智力和领袖般的气质成为学校的明星人物。他上了中专以后，我们就通过信件和邮政彼此联系沟通。偶尔我们会见一面，每次见他的时候都是活力毕现。但是有一天他出现在我面前的时候，他的长发不见了。

L被剃了头，他形容枯槁，眼神黯然。

因为他带着同学到市区去看夜场电影。在电影院，他的一个同学被一个守门的中年人拦住，那个人指着那个同学让他出示电影票，那个同学在身上浑身摸都找不出电影票，那个人说：你们这群人一看就不是好东西。L认了真，他要求那个人解释他的言词，别的同学也围住那个人。争执就发生了，那个人见自己被围住，就叫保卫室的警察，警察从保卫室出来，那个中年人说L是领头闹事的学生，警察看了L一眼，看他留着长发，就揪住他往保卫室拖。L反抗，警察就把他铐到保卫室门外一棵粗壮的柳树上。那天傍晚L没能看成电影，直到电影散场，L被几个警察从树上解开手铐，带上停在电影院门前的警车。警车把L拉到一个警察局。L指控警察对他滥权施暴，他发挥自己雄辩的口才，试图让审讯他的警察相信他的无辜。但是他的话没有说完，他的膝盖骨就被狠踹一脚。他弯在地上。随后他就被告知，因聚众滋事扰乱公共秩序，他被拘留15天。L雄辩的口才，敏锐的头脑无法跟警察对抗。没人理睬他的申诉。

L关了一夜，第二天被剃掉长发，一辆陈旧的警车拉着，在城郊的山路上颠簸了两个小时以后到达城郊的劳改地。

在那里L被人监视着，强迫在劳改的石场搬石头。L说采石场荒无人烟，只有几个和他一样被羁押的人在一个法警的监视下在山上采石头，一日三餐，每顿一个窝头，一碗可以照见面影的稀粥。L说他必须不停的背那些石头，从山上往山下背。他要忍受监视者的严厉监视。结束劳动的时候，他就栽在石堆上爬不起来。

劳改地不允许探视，L说他在15天就没有说过话，整天闭着嘴巴服贱役，看太阳照着自己的影子从短变长，从长变短。15天以后L被放出来，是L的姐姐知道消息后到处托人找关系，给一个熟人介绍的警察送去3000块钱，那个警察又不知道找了谁，L被释放。他出来的时候一起劳改的还有9个人，那些人被羁押的时间长短不一样，有的两个月，有的半年，最长的是一年零三个月。因为没有疏通的关系，他们就被无限期的羁押着。

因为被拘留劳改，L被学校宣布开除。他的姐姐把他从看守所接出来，但是他已经无处可去。15天被羁押的经历成为他的噩梦。热爱国际政治，梦想成为肯尼迪式政治明星的L被15天的劳改生活摧残了梦想。

我和L一起散步，他光着头，他的目光茫然神情冷漠心里布满怀疑和仇恨。从看守所出来之后他找过城里的律师，他想状告拘押他的警察滥权施暴，但是律师说：你别做梦了，在这里警察就是法律。你告他，惹翻了他还可以把你关起来。

L问律师，就没王法了吗？那律师是干什么的？

律师说：吃饭的饭碗。

L在说这个话的时候神情绝望。

那天，送走L我换好工装到工房。

工头对我说，你去北山吧，那儿有一个盘区需要人看守。头儿的头发花白，脸上的连鬓胡子花白，但是他的面孔是黑的，他阴沉着脸说："你以后再不准时来出工，就别再干了。"

北山的盘区我知道。那是瓦斯密集区。去那里要步行两个小时，那里没有矿车能通到。几年前北山的盘区发生过瓦斯爆炸，有21个窑工在爆炸中殒命。瓦斯爆炸的时候我还在中学读书。我真切记得是一个天色阴沉的下午，街上飞旋着从树上飘零的枯叶，还有秋雨在淅淅沥沥的下。我正走在去学校的路上，然后就看到从马路鸣笛疾驰呼啸而过的白色救护车，一辆接着一辆。到了学校，坐到教室，班主任老师姚焕琴进来对我们说：

"同学们，矿井瓦斯爆炸了，有21个窑工牺牲了。"

老师对我们说的意思是我们要参加矿上死难家属的护理工作，老师说：矿上全都动员起来了，有钱的出钱，有力的出力。学校决定高年级的同学要参加救护工作。老师宣布完，我们就涌出教室，按照分工到矿保健站、到招待所。那里已经准备好迎接死难矿工的家属。我们的任务是配合那里的工作人员，帮助他们打下手。女生胆小，劫难和死亡的信息让她们恐惧，我们往指定的地方走的时候，有不少女生腿软得走不动道。但她们无法逃避，因为老师在随队监视着，老师说：这次任务一个都不能少，谁也别想逃。

我也很害怕。对劫难和死亡我有一种本能的畏惧。走在秋雨连绵枯叶飘零的街上，想着自己要做的事情很抗拒，但是我们不能拒绝。我负责的地方是在保健站。那里已经被紧急调来的武装警察围起来，从矿井事故现场抢救出来的矿工会被送到保健站，我看到那里有许多神情慌张的医生在跑来跑去。我们的老师带着我们，我们要去病房帮助护士们收拾床铺，帮助护士打杂，猝发的劫难使很多人都措手不及，保健站平时很少有人光顾，现在人满为患。我们还没到近前的时候，就听到从窗子飞出来的女人的哀号。那种哀号让我头皮发紧，腿脚发软。

我们协助保健站的护士参加了对死难矿工家属的护理工作，我们被护士指挥着东奔西走，去给家属取饭，取衣物，在那些远道而来奔丧的年轻和年老的女人哭泣哀号的时候要看紧她们，不让她们因为悲伤过度而背过气。我们在保健站的楼梯来回奔跑，偶尔我会看到L，我们没有分在一个组。我看到他自始至终恍惚的神情。他的生父也是死在矿井事故，我能理解，L到保健站的同时也在打开他的记忆之门，他无法逃遁的会重睹他的内心创伤。

我也要重睹我内心的隐痛。

几年以后，我的工头指配我到北山盘区的时候，我感觉头脑有血猛冲到头顶。

我说：那个地方我不去，我不适应在那里工作。

工头说：不适应？不适应没关系，我可以改造你让你适应。

那天我没有拒绝工头的安排。我领好矿灯临时改变路线，往北山的盘区走。

我坐罐下井。步行二个小时才到工作的地带。那是一个位于老古塘的废弃多年的硐室，我听有窑工说：这个硐室当年在瓦斯爆炸的时候堆满了从工作面抢救出来的死去的人。有人说经常会听到里边有鬼哭的声音。终年在矿井劳作的人会对矿井有不一样的阐释。比如灵魂、鬼、神。那些常年穿行在黑暗中的人们会想象并相信一些神异的东西。我不相信，但我还是很畏惧。我走进废弃的硐室的时候，头皮一直是麻的。我找了一个地方坐下来。我想在这个地方我不能睡觉，因为人在进入睡眠的时候，就等于为心魂敞开了一扇门，我畏惧在我入睡的时候被恐惧的东西侵入到内心里。

但不睡觉我能做什么呢？我不能阅读，虽然我是揣着书下来的，但是我不想看。我怕我亮着矿灯专心看书的时候，我的周围会吸引和聚集起百年矿井里的无形的生命。我不相信世间会有鬼，但我相信天地之间会有无形的生命。我觉得黑暗会储存这些生命。我也不敢放声歌唱，歌唱会让我更加恐惧，坐在一个没有人迹的地方，你发出的声音会是一个异数。我害怕我的声音会吸引和聚集那些永在黑暗的生命。

我不敢睡觉，在12个小时之内我就在跟睡眠作战。我只能用意志和毅力抗衡。我让自己在睡眠来临的时候保持清醒和警惕。我告诉自己不能睡去，睡去的人被我看成是失守的城池、被河流淹没的坝堤、被摧毁的堡垒。我一定要让自己醒着。但醒着的头脑就是有意识的头脑，我需要看管住自己头脑中浮现的意识。

有一些意识我会遏制，用理智的力量剿灭。比如对鬼的形象的想象。这种想象会加剧我的恐惧。我不能有。还有对死亡的记忆，对血腥的记忆，对暴力的记忆，此刻都会被我清除出意识的疆域。我渴望有光明的事物，善美的事物出来，我希望有能够安抚慰籍我的力量来统领我心灵和意识的领地。我没有信仰，但那时我虔心祈祷。我真心渴望天地之间有伟大而慈悲的圣灵，我希望她能眷顾我，垂爱我，给我光明安详和温暖的生活。

在北山盘区的工作给我一种训练，那就是彻底的反抗精神和出走的决心意志。所有的力量都在推动我。我这样一个生性内向、敏感而脆弱的孩子活生生被塑造成一个愤怒青年。

L来信说：“我们到北京去吧。”

他说：“我姐姐替我在铁路找了一份工，我们赚钱去北京。北京是一个有王法的城市。”

他的话让我的心里发亮。我说好。我们到北京去。

那时对于外省人来说,作为一国首都的北京是一个象征。在外省人的遥想中，作为一个国家的首都的秩序和文明的形态成为外省人丈量生活的一个尺度。贫困之处的人看它是福地；蒙受不公正的人看它是正义,黑暗之中的人看它是光亮。对我们而言，它是梦想之城。

我和L的理想开始变成同一体。我们怀有同一个愿望，就是离开我们的生活之地，到一个有王法的城市生活。就像我天性中对明亮光线的眷念，对清洁空气的向往，对清明景色的憧憬一样，我渴望自己能够生活在一个有律法、有公平、有正义的城市，我想那是一个人应该享有的基本的生活，也是人应该获得的基本权利。

虽然我还是要走进矿井做工，但是梦想就像我们头顶的星光，照耀和引领我。有梦想在，我就心有定力。我不再怕围困我的黑暗和劳役，不再怕笼罩我的艰辛和困苦。我开始练习出走，我训练自己不服从的能力，适应动荡的能力以及自我拯救的能力。我寻找各种可能性，以使自己离弃艰苦的劳役，离开生活之地。

能出走那时被我看成是一种幸福。

它让我行动而且具备力量。出走,意味着离开的能力。那些横陈在你生存之地的腐败、不义、暴力不能再覆盖你，那些悬置在你头顶的奴役、强权、独裁的力量开始对你无能为力。你不仅可以逃离，而且还能够拒绝和反抗，那时候能出走对我是值得额首称庆的事。

一个月以后，我和L，我们各自揣着一个月挣到的工钱，向着北京出发。

我们被列车载着，从外省一座凋敝荒凉的矿区奔赴北京的时候，我觉得我是走在离弃黑暗奔赴光明的道路。虽然前路难测，但列车开动的时候，我望着窗外心里萦绕着欧仁·鲍迪埃献给无产阶级的歌：从来就没有救世主，也不靠神仙皇帝，要创造人类的幸福全靠我们自己。那时候在一个和平的年代我突然深悟革命的意义，坐在列车出走的时候我们就像一个为自己的命运揭竿而起的起义军。

L带着他心爱的口琴，在列车向着北京奔驰的时候，他对着窗外吹着那首《国际歌》。

出走的过程也是我们的梦想和激情经受检验的过程。

内心的激情就是在黑暗中燃动的火焰，我们保持着那团火焰的热度和能量。

到了北京，到了我们梦想之城。但是在走出火车站的时候，我发现像我们这样背井离乡寻找梦想生活的人有千百万，那些在我们身边如同潮水一样汹涌的人，他们目光迷离，神情茫然。他们像沙砾消失在沙滩一样消失在城市中。

但是我让自己相信他们，让自己内心坚定。每一个为自己命运而出走的人，每一个为自己境遇而奋斗的人都被我看成是同志。我克服着自己在见到那些涌动潮水般的人群内心升起的悲凉，决然地开始自己的漂流之旅。

那时候我体验着解放的词语。出走和漂流让我体验解放的过程，那些在我身体和内心的锁链正在被打开。

黑暗中的阅读与默诵

他们从黑暗中来，
也将遁失于黑暗中

——【捷】弗朗兹·卡夫卡

我可能是矿井里仅有的阅读者。

我把要读的书籍用过期的报纸包好封皮，外罩塑胶袋，揣到怀里，带到矿井。

从外表看，我和别的矿工没有什么区别，脸和手都是黑的，工装落满煤尘已经失去原有的颜色，常年凝结着煤尘的工装被磨蚀得闪闪发亮。我头戴安全帽，蹲在矿车里在隆隆的轰鸣声中开往工作面的时候，和别的矿工没有区别。我一样用粗话骂人，对那些跟我一起下窖的矿工动手动脚，连打带踢找开心。但是到了工作的硐室就不一样。

硐室是石砌的，在采空区矿工们用地面运下来的岩石垒成的弧形工作间。在地腹中有很多这样的石硐，它们连接着幽深曲折的巷道，成为劳累的矿工休憩之地。

我到硐室，忙完开班的工作以后，就开始自己的阅读。我先把手洗净，然后开始读书。

洗手的地方在硐室之外。有两处水流可供我洗涤，一处是从煤层岩顶渗下来的水，水质洁净清澈，水声悦耳。因为经年累月，滴落的岩水把地上的一块石板滴出一个凹槽，凹槽里注满清水。那是我喜欢的水。还有一种水是泄下来的水，水流湍急，水流喧哗，在人工修筑的水槽里汹涌奔流；但这里的水浑浊，有各种化学物质，没等靠近就闻得到一股刺鼻的恶臭的气息。我用岩顶的渗水洗手，我高兴看那些晶莹的水珠的滴落，看那些清澈洁净的水流在自己的掌中流过，这些水使我即使身在黑暗的矿井也能够有干净的面孔和清洁的手掌。

洗净面孔和手之后，我坐到属于自己的位置，那是用坑木搭起的坐床，坐床上除了纸板还有我的羊皮袄，在上边或坐或卧都很舒服。坐定了我就取出怀里的书籍用矿灯照着阅读。

在最初的阅读中，我带到矿井里的几本书里有一本叫《卡夫卡寓言和格言》的小书。里边有很多卡夫卡自己作的画，那些画是卡夫卡画在素描簿上的。卡夫卡的画并不示人，他的画比他的文字更有私人性质。卡夫卡谈到他这些画时曾说：这些画是古老而根深蒂固的情感残余，这情感不在纸上，而是在我心里。卡夫卡的朋友问他画的人是什么的时候，卡夫卡说：他们从黑暗中来，也将遁失于黑暗之中。因为身处无际的黑暗，我记住了这句话，我把它看成是我在成长中所接受的最初的真理。我借助卡夫卡的寓言和格言帮助自己认清命运和处境。

现在，我凝视着那段时光的时候，我想是阅读的生活帮助了我。

能够阅读使我在矿井里的时光变得相对安宁，使漫长而艰苦的劳役变得可以忍受。

我并不是一个热爱书籍的人。荒疏学业，倦于功课使我有很长一段时间对自己深怀恐惧。

如果我不能通过学业改变自己的道路，我可能就要永远生活在矿区里。母亲不愿意我生活在矿区里，她认为那是暗无天日的生活。

有一次母亲终于忍不住愤怒，给我一个耳光。因为那一次我逃学三天不去高中的课堂读书。母亲打了我但还是忍不住去找我的班主任，她问我的老师：这个孩子不爱学习以后怎么办呢？我的老师也没有办法。她和母亲一样，爱莫能助地看着我在自己的命运之途滑翔。那时我经常逃课，一个人独自在山上漫游。学校里还有一些经常逃课的孩子，他们被称为不良少年，经常躲在学校废弃的校办工厂，吸烟、打牌，和同样行为不良的女生鬼混。但我觉得我和他们并不一样。我觉得我是初中英语课本里讲述的那只蝙蝠。我在黑暗中飞翔，没有同类。

高中学业进行到一半的时候我就辍学，顶替退休的父亲到矿井做工。

下矿井以前我就很害怕下矿井。因为生长在矿区，对矿井的情形已经了如指掌。

不读书的时候，我会经常跑到井口去，我站在井口的边沿，心怀畏惧地看着幽深黑暗的井筒，阴凉的地气从那个黑暗的洞穴中升出来。一些面目黢黑的人扛着锹镐上来或者下去。

虽然对那个洞穴充满好奇，但是我从来没有尝试过下去。我只敢在井口边玩。那些弃在野地的矿车就是我少年时代的玩具，几个孩子推着空矿车在上行的轨道走，推至高处停下来。我们蹬在矿车的后钩上，让矿车野马似地狂奔，矿车隆隆而行，轰鸣的声音使我们内心和身体一起震颤。我紧张而快乐地体验着那种轰鸣和滑行，有很长时间这是让我迷醉的游戏。

我们不顾大人的警告，只要有空就会跑到井口玩。我和邻家的兄弟，山药蛋和二小，我们反复进行着这个游戏，不断挑战着游戏的极限。开始是在低处，渐渐地我们就把矿车往山上推。矿车的轨道铺在一座山上，由低向上升起，在矿工作业的时候要在矿车后钩挂缆绳，缆绳通往一个车房由运输工操作。我们认为不需要缆绳，没有缆绳的约束，矿车更能疾速奔驰。我们就一次次把矿车推向高处，推移矿车的难度和我们的力量成正比，力量越大，推移的位置越高，位置越高，滑行的速度越猛越快。我们迷恋着那种极限速度的游戏，使出浑身的力气往山顶推矿车。二小比我们大四岁，他更早地不上学，每天给家里放羊，在当时的我们看来，二小的力气很大，他臂上的腱子肉鼓而胀，他能把街上的磨盘搬起来，举到头顶，在我们看来他是大力士。那一次我们把二小请来，向我们的极限挑战。

矿车被推至高高的地方，我们停下来。站在高处往下望，我真的感觉到脊背发凉。我没敢蹬上矿车，我想我受不住那种风驰电掣的速度。我看着二小上去，他一只脚蹬在车钩之间，另一只脚踩地加力。他的双脚离地落在矿车车钩之间的时候，我们看着矿车顺着轨道沿山下一路奔去。轰鸣的声音由弱到强，我们看着矿车沿山体飞驰而下。矿车脱离轨道向山下坠落的时候我们都呆住了。二小被矿车带向山底，他的身体被矿车卷起来和矿车一起翻滚，那一瞬间使我们心惊胆寒。等我们惊魂失魄地赶到山下，在一堆白色的乱石中看到翻倒的矿车和血肉模糊的二小，我的尿就顺着腿根流下来，我的腿间阴凉一片。

我是害怕矿井的。除了它深不可测的黑暗，还有神秘的死亡。

我经常会被妇人的哀哭从睡梦中惊醒。有时候是在午夜。被突然惊醒以后妇人的哭泣就涌进耳际，侧耳细听时感觉嘹亮凶猛强劲的哭泣充满午夜的天空，哭泣会飘浮游荡在街道之间和屋宇之上。那时候就是死亡的时刻。可能的事情就是某个家庭失去了丈夫或儿子。这是矿区日常的景观。日常的景观还包括，我们在路上行走，突然就会遇见对面身穿黑衣的一群人，他们中间的一位背上背着一人，神色张惶地奔走。背上背着的人是软的，头和手脚都软搭在背他的人身上，在他们的左右和前后还有一些黑衣人跟着，同样是张惶的神情。他们在往保健站奔。

那时候不知为什么没有救护车，也没有医院。只有一个简陋的保健站建在矿区的河边。保健站的外科大夫据说是一群心狠手辣的人，他们通常对待那些伤残的肢体如同对待需要砍伐的树木，在我的家乡有很多伤残的矿工成为保健站外科大夫的实验品。在俱乐部的空地经常聚集着一些坐着轮椅的人，那些人在盛夏酷暑的时候穿着厚厚的棉衣，他们的身体已经失去了对气候和温度的感觉。一根塑胶管从他们身体中延伸出来，落在轮椅的脚踏板上，在某些时刻，他们身体的液体就会在无觉中流出来。这是伤残的大军。在他们中间有被夺去双腿的，有被砸坏腰肢的。还有失去手臂的。这是采矿留给他们的纪念。这些人经常摇着轮椅出现在大街上。他们残缺疾患的身影是投在采矿业的一道阴影。

还有一种景观是特异的。那就是瓦斯爆炸。那时候连空气都是紧张的，天空阴霾，气候寒凉，林木肃杀，落叶狂舞。街上救护车鸣笛疾行，到处是悲伤欲绝的人。在我的成长中，这些日常的或者特异的景观就是命运之手镌刻在我内心和精神的印迹。

我害怕矿井还因为我当时的单薄和瘦弱。

我的伙伴陈继贤先我而从高中辍学，到了外地下矿井。陈继贤一个星期会回家一次。每次回到家我们见面，我都会听他讲矿井下边的事情。听他在掌子面放炮，用大铁锹铲煤，跟工头打架，这些事情我听得多了会更加害怕。因为我知道陈继贤即使是下矿井也会是暂时的，他的父亲是采煤区的区长，他下井之后他的父亲可以想办法活动把他调动上来。下井只是为了日后出来的一个权宜之计。用不了多久他就会离开。而我，如果下去，可能就永无出头之日。

我知道矿井里铲煤用的那种锹，在内心惶恐的时候，把我找到的那种锹竖起来，我绝望地发现锹比我高。锹柄比我的手臂粗壮，而锹头则阔大如箕。那是我无法战胜的一种工具，无法战胜工具，我就无法战胜劳役，无法战胜劳役我肯定也无法战胜我的命运和处境。

但是，虽然我深怀恐惧。我还是顶替父亲做了矿工。那是我唯一的道路。

当矿工需要体检。体检的时候是在一间办公室，是冬天。生着火炉的屋拉起一道白布帘，保健站的医生在帘后就坐，她喊一个名字，就进去一个人。

在进去以前我们就已经把衣服脱掉了。外边是天寒地冻，漆黑一片的窗户结满冰霜。我赤着身体抱着双肩瑟瑟抖动。我羡慕地看着站在我前边的魏光福，他骄傲而且自信地站在前边，他骄傲的来源是他的魁梧矫健的身体，我看着他结实的胸肌，臂肌，结实的双腿，觉得这个男人真是好样的。他甚至不像我们那样害怕寒气，自如地站在那里，时不时挥动双臂作运动状。

医生喊魏光福进去，他掀开帘进去，他的身体把那个门帘占满了。

我很担心自己过不了关。因为瘦弱单薄，我甚至怀疑自己还没有发育全。但是我必须让自己当上矿工。因为我已经从矿区的中学退学了。我再进不去学校的大门，我又不愿意去社会上混。重要的是这是仅有的一次机会。父亲为了我能够顶替他的名额提前退休。我占用了父亲的名额。这并不是随便可以做到的。我们都是，我、魏光福、还有站在冬季的办公室里等待着体检的31名男生、6名女生，我们是矿区最后一批能顶替父辈在矿区工作的孩子。因为我们已获得消息，以后职工子弟不再顶替。

魏光福出来的时候显然是顺利过关，因为他的表情看上去依旧是骄傲的。在他出来的时候，工资科调配员进来，他穿着军大衣，进来的时候带进一股寒气和雪尘。他看见了魏光福，用拳头在他的胸前敲了敲，流露出很欣赏的神情。我趁他没注意的时候溜进到白布帘后。我在医生的指示下，过秤，测量身高、体重，血压等等。还好。最后的结果是合格。

因祸得福。因为体弱，我被指派去硐室值班。魏光福，因为体格魁梧健壮被分到采煤班。

我们在巷道里经常会遇见，他就是穿着工装满脸煤黑的时候也难掩帅气。我觉得一个健壮的男人可能世界观也会不一样，他看世界的方式和态度也不一样。因为我看见魏光福很快乐，即使在矿井里举手投足也很潇洒。我决心做一个坚强和健壮的男人，以担当自己可能凶险的命运。

魏光福的更衣箱和我的在一起。早晨接班的时候我们会一起换衣服。他脱掉衣服的时候并不急于换上工装。通常他会吸一支烟。脱掉衣服他会亮出自己的身体，看得出他对自己身体的欣赏。如果是在现在，在城市里，他的身材可以是最具魅力的男模的身材，古铜色的皮肤看上去就很健康，结实的骨胳、茁壮的肌肉，举手投足之间显示出一种力量。魏光福在身边的时候，我会放慢自己换工装的速度。我磨磨蹭蹭，直到他坐在长椅上吸完一支烟，换好工装背好矿灯离开。那时候我才开始脱去衣服。是的。魏光福让我对自己的身体产生严重的自卑感。我知道自己很平常，但是魏光福在我身边的时候，我感觉到的不是平常，而是自卑。

阅读和健身训练是和我的矿工生涯同时开始的。

阅读对我而言已经不是学习和掌握知识，它是我消解在地腹中的孤寂的方式。

每天在下矿井的时候，我都会在怀里揣着自己选择的书籍，我在黑暗的矿井里阅读，我用矿灯照着手中的书籍，一个字一个字地看。我的这个样子使我在矿工的眼里显得古怪而离奇。我知道我被人议论，我不管，每次到矿井后，只要有时间照看不误。

阅读是我在黑暗中的一个通道。

在人的尘世生活的场景之下，在土地、河流、山脉、森林、草木之下是沉厚的漫无际涯的黑暗。我就是黑暗中的一粒尘埃。如果我关闭手中的矿灯，在光消失以后，我就消失在黑暗之中。那时候我的肉体是没有意义的。我的肉体和黑暗之中的岩石、煤炭、木头一样成为纯粹的物质。我亮起灯的时候，我就是黑暗中异质的事物。而我在黑暗中，在一盏矿灯的映照之下阅读，我的姿态和形影就成为整个世界的一个稀有的标本。我想是这样。我在阅读的时候为阅读本身心生感动。而阅读的行为我觉得是我意识延伸的一个通道。我的意识穿行在两个世界。

阅读停止的时候，我会在巷道寻找那些从煤顶撤下来被遗弃的浑圆的枕木。那些枕木是用来支撑煤顶的，有的两米长，坛口粗，它们被从煤顶撤下来，弃在古塘。我把它们从这边搬到那边，从这边到那边的距离不过一百米。我利用搬运之间的过程锻炼自己手臂、腿脚和肩部的力量。我觉得我可以敏感但是不能软弱，我知道莫斯科不相信眼泪，矿区也不相信眼泪。我必须成为一个坚强的人才能够适应矿井的劳役。为了锻炼出结实的身体，我费尽心机。我找到废弃的风袋，灌满用来防火的沙子，悬吊在硐室的顶部。我用它练习拳击，练习踢腿。我还跑步。我把训练的计划排满我的工作时间，直到交班的时间。我要求自己必须如此。我必须用力量和意志来反抗我的命运和境遇。就是说在命运面前我不能软弱，不能失败。这样的训练很见成效，交班的时候，我泡在浴室里，在清澈的热水里，在蒸腾的水汽中，我看见自己日益结实的双腿，胸脯，看见自己鼓胀起来的肌肉。重要的是我还看见自己坚强起来的性格。那时候我对自己怀有信心。我想我不会被矿井的劳役压垮。

张明亮是我在矿井中遇见的另外一个阅读者。

在见到张明亮以前，我以为自己是唯一的。见到之后才知道张明亮在矿井中的阅读时间更为长久。张明亮带到矿井的是《金刚经》和《般若多罗蜜多心经》。他是个身材壮实的人，光头，环眼，看人的时候目光如炬。我们可以说是相互发现。有一天他走进我工作的硐室，看见我阅读的情形，他没有出声。找了一个角落，脱掉自己穿的皮袄铺在地上，然后盘腿坐上去。我看见他从怀里取出书，掌着矿灯看。他的样子让我很惊讶，我看见竟然还有人跟我一样在这八百米地下深处阅读。张明亮经常会诵出他带到矿井里的《金刚经》，诵出《般若多罗蜜多心经》。那是我们阅读停止休息的时刻，我们关闭了矿灯，矿灯不能老开，因为要节省电量。我们都在黑暗中，我是躺着，他坐着，我们都闭着眼睛。我就听到他在黑暗中诵读《金刚经》和《般若多罗蜜多心经》。我并不能听清楚他诵读的内容，只能听见他诵读的节奏，轻重和缓急。最初听到那些诵读的声音的时候我很害怕。它们响在黑暗中，由一个人的胸腔发出，时而缓慢，时而急骤，等到由轻语变成朗声的时候，我的恐惧加深，头皮发凉。

我们的阅读是有差异的。我是安静的，我的阅读是沉潜的。我带到矿井的书籍除了《卡夫卡的寓言和格言》，还有海明威的《丧钟为谁而鸣》、茨威格的《人类群星闪耀时》、罗曼·罗兰的《约翰·克利斯朵夫》。还有一部是劳伦斯的《儿子与情人》。我热爱这些作家，热爱他们向我描述的那个世界。我觉得在我身处困苦的黑暗的时刻，阅读为我修筑了一条道路。而那些我阅读的书籍为我打开一个世界。我感觉到自己的充实。为防止阅读的疲惫感生出来，几部书轮流着看，每次的阅读量不超过两个小时。再加上我跑步的时间，练习拳击的时间，我的一个班很紧凑地就过去。这让我快乐。我工作就如在学堂。只是我的学堂不同凡响。

张明亮的阅读是一种搏斗。我看见他内心的挣扎和搏杀。

他在诵读《金刚经》《般若波罗蜜多心经》的时候是沉痛的，我注视过他的表情。他的紧锁的双眉紧闭地双眼和因为念诵而翕动的嘴唇，以及从他的嘴唇间急骤吞吐出的词语，我看见他被一种痛楚和想要摆脱痛楚的挣扎笼罩着。那时我已经知道他内心的危机和精神的磨难，他的女人扔下他的三个孩子跟一个油漆匠跑了。我知道他住在山上，那座山梁是依山而筑的矿工的居所，那些居所是岩石所建。矿工们自己在山上采石，用采到的石头为自己建造居所。那座邻河的山就是矿工聚居的群落。在那样的群落中矿工们生息、繁衍，过着他们世俗的生活。张明亮盖起了那座石屋，他采石花了三个月的时间，盖屋花了三个月的时间。他在雨季开始时候采石，雨季结束之际盖屋，全是在他的工余时间。他希望自己和女人孩子能住在一个宽敞和他名字一样明亮的房屋。房屋盖起来，粉刷完毕，他请来了一个油漆匠。他指示油漆匠给自己新造的房屋彩画墙围。他喜欢那些图案，他知道那些图案画在白墙上会被读初中二年级的女儿瞧不起，他不管他就是喜欢。那个油漆匠把他房屋的墙壁当成调色板，画上了飞舞的凤凰和盘旋的蛟龙。房屋的墙画改变了他房屋的气质，在接近完工的时候，张明亮站在他房屋的中央就像王者站在自己华丽的宫殿。那时候他感觉到强烈的成就感。但是在他的房间的彩绘工作结束的时候，他的婚姻也同时结束，他的女人跟着那个油漆匠跑了。他的女人不仅抛弃了张明亮，还抛弃了他的三个孩子。

有人告诉张明亮，念经是摆脱苦难和改善命运的方法。张明亮只是满世界寻找自己的女人，他几乎疯了一样，他的怀里揣着被他磨得飞快的菜刀，他因为劳累因为失眠也因为痛楚和愤怒眼睛血红，他最多的念头是，只要找见他的女人和那个勾引他女人的油漆匠，他想他会毫不犹豫挥刀劈了那个人。但是他奔走了半个月毫无消息。在绝望的时候，他走到了位于市中心的华严寺。寺里的住持看见了张明亮脸上因绝望而起的杀机。住持把张明亮引到大殿里的佛像前，让他跪下来。跪在那个倾斜的蒲团上时，张明亮泪水横流。

女儿被强奸的消息是张明亮回到家以后听到的。很多人都知道这个消息，那段时间这个消息传遍了矿区。但是张明亮不知道。他回到家以后看到女儿的神情大异，女儿如同一只胆怯的幼鼠躲在黑暗之中。他没往心里去。那时候他还未能从自己的痛苦中走出来。张明亮是在去厕所解手的时候获悉女儿灾难的。他听到隔墙的女人在议论，他蹲在茅坑里，听到隔墙的女人制造出来的屎尿的声音，听到她们的说话，她们在议论一个女孩子被强奸的事实。听到她们说出是谁的女儿的时候，张明亮提起了裤子，他仓促慌乱地走出厕所。他还没来得及系好裤子，就看见几个女人从厕所出来，那几个女人看见他表情立即不自然了。张明亮揪住一个胖胖的中年妇女，他问："你说是谁家的闺女让强奸了？"

那个女人没有回答他，扭身就跑。那个女人看见了张明亮的眼睛，他的眼睛里那时候是血色一片。

张明亮回到家，推开家门看见在黑处坐着的女儿。张明亮到山下女儿的学校去找校长，校长看见张明亮很热情地接待，张明亮没有理睬校长脸上堆积的谦逊和热情，他揪住校长的衣领说：你叫女女以后咋活人呢？女女是张明亮女儿的名字。那个时候她坐在校长的办公室里一直在哭。在距离校长办公室一百米的地方，是学校的公厕，公厕的后边是一道堤坝，堤坝的背后是一条干涸的河道，河道两岸有生长的庄稼，有一排一排的杨树。还有赶着羊群放牧的农人。张明亮的女儿课间的时候去厕所，她去的比较晚，等她解完手提起裤子的时候，她身旁的茅坑已经没有孩子了。在她往出走的时候，她的嘴巴被一双土腥味的大手捂住，一个黑暗的影子迅速覆盖了她。张明亮的女儿能记住的就是这些，能跟人讲述的就是这些，她讲不出来的是身体的创伤和内心的恐惧。

张明亮换上窑衣下井的时候，内心冰凉如水。他坐在我工作的硐室，他的神情枯槁。他对我说："哥不能再下井了，哥想回村去，带女女一起回。女女不能在这地势活，总在这里怕会疯呢。"

在黑暗的矿井里，张明亮闭着眼睛在念诵《大悲咒》。

我听着他的声音由低沉缓慢到急骤，我看见张明亮被悲伤凶猛地淹没。

如果一個人來自深海，來自深淵

1

《戴草帽的自画像》（Self-Poralt with a Straw Hat）。温森特·梵高（Vincent van Gogh）作于1887年的自画像，我看到过多次，当然都是印刷品。真正见到原作我的心脏还是会狂跳。这幅自画像单独陈列在纽约大都会博物馆二楼“欧洲艺术”厅，编号为6015。镶嵌在金色镂花画框的原作摆放于银灰色展台，观众透过矩形钢化玻璃罩观看它。这幅自画像是梵高用平常绘画使用的帆布背面画出来的。戴在头上的黄色卷檐草帽，粉色而消瘦的面容，浊黄又忧郁的眼珠，挺直的鹰钩鼻，满腮浓密的褐黄色胡须。我久久凝视这幅画，仔细察看画布上笔触和色彩的纹理，凝视这画仿佛看见梵高的真容，看见他握着画笔骨节暴突的手，仁慈而饱经忧患的心灵，敏感又狂暴的头脑，都由这画境浮现。梵高习惯握画笔的手握住7mm口径的左轮手枪压着自己的腹部扣动扳机。

没错。到纽约大都会博物馆（Metropolitan Museum of Art），我是来看梵高的。

2017年9月29日，我到纽约的第四天。依旧喜欢徒步穿越曼哈顿区，我愿意在纽约街头徒步行走，在摩天大厦的丛林里穿行，脚踏纽约的大地可以更真切体验这座城市的魂魄。头顶是湛蓝天空，轻羽般流云，阳光炽烈如同炉火炙烤。从我们下榻的宾夕法尼亚酒店出来，沿着长街走。时代广场。卡内基音乐厅。林肯中心。百老汇。我让身体对这些地标性建筑保持直接的触感。这一天我要去纽约大都会博物馆，到那里看梵高。

在纽约帮助我的是一份纽约交通图。这是从日本大宝石出版社《纽约》掉下来的，因为频繁的翻阅而开胶，册页都是散的。我喜欢书籍被翻破的状态，以为更有纪念意义。在曼哈顿市区图，必需前往之地，我都用笔作出标识。大都会博物馆在纽约第五大道82号大街。我们从中央公园穿过，看到被称为百科全书式的博物馆，恢弘雄阔如圣殿。它的新古典主义建筑外观由理查德·莫里斯·亨特设计。博物馆的使命是跨越所有文化和时期收集人类最伟大的艺术成就。通过安检进入辉煌的大厅，我知道进入人类艺术的宝库。

带着导览图直奔二楼的“欧洲艺术区”。到那里寻找我深怀渴望的梵高。因熟悉而亲近，因亲近而渴望，这是我对梵高所怀有的心迹。以朝圣般的心意去看一个人，这是从未有过的体验。对梵高，我愿意怀有这样的心意，虔敬而诚挚。

展厅里悬挂着梵高的画作，《向日葵》、《麦田与丝柏》、《看书的吉诺夫人》等，与梵高并置欧洲艺术展厅的是印象派画家保罗·高更的《万福玛利亚》、保罗·塞尚的《静物：水罐、杯子和苹果》、克劳德·莫奈的《圣阿德列斯的花园》、爱德华·马奈的《穿斗牛士服装的V小姐》、埃德加·德加的《舞蹈课》，这些作品已成人类艺术史的瑰宝。

然而我愿意长久伫立在梵高的自画像前，沉浸于个人的追念与缅想。看到过梵高不同时期的自画像。除了《戴草帽的自画像》，还有1887年作于巴黎的的《戴灰毡帽的自画像》（油画41x32CM）已经能看出梵高后期的消瘦面容和抑郁的内心状态。带给我心头震撼的是梵高1889年作于阿尔的自画像《抽烟斗的人》（油画51x45CM）,戴着灰黑皮帽，皮帽之下从耳朵到脸颊以至下颏缠着厚厚的绷带。他的眼神更加抑郁，然而满脸的褐红的胡须消失。这是梵高在疯狂割掉耳朵之后画下的自画像。倒霉而永不走运的面容，混杂着忧郁和哀伤的眼神，被白色绷带缠绕着布满创伤的头颅，这些画像总是令我有难以言说的隐痛。

2

“他坠落于幽暗险境交错的深渊，这是充满挫败的世俗生活，如同炼狱的艺术生涯，存在之绝望构成的深渊。他在这深渊里挣扎。天才总是由上天拣选的，而上天会有试炼天才的方式，使他饱经磨难久历苦痛的同时也会照拂他。梵高的弟弟提奥就是照拂梵高的人。他们心智契合，情义笃深，即使辞世也在同一时期。梵高如同璀璨的星辰，在炽烈燃烧之后陨落，而他的弟弟提奥也在梵高辞世之后逝去，终结他的天命。”这是我读欧文·斯通《渴望生活：梵高传》时写下的随感。我曾经有过不同版本的《梵高传》，最早的《梵高传》是1983年我开始做矿工，在工余时间用第一个月领取的工资96元到北京旅行，在一家书店买下精装版的《梵高传》。从北京到回矿区，下矿井的时候我会带着阅读。避免蹭满煤屑的手脏了书页，我给书包着塑膜封皮，再用旧报纸包着揣在怀里带到矿井之下。在我看守变电所的石头硐室里，将《梵高传》放在膝头阅读。我习惯用手指触摸印在硬封上的梵高的自画像。

对梵高的亲近是源于这个人而不是绘画艺术。我是远离艺术也远离一切风雅事物的人。生于幽暗之地也活在蒙昧之间。一个生存于矿区的人，从天空降下来的不是幸运之星，而是黑色的沙尘。“我记得我年轻时坐公交车衣服每天洗。”这是我少年时代爱恋过的姑娘在多年后的追忆。而我能记起的是飞扬在空气中的煤尘从陈旧肮脏的公交车破裂的玻璃窗涌进来落到头发上落到衣服上。公交汽车沿着坑洼的公路颠簸而行，这是令人畏惧的旅程，车体扭动晃荡使人头晕目眩肠胃翻腾。这样的坑洼道路并非一处，而是横贯从矿上通往不同方向的道路。然而地下的黑暗、脏污和祸患丛生远甚于地上。

梵高走在博里纳日矿区的身影令我有血缘的亲近感。泥泞的道路，幽暗破败的工棚，危险的矿井，他满脸的煤屑，肮脏的手掌。这当然是表面的情形。而我看到并识别的还有他痛楚充满自我鏖战与失败感的灵魂，以及他永在困顿中的际遇和命运。梵高让我看到的是，一个人在世间存在所能有的孤独，孤独所能抵达的深度，他对孤独感的抵御和承受，以及这个孤独之人寻获的心灵慰藉。

“我画了一幅素描，画的是矿工，男男女女正迎着清晨的光辉走在雪中，路边长满荆棘，他们的影子在黎明的暗光中若隐若现。画的背景是矿井的大型建筑物和大片的煤渣堆，它们模糊地屹立在苍穹下。”1880年7月梵高在博里纳日写信给弟弟提奥。1913年12月提奥的遗孀约翰娜追忆梵高，这年温森特来到博里纳日矿区，最初他和一位名为范登哈根的牧师住在教堂路39号，每个月需付30法郎生活费。在晚上他教孩子们读书识字，拜访穷人，给他们布道。他尤其热心照顾那些生病和受伤的人，他将所有的东西都奉献出去，他的钱，他的衣服和床。他租下一间条件简陋的棚屋。同时他开始画一些矿工们的服饰和工具的素描。

在博里纳日矿区到处是巨大的烟囱和高大的煤山，它们耸立在煤矿的入口。在温森特租住的棚屋附近有一个地方，从那里可以远眺，可以看到矿区的全景。那里有烟囱，煤堆和煤矿工人的村舍，这些每日匆匆而过的小黑影，像是巢穴里的蚂蚁。然而在博里纳日，温森特也发现了令他内心震动的美。比如在圣诞前夕的黑暗日子里，大地银装素裹，博里纳日景色如画，每一样事物都会让人想到中世纪的绘画。矿工们在漫天白雪中，从黑夜走向光明的回家之路是一个独特的景象。当这些人从黑暗的煤矿里出来时，他们黝黑的样子就像是扫烟囱的人。他们的住所很小，这些小棚屋散落在下陷的道路旁、树林里、山坡上。这里处处还能看到苔藓覆盖的屋顶。夜晚，一束灯光透过小窗格照射出来，温馨而美好。博里纳日到处笼罩着一层薄雾，云的光影的明暗对比形成的奇异效果让梵高想起伦勃朗或者是米歇尔的画作。在雷雨之间夜色漆黑的夜晚，闪电的光造成奇特的效应，让一切事物在瞬间变得可见。在这座幽暗而巨大的煤矿的旷野中，温森特独自站着，眼前的景象让他联想到《圣经》中巨大的诺亚方舟，在可怕的滂沱暴雨和黑暗的洪水即将蔓延之时，一道闪电的光芒照亮了一切。

然而梵高的所见并非只有美景。在博里纳日矿区，几乎所有的男人都下矿井。他们在不断发生事故的危险中干活儿，但工资却低得难以糊口。他们住的是破烂的棚屋，他们的妻子女儿几乎一年到头都在忍受着寒冷，热病和饥饿的煎熬。牧师对梵高说："温森特，如果有一个地方的人民需要有人向他们布道，使他们得到安慰的话，那就是博里纳日的人民。" 梵高跟矿工一起下到了700米深的井下，探究这个地下世界里的角落。1880年7月，梵高在博里纳日给弟弟提奥写信时说："我在一个煤矿里度过了大概六小时。那是这附近一带最为古老且最为危险的煤矿，它叫做马卡斯，这个煤矿早已臭名昭著，因为已经有很多人死在了里面。有人死于下矿井或从矿井底下上来的时候，有人因为吸入毒气体而毙命，有人死于瓦斯爆炸，还有人死于地下渗水，或者老旧隧道的塌陷。"

3

坠落在深渊的人，这是梵高的自况。深渊有可见的，比如穷苦的矿工每天进入的矿井；也有不可见的，这是梵高身陷的困境。以上帝使者的身份向身陷黑暗和困苦中的人传递福音，这是梵高最初的职业志向，然而后来他发现上帝拯救的力量并没能阻止矿井灾难的发生，也没能拯救穷困者的病苦。再后来梵高自己也身陷生存的泥潭，在困厄中苦苦挣扎，饱经失败的世俗生活的煎熬。“梵高，一颗破碎的心所感受到的不幸，比美满的幸福对你更有好处。永远不要忘记这一点。”在饥肠辘辘走投无路的时候，梵高去跟一位画商借钱未果，画商教训他：“艺术家靠痛苦滋养，如果你挨饿，沮丧而又十分不幸，你应当高兴，那是上帝对你发善心啦。世界上最好的艺术家是这样一种人——无论上帝和魔鬼都不能摧毁他们。”

然而终身都未能摆脱缠绕的困苦，饱尝世态炎凉的梵高最后自我摧毁。

在纽约大都会博物馆看望梵高，是对我精神光谱的溯源，也是向一代杰出者的致敬。离开纽约前我再次到大都会博物馆去看梵高。这次是坐地铁到大都会博物馆。纽约地铁入口的狭窄令我惊诧，我无端地回担心它的拥挤。银色的地铁列车，门侧印有星条旗。全列车乘客很少。黑肤的妇人戴着耳机闭目假寐。在座位的另一端是身穿T恤，戴着黑框眼镜梳着麻花辫的亚裔女子。这次我们是从大都会博物馆后街的公园穿行而过。公园的街角有独自坐在长椅上拉大提琴的老人。再次进入大都会博物馆辉煌的展厅，我可以更从容观看。

《麦田与丝柏》。也是我熟悉的画作。这是梵高在圣雷米精神病院所作。天才的激情与世俗生活的孤寂和困厄带给梵高心灵的疯狂和精神的分裂。然而身处精神病院带给他更加奇异的体验。在圣雷米的时期，梵高画了一系列作品，专为捕捉普罗旺斯乡间缀着丝柏和橄榄树的景色。1889年7月2日，梵高在写给弟弟提奥的信中描绘了这一系列中最新的一幅作品，就是他从六月开始的一幅画：“我有一幅布油画，上面有丝柏、一些麦穗、罂粟和蓝天。蓝天就像一块多彩色的英格兰格子花呢，使用了厚厚的颜料，好像蒙蒂切利的画那样。”

梵高认为这幅洒满阳光的风景是他描绘夏季的油画中最优秀的作品之一。当他在精神病院住到三个月时，他找到了一个关于丝柏的主题。这把他从自身的烦恼中解脱出来，使他超乎于所遭受的一切痛苦之上。那些丝柏树高大魁伟。前景是低矮的荆棘和灌木丛，后面有一些紫罗兰色的山。绿色和玫瑰色的天空上挂着一弯下弦月。他把前景的荆棘丛涂得很厚，带着黄色、紫罗兰色和绿色的笔触。晚上当他看着自己这幅油画时，他明白自己已经摆脱出了这个深渊。当晚，温森特没有如约回到精神病院。次日，人们在达拉斯贡和圣雷米之间的一个地方，发现他脸朝下匍匐在一条沟里。

梵高生前创作过大量的作品，然而只卖出过一幅画作。如今梵高的绘画作品已经成为艺术博物馆的镇馆藏品。《星月夜》（The Starry Night）是纽约现代艺术博物馆中最为著名的作品，这是梵高在切掉自己耳朵之后创作的作品，当时的梵高经常因为神经病发作而使自己受伤；《圣雷米的群山》（Mountains at Saint Remy）收藏于古根海姆博物馆，自己切掉耳朵的梵高在第二年便住进了法国南部圣雷米的精神病院。他所描绘的就是在当时所看到的山脉。"我觉得体内有一股需要释放的力量，一把我不能扑灭的火焰，必须保证它一直燃烧着，虽然我不知道这会给我带来什么结果，也不该乱猜着会不会是一个令人沮丧的结果。"这是梵高给弟弟提奥写的信里的话。心头燃烧的火焰催生了杰出的艺术，也最终使艺术家的激情和生命化为灰烬。

现在那些陈列在纽约大都会博物馆的梵高的画作就在我的摄影集里。

《看书的吉诺夫人》（Marie Julien，1848-1911），绘于1888-1889年。吉诺夫人是梵高在阿尔时期的旅店女店主。梵高、高更和吉诺夫人的关系非常好，1888年11月，吉诺夫人答应了高更和梵高让自己做模特为自己画像的请求。在一个小时内，高更和梵高同时为吉诺夫人创作了好几幅名为"阿尔勒妇女"的素描和油画作品。

站在这些画作前仿佛能感受到梵高的呼吸和心跳。电影《至爱，梵高》是我后来看到的。1998年在北京大学的一间教室里我第一次看到BBC拍摄的纪录片《梵高》。这是更为具象的观看。然而梵高作品的真迹可以让我更真切看到他的创造物。

"亲爱的提奥，我画了一个播种者，一个割草的人，一个洗衣盆旁的妇人，一个女矿工，一个女裁缝，一个挖掘者，一个扛着锹的女人，一个救济院的男人，一个祷告的人，一个推着装满粪肥的独轮手推车的人。如果可能的话，我的画笔下还会有更多的形象。"

这是1883年梵高在海牙写给弟弟提奥的信。1890年成为他们永诀的时刻。

杰出的艺术家的自我训练自我砥砺和成长，以及他与所在时代的关系，他与世俗生活的关系，他与周遭人群的关系，在梵高这里都得以显现。终其一生环绕着他的贫穷、匮乏、焦虑、痛楚、失败、挫折、疯狂，都是他与这个世界的关系史。

作为出生并成长于矿区的人，我对有矿区背景的艺术家怀有亲近感。仿佛那是血缘的亲近。音乐家鲍勃·迪伦、作家索尔·贝娄、诗人奥登都如是。甚至我对书写过矿区的作家都怀有好感，卡夫卡写过《矿区工程师》，芥川龙之介收在小说集《罗生门》里的《矿车》。

看梵高的心情是复杂的，我也觉得是看一个灵魂契合的朋友。梵高当然不是某个人的私产，然而我能找到与这个人共有的资源：黑暗中的孤独。尘世间的忧患。精神的荒寒。

梵高是令我有血缘感的人。他在博里纳日矿区做传教士的经历令我铭记在心。在我日日穿行在幽暗的矿井中，亲历和见证灾难与祸患的时候，我觉得我就是梵高以上帝之名拯救，以福音给予安慰的人。尽管我们身处不同的国度，活在不同的世纪。我身在的幽暗世界没有上帝没有福音，只有令我恐惧的黑暗，潜藏于黑暗中的事物令我恐惧。在黑暗中发生的死亡和伤残令我恐惧。带着《梵高传：渴望生活》进入矿井里，这是我的安慰。对我来说梵高如同暗夜的灯。然而我不能忘记梵高在最后时刻开枪自毙带给心灵的震撼。

当矿工时我需要参加技术培训，在技术学校住宿。我住在六人寝室的上铺。我随身带着欧文·斯通的《渴望生活：梵高传》。回到寝室就会躺在上铺读书，盛夏的蚊蝇猖獗，蚊蝇的叮咬并没能妨碍阅读。看到梵高开枪自毙的时候正是傍晚，我走出寝室，在学校操场漫走。此时夕阳如血。我仿佛看到法国瓦兹河畔奥弗斯村麦田里惊起的乌鸦。黑色的成群低飞的乌鸦在鸹噪，这是我青年时期遗留在心头的回响。这响声如同某种象征回旋在个人的精神极地。

大约在中午，火热的太阳晒到他头顶时，天空突然出现一大片黑鸟。它们充满空中，遮暗了太阳，用厚厚的夜幕把温森特盖住。顺着他的头发、他的眼睛、他的鼻子和他的嘴，把他埋没在它们拍打翅膀聚积而成的一团不透气的黑色浓云中。

他抬起头，仰面对着太阳。他把左轮手枪压在自己的腹部，扣动扳机。他倒下去了，把脸埋在田野上肥沃而散发着刺鼻气味的泥土之中，像一种急速还原的泥土，正在返回到大地母亲的怀抱里。

在黑暗中升起黎明

人们在周围，随处可以看见大烟囱，和在煤矿矿坑入口摆着的大堆的煤山。

看着煤矿工人们傍晚踏雪回家，真是一番奇妙的景色。这些人实在是黑。当他们从黑暗的煤矿里出来，进入白天，他们的样子看起来实在像打扫烟囱的工人。他们的住房很小，只能够称之为棚舍：它们散布在那些中间凹下去的道路旁边，树林里与山坡上。人们到处可以看见长着青苔的屋顶，傍晚的时候，灯光透过小格子的窗户亲切地照射出来。

我读着这些文字。同时，我用食指触摸着放在我膝上的一个人的自画像。

发红的凌乱生长的胡子，瘦削的脸，深陷在阴郁光影中的眼睛，扣在头上的黑色皮帽，刀削过残留的耳朵缠着白色绷带。

还有这个人的目光，深邃的忧伤的孤独的目光。我一个人的时候，就用手中的矿灯照着他，我端详、凝视，或者用手指触摸。矿灯已经暗红，照在自画像上会映出红光，而我的眼睛在红光的反照中长久地盯着画像会生疼。但我的心是安详的。我觉得我的内心和精神从来没有这样安详过。虽然，我的周围是沉厚的黑暗，漫长的寂静和广大无边的虚无。

我现在想，如果不是这个人，我会在那样的时刻崩溃。因为我坐卧的黑暗之地是灾难丛生的废墟，是残留着衰败气息的死亡的遗址，是失去了刻度变得空洞而浩渺的时间之流。

我是坐在地心里。从我所在的地心的位置向上辐射开去，泥一层，水十层，沙百层，岩石千层，然后才能到达地面，然后才能抵达日常的场景，抵达世俗的生活。我远离着晨露，炊烟，阳光，日照；远离着自然的景物，清洁的空气，人世的喧嚣，坐卧在地心里，坐卧在黑暗中。

梵高那时安慰了我。难以置信的是，这个和我隔着一百年时光之尘，这个遥远的异国的飘零的忧郁的亡者，那时候会被自闭和孤僻的我看成是至亲的人。我想我要忠实于自己的感受和知觉。我要把居住在我身体和灵魂里的梵高的形容廓清，让他呈现出来。为什么？因为我对他充满在内心里的感激。我知道完全可能有一百个梵高或者一千个梵高已经被描绘，被讲述。但是居住在我身体里和灵魂中的梵高是独有的，他只属于我自己。

我是这样的一个孩子，无知，蒙昧，远离人群，沉默寡言，胆怯害羞，内心敏感。孤僻的个性使我很少能够从人群中发现我的朋友，甚至我极端地以为我也无法从亲人中寻找到亲人。如果寻找，我就会从人群中移开，从周围的亲人中间移开。我在尘封的书籍中会发现我的朋友，在生长的语词的密林中会寻见我的亲人，我会依靠我的心而不是眼睛辨识他们，接纳他们。

梵高成为我的亲人，在我看来梵高令我尊敬和爱戴甚于我的父亲。我不讲怎么跟他相遇，只讲遇见他之后的情景，那一刻，我看见梵高，因为渴望获得实现而内心倍感痛楚，我像迷途的孩子找到自己的父亲一样。有一句话：因幸福而哭泣。我觉得我就是那样。

遇见梵高之后，有很久的时间，我就携带着他，行走坐卧片刻不离。有了梵高，我觉得我看清楚了我的生存之地的现实，也看清楚了自己内心和精神的实况。

> 这里，是比利时的南部，在蒙斯的近郊，靠近法国的边境，一个叫波里那日的地方，这里住着很多在为数甚多的煤矿里工作的工人。我很愿意作为一个传教士到这里工作，向穷人们传播福音书。在黑暗中升起黎明,这不仅是福音书,而且是整部圣经的根本或者基础之一。从黑暗到黎明，是的，谁最需要它呢？谁要听它呢？经验告诉人们，是那些在黑暗中行走的人，在地心里行走的人。

我就是梵高讲述的那种在黑暗中行走，在地心里行走的人。我沉默如土，负重如泥，我从黑暗中来，又往黑暗中去。我穿行的曲折、绵长、幽深的矿井的巷道被梵高在文字里描述过，我迷恋过的漫天的冬季之雪被他用心绘画过，高耸的煤山、井架，远去和近来的装满煤炭的矿车是他画笔下的日常风景，而那些出现在矿井的炭黑的窑工就是他绘画中的主人。令我感到梵高比父亲更亲近的是这样一句话：梵高是世界上最孤独的人之一。他一生的大部分时间都单独生活，没有朋友与同伴。可以与他推心置腹的人，可以向他讲述自己的欢乐与痛苦的人，可以与他分担自己的愿望与梦想的人，是很少的。这是为梵高写作传记的美国作家欧文·斯通说过的话。这段话让我感觉到安慰。读到这句话的时候，我正坐在矿井里古塘的煤堆上边。煤堆尖硬而潮湿，阴气从我的股间渗入我的身体，使我的四肢寒凉。而从古塘穿行的风成倍地加剧了我身体的寒意，我不知如何是好，能做的就是用双手把矿灯捂到我的胸前，用矿灯的温度为自己取暖。感觉双手和胸口暖和的时候，我就再去看放在膝头上的书。是的，我是在阅读。在矿区，因为工种的不同有一些人是可以在矿井里阅读的。比如同样在地心的急救中心的医生，炸药保管员，瓦斯检测员。阅读成为他们捱度孤寂时间的一种方式。我也是可以阅读的，因为我负责着矿井一个盘区的供电系统，有电矿井之中的一切就会运行正常；没有电整个盘区就会错乱。

但那时候我是悲伤的。我人生中的大部分时间不仅看不见天日，也看不到欢乐和幸福。

我不知道我所经历的黑暗何时会到尽头。

欧文·斯通在1937年1月6日对梵高的评述托住了我在悲伤中的沉没。

我重新打量自己，因为有梵高的孤独在面前，我看见我的孤独其实无足轻重。有梵高的伟大的悲伤在，我的悲伤就显得特别渺小。而哀恸，什么样的哀恸能胜过梵高的哀恸呢？他在绝望和错乱中挥刀切割自己的耳朵时候的情景触目惊心如在眼前。这是我思考问题的方式，也是我解决问题的方式。确实，我不认为梵高这样一个人，他的存在和我的存在没有关系。我坚执地认为，在我阅读他的时候，我已经和他产生了精神的联系，当我热爱他如父亲的时候，我已经进入了他的生命之流。

之前，我一个人长久地在黑暗中的时候，确实会感觉恐惧。在地心里，我常常是独处的，我如同被放逐在黑暗的天际，看不到人迹，没有人能够说话。在地心里，日复一日，长久的缄默使我害怕自己丧失说话的能力。而我离开工作之地回到家里，回到亲人身边又没有表达的愿望。因为害怕不会说话，我就不断地活动嘴部的咀嚼肌，我担心它们因为缺少运动而迟钝僵化。我也会让自己一个人在黑暗中放声讲话，但黑暗中的独语又令我心怀恐惧，我害怕我的独语会引来或聚集生存在黑暗中的鬼殍幽魂。

煤矿矿山的周围，尽是工人们的小屋，房子的旁边有一些被烟熏黑的枯树、荆棘篱围，粪堆、垃圾堆，以及没有用的废煤堆。

这样的场景对我而言是熟悉的。这是我的眼睛每天都会阅读的内容。我生于斯，长于斯。

而梵高对于矿区而言是外来的，为了熟悉矿井的场景和矿工劳作的情形，梵高在一座煤矿矿坑里呆了六个小时，这是附近的一个叫做马尔开塞的，年代久远且十分危险的矿坑。这个煤矿名声很坏，因为有许多人死在里面，他们或者是在上下矿井的时候死掉的，或者是给有毒的空气害死的，或者是瓦斯爆炸时烧死的，或者是被地下水淹死的，或者是坑道塌陷被压死的。在那个矿坑里，梵高探索了地下世界最隐秘的角落。在狭窄低矮的，用粗糙的木料撑着的坑道里有着一排洞窟，在每一个这样的洞窟里都有一个煤矿工人，穿着一套肮脏的、黑色的下等粗麻布服装，依靠一盏小灯的微弱光线，紧张地在采煤。在一些这样的洞窟里，煤矿工人是站着的，在另一些洞窟里，他们是躺在地上的。其中的一些洞窟是漏水的，在矿灯的照耀下，产生一种奇怪的效果，反射起来好像是在水晶宫里一样。

梵高描述的这些场景，描述的这些情形仿佛就是我所在的场景，我所经历的情形。

我觉得我就是在这样的水晶宫里的一个孩子。

工长让我到西北盘区的巷道做工的理由是他不喜欢我。不喜欢我的原因是我经常给他惹是生非。比如，不按时交班接班，迟到早退，遇到停电的时候就麻烦了。工长跟我说：你给老子去西北盘区去，滚远远的，看你还敢不听话。从地面下井到西北盘区的工作之地有一万多米，而且没有矿车。走到那里就要花去两个小时，出来要花掉两个小时。除去这四个小时，我还要在那个盘区呆够六个小时。因为工长只要打电话发现我不在那里，我就会被扣掉当日的工钱。而我知道工长让我去的地方很多老年的窑工都不敢去，因为那个盘区在以前发生过瓦斯爆炸，有26位矿工的生命在爆炸中化为轻烟。那里有一个老古塘就是当时放置那些死难的矿工的地方，当年坍塌的石壁现在依旧残败，落满尘埃的废墟也似乎遍布死亡的气息。我往那里走的时候，沿途看不见人迹，一万多米的大巷只有我和一盏灯在移动。为了节约电量，我还不敢一直让灯亮着，我走走，让灯歇一歇，以便让灯保证我在地下10个小时的能量。想到我即将前往的恐惧之地我就想哭，因为我本来还是孩子，面对覆盖着自己的沉厚的黑暗，无涯的寂静和广大无边的虚无，我真不知道如何是好。我记得我是哭过的，我一边走，一边饮着流到嘴边的泪水，泪水是咸的，而胸腔因为无声的饮泣而隐隐作痛。直到泪水在眼睛里消失的时候，我发现我还在黑暗中走，被泪水清洗过的人知觉会变得更为敏锐。我走着，满耳是我踏着宽大的胶靴行进在大巷轰响的声音。水流的声音，风过的声音。而我灵异的知觉会让我意识到在我行走的时候，我的周围也会有无形的生命在和我一起行走。比如天使，比如圣灵；比如鬼魂，饿殍。这让我的道路幸福而悲怆。

工长并不怜悯我。他的表情冷淡，他不会因为我脸上的胆怯和恐惧就改变他惩罚我的决定。我甚至觉得我是工长用来报复父亲的一个人质。父亲把我交到工长手里的时候感觉是复杂的。往好处说，工长和父亲是结拜兄弟，他们的交道可以追溯到30年前。30年前，父亲把一个年老的要饭的男人领到了家里，父亲领他洗了澡，然后请他到家里，坐在炕头上吃饭，饭菜是馒头和猪肉炖粉条。这是父亲一生中做的最伟大的事情。他的行为虽然让母亲感觉诧异和不可理喻，但是那个老人却感激涕零。老人临走的时候对父亲说；我要认你做干儿子，我还有一个亲儿子，我要让你们结拜为兄弟。那个老人离开之后音信皆无，母亲说父亲肯定是被骗了。很快地那个老人又来了，他带着他的儿子来谢父亲，他坐在炕头让父亲和他的儿子盟誓结拜为兄弟。不求同年同月同日生，但求同年同月同日死。但是那个老人先逝了，父亲还给那个老人如亲儿子一样披麻戴孝。

我最想说的是，按照道理而言，我落在父亲的结拜兄弟手里应该日子会好过。但是结果正相反。因为我的工长父亲的结拜兄弟在饥荒的时候跟父亲借过粮食，而父亲没借。这是后来的事情。工长的娘病了，想吃馍。而那个时候谁都没有。人在饥荒的时候能吃到的食物是树皮、观音土和土坷垃。连能照见人影的稀汤都很少。父亲在他的结拜兄弟找上门来的时候犹豫了一下，因为他还是藏着一坛子白面。这是他准备应对更加艰难的饥荒而囤下来的。平日里那个釉陶制的坛子是被油纸封好的，谁也不能打开。父亲出去到野地里挖野菜，剥树皮，回来煮着给家人吃。无论如何父亲都不允许打开那个被油纸包好的面坛子，哪怕他和母亲满身浮肿。

他的结拜兄弟没能借到米面，带着空空的面袋往家走，回到家里没几天，他的老娘就饿死了。我的工长父亲的结拜兄弟知道父亲不可能没有粮食，这种推测使他的内心种满了愤怒和仇恨。知道我要落在工长的手里，母亲和父亲争吵，抱怨父亲当年没有借米面给他的结拜兄弟。父亲生气就动手打了母亲。在他们的争吵声中，我隐隐地有不祥的预感。父亲把我领到他的结拜兄弟我的工长面前时说：哥的小子就交给你了。我看见工长面无表情，他如黑塔一样盘坐在炕上喝酒，他的大而黑的脸一直是阴沉而冷淡的。我看见父亲在使劲讨好工长，他把带来的一篮子鸡蛋放到工长面前，而工长的眼睛都没眨一下，既不说收，也不说不收。工长的冷漠令我忐忑不安。我觉得父亲把我领到他的结拜兄弟面前，也就是把我递到了凶险莫测的命运面前。

我下窑以后半个月就经历了一次胆量的考验。

李小三，我的工友，一个更小的小孩儿。他的工作是为加班的矿工送饭。这个孩子因为满脸的幼稚经常会受到矿工的嘲笑。他的工装肥大，严密地包裹着他瘦小的身体，胶壳帽戴在他的头上会盖住他大半个脸，而胶靴穿在他的脚上发出的回响如同隐约的夯声。他经常背着一个高过他身体的铁皮制成的矩形饭桶给在矿井加班的矿工送饭。他是我在工作时间里唯一可以定时见到的人。李小三被嘲笑最多的是他经常被窑工拉掉裤子，那些窑工追着他要揪他的还没长大的鸡鸡。李小三经常会被追赶着四处逃窜。李小三很天真，也很开朗。他常说的一句话是：哥下窑可不能死，哥还没见过女人的屄呢。在他的眼里死亡是不可思议的事情。

有一天李小三给我送了饭，然后又背着他的饭桶打着灯往别的盘区走。

那一天他就再没有活着出来。

我听到的说法是，他在掌子面放炮的时候，走进了那个掌子面。当班的采煤工放炮，要放一个沉落的煤顶，按动旋钮的时候并没有引爆炸药。两个窑工都加了两天两夜的班，又困又累。一个窑工守着点炮器，手攥着点炮的钥匙。另一个窑工跑到炮位检查放炸药的放置，匆匆地离开，他们都想着快点放完炮，把顶板放掉，回家去睡觉。谁也没有注意到李小三进来了，他戴着大胶壳帽，踩着大靴子，背着装着干粮和饭菜的铁桶，他准备给这两个加班的窑工吃饭，让他们吃了继续干活儿。但是他还没等走到两个窑工的面前，掌子面就爆炸了。我听说李小三当时就和他背上的铁桶一起被炸飞了，后来看见他的人看到的只是一堆破碎的物质，他的手掌和头发和他背下来的猪头肉一起粘在煤壁上，而他的身体却被击成网状。

那时候，让我流泪的除了我每天必须要前往的恐惧之地，还有我的死去的爱情。

在一个有月光的夜晚，我去一座大楼去看W。此刻W所在的矿区文工团宣布解散，她到单身大楼做了服务员。我事先是知道W在值班的，我走向那幢单身大楼，沿着楼梯攀援而上的时候，我的心脏如被敲击的响鼓。我看见了W，我看见她看见了我。看见她的一瞬间我的心脏疼痛。我认为她是我刻骨铭心的爱人，但是我们却从未有过真实的接触。她长期以来存在于我的幻想中，但是我羞于启齿，怯于表白。然而她占据了我全部。

在我看来，W是美的。那是我与美在最初的相遇。

对我来说，W是美的生命和美的情感的象征。然而在我看来她的美令我忧伤和寒冷。对爱情凄美的幻想成为横亘在我们之间的沟壑。我不自然地笑着。因为惊慌失措，我竟然在她看见我的时候语无伦次，口不择言。我听见她手里拎着一个挂满钥匙的铁圈向我走来，她很诧异地看见我，问我来这幢楼做什么？我找了一个荒唐而愚蠢的理由。我说我去306房间。那个房间有我的一个朋友。她信以为真，就去从她手里拎的钥匙圈找306房间的钥匙，找到了就去开那间屋子。我跟在她的身后，我闻到了她身体散发出来的淡淡的香气。我已经不知道我在她打开房间之后看到房间里并无任何人，而我又张口结舌说不出任何话语的时候是什么样的表情。

我只知道我和她并排站在她工作的传达室的尴尬情景。显然她已经知道了我的来意。她总是知道我对她的单相思情感的吧。她完全能够从我的眼睛里看到这一切。在以往有长达一年的时间我深陷在对她的单相思的情感中不能自拔。我如同一只在爱情的道路上迷途的羔羊遭遇困境而无法得救。

W轻描淡写地告诉我，这个夜晚是她在这里工作的最后一个夜晚。明天她就会进城了。她的舅舅为她在城里找到一份公车售票员的工作，同时还给她介绍了一个对象，就是那个安排她到公汽公司做售票员的那个公司的经理的儿子。她看着我，眼神中没有任何情感的成分，只有平静，仿佛我们就是两个陌生的路人偶尔在攀谈。离开那幢单身大楼的时候我满心的冰冷。我真正地绝望了，我已经不知道自己是如何离开的。我踩着洒满月光的柏油路往家走，但我分明觉得自己是走在光滑的水面之上。那时候我很渴望有那样一江水，可以覆盖自己让自己沉没。

我就那样在矿井曲折幽深漫长的巷道里流着泪。在黑暗和寂静中啜饮着自己咸涩的泪水。

在那些日子里我不仅失去了我的爱情，而且我每天前往的地方是充满恐惧、梦魇和危险的地方。是的。是梵高如父亲一样安慰了我。现在我想这样说。因为我看见了他的道路，在看见他的道路之前我最先看见的就是他失败的爱情。今年夏天，我深深地爱上了我们的表姐，但是当我把这件事告诉她的时候，她回答说，她在过去与未来都是一个独身的人，所以她永远不能够接受我的爱情。这是梵高致弟弟提奥的信中的一段话。当这件事在今年夏天发生的时候，最初对我的打击，可怕得好像是判处死刑，它一下子把我的心碎成齑粉。梵高比我更深刻也更绝望地爱着一个女人。那个身穿白色衣裙，发髻高挽，两眼明亮，声音甜美的女人被梵高唤做表姐，梵高看见她就不可救药地爱上了她。梵高对待爱情时候的热忱感动了我，我觉得我们是在体验同样质地的激情。我们有着相似的开始，也有着相似的结束。我看见梵高爱情失败，情感遭受挫折而倍感荒凉的时候，也同时看见了我自己。把梵高视为我的精神之父就是从这里开始的。看见他的激情历程的时候，我就决定带上他跟我一起走。我去哪里，他就去哪里。遇见问题的时候，我就坐下来，打开，进入，寻找我们相似的场景，相似的情境，相似的命运和相似的觉醒。

在遇见梵高以前，没有人会关心我内心和精神的境况。之后也再没有。

我看见梵高在爱情失败后到了矿区。他的激情的火焰燃烧过之后，他的爱情成为余烬。梵高去教会工作了。他的激情从女人身上移开，献给了上帝。他到了矿区，他把自己的爱情从女人的身上收回，投给了生活在矿区的穷人。这使我更加亲切。我看见梵高在那些炭黑的矿工中间，就如同他来到我的身边。他怀抱福音书，提着马灯，踩着积雪，来到工棚传送上帝的恩惠的时候，我真的仿佛是听到了圣灵的声音。

梵高画了很多描绘煤矿工人、男人与女人的速写，他们在下雪的早晨，沿着一边有荆棘篱垣的小路，走向罐笼；那条小道的影子在朦胧中隐约可见。在背景中，煤矿的巨大建筑物与成堆的煤渣，模糊地在天空前面显现出来。需要梵高努力的是他要画出来背景上斑驳的落照，略为受光的棕色人物的轮廓。这是梵高从一个喜欢绘画的传教士向杰出的现代艺术巨匠迈进的一个起点。我认识他画过的那些人物，我觉得他们就在我的世俗生活中，那些男人和女人，老人和孩子就在我的生存之地。

梵高以义务传教士的身份，在比利时的波里纳日矿山的工人中进行传教活动：他住在蒙斯附近一个小商贩家中，工作非常积极，经常主动去看护病人，晚上睡在硬木板搭成的床上。在向来供晚上集会用的煤矿工人的小屋里，梵高为矿工们讲解《圣经》，他也参加在马厩里与棚屋里举行的宗教仪式。在一个星期的集会上，梵高布道的内容是福音第十七章第九节——“晚上，保罗面前出现了幻像：那里站着一个马塞多尼的男人，他请求他说：到马塞多尼亚来帮助我们。”

当梵高描述马塞多尼亚地方情形的时候，那些矿工们听得入迷。他们需要也渴望福音的慰藉，以及唯一正确的上帝的知识。梵高告诉那些矿工保罗是一个什么样的人——我们可以设想，他是一个脸上带着忧愁、痛苦与疲劳的皱纹的矿工，没有光彩与魅力，而只有一个不朽的灵魂，他需要的是不会腐烂的食物，这种食物名为“上帝的话”，上帝叫大家仿效基督，人应该生活得朴素些，要经历生活的考验。

> 虚心的人有福了，因为天国是他们的；
> 哀恸的人有福了，因为他们必得安慰；
> 温柔的人有福了，因为他们必承受地土；
> 饥渴慕义的人有福了，因为他们必得饱足。

我开始去北山了。阅读着梵高的时候，我就很想了解北山的人的生活，因为那也是我眼前的生活。我是看着北山之上的妇女,老人和孩子从北山之上取石,从北山之下的河湾运土。有一个夏天，每一个昼夜北山之上的人们都投入到劳作之中。他们要给自己建造一个教堂——那种穹形的屋宇，尖尖的屋顶，悬挂在空中的十字。我在电影里看到过这样的建筑，它们和黑衣主教黑衣修女一起成为某种神秘主义的象征。没有想到的是，它们会出现在我的生存之地。我每天身穿窑衣下矿井的时候就能看到北部的山峦之上，那幢耸立在山顶的穹形的建筑，建筑之上的十字。

穷人是需要宗教的。我觉得这个说法是对的。因为他们一无所有。一无所有的人应该有慰藉，应该被上天眷顾。这是我从梵高那里知道的道理。我读着梵高写给弟弟提奥的书信，在信里他表达了他对他所见到的困苦中的人群的看法。

我走近北山那幢穹形的屋宇，我在屋外看见一个瘸腿的头发花白的老人，他和一只黑狗照看着这幢房屋。我从窗往里看，看到受难的被钉在十字架上的耶稣的画像。有一个砖石垒起的讲台，讲台之下是一排一排木制的粗糙而简陋的长椅。老人喝住了他的狗，让我从窗外往里看，老人说在周六这里会有礼拜，礼拜的时候会做弥撒。我听着似懂非懂。我对北山之上的人们所做的事情一点都不了解。即使是在星期六看到他们所作的礼拜之后，我也不能理解。我看到坐满大屋宇的妇女和老人，他们有的还带着孩子，有的妇女敞着怀奶着怀里的婴儿。这些人都是矿工的家属，他们的男人或者儿子像我一样终日行走在地下，行走在地心，在那里劳作。我看见那些老人和妇女坐在穹形屋宇大厅里那一排排长椅上。女人的衣服陈旧，面孔不施粉黛，身上带着在地里干活的尘土，她们和年老的褴褛的男人一起面对上天呼告和祈祷。他们在祈祷平安，祈祷欢乐和幸福。我注意到他们的表情，那是沉醉的，虔敬的。

我不知道上帝是否听见了他们的呼告和祈祷。这些穷人，他们生活困顿，生存艰难。他们把上帝看做信仰，把信仰看成是寄托。信靠着这种寄托，期待着生活对他们露出善意的微笑。

在我所在的矿区，有十四座煤矿，这些煤矿的周围被大山环绕，后来我发现，每一座煤矿所在的山区里都会有一座尖顶穹形的教堂，都会有一些衣饰褴褛面如土色的贫穷困苦的信者。虽然我不能理解，但我从山上下来的时候我觉得山上人的生活是好的。因着他们的信仰，他们和山下的人不一样。

我是属于山下的人。作为一个无知和蒙昧的孩子，我不信仰上帝，任何的宗教都不信仰，任何的信仰都不在乎。但那时候我信了梵高。在认识梵高以前，我的精神没有遇见过安慰。梵高使我看见了安慰。我读懂了梵高作为传教士带来的上帝的福音，那是送给穷人的礼物，也是送给我的礼物：

> 你们祈求，就给你们；寻找，就寻见；叩门，就给你们开门。
> 因为凡祈求的，就得着；寻找的就寻见；叩门的就给他开门。
> 无论何事，你们愿意人怎样待你们，你们也要怎样待人，
> 因为这就是律法和先知的道理。

身处黑暗之地，我感受到梵高传递过来的光亮和温暖。

我坐在黑暗之中，坐在灾难之地，周围是荒败的废墟，无边的寂静和广大的虚无。但是我内心安详，灵魂沉静。我遥望和铭记着梵高，用他的孤独抵御我的孤独，用他的失败消除我的失败，用他的不幸瓦解我的不幸，用他的觉醒完成我的觉醒。

美丽的清水

我是地下的动物，有很长时间过着穴居的生活
你们在我的头顶之上。人说头顶三尺有神灵，我的头顶之上是你们
当然还有大地，山川，河流。神在万物之上，我在万物之下
你们是人间和尘世，你们繁衍生息，或者声色犬马
在你们尽享天伦之乐或沉陷欲望之海的时候，我独对黑暗和寂静

这些句子是我对陈美良说的话，实际上是我念给他的我写的诗句。

诗歌的名字叫《侏罗纪荒煤》。那些诗句我很少拿出来给人看，我甚至不知道它们能否被称为诗歌。那是我内心滑过的感觉和意象的记录，我悄悄把它们写在一个绿色笔记本的纸页上。我有几个各种颜色的笔记本，它们都被我锁在抽屉里从不示人。

陈美良是我愿意谈论这些诗句的工友。我面对着他，在我的硐室里，我们两个人都是满脸炭黑。他在我念诵那些句子的时候安静地听着，虽然他的眼神是茫然的，但是我知道他不会讥笑我。

在矿井里满脸炭黑地读书和写字是怪异的，我可能就是那么一个怪异的人。

有一次听到我的工长跟别的工友骂我："写球写，能写出名堂老子球毛就白长了。"

工长姓孙，是一黑红脸膛的壮汉，身高马大，膀阔腰圆，操着浓重的山阴方言。

他非常不喜欢我在工作的硐室里看书写字，他觉得我在矿井里读书写

字神经不正常。

但是工长反对和讥笑的，对我则是必需的。那时候跟我同龄的年轻窑工尝试用各种方法脱离矿井。有关系的找关系调动，没有关系的就使钱疏通，关系和钱都没有的就使用自残的方式。比如，把自己身体的某个部分搞残，手指或者脚趾甚至手臂，只要医生能够证明它是残的，那个伤残了的手指、脚趾和手臂的主人就可以脱离矿井而又能享有劳保的待遇每月领取薪水。

检修工白光就是在我的硐室外用皮带的齿轮把自己的手指切去的。

有很长时间，白光就抱着他的一根手指出神。有一次他对我说："哥要是把这个手弄残了，哥就不用再下井了。"白光新婚不久，他的新娘是一个皮肤白皙的女孩子。因为爱媳妇白光患了狂想症，他在井下的时候就想象自己媳妇在家里的种种，愈想愈不放心。他是知道有不少窑工的媳妇在男人下窑的时候被人乱搞。白光不想重复那些人的故事，他就拼命想着离开矿井，他举着自己的手指出神的时候我以为他只是耽于幻想。

直到有一天，他把自己的手指伸向飞转的齿轮，他切掉了自己的食指。

白光抱着手指伏在地上翻滚哀号的样子使我毛骨悚然。

我是个无能的人，也是个胆怯的人。我没有能调动的关系，没有能疏通的钱，也没有把自己搞残的铁石心肠。我只有用读书和写字的方法捱度黑暗的时光，那是我能做的事情。很多书被我带到矿井下，我所阅读的书籍有了深入到黑暗之地的经历。比如尼采的《悲剧的诞生》、杰克·伦敦的《马丁·伊登》、茨威格的《一个女人的来信》、《人类群星闪耀时》。我说过这些书籍拯救了我。现在我不惧怕再次重复说："那些在矿井里的阅读和书写的时光拯救了我。"

陈美良是可以懂我的，包括我念给他的那些句子。做矿工以前他在家乡做中学教师代语文课。我觉得在矿井里能遇见陈美良是我的幸运，我觉得他可以算作我的知音。

他是火药工，他经常背着一个火药包往掌子面运送火药。他的工作就是从地上的火药库里取出雷管和火药，装满一个白色的帆布包。帆布包说是白色，使用的时间久了也成了黑色。我经常会在矿井里遇见他，但更多的时候我们交臂而过。他戴着一个黑色的胶壳帽，穿着炭黑的帆布工作服，黑色的胶靴。他的腰间扎一根皮带，矿灯挂在皮带上系在腰间。他坐矿车而来，火药包规规整整背在后背。每次随着一列奔弛而过的煤车在我硐室之外的轰响，他很快就会跳在我的眼前。我们说过几句话以后，他就继续往里去。所谓的里就是更加幽深的巷道，更加逼仄的掌子面。在里边掌子面工作的人要脱掉身上的衣物，要光着身子钻进去用锹镐挖煤。同在地层深处，矿井里是有着不一样的温度。有的地方是冬天，比如我在的硐室；有的地方是夏天，比如陈美良工作的地方。每次陈美良从掌子面出来的时候，我就听到他骂人。他的满脸全是汗水，帽子歪斜着。见到我就把帽子摘下来垫到屁股下靠煤壁坐着。开始是坐着，还能听到他骂人。稍倾，就听到他的头伏在臂间发出的鼾声，他蹲坐在地上睡过去。

我坚持不在井下睡觉是因为对身体的珍视。有很长时间，矿井里的阴湿之气使我畏惧。我担心它们会渗入我的身体，损害我的健康。那些来自地腹的，来自大地本身的寒凉是我能感觉得到的。只要我在矿井的时间一久，阴寒的湿气就开始围拢我。原来它们也充满我的周围，只是因为我身体里的热量在，它们无法靠近我。时间久了，身体的热量渐渐被消耗。热量散尽的时候，矿井里的寒凉就会穿透我的皮肤，进入到我的身体。那时我多半会心里慌乱。我担心它们进入我的肌肤再进入我的骨髓，那是我畏惧的。

在我的硐室里有一个用铁管焊制的长椅，别的工友就用它当床睡觉。甚至有的工友可以在变压器上睡觉，循环放送着的电流使铁制的变压器很温暖，睡在上边也很舒服。但是变压器释放的电流产生的磁场对人体的辐射也是很恐怖的，它会直接杀死人体的红血球。还有窑工是在地上睡觉的。脱掉窑衣就躺上去呼呼大睡。这些睡觉的方式都是我不能接受的。显而易见的是，它会给身体遗留下来各种无法治愈的职业性疾病。比如风湿性病痛，比如骨髓炎，比如白血病。长期在矿井里睡觉的人会面无血色，颜面晦暗。

我的硐室里死去过一个叫刘生的工友。他就是睡在那张铁椅上死去的。那是一种没有痛感的死法。除了下矿井做工，刘生还做着小本生意。冬天卖土豆，夏天卖西瓜。这是一个很有活力的中年人。他死的时候是在夏天，他从外地运来一车西瓜，白天卖西瓜，晚上下井做工。但是有一天他下井，睡在那张铁椅上就没再醒来。接班的工友发现的时候，刘生已经断了气。

我无法说清楚他的死因。我能说清楚的就是自己的决心。

不能让身体有意外。这是我当时强行灌输给自己的一个信念。

我希望我的身体足够棒，希望它能持久地涵养一种力量，这种力量能使我脱离矿井走出黑暗。虽然这个时刻很难看见，但我想我必须坚持住，坚持到那个时刻的来临。

每天是八小时，有时候是十二小时，有时候是十六小时。我就那样坐在黑暗的矿井里，在巷道间，在石头垒砌的硐室里。我在矿井里的工作是使变压器里蕴藏的几十万伏的高压电正常运行，使它们不间隙地输送到矿井里的各个系统。我要使巷道里的风机正常运转，使矿井里有足够的风力驱除积聚的瓦斯；我也要使水泵正常工作，以抽取从地层间渗出来的成吨的废水不至于淹掉掌子面；我也要使运送煤炭的矿车正常行使，以便挖掘出来的煤可以按时被运送出去。因为我是守在硐室里，我是不动的。我不动的时候，我的身体就成为吸附寒气的铁石。这是一种能量转换。一种能量被移走，一种能量就侵入。我的身体存活所需要的基本热量被移走，大地的寒凉气息侵进来。为了抵御寒凉和阴湿进入体内，我就不睡觉，借着矿灯的光读书或写字。

困了的时候我就在硐室里跑步。来来回回跑。起跳、踢腿、转腰、振臂。

我使用各种办法锻炼自己，使热量重回体内。然而，运动释放出来的热量也仍然是有限的。在热量消散的时候，那种寒凉重新在我体内聚集。那时候，对清水的想念就成为内心的渴望。在当时的我看来，清水也是一种武器，那是可以用来对付我体内寒气的。

因为在地下时间漫长，我的面孔、手臂甚至整个身体被炭黑遮蔽，那时就想念一泓清水。

洗涤自己是我迫切要做的，在洁净的水里浸泡着自己也是让我向往的。

奇怪的是我对洁净的要求竟然因为我陷身黑暗和污秽之地而格外强烈。

有很长时间我真的在硐室之外，四处寻找能有清水的地方。比如从窑顶煤岩渗落而下的水，那是我寻找的。但是即使找到，那样的水也只能观看，而不能食用。因为煤岩的渗水通常会分泌出硫化氢。有时候我因为焦渴而面对它们的时候，也只能欣赏，我不敢把那些水接到自己的口中，或是肚腹。我担心在瞬间就会毙命。尽管实际上可能那种危险并不存在，但是我决不会让自己冒险。不冒险是我在那时候的生活信条。好好活着也是我在那时候的生活信条。

人命是脆弱的，在地下尤其脆弱。几年的矿工生涯已经使我见识过各种各样的灾难，各种各样的祸患。

那时候我全部的努力就是让自己好好活下来，不出状况地活下来。

在我对清水深怀感情的时候，交班房里的浴室就令我痛苦。

无论什么时候出井，等待着我的就是半池污秽的水。

在冬天的时候，浴室的破旧门窗毫无阻隔地使冷风长驱而入。脱掉窑衣裸着身体站在浴池的边缘，在冷风无所阻隔吹袭的时候，我的身体战战兢兢，我面对着一池污秽的水，那时候真的感觉悲伤。水是无辜的，水原本是清的，使水不清洁的是人。是人使水变得肮脏、污秽、病菌丛生。我拿着毛巾，迟迟不愿意走到浴池的近前，迟迟不愿意走进浴池肮脏的水里。除了脏我不能忍受，气息我也不能忍受。我看见别的窑工，他们毫不犹豫就跳进了浴池，我也希望我能那样跳进去，我想人不能太矫情。别人能洗我为什么不能洗？我鼓励着自己，希望自己能走进水池里，但是我办不到。水里泛起的恶浊的气息令我的胃部翻腾，有呕吐冲动。

那样的一池水是我所仇视的。就像我仇视矿井里的黑暗和险恶，仇视矿井上的凋敝和荒凉一样，我仇视那样的一池水。我觉得那是我们生活的象征，我觉得我从水里看见了生活，我们的生活。肮脏的，污秽的，充满病菌的生活。这是我悲伤地看见的。

现在我已经看见过各种各样的浴室，就像我看见过各种各样的矿区，各种各样的乡村和各种各样的城市。现在我的记者职业使我八方穿行四海漫游。我见过最凋敝的乡间最简陋的浴室，也见过最繁华的城市最奢华的浴室。1862年，法国画家奥古斯特·安格尔绘有一幅油画《土耳其浴室》。这幅直径110CM的油画中是一群不同姿态的浴女，她们的神态美丽而优雅。这幅藏在卢浮宫的油画是我在北京美术馆看到的。在那幅被称为有“东方阿拉伯情调”的经典画作面前，我伫立很久。

有人把“土耳其浴室”这个名字搬到一个城市的洗浴中心。在我开始写作这些文字之前，我就坐在一个名叫“土耳其浴室”的桑拿室里。桑拿室被装饰成一个原始风格的洞穴，镶嵌着彩色卵石的墙壁蒸腾着炙热的水汽，陶瓷的洞顶悬吊着各种光线温暖的彩灯，绿白交织的大理石地面光滑倒映着光影。我坐在木制的长椅上，从蒸汽房可以看到外边的浴池，清澈碧绿的水在池中荡漾，玻璃穹顶之上有星光照进来。这是一个皇家园林式的洗浴中心，配有将军套房、VIP套房、豪华套房、情侣套房。来这里洗浴的人可以按照自己的支付账单的能力享受他所需要的任何服务，这样的洗浴中心已经遍布中国的城乡。

我觉得浴室里有我们的生活，浴室是观察我们时代和生活最好的镜像。

我是在认识了奢华的浴室之后再次认识矿工的浴室。

那种肮脏的、污秽的、破旧不堪的浴室。

在矿井附近经常会出现一些外来的女子，她们住在租来的石头房里。很多窑工们会在出井以后找寻她们。那些石头房里等待的窑工如同医院急诊室外候诊的人，一个完了再进去一个。是的，那是些出卖肉体的女人。那些没有家室的窑工们就是她们经常的客人。我知道那些女人，但是我从没有见到过她们。

那时候我正爱着一个大眼睛的女孩子，一个良家闺女。我每天下矿井的时候，会在路上遇见她，出矿井的时候也会在路上遇见她。那是我很想见的一个女孩子。梳着两条搭在肩头的麻花辫，面容白皙，眼镜闪亮，喜欢穿一件军绿的棉大衣。我走在路上的时候，她也是走在路上的。我们总会在某处相遇，然后交错而过。是的，我们还没能说过话，但是我知道我已经很爱她了，很长时间她的形容就住在我的心头上。

在那样的时刻，交班房里的浴室就令我难过。那样的一池水令我悲伤。我是多么渴望自己能被彻底地洗涤，能被温热地浸泡，我是多么渴望我身体阴冷的寒气能被一池热水驱散。但最后的结果是，我只能用毛巾蘸着水，把脸上和手上的炭黑擦掉。这是我能做的。我无法站到水里去，水池里的肮脏和污秽能使我愤怒狂乱。但我只能隐忍着，默默地离开。

见到那个女孩子的时候，其实我是可以走近她跟她打招呼的。我能看得出来，她也是喜欢我的，因为在我们的目光相互对视的时候，她的眼睛格外地亮，而且有热力从她的眼睛里散发出来。我要是走到她面前，跟她攀谈，她应该是很愿意的。我们完全可以成为朋友。她很漂亮，但我也不丑陋。我想。我们可能是合适的两个人。但是我无法走到她的近前，我不能靠近。我身上携带着的地下的阴寒的气息，携带着的污秽水质弥漫的恶浊气息我没有办法消除。我越是喜欢她，越是不能靠近她。我觉得她是需要英俊、洁净和红尘中的气息来匹配的。她需要的不应该是我的体内所携带的那些地下的阴冷气息和地上的污秽气息。

我隐忍着初生爱情的磨折。我对自己说，放放吧。对你来说，爱和情以及性是第二位的。

我觉得我还深陷在非人的状态里，我要先过上人的生活，然后再安顿我的爱和情以及性。

我想象的人的生活就是每天能洗到温暖而洁净的清水澡。

然而我们只有很少的时候，才能能遇见一池好水。水汽蒸腾弥漫着，水清到一眼可以见底。遇见这样的水矿工们就快乐地欢叫，经常有年轻矿工抑制不住身心的欢乐在浴池里游泳，浴池的狭窄并不能使他们尽兴，但是沉下去浮上来的感觉还是令人沉迷。那时候我就觉得清水原来是美丽的，清澈的水环拥着肌肤的时候，仿佛是对肌肤的甚深的慰籍。但是那样的一池好水对我们来说，经常是梦中的念想。

更多时候等待我们的就是半池肮脏的污秽的水。

陈美良比我更不能忍受浴室的肮脏和污秽。

他是否因为经常跟雷管和炸药打交道，而使性情和脾气也一样变得火爆，不得而知。

总之他是火爆的。有一次我看见他在肮脏的浴室里裸着身子和人打架，那个人是负责浴室管理的，他们手指着各自的鼻子互相对骂。陈美良虽然以前是中学教师出身，但是他身量结实，体格健壮，而且用唐山普通话骂起人来也极为酣畅凌厉。那个浴室的负责人骂不过陈美良就动手，他挥动拳头开打，这一招使陈美良正中下怀，他把手里的毛巾卷起来，冷不丁就反手勒住那人的脖颈，还没等他反应，那人就被光着身子摔倒在地上。

我隐约觉得陈美良是桀骜不驯的。这跟他的性情有关，也跟他的哥哥有关。他有一个做着保健站长的哥陈普良，是他哥托人找关系把他从唐山郊县的乡村招工到矿山。保健站长的权力在我们看来是很大的，他掌管着矿区数千人的医疗和救治工作。无数的人要为自己的身体疾患跟他哥磕头作揖。这也是陈美良桀骜不驯的原因，他在矿井工作只是权宜之计，用不了多久他就会离开，脱离矿井到一个他想去的地方。

但是在真正离开矿井以前，他还是要干好他的工作。他每天准时要把从火药库领到的火药和雷管背到掌子面去。有时候需要他给那些在煤壁上打好的炮眼填好火药和雷管。他操作着控制器，躲到离掌子面数百米的地方，摁动控制器，震耳欲聋的炮声就响起。在他那边响起的炮声我在硐室里也能听见。你感觉脚下一颤，轰的一声，人的耳朵就被震懵了，很久才能恢复正常。

我觉得陈美良可能比我更悲观。因为工作的性质，他更容易看到破碎和伤残的景物。

他背到掌子面的火药和雷管炸开过很多坚硬的煤岩，但是也炸伤炸死过在那里挖煤的窑工。有一次在放炮前，掌子面撤人。在掌子面工作的一个班的人全撤出来了，陈美良吹响了放炮的哨子，看看没有人回应，他就打起了放炮的灯光。他用手里的矿灯朝空中画了三圈，然后就摁动了放炮器的旋纽。地动山摇之后，坚硬的煤岩被炸开了，被炸碎的煤炭哗哗地流下来。但是在他们清理爆炸现场的时候也清理出一个被炸断腿的年轻窑工。那个窑工是躲在古塘拉屎的时候被炸断双腿的。工友们在煤壁上找到了残断的血肉。那些血肉紧紧地粘在闪着幽光的煤壁上。那个时候是陈美良绝望和悲伤的时刻。虽然他有个做着保健站长的哥，因为这个哥他过早地熟悉了人的疾病和伤残甚至死亡。但是当这些事情近距离地出现在眼前时，他还是倍受打击。

也许能够安慰陈美良的就是他跳进水里的时刻。那时候他是欢乐的，顽劣的，激情洋溢的。那是我们走近乡间水库的时候。陈美良告诉我远在大同五十公里处有一个册田水库很漂亮，很好玩。他说他经常去，骑着自行车，还带着猎枪，去那儿游泳、打猎、野营。

这是我闻所未闻的事情。可能黑暗和困苦遮蔽了我的生活，也遮蔽了我的视线。

我是在那个夏天见识到陈美良过人的水性的。我们找了个工歇的时间，他骑着车，带着他的双筒猎枪，我们向着册田水库出发。那时候欢乐来到了我们的脸上，我们都能从对方的脸上看出快乐的表情。黑暗和困苦暂时远离了我们，抑郁和悲伤也退出我们的内心。陈美良带着我骑车在乡间的大野地奔驰的时候，会撞到从草棵里飞跑的山鸡，那时候他就停下来，举起双筒猎枪，瞄准那些被我们惊吓而四散飞逃的野鸡开火。虽然我不喜欢打猎，对滥杀无辜动物的生命有强烈的批评态度，但是我还是愿意理解陈美良的快乐方式。

到了册田水库我才真正看见清水能多么辽阔，辽阔的清水是多么的美丽。

那是我在那个时期看见的最动人的景色。芳草青翠，白云如絮，微风轻送，空气清新。

我终于能够大口地呼吸，大口地吞吐。我贪婪地吸纳着野外没有被污染的自然的气息。

陈美良迅速地就褪去了他身上的衣服。他不穿任何衣物，裸身向水里走去。

他纵身跃进水库，像一尾大鱼在碧绿的水里浮游。阳光照射着水面，泛着粼粼的波光。

我是看见自己梦寐以求的清水。虽然我不会游泳，我还是愿意下到水里跟水亲近。现在想来，那是我矿工生涯最快乐的时刻，我裸身站在水里，让温暖的水流环绕自己。我享受着清水之美。在阳光的映照下，水流温暖地浸泡着我。我的肌肤感觉到慰藉般的温暖。那一次我们玩到很晚。陈美良游完泳在水库边架起柴草烧烤打来的野鸡吃。我只吃了他烧烤的玉米。

然而这个明镜般的水库，我只去过一次。

在那个夏天，就在我准备第二次去水库的时候我听到陈美良溺死在水库的消息。

他经常去那里。我没有他那么多的时间。很多时候并不能跟随他前往。

他有时候会找不同的伙伴，有时候则是独自前往。我猜他是在沉郁的矿工生涯里找到了让自己欢乐的方式。

那个水库，水库里的清水，鱼，以及草丛里生长的玉米和飞跑的野鸡以及洁净的空气都使他迷醉，就像我被迷醉一样。区别在于我不识水性，只能在水中沉浸和观望。而他的水性上乘，游泳的技术过人，他可以横渡水库。我猜想他是被快乐迷醉了。我听说他在往深水区游的时候被水里的藤蔓绊住了。也有人说他是站在堤岸往水里扎猛子的时候，头撞到坚硬的石头。总之，他的生命在欢乐中飞逝。

我听到消息去看望他。在他石头砌的屋子里我看见陈美良被停放在炕上。他的脸并没有被盖住。他的哥哥在为他处理后事，我看见他的身体周围放满了晶莹的冰块和艳丽的花瓣。

我最后看到的陈美良是安详的，他躺在他的土炕上独自安息着。

在他家的院门之外，有木工在紧锣密鼓地为他打制预订的棺木。

黑暗之歌

我要在大雨降临之前回家去，

我要走进最密的黑森林深处。

——美/鲍勃·迪伦

我从居所到矿井的途中要经过俱乐部。

从俱乐部后院敞开的大铁门能看到文工团的人。空旷的场院里文工团相貌英俊的男女青年在阳光下聚在一起，有的在练声，有的在练手里的乐器，也有的在闲聊。他们三五成群，面对一堵灰色陈旧的墙壁各自站开，从他们胸腔发出来的声音高亢，不断在俱乐部上空回荡。低音提琴和高音小号制造出来的低沉和尖利的乐声交相环绕轮番盘旋。在我看来这些人气质优雅神情骄傲，他们相貌英俊服饰洁净，他们面容欢乐表情幸福。

如果我有对人生幸福的理想，文工团就是。我经常看着那些人，有时在俱乐部后院空旷的草地，有时在俱乐部前厅辉煌的舞台，看他们自由歌唱纵情表演，看他们享受阳光的照耀，享受听者热情的欢呼和掌声。还有他们能自由跟异性交往，他们恋爱，随心所欲跟喜爱的人在一起，在我看来这样的生活简直就是人生幸福的典范。

比起来我的现实则遍布黑暗。

每天我经过俱乐部，在文工团男女青年的歌乐声中，沿俱乐部后墙一条尘土弥漫的道路攀上一座山粱。我在阴暗落满尘埃的工房换上结满汗碱坚如铠甲的工装，从灯房睡眼惺松满脸脏污的女孩子手里领取矿灯，跟那些面孔如石沉默如土的窑工走向山粱上的矿井。我坐缆车到达坑底，再由坑底穿越幽深曲折的巷道，走向劳作的工场。矿井的巷道纵横交错，蜿蜒延伸，那些在地腹中的巷道出现在地形图上的样子如同人体纵横交错的血脉。我进入得越深，离人间的生活越远，离尘世的气息越远。

劳作的工场在矿井巷道的尽头。在那里我看着窑工用锹镐或者炸药开凿着煤壁，他们在四季闷热的工场，脱去衣服，裸露着身体劳作，在矿灯的照耀下我能看到他们臂膀、胸部和腿上蠕动的结实的肌肉。那些身体强健力气威猛的人，他们使那些已在尽头的道路再一寸一寸向前延展，他们开凿道路挖掘出的油亮的煤炭堆积在脚下，那些炭堆积如山后再被矿车运走。

我的工作是在一个石硐为窑工发放劳作的工具，锹、镐、缆绳和炸药等等。石硐离工场有一段距离，它的位置在一个废弃的老古塘，那是一个塌陷区。我经常能听到煤岩受到挤压扭曲而裂变的声音。谁也不知道那些巨大的煤岩什么时候会落下来。我每次走过的时候都怀着深度的侥幸之心。我祈求上天别在我经过的时候塌落。

我工作的时间包括花在路上的是16个小时。这份工作孤独，远离人群但是责任重大。那是一份年轻人不愿意干而我却充满热情的工作，原因是我闲下来的时候可以用矿灯照着看书，写字，那段时间我每天在下矿井之前都会在怀里揣上我准备阅读的书籍、我用来写字的硬壳笔记本。我用阅读和书写捱度着在地腹中的时光。那段时间我阅读过的书籍和书写过的笔记都留下了黑色的印迹。为了抵御在地腹中的孤独，克服一个人对死寂的恐惧，我用防火的沙土和皮制的门帘给自己制作了一个练习拳击的沙袋，吊挂在硐中，不工作不看书也不想写字的时候我就练习拳击，以此克服睡意的来临，避免像年老的窑工那样在困倦中昏睡。我发现那样的睡眠日久天长会让一个人变成习惯，这种习惯会从根本上瓦解一个人的活力和元气，使一个活生生的人变成废物。

看到文工团的人，我就无法满意自己活命的方式。我憎恨自己的工作，憎恨的理由是它的远离人迹和暗无天日以及无限漫长。有时候我在结束工作走出矿井的时候，坐在山坡的草地，面对血色的夕阳，我满身烟黑，面孔和手臂找不到干净的地方，那时候我远远地看着俱乐部的方向，看着文工团男女青年美丽的面影。那个方向和那些面影就是我不能企及的生活的理想。那个方向和那些美丽的面影让我感觉忧伤。

我真切地感觉到我是被文明所遗弃的人。我和我的窑工兄弟们，那些世代在黑暗中劳作的人，我们像尘土一样在世间生息湮没无声。如果没有文工团，我的知觉还在混沌中沉睡。文工团是划破我黑暗现实的光亮。那些美丽优雅的男女青年使我照见自己。我开始厌倦自己的生存。表现出来的状态就是我绝不让自己身穿窑衣满脸乌黑经过俱乐部，我避免和那些神情骄傲面容和衣饰洁净的男女相遇。我不仅厌倦自己的工作，还厌倦自己的生活。这种厌倦让我变得对生活失去热忱。我甚至在结束工作后不想回家，我把工余的时间用来泡酒馆，跟狐朋狗友厮混。我变得跟我父亲一样，但父亲的生活是我更加厌倦的生活。

父亲给我的记忆就是日日盘腿坐在土炕喝着一壶白酒。在我整个童年里，那些白酒都是由我从街上供销社的酒铺里打出来，我被父亲呵斥着，攥着他交给我的八毛钱穿过肮脏混乱的大街，在供销社的酒瓮前看着一个相貌粗俗的女人用酒提舀出白酒灌到酒壶里。供销社的酒瓮浑圆，高出我一尺，我经常仰望着那个酒瓮。我看不到里边的内容，只能听到它神秘的响声。我手捧的酒壶由轻而沉，由沉而轻，父亲在喝净我为他打来的白酒后由清醒而沉迷，由沉默而疯狂。

在我住的大街上经常晃着醉鬼。父亲喝我打来的酒以后，顷刻就能变化一副嘴脸。这个昔日在战场出生入死的老兵，在结束军旅生涯以后就无所作为。他头发花白眼睛血红，对着窗口骂人，谁过来就骂谁。他对所有经过他窗口的人都不放过。当然父亲骂得最凶的是母亲，骂得凶的理由就是她是他的女人，就像她是他的奴仆。他在骂完母亲以后还能把母亲拦腰抱起放倒在炕头，跟母亲性交，当着我的面；他根本不把我放在眼里，不管也不顾母亲的挣扎和反抗。在我的童年时代，母亲的隐忍和饮泣经常像旱天的滚雷在我内心炸响。我很长时间都在挣扎，我甚至负有某种罪愆。我觉得是我制造了父亲的疯狂。我是魔鬼的使者，我传递着一种使父亲疯狂和沉迷的药液。是我使父亲意志消沉丧失了生活的能力。在母亲哭泣的时候我发誓决不再为父亲去买酒。我试图反抗父亲，但一个小屁孩，没有任何力量抵御父亲的强权。反抗的结果就是遭到父亲暴力的清洗。

我终于能不再被指使为父亲去供销社买酒，那是我长大成人以后。

十八岁那年，我离开建筑在矿区河边的一所中学，到矿井工作，我想自己养活自己。

矿井一直是令我畏惧的地方，它的险恶和黑暗一样让我感觉深不可测。从小我就看着矿井的黑暗对人的吞噬和毁灭。人从那个黑暗的入口进去，日复一日年复一年，进入的时候肢体健全，有一天就会变得残缺不全。世代以矿井为生的窑工们，不管那个黑暗的入口发生过怎样的灾难怎样的祸患，都别无选择的踏身而入。灾难和祸患的磨砺使进入矿井的人内心苍凉如水，面孔坚硬如石。

在矿区，只要天气晴好，每天在有太阳照耀的街心广场按时集中着一大群残疾人，那些人都是被矿井事故夺去双腿或砸坏腰肢的人，他们在那些劫难中幸存了下来，但是他们被困在轮椅中，在寂寞和病痛中捱度着最后的时光。那些人在盛夏的时候穿着棉衣棉鞋，他们的身体已经没有了对气候的感觉，他们有的把轮椅靠在一起说话，有的独自蜷在轮椅中打盹，他们打牌，下棋，他们的腿脚腰臂呈现着不同程度的残缺。

母亲知道我要下矿井的时候泪水长流。母亲洁白结实的牙齿在我下矿井后松动脱落，母亲的黑发也在我下矿井后逐渐变白，而她的容颜也在我下矿井后逐渐憔悴和衰老。但那时生活对我来说别无选择。那是我命定的道路。

工作使我独立，使我可以摆脱父亲而生活。使我有力量拒绝和反抗父亲。工作使我快乐。我把生平第一次挣到的钱交给母亲的时候我感觉到从内心和身体生长出来的力量。但是我庆贺自己的方式是用酒馆的酒把自己灌得大醉。那一次我两手擎杯左右开弓，直喝得人事不省，被人驾着回家的时候如同在棉花垛上行走。那天晚上我醒来又看到母亲的哭泣。我看到自己越来越像父亲，包括我的容貌，在我成年以后也酷似父亲。这个事实合乎逻辑，但是让我倍感悲凉，因为父亲的生活一直是我发誓要反叛的生活。

但是我无力反叛。我不能把父亲遗传给我的基因和血质从我的身体里剔除。

我工作的硐室外边几步远是一个储水仓，方形，用砖石和水泥垒砌的。水仓有时候有水，有时候又没有。有一天早晨水仓里并排放着4个被瓦斯窒息的窑工。这些窑工是被人从掌子面一个一个背到水仓的。一个老窑工把他们并排放在一起然后就到了我的硐室。他垫着他的胶壳帽坐在我对面。我借着硐室昏暗的灯光看到老人的面孔和手掌污黑，头发却斑白。老人等着地上的人下来把那4个断气的人抬走。

那4个人都不行了，没活头了。老人说。他的口气寡淡，仿佛在水仓里的4个人是睡着的4个人。老人把头埋在放到膝头的臂弯里，他说：真他娘的困，眼皮打架了。我问他：你不怕么？你在一个一个背他们的时候。老人说：怕球呢，都一搭的兄弟。老人话音落下不久我就听到他臂弯里发出熟睡的鼾声。

我的硐室通往水仓的地方开着一扇小门，那扇门就被风吹着发出哐当哐当的声音。那种声音让我不由得要注视那扇铁门，我知道那扇铁门的背后是4个没有了活气的肉体。恐惧是渐渐到来的，它们就像缓缓升起的炊烟，慢慢的越来越浓。那个时候我想整个地层，只有我这样一个醒着的生物。我的头脑明亮如镜，清晰的照耀着眼前死亡的现实。

我本能地想离开那个硐室。我想回到地面，回到有空气流动有阳光照耀有人声喧哗的地方，我渴望看到世俗生活的图景。我感觉到我内心对那种生活的依赖和眷念。我收拾着带到矿井的纸笔、书籍，我想我要离开这个地方，回到世俗生活的中心地带。

在我往出走的时候，我感觉黑暗像粘稠的血糊在脸上，我想到那4个静卧在水仓里的窑工，我克服着自己想要奔跑起来的愿望，让自己镇定下来以平缓的步履行走。我知道我要走的路很长，我不能慌神。我要让自己轻松起来，做一个勇敢的人。我为什么不唱唱歌呢？我就在脑子里寻找自己听过的熟悉的旋律，然后我就把它们哼出来。我变化着我找到的那些旋律，除了哼唱还用口哨。我寻找着各种我熟悉和似曾相识的歌曲，我把他们用鼻音哼唱出来，用口哨吹出来。

我内心的恐惧就这样被制服了，那些恐惧像一群受惊的幼兽，在歌声的安抚中沉静下来。那些隐匿在黑暗中的物体在黑暗中的音响消弭了我在恐惧时刻感觉到的狰狞形容。它们成了一些寻常的事物。我甚至还可以停下来，用矿灯照着那些让我恐惧的东西看个究竟。我唱着歌曲，吹着口哨，接近它们，那时歌唱是我找到的能跟黑暗相对峙的武器。我用歌唱抵御袭击我的恐惧，粉碎遮蔽我的黑暗的现实。意识到歌唱的力量以后我感觉内心振奋，我不再害怕了。我能自由面对黑暗，面对险恶和灾难，甚至面对死亡，全是歌唱在帮助我。那时，我这样一个不谙音律的人成了一个热爱歌唱的人，我的内心遍布音韵和旋律。这个事实让我感觉慰藉和幸福。

赵松也热爱歌唱。

赵松是我的高中同学，我们在读书的时候关系一般，离开学校以后却过从甚密。他在毕业的那一年，身体突然就发育猛长，个头到了一米七。他的声音突然奇怪的变异，嗓音变得浑厚宽阔充满磁性，班里的同学们开始注意他的声音，他经常在教室里哼唱着什么歌，歌声听起来让人感觉意外的好，想不夸他都不行。但是他的功课和我一样，糟糕得一塌糊涂。我们都是被高考的战车丢弃的流寇。

我在矿井遇到赵松的时候总见他唱着什么歌，他在离开学校以后是太喜欢歌唱了，有人在河边，在树林，甚至有人在厕所方便的时候也能听到他练唱的声音。骑车在马路狂奔的时候他的歌声和他的长发就在身后飘荡。而我是经常在矿井里听到他的歌声，蜿蜒延展的巷道使他的歌声表现得千回百转，他的声音激情饱满，富有力度。他是太热爱歌唱了，他经常干着活儿就会唱起来。我知道赵松和我一样一直想着能脱离矿井的艰苦劳作，梦想着能到矿区的文工团做一名歌手。他和我一样经常可以看到文工团男女演员在大街自由游荡，他们在演出的时候获得的掌声和鲜花也令他心动。文工团男女青年优雅、闲散、富有艺术情调的生活成为我们共同的渴望和梦想。

我和赵松有了一个共同的爱好，就是摇滚乐。我们喜欢约翰·列侬，喜欢鲍勃·迪伦，我们从盒式录音带和VCD中学习披头士的演唱风格，学习鲍勃·迪伦的摇滚艺术，我们当然不懂约翰·列农和鲍勃·迪伦的原声，但是我们熟悉它的旋律和节奏，熟悉它的情感、立场和生活态度。我们知道面对生活和现实，我们的愤怒和反抗彼此孪生不分国界。

1959年，美国的摇滚歌手鲍勃·迪伦刚刚高中毕业，他离开老家明尼苏达州的矿区希宾，来到纽约的民间艺人聚集的格林威治村过他的波希米亚式的生活，那时他还是一个怕羞的孩子，但他的歌声已经像一个饱经风霜的黑人歌手。我们在盒式录音带里听他在一首《大雨将至》的歌中唱道：

我要在大雨降临之前回家去，
我要走进最密的黑森林深处，
那里人丁繁众，可都一贫如洗，
那里毒弹充斥着他们的水域，
那里山谷中的家园紧挨着潮湿肮脏的监狱，
那里刽子手的面孔总是深藏不露，

那里饥饿难耐，那里灵魂被弃，
那里黑是唯一的颜色，
那里无是唯一的数据

据说，鲍勃·迪伦在麦迪逊广场花园演唱这首歌的时候，全场到处亮起火柴和打火机，很多人都点燃蜡烛，人们怀着激情伴随着歌声舞动。那样的场景令人感动。这首歌成为我们热爱并奉行的经典。鲍勃·迪伦作为游吟诗人的质朴诚挚和他作为摇滚乐手的咆哮哀鸣一样打动我们的身体震撼我们的灵魂。我们感到和鲍勃·迪伦在精神上的相通。

我们喜欢迪伦，还热爱昔日的崔健，我们模仿崔健唱《一无所有》《一块红布》《假行僧》《花房姑娘》，崔健的呐喊也是我们的呐喊，崔健的不平也是我们的不平，我们热爱自由，向往出走，崇尚叛逆，厌恶暴力和压迫。我们一起学习，一起歌唱，我们的歌唱肯定不成气候，但是我们确实喜欢。

在那样一个僻远、封闭、荒蛮的环境之中，我知道我们的想法和行为会让很多在常规中囚禁的人感觉不正常，很多人都在用怪异的眼光看待赵松，就像有很多人用怪异的眼光看待我。但是我们不在意。我行我素，独来独往，踢足球，练拳击，梦想把身上的肌肉锻炼得结实无比，我们希望获得一个强健的体魄有一天能够真正出走浪迹天涯。甚至我们策划偷越国境偷渡公海，梦想去异国他乡寻找自己想要的生活。

对歌唱的向往是我找到的通向未来的异质的道路。虽然我资质平庸，但它代表了我对生活的全部梦想和渴望。还有我爱着文工团一个叫W的女孩子。W是文工团的一个沙锤手，她在文工团演出的时候就在乐队的边缘，在需要的时候舞动沙锤。这不是一个重要的角色，因为一场演出需要她舞动沙锤的时候很有限。我去看文工团的演出，就特意在台下看舞动沙锤的W。W不是一个性格外向的人，她的动作和文工团别的人比起来就显得比较拘谨，缺乏激情和动感。不过W的相貌不错，五官清秀，皮肤白皙细致，身材也很好，这是她能到文工团的理由，也是我爱她的理由。

我没有对W说过我对她的感情，我把对她的感情都书写在一个蓝色封皮的笔记本里，我随身携带着那个笔记本。在我不工作的时候我就攀上俱乐部附近的那道山梁，山梁种植着很多杨树，我就在杨树林里坐着，面对着W所在的方向沉浸在自己的缅想中。我把自己对一个女孩子的缅想书写到笔记本里。但是直到我写满一个本子以后也没有勇气送给她。我幻想我能有一个成功的时刻，在那个时刻来临之前我不愿意把我的爱情交出来。

但是多年前的一个早晨粉碎了我的梦想。

那个早晨，我像以往的任何一天一样去下矿井。

我穿着结满汗碱的工装，套上胶靴，走在幽深曲折的巷道，巷道阴凉，空气中有煤尘在浮动，我可以通过矿灯的光束看到煤尘浮动的姿影。那天和往常的日子没什么不同，在我踩着石蹬往矿井深处走的时候，有很多矿工在出矿井，我逆着人流走，他们拥挤着，纷乱的矿灯映照着他们烟黑的面孔烟黑的眼睛。但那天确实又和往常不一样，因为我看到了在那些烟黑的面孔烟黑的眼睛布满的慌乱、忧伤和恐惧。

我没有想到那天是赵松和死亡之神相互遭遇的时刻。

赵松在矿井干活儿，推着装满岩石的矿车去一个老古塘，他准备用那些岩石在废弃的古塘砌一道石墙。老古塘年久了，顶板松动，人经过的时候能看见顶板在一点一点沉陷。赵松领受的任务就是在古塘和巷道之间砌一堵石墙，有一道石墙，古塘就是天塌地陷也跟巷道不相关。赵松干着活儿，头顶别着矿灯，一个人搬动那些白色的岩石，他把岩石堆在古塘，然后一块一块垒起来。

但是没等赵松把石墙垒成，窑顶就塌下来了。窑顶塌落的时候有碎石和煤尘在往下落，矿井掀起飓风，赵松知道不好，但他刚站起身就被飓风摧倒，窑顶塌落的时候仿佛天塌地陷，他的身体撇出去，双腿就被塌落的煤岩压住。

闻声赶来的窑工用锹镐把赵松从煤岩中掘出来的时候，他的两条腿和他的身体已经一截为二了。

那些慌乱、忧伤和恐惧的人群就是送赵松出矿井的人群。

那些人用担架抬着他的上半截肢体，他的两条残腿分别被两个老年的窑工抱在胸前，他们的面孔阴沉、抑郁和伤感，但是没有泪水。老窑工已经见惯了矿井的灾难。

因为矿井落顶，矿井就停电，缆车停驶。我和抬着赵松的工友相遇的时候那些人正在攀登陡立的石蹬，从坑底到井口，有470个石阶。为了保持住担架的平衡，前边的人几乎是伏着身体前行。我让过了他们，但是我看到了躺在担架上的赵松。

命运在这一天让赵松停止了歌唱，剥夺和击碎了他做一个歌者的想念。他的歌声和他生命的元气一样彻底消失在黑暗中了。

那天早晨让我产生了真正的恐惧。我甚至没有勇气走到赵松身边。那样的场景令我胆寒。我在抬着赵松的人群从我的身边走过后继续往前走，我要到我工作的地方，那儿有需要我完成的工作等着我。我不去就拿不到工钱，我一个月的奖金也会泡汤。

但是我的勇气在我行走的时候逐渐丧失。我前行的道路恢复安静，恐惧却在无限地增长。

终于我停止脚步，我开始沿着来时的路往回返。我不顾一切走出矿井。

我在矿区医院找到赵松的时候他已经停止了呼吸。

赵松被修整清洗过的身体蒙上了工友们给他买来的红布，按照乡俗，红布有避邪趋正的寓意。亡故的人盖着它会免受地狱之苦。我看到那块鲜艳耀眼的红布，想起我们经常唱的崔健的那首歌《一块红布》：

那天是你用一块红布
蒙住我双眼也蒙住了天
你问我看见了什么
我说我看见了幸福

赵松的身体被蒙上了红布，但是他无法再看到他的幸福。

赵松闻讯赶来的母亲伏在他的身上哭得死去活来，连着几天都没有人能够把他母亲和他残断的身体分开。

我是在那时候离开矿井的，我在那儿工作了两年。在当时这份工作所能获得的报酬是稳定的和令人羡慕的，但我决心告别它。我不喜欢矿井沉厚无涯的黑暗，我无法再走进矿井。赵松出事以后，我再踏进矿井总能听到赵松飘荡在巷道里的歌声，那些歌声和赵松的形容在我穿行巷道的时候一直萦绕不去。

我找到我的头儿，我说我不干了，我没有办法再下矿井干活儿了。

我的头儿是个白头发的老人，他看过矿井太多的灾难，他盘腿坐在工房的大炕上，抽着一袋旱烟冷漠的看着我，他说：你是个胆小如鼠的家伙。

我没有反驳。我走出工房，脱去了结满汗碱和煤尘的工装，洗过澡后换好了自己的衣服，我拎着工装到了工房外的广场，我找来工房的柴油浇上去，然后用火柴点燃了它们。

赵松被死亡剥夺了歌唱的梦想，他的声音和生命也随之消逝。

一个人的死换取了另一个人的生。那时候我告别了矿井，也告别了我心中的爱情。

我让自己成为一个彻底的不妥协的漂流者。

PART
II

失踪的生活

漂流，将我们推入孤独，推入一个绝对的远景：
推入这样一个状态，在这一状态中，
留给我们的只有我们自己和我们的语言。

——【美】布罗茨基

1998年的秋天，我把自己的栖身之所从北京的东区搬到西区。

西区是高科技区，有很多让我感到亲近的东西，海淀图书城、著名的北京大学、还有颇具气势的绿化带，所有这些都让我感到魅惑。我是野路子出来的人，所受的正规教育有限，没进过大学课堂，早年是拒绝进，拒绝被教育体制洗脑，后来是想进又没有了机会进。所以我在搬往西区时主要一个愿望就是想看着那些曾经风云激荡的著名学府，我知道从那里诞生过一代又一代心智优秀的杰出人物，那些人物让我有高山仰止的感觉。从那些大学的门前经过时我感到自己是在思想王国的边界穿行。

我在靠近北京大学的西苑乡找了一间农民的房子住下来，我当时颇为得意自己的位置，我觉得我从此是进可攻退可守了，我要写作的时候就退隐到乡间的居所，要出去玩耍就可进入城市的繁华地带。我同时拥有寂静和喧嚣，简朴和繁华，我是如此紧密的靠近着一个国家的文化和思想的中心领地，而所有这些都曾经是我年少时代的梦想，如此切近的靠近我的梦想我对自己很满意。对一个外省的写作者而言，我感觉这是我在几年的自由写作生涯中找到的最为理想的状态。

但是这样的状态也会有问题出现，那就是我再次失去了我的邮址。

失去邮址对很多和我有关联的人来说，也就意味着我从这座城市的消失，我的父母、爱人、兄弟、朋友，他们无法找到我，我成了一个不在场的人，虽然我还在其中漂流，但没有人知道我的行踪。我当时很穷，没有呼机，没有手机，没有一个城市现代人所有的通讯手段。结果就是我跟外界彻底的隔绝。我就像一颗融入沙漠的沙粒，遗失在人群中了。在那样的状态人很容易照见自己无助脆弱孤寂的本性。我明白自由是一把双刃剑，在我体验着舒展、欢畅和突破限制的快乐的同时，我也要承担孤寂、威胁、没有安全感。人需要亲人的交流，需要被朋友记住，失去了这些人的存在就会变得虚无，失去邮址让我有一种被抛掷的感觉。

在我开始新的生活前，我想找到一个新的邮址。

就像船需要靠近一个新的河岸。

我找到的一个新邮址是海淀区西苑乡的乡政府，有人告诉我这个地区所有的信件都集中在那儿。我步行走了两千米找到那个地方，我看到所谓的邮寄处其实是乡政府办公室的窗台。那个窗台蒙满灰尘，每天从邮局送来的信件都堆积在那里。我还看到一个三尺见方的竹筐，那个竹筐里积满过期没有被取走的信。那些信件因为日久天长风吹日晒变得发脆发黄字迹褪色。那些无法投递的信件让我想到它们的书写者以及它们要抵达的收信人的命运。这些人和我在城市街头看见的白领族、地铁里卖唱的民间艺人、地下通道露宿的打工者相似，他们和我同出一种背景。

打工者和各种类型的流亡者其命运如出一辙，如同诗人布罗茨基所说：“迫使千百万人走上流亡之路的原因是苛政和苦难。”从不好的地方奔向较好的地方，从政治和经济的死水向先进的社会的转移成为世纪之潮，而人类的移位和错位现象成为20世纪乃至21世纪最为普遍的现象。和安居比，漂流是人存在的另一种状态。有一些人注定生活在路上，他们寻求梦想、难以安于现状，他们是一些无根的人，悬浮的人。

作为京都最为经典的场景，我曾经在北京火车站西侧的崇文门劳务市场看见过他们的身影，那些人形容枯槁满面尘土，他们眼神空洞表情木然，他们的衣襟上别着标示着他们身份的名称：厨师、瓦工、油漆匠、屠宰、电器修理、电脑销售、保姆。那些人排着长长的队伍，或是在烈日下，或是在寒风里等待着走向他们的机遇。而最为壮观的图景是每到节假日的返乡潮，那些收工回乡的人如同浩荡的潮水冲击着车站、港口、机场。这些远离家园的漂零者，他们四处游走寻求梦想，依靠出卖体力或智商获取维生的资本，他们中间有的依靠奋斗拼打浮出城市水面，有的依然颠沛流离不知所终。

新的邮址建立以后，我经常去看我的信。我重视作为公民权利之一的通讯自由的保障，而在漂流者中间的处境和遭遇又让我对这个新到的地方不信任，所以我担心我会有重要的信件因这里的管理人员漫不经心的处置而遗失，于是我成了去看信最勤的一个人。我的勤勉让乡管理人员很烦，也让他们对待那些信件的态度更粗暴更恶劣。新到的信件只在窗台搁置一个星期后就被收归到竹筐里，混杂在陈旧的无法投递的废信中。我想在乡政府人员的眼里，来这里取信的人都是没有固定住所的人，这些人是可以不予重视。而更多权力者会认为，没有固定住所就是没有经济保障户籍保障的人，肯定就是盲流，而盲流，那些离弃了户籍限定，脱离开单位或原有社区保护试图自由迁徙的人，在他们寻求自由的道路上就沦为被任意侵犯个人尊严和公民权利的一群人，成为这个社会游离于体制之外、最卑贱最低下的一类人群。

在城市，我经常可以看到打工者被治安管理者追逐和驱赶，通常是采用突袭的办法，路边停一辆警车，一队警察包抄到某个建筑工地或某个居住区，那些正在劳作或正在休息的民工们看见警察就四散奔逃，而警察总能如狐狸抓小鸡一样抓住他们，他们被抓住然后查验暂住证，没有的就被带走，到京郊清河县去劳动改造。筛沙子、搬石头，挣取警察遣返他们回乡的路费。

那些不断堆积的过期没有被取走的信件让我看到一些人的命运。一些奔走的颠沛流离者的命运。有一天我在那些积聚的信件中看到一张明信片，那是一张很普通的明信片，印着红色或绿色的花卉、抽奖号码，这样的明信片在节日来临的时候会满世界飞。让我注意的是写在上边的字：

> 姐姐，冬天来了，我这里很冷。盼你能寄来棉衣。
> 千万千万。

我注意到这张明信片是来自京城远郊的一个劳改营地。我看到那些歪扭的字迹，不知道为什么我就想到监狱管制，想到铁窗和镣铐，想到一个被铁窗和镣铐围困的人。那个人因为寒冷和罪过在严冬里孤立无助。

那封信的到达给我的感觉像我生活中的一个事件。我看着那种呼告，那种来自社会最严酷的环境的人的呼告，那种呼告犹如我的呼告，我没来由的希望它被听到，希望它获得反应和回响。我开始牵挂，希望它能被按时取走。我觉得一个身陷囹圄的人的等待和救援是沉重的。

还是在家乡的时候，我住处的附近就有一个在监狱服刑的人，他的爱人病了，患了不治之症，有人给那个人捎信，那个罪人经过繁复的程序请假回家探视爱人，但在他回家的途中他的爱人就病逝了，于是我们在他回家的那个夜晚听到了最为恸切哀伤的男人的哭嚎。

寒冬逼近，街上开始出现肃杀的景象，天色终日昏暗，茂密的树林凋零成光秃的枝桠。在外漂流的人在那时会感到思乡的哀愁。那几天我去乡政府的时间更多了，我去甚至都不为看自己的来信，我去的目的就是想看见那封呼救的明信片被取走，然后御寒的棉衣或棉被会在寒冬来临之际寄达那个被囹圄、寒冷和罪过围困的人。那个人不是我，不是我的兄弟，应该说我的关切不应该这样强烈，但我的恻隐之心让我觉得仿佛那就是我，仿佛就是我的兄弟。我觉得那个人的境遇有可能会是我的境遇，我没有遭逢并不能说明我就不会遭逢。

让我感到焦虑的是，连着一个星期那封信都没有被取走。我看见那张明信片变得越来越脏，它被新的信件覆盖，压到底层。每次见到它我能做的就是把它从堆积的底部取出来，放到一堆信件的上端，我希望能被它的主人收到阅读，或者最少能被熟悉它的主人的人看到然后转告。

但是又两个星期过去，我看到那封信依旧在那儿，只是形容更脏更憔悴。在寒冬来临之后它就蒙满尘埃。

几天以后，我又看见一张相似的明信片，依旧是那种歪扭的字迹，依旧是那个地址，落款处依旧是那个名字。不一样的是它的求告的语气。我看见那上边写着：

姐，我病了，昨天发烧了，这里的天气更冷了，盼姐能寄棉衣给我。

千万千万。

看着那些歪扭的字迹我甚至想这个执笔者有可能是一个比较敏感的孩子呢，那可能是一个和姐姐相依为命的男孩子。从前我就是这样的一个孩子，我在贫困、荒芜而又孤寂的少年时代一直爱恋着长我五岁的姐姐。我童年时候走失过，晚上从很远的地方回家，怎么也走不回去，天色越来越黑，我的惊恐越来越盛，树影都让我感觉惊悸，我不断的尝试着有可能回家的路，但我总是到不了家。直到我看到穿过荒滩找我的姐姐，我突然就把压抑在心里的哭声爆发出来。16岁的时候姐到遥远的边地插队去了，我一个人留在家里，我有父母陪伴，但我就是渴望和想念姐姐。那时候我对姐的渴望就类似这样的渴望，对我来说姐是温暖、爱和佑护。那是我成长的少年时代无法离弃的元素。

我对那两封信的牵挂日益加剧，因为它的更加紧迫的求告。但是我看到在一个星期之后，那两张明信片依旧夹在那些陈旧的信件里，它被尘埃所覆盖，字迹已经开始褪色，而信件的收发者依旧是那副困倦麻木的冷脸。

那时候我就想做个信使，我终于想到代替那个孩子去找他的姐姐，我想让那个孩子在寒冷、困境和罪过中的求告送达它的去处。有一天我抄写了那两封信要寄达的地址：

北京市海淀区西苑乡张中堂公寓015室 周洁

我骑着我的自行车，我就像一个热爱投递工作的信使。我去了那个名叫张中堂的公寓，我看到那里住满了各种年龄各种职业性别不同的外省人。我找到公寓的老板，我说了我的来意，那个穿着狐皮领棕色皮衣的中年人用审慎的目光打量我几个来回后说：

你来晚了，周洁两个星期前割破静脉自杀了。

我听着那个人的描述，他说说不清为什么，周洁就自杀了，她反锁着门，血流了很多，第二天黄昏的时候有人看到从门隙流出的血迹才知道她出事了。

中年人在叙述中表现出不满的神情，他说：丫一死了之，我可倒霉了。

应该说我没有感到震惊，在外漂流几年我已经见惯或听惯类似周洁的故事。

我握着写有周洁名字和地址的字条，重新回到收信处，我看着那两张混杂在众多信件中开始发旧的明信片，我默念着写在上边的那个被寒冷被铁窗被罪过所困的孩子的求告。

我看到那个孩子的呼告是世间最绝望的呼告。

自行车颂

雪天。通往远处的高速路落满厚厚的积雪。

我推着我的自行车在深雪里走，只能推着。身边不时有大卡车呼啸着驶过，卡车车轮卷起的雪沫飞扬。自行车轮碾开积雪的时候却很吃力。四周是被积雪覆盖的荒野。早晨，清冷的空气和清冷的阳光。在凛冽的寒意中，阳光把我艰难推着自行车前行的身影投射在雪地上。

雪停了，没有风。我还是觉得推着车走不如自己走。在雪地里走过一半路的时候，我忽然想把手里推的自行车扔到道路边的沟坎下。不想要了。我看见路边一个沟涧，顺手就把自行车推了下去。我看见我的自行车翻倒躺着就滑下沟涧去。我看了眼躺在那里的自行车，然后掉头继续走。我觉得我解除了负重，可以轻松前行，但是结果是我的脚步在我卸去重荷后依然难以加快。

重力感从双手转移到心脏。突然就想念我丢弃到沟涧里的自行车。我的脑子里是它翻倒在地的身影。它的横梁，它的手把，它的轮子。在我往前走的时候它们在我脑子中清晰映现。

我的双脚停下来。我确实感觉到内心的依恋。对我的自行车的依恋。我觉得不能就那么丢了它。我想我对自行车的感情就像骑兵对战马的感情。如同车手对座驾的感情。它跟着我在城市里漂流数载，没有功劳也有苦劳，我不能那样对待它。折身回去。我没有犹豫就朝我的自行车倒下的地方寻去。看见倒在雪地里的自行车，我真的感觉到有一股暖流在心际流动。

看见我的自行车，就像看见我多年甘苦相守出生入死的老伙计。我把车子扶起来，拍净车身的雪沫，重新推到道路中间。我推着它，一步一步走。没有丢弃伴随我漂流日久的老伙计，那时候我感觉内心安稳，虽然它使我的行走举步维艰。

对很多人来说，自行车还是他们的代步工具。对我来说也是。

城市里有浩大的车流，行驶在城市道路的机动车强大而骄慢，各种款型的小轿车也尽显雍容和奢华，只有自行车保持一贯的平实简洁的风格。对我来说，选择一辆自行车是正确而必须的。它符合我的身份和状态，符合我的经济地位政治地位和社会地位。那是我刚到北京的时刻，我在一座村庄有了自己的栖身之处，还想有一辆载我出行的自行车。

诗人陈勇跟我住在一个村庄里。我对自行车的好感和向往最初是由陈勇给予我的。我看着他骑车出村，他把身体弯在车上向前冲击的感觉对我是一种魅惑。对一个见识短浅的人而言，很多事情都可以成为魅惑。自行车也不例外。我就是那样的一个人。

陈勇住在邻接着大片稻田的一间孤零的房子里。推开窗就是金色的一望无际的稻田。但是他推开窗的时候很少，因为飘进窗里的除了稻浪的气息，还有稻田肥料的腐浊气息，还有成群飞舞的蚊蝇。有稻田是陈勇住在这里的理由，也是他的骄傲。但我去看他的时候，他情愿走出房门，沿着堆满瓦砾的乡间小路走出去，带我远远地遥看他的稻田。

陈勇是年轻的乡土诗人，1978年出生，16岁开始写诗，他写过关于稻田的诗。写过村庄和广场的诗。他还写过献给妓女的诗。我去看他在他的斗室跟他相对席地而坐，他光着头，赤着双膊，镜片后闪着一双安然澄静的眼睛。他说这个房间在他搬来之前是一个妓女住着。他在现实中保留着妓女居住时的格局，在诗歌里则保存着妓女这个词语带给他的温暖。

我决定放手
任你去想玩的地方玩
不去猜测，可能的放纵与淫荡——
那些吞噬一个人的灵魂的虫子
我要面对自己——
与你相等的形象

他说在这个时代妓女的命运就是诗人的命运。诗人的命运甚至比不过妓女的命运，诗人没有肉体可以出售，只有灵魂。然而在这个物质时代诗人的灵魂贱如草芥。

陈勇是天生的诗人，人类机体最敏锐的器官。从重庆乡间流落北京，隐居在京郊这个村庄里。他用诗人敏锐的眼睛善感的灵魂注视体会着他身处的尘世。除了写诗、阅读和缅想，他什么都不做，可能也不会做。我不知道他依靠什么来生活。他经常出去见朋友，骑着他的自行车。他背着棕色的鹿皮书包，里边放着他喜欢的诗人的诗集，里尔克，兰波，或者波德莱尔。我想陈勇的气质跟那些诗人的气质很接近。他们早慧而忧世，同时又被世所弃。

但我羡慕陈勇，羡慕他有一大拨艺术家的朋友。

那时候我还哪儿都不能去，我刚搬到张中堂公寓，正在等待着工作的机会。

我刚从矿区来到北京，身上没有什么钱。有时候裤兜里只有几枚硬币相互触碰，我恍然听着硬币在我裤兜里寂寥的响声却一筹莫展。我不知道到哪里能找到工作，不知道去哪里能赚到钱养活我自己。一段时间我很想给报纸杂志自由撰稿，漂流北京的时候我随身带着海明威的回忆录《流动的圣节》，这本书给我带来梦想和幻觉。我梦想能像海明威那样从事写作。海明威在他人生的某个时候辞去报馆工作来到巴黎谋生和写作。在到北京以前我还看过海明威的传记电影《乞力马扎罗山雪》，影片里有一个细节很打动我，就是海明威饥肠辘辘地和妻子站在一家餐馆的橱窗前看着悬挂的牛排。他只能吞咽口水盯着牛排在餐馆前徘徊。

我并不在意牛排，我在意海明威在困境中的斗志和幽默。他在困苦的境况下写作，虽然后来他因为更大的困苦——肉体的病患和精神的危机而吞枪自杀。海明威还是好样的。我想也许我也可以。那时候我已经开始在文学杂志上发表小说了，当然非常困难。我写出来的文字和我为人一样简单而粗陋，和文学杂志的审美趣味相去甚远，那些文学杂志更关心文学名流和文学新贵。

我想为市场化的报纸和大众化的杂志自由撰稿可以帮助我解困。我最初借居在北京东八里庄一处民房，那里有一张木板床，一张旧桌子，一张旧沙发。房间外边是一只青烟不断的蜂窝炉，那是用来煮饭烧水的。我睡觉的时候，要把旧沙发的海绵垫放到光板木床上，然后铺上我从小摊买到的薄褥子，也许我遭遇的是黑心棉之类，到夜静的时候，我会被冻醒来。那已经是冬天了，盖在我身上的棉被在寒冷中轻若无物。

我并没有惧怕生活的艰苦。我觉得有自由就等于有财富。我从文具店买来成打的500字格子的16K稿纸，我虽然没有多少钱，但对使用的稿纸和笔极为用心。我想我只要把那些空白的格子填满就可以换得生活的资本。每天清晨即起，在桌子上写字。有时夜间被冻醒来，也会披着被子写字。我用圆珠笔写，字迹工整而清晰，一天下来中指就写出很深的凹痕。

房东是一对爆嗓门的中年夫妇，即使在聊天的时候也是暴吵，男的还是个戏迷，只要回到家就开动音响，引吭高歌。我虽然付着400元钱的房租，但是我没有办法干预他们的吵闹，房东女蛮不讲理，我据理交涉的时候，她就冲我吼："看不惯？看不惯爱上哪儿上哪儿去。我们就这样！"

我隐忍了下来。初来北京，人生地不熟。那时候对我来说，这个女人的嘴脸也是北京的嘴脸。但是很快我发现，如果我抱定主意吊在自由写作这棵树上非吊死不可。

事实上北京不是巴黎，我不是海明威。报纸和杂志的稿费低廉不说，简直没谱。用了你的稿你不知道他们什么时候支付稿费，不知道支付多少，杂志和报纸的经营者巧取豪夺，无限期拖延稿费，没有基本的职业诚信。流氓报纸和流氓杂志太多，靠自由撰稿活命，无异于自取其辱自我灭绝。

但是不写作我能干什么呢？我去了几个建筑工地，如果能在建筑工地做小工也好。

我四处游荡期待天上掉馅饼，有机会落到我头上。

在一个尘土飞扬，到处是泥泞和瓦砾，轰响着搅拌机隆隆噪声的建筑工地，我看见一群满身尘土的泥瓦工泡在泥水里搅拌水泥。他们的面前是半截断墙，他们要做的事情是把那截断墙建成一幢幢楼房。工程的漫长是我畏惧的，劳役是我畏惧的。出走矿区之后，我已经不愿意再劳役自己。远离内心的生活已经不能被我接受。离开工地的时候，我遇见一老年民工，那个老汉面色黧黑，身材矮小枯瘦，老汉跟在一个看上去像工头的人屁股后边，老汉在跟工头要拖欠的工钱，他拽着工头的衣袖，苦苦哀求，工头极不耐烦地甩脱他，凶巴巴地冲老头吼。看见他们的样子，我打消了去工地当杂工的念头。

从工地回我的住处，途中我看见马路边围了很多的人。很多车辆堵在马路中间。

不知道发生了什么事情。问站在路边袖着双手看热闹的人，那人把头朝空中扬了扬。

我看见路边高压电塔上坐着三个人。高压电塔很高，我要仰着头才能看上去。

那三个人并无表情，他们坐在高压电塔最高处的钢架上。

替他们说话的是从塔顶悬垂下来的白纸黑字的条幅标语。

一边写着：还我土地；一边写着：还我家园。

那是三个被强行拆迁的农民，他们攀上高压电塔表达失去土地和家园的抗议。

那三个农民说：如果他们的问题不解决，他们就从高压电塔跳下去。

有警察试图攀到塔上劝说他们下来，但是通往塔顶的脚架被他们拆除，警察无法攀登。

聚集在高压电塔之下的人越来越多，车辆越来越多。

穿过汹涌的人群往回走，我看着坐在高处的三个农民的背影，他们抗议的姿态令我戚然。

我觉得所有这些事情都构成对我的考验。

没有赚钱的地方，我就老老实实在房间里呆着。

在我能找到工作赚钱以前，我要节省我腰包里的每一块钱。包括吃饭，包括出行。能省就省。看着陈勇骑车远去的时候，我突然觉得有一辆自行车是很好的事情。

自行车会把我带出去，带到任何一个我想要到达的地方。我决定省出买一辆自行车的钱。

我在街上转，看见路口的修车摊摆着很多旧自行车。一辆绿色的二手赛车我很喜欢。修车师傅要价90元，我还价60元。交易完成后，我骑到车身上。快乐的感觉是在弯下腰握住赛车把手时候出现的，随着车轮敏捷的转动和渐快的加速，我的快乐也迅速高涨。

有了自行车，我在城市中移动的能力会加强。我可以经常骑车去香山和植物园。香山的树木和空气比城里新鲜，植物园则有曹雪芹著述《红楼梦》时的黄叶村。我甚至想我可以经常去邻近的北京大学，我可以去大学的课堂旁听先生们对青年学子授业解惑。我还可以去海淀图书城，那里是书的王国。有这样多的好处，让我先就爱上了我的自行车。

我新买了座套，绿色的，把原来黑色的磨出破洞的车座套起来，给脚蹬换了滚珠，给刹车换了闸皮。虽然车是二手的，原来的主人不知道姓甚名谁。修车摊上经常会有人把偷来的自行车销赃，我并不怕买到的是赃物，因为我能给它新的生命力。我对自行车的新鲜感本质上可能跟那些买到豪华座驾的人相同，快乐感像骑手找到好马一般。差别是我没有负担，我的车不吃油，上路不怕罚，停车只收两毛钱。还有我可以在城市中自由穿行，随兴而至。

有了自行车以后，突然发现张中堂公寓里的很多人都有一辆自行车。公司职员、商场销售、职业学校的老师和学生，连那些在我看来很有办法，很出风头，很风流也很妖娆的自由歌手们也都各自有一辆自行车，只是他们的自行车更漂亮而已。有时候停在公寓院子里的自行车多得放不下。院子里只有公寓老板有一辆灰色的帕萨特。那辆车停在院子的大门边上显示出和我们不同的阶级差别。不过，这真的无所谓。我不关心公寓老板的帕萨特，只关心我的二手赛车。

我每天都会把我的自行车擦拭一遍，让它放出锃亮的光泽才住手。我专门为它买了小型的气筒，随车而行。我还买了钢锁，它可以弯曲和伸展，在我的家乡，很多年轻人会用这样的钢锁作武器打群架。那些被称为混混的年轻人成群结伙，摆出阵势后亮出手中的钢锁大打出手，打到尘土飞扬杀声四起的时候被警察冲散。我想我不打架，但是在必要的时候——比如遇到危险，它也可能成为我防身的武器。那时候看着我的自行车，我感觉心满意足。

我等来一份工作。我的工作是在魏公村理工大学一家艺术公司做文字编辑。

编辑是个让我心热的工作。很小的时候我就对编辑职业怀有崇敬感。

按照指引，我来到魏公村的理工大学。公司艺术总监魏永林带着我去他和合伙人的公司，那是一个庞大如同车间的公司。数十名录入人员身穿白大褂坐在电脑前一声不响地录入文字，开阔的办公区只能听到那些女孩子手指敲击键盘发出的轻微响声。

魏永林用手指一下那些埋头工作的姑娘们说：以后你们就是同事了。

我望了一眼那些埋头工作的女孩子，我觉得快乐在我的身体里四处爬行。

那个地方开阔就像我早年见到过的工厂。我热爱工厂，工厂对于在矿井作业的矿工来说如同天堂。因为是在大地之上，因为一天三班倒，因为有很多同事包括女性的同事，因为劳动相对轻省而又有技术含量，因为在工作的时候会有阳光从高窗上晒下来，我把工厂视为我的天堂。那时我每天在去往矿井的路上经过工厂门口，那些身穿蓝色工作服的工厂工人令我羡慕。我的工作服是黑亮的，那是煤黑和汗碱染出来的颜色，我去往工作的地方是幽深不见天日的矿井。

但是我在矿区数年，只能在天堂的大门外徘徊。

没有背景，没有关系，没有金钱，我无法抵达我的天堂。

我在北京找到的第一份工作让我获得走向天堂的感觉。

虽然房间里的光线不是很明亮，但我想我是看清楚了。我喜欢这个地方。

我远远看着那些埋头工作的女孩子，我为能跟她们一起工作而快乐、骄傲和暗中颤栗。

我喜欢在人群里工作，我喜欢明亮的办公室，洁净的写字桌，喜欢有人在身边穿梭行走。

我远远望着我曾经有过的矿工的生活，黑暗中的孤独和劳作，我觉得我是解放了。

那时候，骑着我的自行车穿行在城市蜂拥的人潮和车流去上班，就是令我向往的事情。

我现在没办法说清楚我要经过多少红绿灯，转过多少十字路；没办法说清楚沿途所见的商场和店铺的名字，依稀中能忆及的就是所经之处美景如画，所见之地美女如云。

那时候我骑在车上在心里大声说：我爱你，城市。我爱你，人间。

是的，我的快乐浅薄而原始，简单而粗糙，然而那是我体验到的最真实的快乐。

我骑着自行车第一天上班的时候，花去两个小时，我穿行在人潮和车流中，骑车的技术在那时候变得非常重要。但我想没问题。虽然我在此前还没有见过这样多的人，没有见过如此浩大的城市。城市惊人的体量浩瀚的人流在我骑着自行车在它的内部穿行的时候震慑了我。我设法躲避着身边的车流和人潮。因为人和车实在是太多了，多到让你一眼望出去头晕和目眩。但我还是喜欢，我只是更加小心地行驶，使自己的快乐保持和延展得更久长。

我记得我到达魏公村的理工大学，看见大门我停下车。

我推着我的自行车往校区走，那时候我清晰地感觉到我的下半身是不存在的。

整个人在跟着向前行进的自行车飘动，失去知觉的下半身在机械地运动，感觉十分魔幻。

在那家庞大如工厂的艺术公司，我做的第一个项目是大型图文书《目击世界100年》。

老板交给我厚厚一沓打印稿，那是从各处复印下来的二十世纪的历史资料，我的工作就是改写那些资料。它们的来源是在西方出版的关于二十世纪的图文书籍，比如美国的《生活》周刊，《时代周刊》，《突发事件》等等，我要做的事情是把那些西方式的叙述改成东方式的，把有着强烈的意识形态色彩的内容过滤成客观的历史叙述。这是我的第一份工作，但显然是我喜欢的工作。

在那个工厂般的艺术公司里，在凌乱如同加工车间的办公区里，我在对逝去的20世纪100年的历史做修整加工。我这样一个人，既无专业背景，又无深厚学养，只是凭着我对文字的有限感觉，就着手这样重要的工作，一时间我很是恍惚，甚至心怀畏惧。我的办公台上摆放着剪刀、浆糊、即时贴，我把要用的东西保留下来，把需要剔掉的东西剪去，那些保留下来的内容再分别用浆糊粘在一起。然后我把它们交给制作部女孩子们在电脑里修改。这就是我的工作。我热爱我的工作，但我也怀疑我的工作。我不信那些出现在各种书店里的历史典籍，历史的书写者有可能也是历史的剪裁者和篡改者。这种怀疑从那时候延续到现在。

然而，我对影像怀有虔诚的尊敬。在我手里有上千张记录20世纪重大事件的影像。在那些影像中战争、冲突、饥荒、革命与灾难占据了这个世纪大部分的时光。那些逼真的画面，不论是残酷的厮杀还是沉痛的死难，不论是恐怖的呼号，还是绝望的挣扎，它们都清晰地呈现着当时的现场。那些照片被我选择出来，然后输入电脑中，我把它们编辑成序。我一张一张甄别，为它们重新写出图片说明。遥远的100年间的世纪云烟在我的眼前逼真地浮现。每天陷在这些影像构成的情境中，我发现我的现实生存有了巨大的参照系统。我生活的现实多了一个更为开阔的世纪背景和世界背景。

跟这个世纪100年来死于战争和饥荒，死于革命、冲突和灾难的生命比，我觉得我真的很幸福。即使生活在底层也并不可怕。即使没有体制和单位的保护也不可怕。

没有钱，没有富足的生活，甚至没有生活的尊严，所有这些都没什么可怕的。

对我而言，这是很重要的觉悟。我想这使我获得平衡的力量，平衡我与外部世界的冲突，也平衡我内心世界的冲突。千真万确，以那些战争、灾难、革命、暴力和饥荒作背景，我们还会畏惧现世的生活吗?我们需要做的事情就是想办法让自己生活得更好。尽其可能地好。

我想我是有一个假想敌的。

我的敌人就是我的怯懦。畏惧。软弱和可能的逃避。

我的觉悟就来自跟我的假想敌对峙的结果。

从我的居所骑车到公司要花掉两个小时，从公司回居所也要花去两个小时。

到上班的时间，或到下班的时间，我会准时骑车出发，一路疾驰。

那时候腿脚和腰肢感觉结实有力，踩动脚蹬的双腿不惧困乏。

腰肢也可以长时间保持挺直姿态毫不松垮，感觉自己浑身充满劲气。

我的气力也是我跟我的假想敌对峙的结果。我每天都在跟我的假想敌征战。

这是一座他人的城市，没有任何属于我的东西。我在进入这座城市的一刻开始，就意味着成本和代价。我不去工作，我的居住，我的衣食，我的睡眠就会出现问题。我交不出房租的时候，房东会毫不留情赶我离开。房东在那样的时刻表现出来的傲慢和冷酷就是这座城市的嘴脸。

世态炎凉，趋炎附势。这是人的恶性。这座城市的傲慢和冷酷的嘴脸就是我战斗的一部分。它们是我的敌人。我有无数的敌人。我的敌人是我变得强大起来的一种反动的力量。我甚至觉得我是在借故利用我的敌人的力量训练我自己。我故意强化和渲染城市对我的敌意。

也可能这座城市根本不在意或者不理睬我的存在。但是我想象它对我的敌意，不惜夸大事实。我记得我在骑车穿行在城市的时候，有时候是在深夜。因为下班晚，而我又必须赶回我的住处。我骑车在黑夜中潜行。我没有车灯，而我走的乡间的道路也没有路灯。

乡间的道路是我找到的一条从公司到居所的捷径。这条道路径直连接着公司和我的居所。这不仅能使我节省一小时的时间，还有一小时的体力。时间和体力如同金钱，能节省就要节省。虽然我在没有光的夜晚潜行，然而方向我是明确的。我知道我行走的道路，也知道道路之间的岔口，由此我可以避免方向上的错误。我就在那样的黑夜里骑着自行车行驶，深沉而孤独的黑夜。我经过的村庄和城市都已经睡去，我的眼前伸手不见五指。

那时候我感觉世界是广大的虚无，如果我就此消失不会留下任何声息和印迹。

只有上路，才能更真实地看清楚我们在一座城市的处境。

这是我在夜晚的看见，也是在白天的看见。这种看见是自行车给我的。

自行车的命运就是我们的命运。自行车进入城市之后我的安全感就会丧失殆尽。

骑车上路，我经常会看着高速道路发愣。那是通往城市的主干道，上高速就意味着你的速度提升。但是那里没有可供自行车行驶的便道，只有强大的机动车流轰响着浩荡开进。城市是没有专用自行车道的，就是说你的行驶不受规则保护。即使是走在普通公路，因为没有专用的自行车道，你经常会在对面驶来的汽车逼迫下靠边或者停驶。有时候在汽车堵塞的时候，自行车只能贴着汽车的车身走，否则你就要始终停留在那里。

在我骑着自行车从城市中穿行而过的时候，我觉得自行车上的人是脆弱而易碎的。

道路两边有很多坚硬的物质，嵌着路灯的电线杆，广告牌，绿色的邮政箱，红色的垃圾筒。在这些物质中只有人是脆弱而易碎的。当行驶的两辆汽车交错而行的时候，夹在两车之间的人就被碾轧粉碎。我看见过交通局的事故报告，那些殒命于道路上的事故比比皆是。

有时候，我骑着车走，猛地就听到一声爆响，惊悸之间抬头寻去，眼前就见有车撞在一起。两辆汽车撞在一起的爆响更大，轰响之间，只见两辆车中的一辆翻滚在地。另一辆看上去结实些的就歪在一边。如果是自行车和汽车相撞，首先发出响声的一定是汽车，反应再迟钝的司机也会在车身撞倒自行车的时候紧急刹车。尖利的声音就来自仓皇之间司机的刹车。

我骑车上路，经常会看见一辆因事故而停驶的汽车，车轮下是扭曲的自行车，车轮下的人被仓促送走，地上一片血迹，这样的事故不能不令我惊骇。

再骑车上路时，我就感觉下身是酥麻的。下身就是在睾丸之间，古人说那是人的命根。

恐惧感来临还不是心脏跳动的加快或是减弱，更不是肾和脾这些看起来无关紧要的器官的反应。真正的恐惧来自睾丸的颤动。如果目击过一次车祸，再骑车上路的时候，除了心脏的起搏加快，就是睾丸的酥麻。重新上路的时候，人会变得怯懦。但是重新上路是唯一而必须的选择。

八宝山公墓是我骑自行车上下班必经的一个地方。

那是非常理想的一段路途，被茂密的树林掩映其间的道路曲折而幽静，很多时候都是行人稀少，车辆罕至。从车辆拥塞尘土飞扬的乡间道路出来，驶上八宝山公墓宽阔平滑的柏油马路，会感觉欢畅。恣意地穿行之间，那些悬挂着黑色挽幛，白色花圈，各种鲜花的店铺依次闪过。远处的陵园森严地矗立着，那里安卧着往生者的骨灰或灵柩。

我死掉以后，世界对我还有意义吗?

我是谁，我是此刻骑在自行车上飞奔的这个人，还是寄居在这个骑在飞奔的自行车上的人的一个意识体? 如果我死掉了，我还会有意识吗? 我的身体仆倒在地的时候，我的灵魂还能站起来吗? 我有灵魂吗? 我的灵魂是什么呢? 能看得见或者能显现吗?

人们说天国是永恒的，天国真的在吗? 哪里是它的边界，哪里又是它的城郭?

如果没有边界，没有城郭，我们的永生会在哪里找寻到栖息之所呢?

这些问题是我骑在自行车上不断会想到的问题。

尽管我知道有很多的宗教和典籍，他们在描述那些灵异的世界，记录神圣的形迹，但是我依然觉得我无法确信。

那些我们穿梭碾轧着的道路，难道没有残留的亡者的信息吗?

说有，我不相信；说没有我亦不相信。

那时我会陷于不可知的虚无主义之间。世界是不可知的。在我看来。

我怀有这样的疑问是因为我想驱除骑车上路行驶在混乱街头的恐惧。

在我解决我的疑问之前，陈勇就先面临了生死的问题。

他在重庆乡下的外婆病了，舅舅给他打来电话。说是病得很重。老太太很想见她的外孙。

一个星期之后，舅舅又来电话说，外婆去世了。陈勇是遗孤，从小就父母双亡，是外婆养他长大的。但是他没有办法回到家乡去，因为他没有回家的路费。他又不好意思跟人借钱，最主要的是借了钱如何还是个问题。忧患中的陈勇只能走到村庄的一个沙堆上出神，他在缅想中跟外婆相见。

我看见他，走到他的身边。我也没钱可以借给他，感觉很抱歉。我们都坐在高耸的沙堆上。远处有推土机在推动拆除的房屋，那些失去房间形态的残垣断壁在夕阳西下的时候成为苍凉的风景。它们使我们的心境也倍加苍凉。陈勇面对着夕阳，面对着微风，念诵他写给外婆的诗篇《死亡哀吟》，他只有诗篇可以奉献给等待他的外婆。

> 我承担了死亡的美妙却在痛苦中回味
> 那为之消失的灵魂可否安宁？
> 我知道了眼泪的意义
> 因为它并没有流淌
> 这属于肉身的液体不会归入河流
> 不会回到天空从而下降为泥土

真正对我们形成考验的是老罗，寓居村里的流浪歌手。

陈勇带我去见过这个人。他的住处和陈勇隔着一条走廊。他们共同面对的是那片散发着腐臭气息的金黄的稻田。和我们的住处不同，老罗的居所是一个大通铺，那里可以并排躺下一个班的人。那个班是他的乐队。吉他手、贝司、爵士鼓手、主唱。主唱是个女孩子。我不知道他们怎么住，但我能感觉到老罗和乐队成员之间的亲密感。白天，尤其在上午老罗的时间是用来睡觉的。到晚上他们就出去，到城里的酒吧去演出。他们只有在下午的时候会出现在村子里，老罗的身后跟着一只状如雄狮的豺狗。那只狗只要上街，看见的人无不躲闪。

老罗一身黑衣，脚上是长靴，老罗神情慵懒，在村口的小摊上买烟或者零食。

不知为什么，我初见老罗就觉得他在吸毒。他整个状态表现得特别恍惚。

果然，我听陈勇说他在吸白粉，不光是老罗在吸，他的乐队其他成员也在吸。

老罗让陈勇也吸，陈勇说他没敢接受。

陈勇说不能沾那个东西。沾了就死定了。

老罗是死定了。跟他说话的时候，神思涣散，哈欠连天。

没有白粉的时候老罗就在地上抽搐，那个样子很可怕。

那时候到下午，如果我不去公司工作，我就能听到稻田间传来的爵士鼓敲击声。

鼓声时而缓慢，时而沉重。我知道老罗和他的乐队在作排演练习。

我跟乐手们交往疏淡，感觉在气质上我们并不同调。

陈勇跟他们很好。但是有一天夜间他来找我。我听到门被敲响。开门是陈勇。

陈勇的脸色很难看，他说老罗病了要送医院。午夜找不到任何车辆，他希望能借用我的自行车。我让他借了。看他在仓促之间慌张地离去，我觉得事情可能很严重。

陈勇和老罗的乐手们用自行车把他驮到海淀区医院。

老罗已经出不上气来。医生建议穿刺手术。

就是刺开喉间的气管，把呼吸器伸进气管里帮助呼吸。

这个办法延缓了老罗向着死神奔跑的速度，但是无法从根本上阻止他奔向死亡。

医生确诊老罗是晚期肺癌，需要手术。

几天之后，医生为老罗切开胸腔。但是医生在看完老罗胸腔里的状况后又缝合。

医生对送老罗到医院的陈勇说：晚了。没救了。

那天，老罗被抬到手术床上，在不到12个小时之间，他就撒手人寰。

这个消息突然得令人难以置信，但是我们都明白，除了接受，别无它法。

那个晚上我突然就黯然神伤。老罗敲击爵士鼓的样子不断在闪现，响彻稻田的爵士鼓声不断在回响。我不知为什么总是感觉胸腔堵塞，悲伤阵阵涌起。

我想起陈勇写给他外婆的诗句，那也应该是给老罗的诗句。

经历了无数的白天与黑夜
终于迎来了，一个回望的日子

整体的悲哀，加剧了深夜的黑暗
由祭师们的鸣唱围绕黎明的来临
第一缕光是冰凉的
从头到脚，要不停地弯曲
我接受了跪拜，向着无明的夜空
此外，没有更好的办法去接近死

为老罗送行的追思会上，来了他的很多朋友。我不知道这些朋友在突然间是从哪里冒出来的。我听到有人在念悼文，有女人在失声痛哭。男人则是在抽泣。

我跟老罗并没有打过多少交道，但是这样一个活生生的生命，在转瞬之间就消逝化为烟尘是令人悲伤的事情。泪水在别人哭泣的时候也模糊了我的双眼。

那天，陈勇把自行车交还我的时候说了感谢的话。

我也很感谢我的自行车，虽然他没有挽救老罗的生命，但至少在老罗离去的时候对他有所帮助。是的。除此之外，对老罗我们还能有什么作为呢?

回想起来，我的自行车如同我忠实的伴侣，紧随我的心意而行。

除了去工作，我还在北京大学办理了阅读证。我可以去大学的图书馆去借书阅读。

还可以看电影。北大的图书馆经常会放映一些著名的电影。我骑着自行车去，到了大学，我看到一个浩瀚的自行车的海洋。如同一滴水归于大海一样，我觉得我在大学校区里找到了同一阶级的人类。看完电影或是读完书，我会骑车在校区里跑一圈。

我越来越喜欢我的自行车了，它使我在这座城市虽然贫困然而自由。

然而，最终，我的自行车还是离开了我。如同战马离开了骑士，仿佛坐骑离开了驭手。

那是盛夏的下午时刻，我结束工作回家。

天气很热，我敞着怀，水红色的衬衣在我骑车行驶的时候在身后飘舞。

应该说那是一个惬意的时刻。问题出在我经过一座桥的时候。

我不知道那是什么桥，只记得在连接桥的地方是一面斜坡。

在上桥之前先要经过那面斜坡。我用力踩着脚蹬就上去了。

我希望我能骑上去。自行车有些艰难地向桥上走。

突然我看见有一个人开着三轮摩托从桥上下来。摩托车上放着三只桶。后来我知道那是三只装满红色油漆的大铁桶。我是先看见了那个驾驶着摩托的男人身后高矗的油漆桶，然后才注意到那个男人。我想躲开迎面驶来的三轮摩托车，但是我看见驾驶摩托车的男人也在躲避我，从他脸上惊慌失措的表情我看出来，因为出现的情况紧急，他显然有些失控。他把握不住车把的方向。

那辆三轮摩托迎面就向我撞来。我也很慌乱，然而在它撞到我之前，我的自行车先已歪倒在一边。三轮摩托车从我身侧狠狠撞出去，我摔倒了，我的腿膝骨着地。而三轮摩托在惊慌失措中，飞撞到坡下。摩托车斗里装载的三只油漆桶滚落出去，红色的油漆在道路间喷薄而出。那种颜色的恣意漫流使我非常不安。我很害怕它们成为鲜血。后来我甚至觉得那些粘稠的红色液体是代替我们身体中的鲜血而流淌出来的。

开摩托车的男人从翻倒的三轮摩托车里爬出来，满身尘土，衣服被刮破，他的神情惊慌。

我倒在地上，感觉膝间剧痛。在我试图爬起的时候我听到膝盖骨在响。

那人仓皇间过来想看我怎样。我挣扎着从地上爬起来的时候，愤怒已比我更先到达。

我抄起挂在车上钢锁抽向那人。我被愤怒冲昏了头脑。

那人停在那里，一副打不还手骂不还口的架势。

我停住击打。突然感觉歉意，觉得他也很无辜。

虽然街面血色荡漾，但那不是从我们体内而出。

那是从三只油漆桶涌流出来的。但我在冥冥之中感觉那是我们身体里边的颜色。

我去扶我的自行车，脚蹬的大轴在摔倒的时候撞歪了。自行车的大梁和车轮严重扭曲。

是的。我的车已被毁坏。它的坏保护了我的好。把我摔出去的自行车先于我而牺牲。

那天我回到家很晚，那辆破旧的三轮车拉着我和我的自行车行驶在回家的路上。

我看着我的扭曲的自行车，我们到了诀别的时候。

我知道黑夜的悲伤

如果一位母亲能够杀害她自己的孩子，
那么留下来的就是你杀我和我杀你。
这中间没有界限。

——特里莎修女

我出娘胎没有一刻钟就被扔到撒满草木灰的土炕上。

土炕是石头和黄泥垒砌的，那时候正炙热温暖。房间里的光线昏暗，接通土炕的炉灶炭火通红。房子也是石头和黄泥垒砌的，低矮、窄狭，白天要借助窗外的日光才能看清楚房间里的景物。我什么都看不清，即使看清了也都记不得。我被扔到土炕上，扯开嗓门大声啼哭。母亲看见了我的样子，但是她完全没有力气管我，只能任由我啼哭。像猫爪挠心。

母亲说那时她就感觉是猫爪挠心。

我的哭声像猫的号叫。母亲虽然处于昏迷中，我的哭声还是能被她听见。

我被扔到撒满草木灰的土炕上，长时间没有人理睬。房间里的人，那时在昏暗中陷于一片混乱。我在挤出母亲阴道的时候她的子宫大出血。她陷于长久的昏迷。俗话说，十月怀胎，我可能是不愿意出来，在她的体内多住了一个月。很多人在我出来以前预言母亲难产，那时她还挺着大肚子挑着水桶去街上挑水，挺着大肚子在后院里搬煤，洗衣做饭，她的肚子浑圆而尖挺，走路看不到脚面。街坊们看到她的样子都很惊讶，有年长的妇人甚至夺去她的扁担和水桶，把她赶回家去。

那年母亲25岁，她已经拥有了除我之外的三个孩子。

我看到过母亲在那时候的照片，那些照片已经发黄，它们和众多的老照片一起镶在一个像框里。母亲梳着两只齐肩头的麻花辫，穿着白色的衬衣和蓝色的裤子，一根带的白底黑布鞋。她的容貌年轻而清秀，目光清澈凝视着远方。和她在一起的是一所技术学校的男女同学，他们一样的年轻，一样的纯净，一样的意气风发。我看到在照片的上端留着白色的字迹：西北煤炭技术学校留念，摄于1956年12月5日。

母亲住在矿区的一幢平房里，在那幢平房的周围有很多幢类似的平房，屋顶堆积着过冬的柴禾，矗立的烟囱飘出浓黄或幽蓝的炊烟，它们被称为煤矿家属区。我出生的时候是冬季，石头房的窗棂上结满冰花，门开的时候，寒风会把白色的霜雪和煤尘吹进来。我出生的时候父亲如临大敌，他用铁锨在灶膛里加了大块的煤炭，使它们烧得通红。他请来接生婆黄麻妈驻守在家里，父亲按照黄麻妈的建议在土炕上撒满草木灰，这是为避免生产时大出血采取的措施。父亲还准备了红糖和鸡蛋，买了羊肉等等随时准备给母亲补血和增加营养。母亲在幽暗中等待着肚疼的来临，她肚子疼痛的时候就是我要出来的时候。

我在母体中的情景现在已很难记忆。我甚至怀疑在那个时刻是否有过记忆。可能的情形是我有记忆，但是我的感官和知觉不能抵达，我只有依靠母亲的记忆去回望和感知那个时刻。

临产的时候，从母亲的子宫流出来的血冲开了垫在她身下的草木灰，浸泡着她赤裸的身子。接生婆想尽各种办法逼迫我出来，她甚至用一条布带狠狠勒着母亲的腹部，试图挤压我出来。这是一种生死搏斗。我现在不能理解当初为什么不能顺利而出，我只能理解那是我的宿命。我命定要经历这样艰难苦痛而血腥的时刻，经历这些晦暗不明生死幽玄的时刻。

我被接生婆从娘胎逼迫挤压出来的时候，从母亲子宫冲出来的血液也奔涌而出。

那时人们已经顾不上我，我被扔到撒满草木灰的土炕上。人们急于要唤醒在血泊中昏迷的母亲。站在昏暗房屋角落里的那个男人是我父亲。他的神情有些慌乱，在屋里的女人们仓皇地乱作一团的时候，他显得手足无措。接生婆被吓傻了，她没有任何办法能阻止从母亲身体里流出来的血。

那些血漫过她的手指，不住地涌动，铺着草木灰的土炕就成了血泊。

踩着三寸金莲满脸麻子的接生婆黄麻妈跟父亲说："你女人怕是活不成了。"

在那样的时刻死亡并非不可能的事情。在那个冬天，在家属区就有一个女人因为难产而死去。那个女人的哀号在午夜响彻家属区的上空，后来是她男人的哭泣代替了她的哀号。

从母亲子宫里奔流出来的血也吓坏了父亲。他的眼睛发直，嘴唇发白，舌头僵硬。

父亲遇到紧急和危险的时刻就是这样的表情，这种特别的表情在后来被我所熟悉。

慌乱是在午夜中平息的。矿区保健站的妇科医生背着她的药箱骑着自行车仓皇地来到我家。她把自行车停靠在我家的矮窗下，挎着药箱就进入屋里。她看到了躺在血泊中的母亲和被扔弃在草木灰中的我。那时我并不重要，重要的是躺在血泊中奄奄一息的母亲。父亲对妇科医生说："你救救我女人，我给你跪下。"下跪是父亲所能想到的最激烈最诚恳也是最绝望的行为。然而医生并没有接受他的下跪，而是直接走到母亲身边。她把药箱放在炕上，打开，从里边取出她的橡胶手套，手术用的器械，刀、剪、钳、镊。她的神情镇定，手脚麻利地为大出血的母亲施行止血手术。

清晨的时候，天光大开，屋里的光线也渐渐明亮。母亲的子宫停止了血液的奔涌，她从昏迷中苏醒，睁开眼睛。这时候房间里的人们才开始想到我，父亲把我从草木灰中抱起来，母亲的苏醒使他的慌乱减弱惊恐消失，他的神情恢复了常态，这时候父亲才想起看我，他把长着胡髭的脸埋在我的双腿之间死命地亲。他喜欢我的双腿之间长出来的那个东西，他叫"把儿"，他胡乱地亲着，吧吧地吸吮着。父亲的热情是我不能适应的，父亲的爱和不爱都使我不安，那时我能做的就是哭泣。

我只有哭泣，这是我来到人间后所能使用的唯一的表达方式。

一种哀苦和伤痛，就那样寻找到我的喉咙，它们通过我幼稚的喉咙释放出来。

那就是哭泣之声。我用尽浑身的力气，蹬动双腿，挥动双手死命地放出哭泣之声。

与其说我是被母亲生产的慌乱、疼痛、惊恐和血腥吓住，不如说我是被人间的景象吓住。

那间迎接我出生的昏暗的石头房子，那些隐没在昏暗光线中的人的面孔、身形和声音，以及通过这些面孔、身形和声音显示出来的惊恐是我最初阅历的人间的景象。这是令我畏惧的事物。我猜想，这也是我哭泣的缘由。人间的慌乱、惊恐和血腥令我畏惧。

我彻夜啼哭。夜愈深，恐惧愈久，我的哭泣愈盛。

人们拿我没办法，他们只是感觉烦躁不安，感觉头痛欲裂。

最受煎熬的是父亲。他要侍候产后大出血的母亲，又要哄我。我那时候的样子并不被他喜欢，刚刚脱去胎衣的我，身上还沾满羊水和血迹。本来接生婆黄麻妈应该为我洗涤，可是她被母亲濒死的样子吓住了，完全顾不上她应负的责任。父亲就那样抱着我，他的手掌粗硬，手指干枯。他的手臂间坚硬的骨骼硌得我生疼，他的身体有一种尘土的气息直呛着我。后来在很长的时间里我都不喜欢父亲怀抱的这种气息。那是干燥的土地的气息。我看到父亲独自在满是枯石的荒山上开垦两亩田地，他用那些土地种植土豆、玉米、黍子，那些生长在塞北高寒地带的农作物帮助他抵御着饥荒，在饥荒来临的时候那些由父亲种植的农作物救助了全家人的饥肠。这当然是后来的事情，在我刚出生的时候，我只能感觉到父亲身上呛人的尘土气息，那是让我不舒服的气息，我本能地抗拒父亲的怀抱。父亲心烦意乱的时候就打我，把我丢在炕上，用巴掌朝我的屁股猛拍。

这样做的结果是我更大声更持久地哭泣。

“你老子快让你给逼疯了。”多年以后，我坐在一间昏暗的石头房屋里，就着燃亮的蜡烛听接生婆讲我的故事。这是接生婆在人世弥留的最后时刻。我按照母亲的指引找到了她。她住在高高的山岗上，那里有很多石头房屋，那是矿工们自己从山涧取石盖起来的。在那些石头房屋的周围长满枯草和荆棘。我踩着蜿蜒而起盘旋上升的石阶上去，推开一扇吱呀作响的木门，屋里的浑浊气息使我短暂地昏眩。这时我已人到中年，心肠和意志坚定如铁，我坚持着走向那个躺在土炕上满头灰白头发脸容枯干的老妇。这是目击并掌握着我生命全部秘密的女人。

“刚生下你那阵子，你老子是想扔了你，他不想拉扯你了”。

接生婆黄麻妈声音颤抖，气息微弱。“你妈生你大出血，差点要了命。你老子要下矿井，要照顾你们，他都快让你们给逼疯了”。黄麻妈说。她说的我们是指我的哥哥和两个姐姐。

接生婆说，我能活下来算我命大。以我那时候的状态，被丢弃应该是必定的命运。

在矿区人们会生很多孩子，那时还没有实行计划生育，男人无限度放纵欲望，女人也没有学会避孕。在靠近家属区的地方就是遍布乱石的荒原和长满乱草的山岗，有河水在那些荒野之地流过，河水是黑色的，那些黑色的水流是从远处的矿井里排放出来的污水，它们流到河道里，跟自然的水流融合。那时在矿区经常会有婴儿被丢弃或溺死。在河岸，在山岗，或者在野树丛里，有时候就出现被丢弃的新生的婴儿。那些生下来不被重视或者被厌弃的婴儿，在他们到达人间的最初时刻就被结束了生命，他们还根本来不及看到人间就被迫闭上了眼睛。

接生婆黄麻妈做过这样的事，溺婴和弃婴。溺婴，就是把新生的婴儿放到灌满水的洗衣桶里。弃婴就是把婴儿丢弃到荒山谷里。这些事情的残酷，听起来令人不寒而栗。我见到黄麻妈的时候，一直不想触碰她的手指，我觉得她的双手残留着溺亡和被遗弃婴儿的死亡信息。

接生婆黄麻妈最后死在她的石头屋里，这个老太婆一生寡居，没有后人。

她在死去三天之后被前来收取卫生费的人发现，送到殡仪馆化为一缕青烟和一抔无人领取的骨灰。但是我记得我跟她的谈话。记得她在临终时讲述的我出生时的情景：

她抱着我走向后山深谷。我被用襁褓包裹着，黄麻妈按照父亲的交代要把我扔到深谷里。

那天并没有风，但是寒冷刺骨，山上没有消融的积雪使道路光滑。黄麻妈踩着那些积雪抱着我走，我暂时停止了哭泣。我被围在襁褓里，我当然不知道等待我的是什么样的事情。那时候无论是灾祸还是福祉，我都没有办法预知，我不知道父亲不想拉扯我。那是临近黄昏的时刻，黄麻妈抱着我，她已经收取了父亲交给他的十块钱，那是她负责接生的费用，也包括把我丢弃的费用。收了钱就要把事情处理好，黄麻妈想着把我扔到深谷里就可以了。她这样处理过别的刚出生的婴儿。

但是她在把我放到深谷的坡地时，我开始了哭泣。我的哭泣穿透遮盖着我的襁褓，在深谷里回响，这使黄麻妈无法离开，她站在那里犹豫彷徨。她本来应该溺死我，如果按照以往的做法，溺死一个婴儿是最简单的办法。但是她选择了丢弃。虽然她做过很多次，但是溺婴和弃婴，这两样都是让她良心不安的事情。

“我这辈子是葬了良心的。”黄麻妈在最后的时刻对我说，“可是把你从后山扔了又捡回来算是我积下的德。”

就像黄麻妈说的那样，我又被抱了回去。她推开我家石头房屋的门，把我重新放回到土炕上。她对父亲说：“你安顿的事情我办不了，你自己办吧，你的钱我退给你。”

黄麻妈没有收父亲给她的钱，残存的天良让她畏惧把我丢弃在山谷的行为。

父亲也没有坚持，他顺水推舟把我接过来。事实上在黄麻妈抱走我以后，父亲就陷于内心的挣扎和搏斗。因为那时候母亲咆哮着像一头母狮，母亲知道父亲偷着要把我丢弃的时候就跟父亲叛命。她手指着父亲的鼻子骂：“你扔弃自己的亲骨肉，天打雷劈！”

我逃过了初到人间的劫难。我没有像那些被遗弃的婴儿那样闭上自己的眼睛。

我的身体没有冰凉，我幼稚的骨肉没有给那些游荡在荒原山谷的野狗恶狼充当食物。

但我并非就此避开被弃的命运。即使我没有被丢弃到荒原和山谷，那时候等待的也是被弃的命运。如同我在初生时看到的慌乱、惊恐和血腥。被弃是我最早阅历的人间景象。

那时我继续哭泣，哭泣是我对世界本能的反应，也是我唯一的表达。

我说不出我到达人间之前的所见，只能说出我初生时对人间的所见。

是的，我降生到这个星球，宇宙中浩繁星河的一颗星辰。

我如同一粒尘埃飘落在这个巨大的星球之上，和无数的尘埃混同在一起。

那些尘埃就是我的父亲和母亲，兄弟和姐妹。在一间石头垒砌的昏暗的房屋，我看见了他们。我的抵达带给我永久的困惑。我一直想搞清楚，在我经由母体到达人间之前，我在哪里。我是这个肉身吗？我跟随着肉身存活或者死灭吗？灵魂是什么？它是不灭的吗？这些问题对哲学家、神学者和诗人来说是普通而寻常的，但对一个生存在黑暗之地的孩子来说是恒久的疑难。多年来这个疑难持久地困扰着我。

开始我以为人诞生在哪里并不重要。诞生在哪里似乎没有根本性的差异。后来在我走过了这个星球的不同纬度，走过了不同的国家，看到不同的种族和文化的时候，我发现人在哪里诞生有着全然不同的命运。现在我的书桌之上放着一个可以旋转的地球仪，蓝色的海洋，各种斑驳的色块构成的亚欧大陆美洲大陆以及其他大陆组成这个星球的全貌。是的，我们作为一粒尘埃降落在哪里有着全然不同的命运。降落在非洲的索马里，就会世代经历饥荒；降落在中东，就会终生饱受动荡、离乱和战祸；降落在欧洲，就会享有它辉煌的文明。我降落到中国北部的矿区，就命定经历黑暗和困顿。

最初的惊慌、恐惧和血腥以及被遗弃是我抵达人间之初的体验。作为稚弱的生命体，我的意识可以是沉睡的，智能可以是低弱的，但是我想我的灵魂是明白的。它看到并体验现实的一切，它清楚地预知现实和未来。这是我哭泣的全部缘由。就像我后来常说的，一种声音找到了它的喉咙。

那时候黑暗是我惧怕的。

在我成年后，我做了矿工，穿行着一座黑暗的矿井，经历着更为严酷的生存。

直到今天，我在夜晚睡眠的时候也要开着一盏灯。我需要光亮卫护着自己。

光亮我以为是可以隔离和驱除黑暗的一种力。

我总以为在沉沉的暗夜中，有一类生命睡去，同时又有一类生命醒来。比如鬼魅和幽魂。

没有确凿的证据能够证明它们在这个世界是不存在的。人们否认它的存在只是因为看不到它的存在。但是看不到可能是人的视力和视野所限，并不能证明它就是不在的。我阅读过的宗教经典描述过它们的存在，还有科学家们的研究也可以证明它们的存在。有一部由日本的科学家们拍摄的《大灵界》的电视纪录片纪录了他们的研究成果，人在死亡之后灵魂的形状、面貌和重量。我看过那部片子，我看到灵魂在脱离开肉身之后飘浮和游走的状态，这使我对生命真相产生恒久的追问和质疑。

我想，那些无形的生命会随着轻风游走，它们在你的身边聚集而你却浑然无觉。

而夜晚就是那些生命的舞台，是它们演练的操场和奔驰的疆土。我看不到它们，就像我看不到花朵的呼吸和草木的生长，看不到星辰的坠落和岩石的裂变，看不到不等于不在发生。就像我初生时的哭泣，我现在不知道我看见了什么，不知道我当时经历和体验了什么，只知道我的哭泣。彻夜的啼哭。在午夜的时候，我的啼哭不仅使人烦躁，而且也使人畏惧。因为人们并不知道发生了什么，他们的眼睛看不见无形的生命，只能看到有形的景物。然而，对于无形的生命，人们总是怀有莫名的畏惧，因为那是他们无从把握的。

多年后母亲讲起她的感受，她说："妈让你哭得心疯了。"

那时候令母亲深陷困扰的除了我的哭泣，还有从一座空楼里传出的哭泣。

空楼临近我们的家属区，是一座四层楼的建筑。当时刚刚兴建起来，还没有住户搬进去。

那幢空楼临时被用来关押犯人。所谓犯人就是历史有问题的人，地主、富农、反革命、坏分子和右派。在矿区他们是需要被揪出来的人。我出生的矿区是黑色的，但是却被命名为"红色X矿"。矿行政机构被命名为"红X矿革命委员会"。那些矿工们有成分为地主、富农、反革命、坏分子和右派的，就被革命群众揪出来，关押在那幢空楼里。为了惩治这些人，有人在空楼里设了水牢，其实就是把澡堂改建成关押犯人的地方。那些被揪出来的坏分子泡在污水中，被人用麻绳沾水抽打，他们忍受不了皮肉之苦就发出哀号的声音。那些响在空楼里哀号的声音从窗口传出来，在街道回响。

关押在空楼里的人，经常会自杀。忍受不了冤屈或折磨，他们或者破窗跳楼，或者用绳索把自己吊死在窗棂上。空楼里经常爆出哭泣。那些声音和我的哭泣遥相呼应，使母亲的精神几乎陷于崩溃。母亲坐月子的时候头上扎着棉头巾，身上穿着加厚的层层的棉衣棉裤，但是她还是无法抵御内心寒冷的感觉。每到我开始哭泣的时候，母亲就感觉到周身冰凉。

没有办法。我害怕黑暗。夜色降临的时候就是我开始哭泣的时候。贴在玻璃窗上的漆黑夜色让我害怕，窗外在微风中摇曳的树影令我畏惧，在冬夜中阵阵吹过的风声使我恐惧。作为一个初到人间的婴儿，我是孤独的，更是幼稚而脆弱的。我的敏锐的知觉和灵异的感受使我更加清晰地意识到夜空中蕴藏的不安，那些响彻空楼的鞭笞声和被鞭笞的人的哀号和呻吟，以及伤悼死亡的哭泣，是我听见的。虽然我不能言，但是因为它们的切近，被我听见，也被我感知。

因为恐惧和惊悸，我没有办法安睡。我只有哭泣，哭泣是我在那个时刻唯一的反应。

父亲被我的哭泣搞得异常烦躁，他不知道我经历了什么，我的啼哭带给他的不祥的感觉。

母亲在那时是痛心的，她爱我。在我出生的那一刻她就深爱着我。她像母狮护持着幼子，她希望我安宁和快乐。而我在那时候无休止的哭泣令她伤神而凄楚。

现在，我经常会游走。由于新闻职业的缘故，我会奔走八方，漫游四海。

然而我一直觉得迎接我出世的那间石头房屋，那片凌乱的家属区，那个终年漂浮着烟尘的矿场是我从未离开过的。它们一直在我的记忆中，也在我的精神里。我经常会梦到它们，相隔一段时间它们就会自然地出现在我梦境之中，不请自来。我想如果我的生活是一个无限扩展的圆周的话，我的故乡和故乡给予我的经验就是那个圆周的核心。

2005年的冬季，我到达挪威奥斯陆。我应邀前来做诺贝尔和平奖颁奖典礼的采访。

在位于大街的诺贝尔和平中心，我看到了一百年来诺贝尔和平奖获得者的肖像，他们陈列在一间宽阔的房间里。我看到我尊敬的安德烈·萨哈罗夫、莱赫·瓦文萨、德斯蒙德·图图、伊利·威塞尔、戈尔巴乔夫、昂山素季、曼德拉的黑白肖像。韩国前总统金大中的手书“敬天爱人”悬挂一侧。

每年的12月10日是诺贝尔的纪念日，也是颁奖日。挪威诺贝尔委员会主席奥瑟·丽安丝夫人在她的演说中强调和平的意义时说："和平工作意味着，所有国家的人民过上更能保持人的尊严并毋须恐惧的生活是可能的。"

1979年的冬季，挪威诺贝尔委员会决定，把这一年的和平奖授予加尔各答的特蕾莎修女，罗马天主教修道会、教会慈善事业的创始人和领导者。

一间黑暗的影视厅里，电影机正自动播映着特蕾莎修女在1979年12月接受诺贝尔和平奖的实况影像。此前我已经知道特蕾莎，这个被全世界爱戴的老妇，以她宽广的仁慈关心和救助了几百万人的生命。特蕾莎修女的工作传递的信息超越了由种族、宗教或民族设立的所有障碍，她用最为根本的方式，用她对人的尊严之神圣性的确证促进和平。在影视厅我看到特蕾莎所描述的儿童在世界的境遇。这个头上永久缠着白色头巾的小个子妇人站在挪威高大恢弘的市政厅面对世界表达她的所见：

这个世界上有这样多的磨难，这样多的仇恨，这样多的痛苦，我们带着我们的祈祷，我们的奉献，就在自己的家里开始吧。爱在自己的家里开始，并不在于我们做了多少，而在于我们的行动中注入了多少爱。我想让你们找到这里的穷人，首先是在你自己的家里，在那里开始你的爱。

我以为在我们的文化和生活中，特蕾莎所强调的这种爱是稀有的。

挪威诺贝尔委员会主席约翰·桑内斯教授在授奖辞的演说中说：

特蕾莎修女生于南斯拉夫斯科普里，一个信奉罗马天主教的阿尔巴尼亚人的家庭。她说，在12岁时，她就感觉到了去帮助穷人的神召。她看见过贫民区的穷困和悲惨，在那里有病的人无人照看，孤独的男人和女人躺在街头等死，成百上千的失去父母的儿童四处游逛，无人照看。就是在这些人中间，她感到了工作的召唤。特蕾莎所领导的修道会开始对成千上万人的救助，她的救助行动包括贫民区的学校、孤儿之家、流动诊所、麻风病中心、濒死者接待处、免费公共厕所等等。特蕾莎所领导的这个修道会的救助活动扩展至20个新的国家，几百万人从这个修道会的社会福利和救援工作中受益。

特蕾莎修女在接受和平奖致答谢辞时说："我们需要告诉穷人，对我们来说，他们并非无足轻重，他们也是由同一上帝之手所创造的，要去爱和被爱。让我们总是带着微笑相见，因为微笑是爱的开始。我们在《圣经》中读到，因为上帝说得非常清楚，即使一位母亲忘掉她的孩子，我也不会忘掉，使我在我的掌心把他雕刻出来的。”

一位挪威诗人，他并不信仰特蕾莎的宗教，为特蕾莎写了一首诗：

生活能够提供一种欢乐，
这种欢乐不会变为悲伤：
给别人以欢乐
是一种超越了信仰的欢乐。

遗憾纠缠着这个世界，
永远也不会有一滴眼泪减少，
然而当你认识到这个真理
我的朋友，这已经是太迟了。

我是没有宗教背景的人，没有虔敬的信仰，我不知道有什么样的神祇能让我信仰依靠，不知道从哪里找寻伟大的圣灵真实地让我的灵魂安妥。但我在看到特蕾莎影像的时候就是难抑内心的感动。在诺贝尔和平中心暗黑的影视厅，我独自坐在一排木制长椅上，注视着屏幕上特蕾莎修女的演讲，她的声音细弱，并没有很强的音量，然而她的安宁和祥和的声音温暖。现场的很多人，他们用专注的聆听和持久的掌声回应她的祈求和祝祷。那时候，在冰雪覆盖的奥斯陆，我聆听着特蕾莎的演讲，遥望着我的故乡和我的道路。是的，如果能够，我愿意有那样的手掌，那是上帝的手掌，我们可以在他的掌心被雕刻。但可能的情形是我们在一个孤独的星球上孤独地生息，活着或者死去，不留任何坚固的痕迹。

“这小子是妨祖货。”父亲被我的哭声搅得不耐烦时骂我。

“妨祖货”是雁北方言，就是俗语说的“克星”。父亲认为我是“克星”，因为我的出世使母亲大出血，险些要了她的命。

我的彻夜哭泣使父亲烦躁而愤怒。

但是父亲也不敢丢弃我。他有丢弃的念头，最后放弃了。

黄麻妈把我从野地抱回来，放在石头房屋的土炕对父亲说：

“要丢你去丢，我是不敢再造孽。”

“婴儿在三月之内天眼是开的，灵性之门还没有被关闭，它的灵魂还可以自由游走。”

接生婆黄麻妈这样对我说。对她的说法我半信半疑。我无法让自己回到前意识中，按照她的说法，我的意识就如同一面镜子，现在蒙满了尘世的迷雾，我很难看到前尘往事。

黄麻妈是可以看到人的前尘往事的，据说她不仅为产妇接生，还会为濒危者下阴探路。

下阴就是下到阴间。这或许是迷信。但还是有很多不明生死的人找到黄麻妈，请她下阴看生死的秘密。父亲无法阻止我的哭泣，他被我的哭泣折磨得近于疯狂的时候，就去找黄麻妈。黄麻妈盘坐在一面镜子前，她的身下是一铺烧热的土炕，连接着土炕的是一火灶。火灶里有燃烧的大炭噼噼啪啪的声响。父亲对沉默着的黄麻妈说：“您老给看看，我这个小子是不是中了什么魔怔，成天到晚不住地哭”。黄麻妈当着父亲的面掐着自己的手指。她是在掐算我的生辰八字。最后她取出一张黄表纸，放到油灯前，据说那张黄表纸上画满神符，被她点燃之后化为灰烬。她还给父亲一包朱砂红，她说只要把朱砂红放在我的枕头下，放在我的胸口间就可以阻止我的哭泣。然而神符和朱砂红都没有能阻断我的哭泣。我依然害怕夜晚，畏惧夜晚的一切事物。

父亲又请来了医生，那位背着十字医药箱的保健站大夫骑着她的自行车又来到我们家。

她把冰凉的听诊器伸到我的衣服里，贴住我的肉身倾听我的心脏和肺腑的反应。

我不知道她能否检查出我真正的病因，但是她临走时给我开的药物还是奏效了。

医生给我开了复方巴比妥，母亲对这汉译的药物的名字在多年以后都能脱口而出。

这是帮助安定的药物。此类制剂对改善病人的睡眠，对抗焦虑，解除烦躁，有重要作用。

我不愿意喝药，拒绝父亲用碗端给我的热水和研成白色粉末的药物，我甚至打翻了父亲手里的碗里的水和银勺中的药粉。我的抗拒激起了父亲的怒火，他坐到炕上，把我放在腿上，用手臂压住。他粗暴地用手指掰开我的嘴，强行把白色药末兑成的药糊灌到我嘴里。

还没等我下咽的时候，他就又把水灌进我喉管。就是这样。

我没有办法反抗父亲。作为一个幼稚而脆弱的婴儿，我无力反抗人间的任何势力。

突然就不哭了。我开始昏睡，长睡不醒。

习惯了我哭泣的人们在我停止哭泣的时候反而不适应。

这就是人做的事情，人发明了药物，医治病痛，也麻木着我敏锐的神志，摧毁着我灵异的神经。我的灵觉短暂地保持了某些瞬间，很快我就和别的婴儿没什么区别。

饿了就吃，困了就睡。我还任意地撒尿和拉便，把那些肮脏的东西弄得到处都是。

这些也带给父母新的烦恼，但这烦恼比我彻夜的啼哭还让他们可以忍受。

我的生物性生长起来的时候，灵性就被彻底遮蔽了。

我想，因为那些药物和父亲的镇压，我的敏锐而新鲜的灵魂变异。

作为一个初生的婴儿，我的感觉被钝化，我开始适应这个星球的尘世生活。

我的灵性之门被关闭。总之我的神智恢复了安宁。那些夜晚不再使我恐惧，窗外摇曳的树影和风声也渐渐被我习惯。那些漂游的幽魂我也觉得是自然的一部分。

父亲开始抱我了，在母亲不能抱我的时候，只有父亲来抱我。他仓促潦草地把我抱在怀中，颠着晃着，这是父亲催我入眠的方法。他希望我一天到晚睡着，这样可以不再烦他。在父亲的怀里，我成为一个平常的或者平庸的婴儿。我曾经如电光一样敏锐的灵觉熄灭，我的魂灵开始蛰伏在晦暗的肉身，这是我降生在尘世中必须完成的转折和蜕变。

没有人关心和注意我灵性的变化，他们只关心我肉身的成长。

父亲经常要抱着我，他会掂量我的重量看看是否增加分量。

我不再动辄哭泣，我能够坐立，能够爬行，可以呀呀学语，我开始带给大人们快乐。

他们在我能够坐立的时候，在我可以爬行的时候，像玩赏小动物一样，把玩我。

我成为一个智能低下，生物性膨胀的平庸的幼儿。

父亲并不能一直抱着我，他还有很多事情要做。

他要去矿井做工，在每天的清晨，天光还未亮，他就要起来，为自己准备食物。父亲用一个铝制的饭盒装好他自己蒸煮的窝头和米粥，还有他自己腌制的咸菜，然后在天色未亮之际骑车出门。他要穿过暗黑的街道，在铺满煤渣的道路上疾行，两个小时后到达他所在的矿井。那时候的矿井实行军事化管制，班前要政治学习，下井之前要吹冲锋号，迟到或早退都会受到惩罚。父亲是看盘工，就是看守着高压电的输送，维护矿井的供电正常运行，这个工作责任重大。

父亲工作之后，母亲很快也恢复了工作。母亲是矿井的机电工，她会背着钳子改锥和工具刀到矿井里巡查，有事故就当即处理。在矿井这应该是男人做的事情，但是母亲做了，她是矿区最早受过机电技术训练的妇女，在母亲当年就读的那所西北煤炭技术学校，只有她分到了矿区。父母亲出去工作，照顾我的任务就落在大姐身上，大姐那时十二岁。

她要照顾二姐和哥哥，也要照顾我。二姐患了小儿麻痹，九岁了还不会走路，她的身子缺钙，不能直立行走，要走也只能扶着墙壁。二姐的疾病在后来成为母亲的心病。因为忙于工作，父母完全没有时间管我们。他们把我们锁在家里，我渐渐地可以坐立，可以爬行。我的背上系着红腰带，腰带的长度可以使我满炕爬行而不至于摔到地上。

大门锁着，门窗紧闭，绑我的红色腰带挽在高高的窗棂上，那是我伸手都探不到的地方。我的活动范围仅限于炕上。我属于爬行动物，那时如果站立，我就只能站立在窗前，只能透过窗户看到屋外的情景。我和哥哥姐姐就站在窗前，看着阳光照射的光影移动。看飞来飞去的蜻蜓和苍蝇。玻璃窗是紧锁的，母亲是想到了各种危险，她是要力避我们所能接触到的任何危险。我们被隔绝在危险之外。

然而那时有更大的危险正在我们的生活中上演。

先是有枪声在街上出现，从窗外我们总能看到成群结队的人从街上走过。

他们挥舞着手臂，高喊着口号，表情严肃而激动。我甚至能看到有人被捆绑着穿街而过。

高挂在街上电线杆的大喇叭整日轰响，但所有这些骚动都在我们的视界之外。

我们就像在山间的动物，自己照顾自己。

母亲在出门的时候会把食物放在我们能够到的地方。那些食物有饼干和馒头或者窝头以及水。这是母亲所能想到的，她想不到的是我们还会把别的东西作为自己的食物。

每天黄昏到来的时候，也是饥饿来临的时候。我们伏在窗台等待着父母亲回家。

等待是漫长的，有时候我们会在饥饿中睡去，当然也会在饥饿中哭泣。

等不到母亲回来，我们就自己想办法解决饥饿的问题。

二姐喜欢喝自己尿出的尿液，大姐喜欢舔食墙壁的白土。

我们并没有觉得异常。此时，我们是完全脱离了保护的小动物，听凭生物性的本能行动。

那时我们所能体验到的狂欢就是屋外响起脚步声，门锁开动的声音。

父亲或母亲回到家来，那是我们解放的时刻。

我完全忘记初来人世看到的恐惧，忘记我的迷惘。我沉溺在短促的快乐和简单的幸福中。

母亲回到家里，我就会去解她的衣服，我寻找母亲装满奶水的乳房。摸住母亲饱满的乳房的时候，我就感觉踏实和安宁。我吸吮着奶汁，下咽的时候我的肺腑发出咕咚咕咚的声响。吃奶是我的特权，我的哥哥和姐姐们只能眼馋地看着我在母亲的怀抱中，享受着饱食的欢乐。

那时候二姐只能喝她自己的尿液，大姐只能舔食墙壁的白土。

父亲很少回家。偶尔回到家里就见他背着一杆长枪，有时候是扛着一杆长矛。

他回到家里来的时候，神情总是紧张和慌乱。他和母亲嘀嘀咕咕地说着什么话。

后来，我听父亲说，那些枪支和长矛是他抢来的。警备区的军火库被人抢了，那些造反的人把军火库的里的长短武器也部抢走，他们在街上武斗，跟对手火拼。矿工们站立两队，有人点名问他们：糟派还是好派，说糟派的站到一队，说好派的站到一队。然后两队就开始武斗，用棍棒和枪械打，有人被打伤倒在街上，没有被打伤的四散奔逃。那时街上随时会响起救护车的声音。

街上的武斗是我看不见的，我能看见的只是父亲偷偷背着枪回到家里来的紧张和慌乱的神情。他的脸色发白，说话时候舌头僵硬。有人在街上发现有武斗战死的尸体赶来告诉父亲。那些尸体被盖着席子，在街头暴尸很久之后被人拉走。我已经不感到害怕了，那些械斗和枪战发生在长街和深巷中，在我们的感知之外。我只要抱着母亲给买来的布娃娃就什么都不管了。只要有奶吃，外部的世界就不存在。我想，因为那些药物，也因为父亲的镇压，我的灵性之门在我进入尘世之后被彻底关闭了。

在我们的意识中，灵性是缺失的。

遍布在生活中的是世人横生的欲望，是感官的享乐，是世人贪婪而衰败的精神之像。

我们找不到坚实的可以信靠的信仰，灵魂没有归依。甚至对很多人来说，没有对灵魂的知觉。很久以前我看到一部书《大师在喜玛拉雅山》。作者是喇嘛尊者。喇嘛尊者说：“儿童时期是整个生命结构的基石，在此时播下的种子日后将绽放出生命的花朵。”

现在我触摸到我生命结构的基石，那就是我性灵的蒙昧和混沌。

如果说喇嘛尊者是圣山的儿子，那么我就是红色的儿童。

母亲除了做着矿区的检修工，还做着街道居委会的干部。

我的生活空间被打开跟母亲后来担任街道妇女干部有关。

她走到哪里，我就跟随到哪里。那时候母亲参加最多的就是批判会。

她和一些家属们经常聚在一起开会，内容就是批斗那些被揪出来的历史有问题或现行有问题的人。母亲背着我，她用一块布把我从后腰兜起来系在腰间，这样我不管是醒着或睡着都不会影响她做事情。开会选择在人家里，轮流着选，选定了就聚到一起。

成份不好的人被轮着批斗，地主、富农、坏分子、反革命和右派，有类似成份的矿工家属就被定期批斗。妇女们让那些被批斗的人挂起大牌子，牌子上写着被批斗者的名字，名字上画着大大的X。那些被批斗的妇女站在凳子上，垂着头接受批判。在这些妇女中间并没有多少人可以够格做地主、富农和反革命的，有一个小脚女人被批斗是因为男人曾经在日伪时期做过把头，妇女们就把她揪出来批斗。那个小脚老人每天要站在凳子上接受批斗，她被勒令交待罪行。实际上并没有罪行可以交待，但是不交待不行，小脚老太太就说，最近有鸡瘟，好几家都死了鸡，那些鸡就是我害死的。

这样的场景成为日常的场景，也是中国城乡最普遍的场景。

我那时就混迹在这些革命的妇女中间，母亲在批斗会上就把我放在炕上，她让我自己玩。我就在那里爬行，我在那些女人之间来回爬，只要我不摔到地上，我是可以任意爬行的。

那些女人高举的林立的手臂，高呼的口号，那些为认罪弯下的腰低垂的头，对我来说如同戏剧里的场景。

除了批判会我参加最多的还有街头的游行，那多半是毛主席发布最高指示的时候，或者是某次全国党代会召开的时候。人们要去游行。在午夜游行要打着灯笼，母亲会自己粘灯笼，接到通知后，她就自己准备纸张——通常是用各种有颜色的纸张，赤橙黄绿青蓝紫，用这些颜色不同的纸张糊着各种形状的灯笼，灯笼里放着蜡烛，母亲就那样用一根长杆挑着上街。开始我是在伏在母亲背上的，我跟着母亲参加到游行的队伍中，我看着那些手持着灯笼和彩旗的人们在街上走，他们呼口号，对发生在遥远的首都北京的最高指示表达欢欣之情。

后来母亲也会为我糊一只小灯笼。我在母亲的背上，手举着一只小灯笼。灯笼里点燃的蜡烛映照着眼前的景物。我在母亲的背上，跟随着大人们游行。我什么都不明白，就那样跟随着大人们走。有时候这支队伍里还加进从乡下来的姥姥，她打着灯笼，拐着三寸金莲颤颤巍巍地走在游行队伍中。那时候最让姥姥得意的就是我说过的一句话——在游行的时候，姥姥不小心把灯笼给点着了，火苗扑闪着，迅速就把灯笼点燃了，我对姥姥说："赶紧灭火，你要被人打成反革命呀。"

父亲有一只老式收音机。收音机放在衣柜上，回到家里父亲就会打开收音机，收听里边的广播。在一个长方形的木匣里出现的男人和女人的声音令我好奇。我听不懂，但是我好奇人怎么可以进入木匣里边，怎么可以发出声音。这个好奇一直跟随着我，我很想看个究竟。母亲有时候会把我放在衣柜上，衣柜我们叫洋箱，如床一般宽，我可以在上边玩耍。那天我看到收音机，我就想看看里边的情况。我打开旋钮，看见里边的灯亮了，有声音传出来。我就那样转动着旋钮。

一个短波频率是被我不小心收到的。那是莫斯科广播电台华语广播波段。我当然听不懂。

父亲也听不懂，但是父亲却惊慌失措，他把我从衣柜上揪下来，扔到炕上狠揍我屁股。

"偷听敌台犯法哩。"父亲说。这是后来我再次收到这个短波频率时父亲告诉我的。

在那时，所有的国外广播电台都被看成是敌台。偷听敌台就是反革命。

革命与反革命，在那时已经深入我的意识里了。

革命有理，反革命有罪。这是我在那时看到的现实。

现在看，革命与反革命是两种政治态度或者主张。这是文明政治形态的基本构成。

但是在多年以前"反革命"却可以要人的命。很多人的性命就是被以"反革命罪"夺去的。2005年冬季，在我离开奥斯陆的时候，再次来到诺贝尔和平中心。

这一次我选择了1991年诺贝尔和平奖获得者昂山素季的影像。我购买了她的书"Freedom from Fear and other Writings"的英文版。我并不能阅读英文著作，但是我愿意买下来，连同那些陈列在书架上的黑白肖像，我愿意买下来收藏。这是一个令我深怀尊敬之心的杰出的女人。

颁奖公告中写道：昂山素季是缅甸解放运动领导人昂山的女儿，她很早就对甘地非暴力抵抗哲学表现出兴趣。经历了长时期不介入政治活动的生活之后，她终于卷入了缅甸1988年的“争取国家独立的第二次斗争”。她成为一个民主反对派的领袖，这个反对派以非暴力手段来反抗一个以野蛮为其特征的政体。

1991年10月14日，挪威诺贝尔委员会宣布：因其“为了民主和人权的非暴力斗争”，而将该年度的诺贝尔和平奖授予缅甸的昂山素季。委员会申明，她的斗争是“近几十年来在亚洲所表现出的公众勇气的最杰出范例之一”。委员会将素季视为“反抗压迫的斗争中的一个重要象征”，赋予她这个荣誉，也就是对“全世界所有致力于以和平手段争取民主、人权与种族和解的人们”的支持。

在和平中心暗黑的影视厅里，大型屏幕上显出昂山素季庄严、慈祥而美丽的肖像。

面对着这样一个杰出的女性，我只有深怀的敬意。

由于被软禁在仰光，素季未能出席12月10日在奥斯陆市政厅举行的授奖仪式。她可以离开缅甸，但必须承诺放弃政治斗争并永不返回。她对自己父亲、自己国家和自己原则的忠诚使她不能作这种承诺。在授奖仪式上，她的英国丈夫米歇尔·阿里斯和她的儿子、18岁的亚历山大和15岁的凯米代表她出席，在主席台上还矗立着一张她的大幅彩色照片。授奖仪式中，在两位缅甸音乐家演奏了素季最喜欢的一段音乐后，亚历山大替她受奖，并发表了由米歇尔·阿里斯撰写的讲话。这个讲话中提到世界范围内对于素季的支持，强调她抱负之中，那种植根于其信仰的精神本质。

昂山素季在她的一篇文章《追求民主》中有这样一段话：没有正义的地方就不可能有可靠的和平。维护人权的正义法律是和平的必备基础。将和平理解为所有反对意见的沉默，将安全理解为保证自身权力，这种封闭的头脑只能是丧失安全。

挪威诺贝尔委员会主席弗兰西斯·塞耶斯泰德在发表为昂山素季授奖演说时说：

将一种和平与和解的学说转化为实践，一个绝对必要的条件就是无畏。昂山素季深知这一点。她说过“不是权力导致了腐败，而是畏惧导致了腐败。”在素季的思考中，无畏的要求是首位的要求，是对我们所有人的要求。她自身已在实践中表现了无畏。她挺身面对步枪枪膛，有任何东西能够抵御这样的勇气吗？这位被软禁的瘦小的女性代表了一种明确的希望，知道她的存在，这给我们以对于正义力量的信心和信念。

昂山素季展现出人类的希望以及对希望的实践和坚持的勇气。她的存在再次让我感到精神的黯然和灵魂的忧伤。在遥远的北欧的天空下，在昂山素季温静而深邃的目光注视中，我遥望着我微弱如草芥的生活。

我能行走的时候也是母亲解脱的时候。

她不用再背着我，她可以去矿井工作了，我更多的时候是自己玩。

我能在街上跑的时候，姐姐和哥哥们上小学了，他们在距离家很远的地方念书。

家里只剩了我，妈临走时叮嘱我不可以乱跑，免得走丢。她把奶瓶灌满放在灶台，她嘱咐我饿的时候自己喝，烤成焦黄状的馒头和窝头都放在灶台上，那是我伸手可以够到的地方。母亲在我的脖子上套上家门的钥匙，她教给我怎么开锁，怎么上锁，这些我都一一学会。即使如此母亲也还是不放心把我丢在家里。但是没有别的选择，她必须去矿井工作，那是革命的工作。

我拥有漫长而充裕的时间，那时候时间就是一条在温静中流动的大河。

在我一个人的时候，石头房安静得让我害怕。挂在墙上的座钟每到整点就会敲响，钟声敲响的声音让我紧张，我总是担心在座钟里隐藏着什么鬼怪。房间里的寂静令我畏惧，我有时就大着胆子出街去。街道也是安静的，但是因为开阔和悠长，我的视野可以投向远处。我在街上来回走，街道是安全的，因为很少有人出现。那个时刻大人们出去工作，小孩们出去读书，只有我这样的小小孩会留在家里。

让我高兴的是，在空旷的大街上还有一个人，那个人负责在街道的墙壁上用粉笔绘画。他在每一堵墙壁上都用墨涂出黑色的底板，他用五颜六色的粉笔在那些黑板上绘画。他架着木制的梯子，人踩上去，就着黑板作画。我走过去，我的位置就在他的木梯之下，我仰着头在他的脚下看他作画。有时候整个上午他都不会出声，我也不会出声。整个街道没有人声，只有阳光照耀着，只有觅食的鸡和懒散的狗在街道游荡。那些画是人物画，造型夸张。后来我知道他画的是什么，因为在矿区的街道、墙壁、道路两边的橱窗，甚至马路上到处都画着那些漫画，现在我知道那是“打倒叛徒、内奸、工贼刘少奇”的画作，伸出来的粗壮的拳头，拳头带有光芒，在拳头之下就是头颅大身体小的刘少奇和王光美的漫画，刘少奇的脸颊枯瘦，牙齿巨大。

那时我就是喜欢看那些怪异的漫画，我不懂但是很好奇。

那个人穿着蓝色的帆布工作服，在他的衣袖上蹭着各种颜色的粉笔灰。

母亲知道我在街上看那个人绘画，她吓唬我说：那人是哑巴，小心他把你抱走。

我没有管母亲的威胁。还是会在他到来时出去看他绘画。

哑巴会把那些漫画绘满街道的每一堵墙壁。每一堵墙壁都会有很多这样的黑板报，等距离分布。色彩缤纷，造型各异的粉笔画带给我快乐，有很长的时间，我就跟着哑巴，我站在他脚踩的木梯之下，看着他绘画。哑巴是个面容清瘦，身材也清瘦的男青年，他的嘴巴不能说话，眼睛却是会说话的。我看他朝我笑，我就知道他对我的好意。我喜欢看他持着粉笔的手出现在整张黑板报上的时候的状态，随着他手中粉笔的移动，那些色彩缤纷的线条就出来，人像的造型也出来。对我来说这是奇妙的。街道安静，阳光汹涌，只有我跟哑巴。我们是两个活着但有无声的生物。我们的交流不是用嘴巴和声音，而是用眼睛和神情。这个哑巴令我感到人性的温暖。他的安静和友好使我在他的脚下凝视他的时候感觉安全和踏实。

把我重新抛回到石头房里的是哑巴的出事。

有人在他的粉笔画里看到了错误。他没有给毛主席画耳朵。那是毛泽东身穿军装的侧面像，在他的背后是放射着金光的天安门城楼，毛主席神采奕奕，微笑着凝视着前方。有一对红小兵排着整齐的队伍从街道上走过，他们手里拿着挂着红缨的长矛。我看见队伍里有大姐，他们站到哑巴画出的版画前。有一个孩子看着毛主席的像说：“毛主席没有耳朵。”没有给毛主席画出耳朵就成了哑巴恶毒攻击毛主席的罪状，红小兵们在他们头领的带领下，从木梯上揪下了哑巴。他们让他停止绘画，用长矛押着哑巴开始在街上批斗。他们抡着皮带，呼着口号，这使我害怕。我跑回家里，躲在窗户前看着那些红小兵批斗哑巴。哑巴挣扎着，那些孩子用绳索套住他的脖颈，绑住他的双臂，他的头被压下去，腰弯下去。

姐姐告诉我，哑巴被他们押送到矿革命委员会，据说他被打成“反革命”送到东山的看守所里。有一天半夜，家属区突然响起女人的哭泣。那个女人哀号的声音在夜空里回响令人恐惧。女人的儿子在武斗中被手榴弹炸死。遗体被抬回到家来。

那天，在家属区出现帆布搭起的白色灵棚。女人就守着灵棚里的灵柩哀哭。

灵柩前摆放着她儿子的照片。那天晚上我突然又陷于恐惧之中， 我不能闭眼。

只要闭住眼睛就是那具棺材，就是棺材前那个被手榴弹炸死的青年的形象。

我终于又哭了。一种悲怆而恐惧的情感再次找到我的喉咙。

它们突破了药物和父亲的意志对我的镇压释放出来。

这深沉的黑夜中无法驱除的黑暗和恐惧再次使我大放悲声。

目击美感从一个村庄的消逝

巧面馆在桃花村后街出现的时候，我感觉自己的口腹有了改善的指望。

开张那天，巧面馆没有像大店阔铺一样燃放鞭炮宴会宾朋优待食客，巧面馆只是在门前清扫出一块净土，面馆老板，一个年轻女子舀清水泼街，路过的人到面馆门前就感觉到荫凉和清净。面馆是邻街一户人家的青砖平房改建的，壁上镶了釉瓷，地上铺了地砖，门窗被油漆一新，但店里的陈设极简单，几张桌，几把凳而已。

吸引我的是巧面馆的招牌，粉笔写在黑板上的一份菜单和食谱：山西风味、精美面食。年轻女子举着那块黑板,挂在做厨房用的白色帆布门边，女子穿蓝色绣花中式衣衫，白袜、布鞋，腰系蓝色围裙，她踮脚往铁钉上挂黑板的时候，翘起的衣服后襟露出她纤润的腰肢。她转过身来的时候，我看到她的脸，我看到一个山西女子，我的老乡。

对山西面食的怀念，经常让我不能满足我居住之地的饮食。我的肠胃被山西的米面喂养了近30年，到北京以后我会经常想念母亲的手擀面，母亲挽着衣襟站在炕前在面案擀面、切面的情景长在我的心头。细而长的切面在煮沸的锅里沉浮，我看着母亲把它们捞到瓷碗里，浇上葱花和肉丝卤，我埋头吃下去直吃得大汗津津，对我的肠胃和口腹而言，那是一种快乐的享受。我的肠胃系统一直排斥山珍海味，但对面食我会百吃不厌。远离家乡，我也远离了母亲的手擀面。没有母亲的手擀面，我的肠胃和口腹如同缺少慰籍的孩子。

巧面馆的开张让我的口腹有了被善待的可能。那个山西女子的脸和手指让我有信任感，她的手指是纤细丰润的，很白；她的脸也是白皙的，眼睛黑亮，鼻子小巧而精致，唇红齿白，忙碌的时候两条麻花辫在肩上来回甩动，这个女子作为巧面馆的主人，我感觉很好。我觉得这个年轻的俏女子会给山西人争光，她很可能也会把山西的面食发扬光大。

事实也是如此。后来的几天我看到女子过人的厨艺。去巧面馆吃饭的人渐多，女子问清客人的需要，回转身就揉面。在揉面之前，先用干净的抹布拭净面案，快速地揉，然后将面团置于手臂间，在灶前站定，灶火红红的映着她的脸，女子一手托面，一手挥动弯刀，弯刀贴着面团飞动，细长的面柳叶一般飘落沸腾的锅里。吃到第一碗浇了肉丝卤的面，我就感到肠胃和口腹久违的欢乐。

我的住地是北京西郊靠近香山的一个村落。

刚到北京的时候，我不断变换住所，通过不断变换住所，接近、认识和适应北京这座城市。2000年我住到靠近香山这个村落的时候，觉得找到了安居之地。这是一个隐在桃花之林的幽静之所，我刚到村里的时候，村里长满茂密的桃树，桃树掩映之下的是青砖瓦屋，我就住在一幢瓦屋里，我在里边阅读、写作，睡眠，独立而且自由。我经常走出瓦屋，穿过一条安静的长街去桃林散步，桃林有原野自然的空气，有泥土的芬芳香气，在钢筋丛林的城市中这是难得的。这个村庄的存在令我安详，我经常盘坐桃树之下的土埂上，随着晨间的日出和黄昏的日落独享自然之美。秋天，桃树结满硕大的果实，我看着那些桃子由小到大，由青变绿，由绿变黄，由黄变成金色；桃子的肉由硬变软，而桃子的核则由软变得坚硬，对我而言，桃子的生命历程具有启示意义。我喜欢走在结满果实的桃林里，那时候满眼茂密繁盛的桃花之林，满缀在树上熟透的金黄的桃子和这个村庄厚朴古道的民风一样让我快慰，让我内心充满美感。

可能我住到这个村庄，就是为了见证这个村庄的变迁。

两年之后，我目击了美从这个村庄的消失。先是看见那些桃树被砍伐，我看见伐木工带着钢锯和斧头乘着卡车来，伐木工围着那些成熟和不成熟的桃树，把钢锯切在树身上拉动，用斧头砍伐，倒在地上的桃树被胡乱堆在一起，伐木工人对待桃树的方式在我看来是粗暴的，听见钢锯被拉动锯齿噬咬树木的声音，我确实感受到心脏的疼痛。那些砍伐声很长时间成为我的噩梦。那时候我如果外出就会不断看到在这个城市中出现的对树木的大肆砍伐，推土机使很多具有历史遗迹的建筑变成废墟。我以为城市的规划者和决策者是冷血的，看见在一夕之间，那些具有生命的桃树被砍杀，残断的肢干横陈在变得空阔的原野，那时候我满怀伤悼之情，我到那些荒废的园林，看望那些树的残断的枝干，悼念那些亡故的桃花和果实。

桃林消失以后，经过一年的改造，出现在这个曾经美丽的村庄的是一片豪华的楼盘。地产热正在席卷这座日新月异的城市。到处是崛起的高耸楼盘，包围着楼盘的一定是商厦、餐馆、歌厅和洗浴中心。桃花村也没有例外，桃花村的农民是聪明的，他们知道居住之地属于政府和房地产商共同征用开发之地，他们赶在拆迁之前，大规模翻盖扩建房屋，在屋宇之上叠加屋宇，在房屋之侧扩建房屋，桃花村所有的空地都被占领，所有的空地都是简易房屋，包括道路、小学操场，当地官员的不作为使农民们获得随心所欲发展自己的机会，他们切实地算计和规划着自己的生活，借用拆迁使自己获取最大的利益。

到2005年的春天，曾经美丽而幽静的桃花村成为外来人口的杂居之地，大批商贩、民工蜂拥而来，包围着这个村庄的还有成群的流浪歌手和结队的歌厅或洗浴中心的小姐。

我注意到巧面馆的客人是如下几类人：民工、流浪歌手、小姐。

民工是褴褛的，他们直接从附近的工地过来，带着劳作之后的尘土和倦意。民工们坐满巧面馆的时候，面馆的气氛和空间就发生了巨大的变化，屋里酒气冲天汗味弥漫，桌上杯盘狼藉，地上垃圾遍布。民工们几乎是背靠着背坐着吃饭喝酒。夏天的时候，他们干脆除去身上的衣服，裸露着上身，他们用外地口音大声喧哗，争吵、谩骂，有时候也会有低语款款的诉说。天气再热的时候，他们就索性搬到外边喝酒，喝罢了酒就倒在地上午睡，巧面馆旁边的几棵没被砍伐的老树成为他们遮荫纳凉的清静之地。

借居在桃花村里的文艺青年多半是音乐爱好者，因为每年五月在这里举办的迷笛音乐节，这里就盘踞着很多音乐人。爵士鼓手，贝司、长号，在一个人口稠密的居民区里，这些音乐青年通常是被抑制的，他们被要求在固定的时间工作，而且努力不使他们的乐器的喧嚣打扰到他人，这使他们难上加难。这是一群紧跟流行的时髦青年，他们的发型、服饰和举止做派给一个村庄增添了纷繁的色彩。女青年剃着光头，鼻孔钉着环饰，手臂间环佩叮当；男青年则是长发垂肩，黑衣黑裤，大头皮鞋，他们群居、滥交、吸食大麻，在吗啡中飞。他们坐到巧面馆的时候狂呼高叫，推杯换盏，气焰嚣张。自然，也有例外。我在巧面馆附近看见过一个男孩子安静地盘腿坐在地上，在他的身边是一个公共电话亭，男孩怀抱吉它对着一只悬垂下来的电话机弹吉它唱歌，我看他专注而幸福地歌唱的神情，就猜这是一个恋爱中的少年，电话那端一定是他的恋人。

小姐的出现会改写巧面馆的内质。小姐们多是在午后出现，那是她们从睡眠中苏醒的时刻。小姐们坐到巧面馆的时候，面馆就香气漫溢。小姐是慵懒的，她们通常是夜晚工作，白天睡觉。不在工作状态中的小姐就是普通的女子，她们穿着丝绸睡衣和绣花拖鞋，她们爱美、爱吃零食、爱说话，爱笑，用粗话骂人，她们在巧面馆的时候，巧面馆就充满情色的气息。村庄几乎被小姐包围的事实经常让村民们兴奋又不知所措。晨起散步的时候，我经常听到村里男人们聚在一起议论，他们或是谈论某一位小姐的相貌，或是谈论她们身体的某个部位，他们在笑起来的时候神情促狭，态度暧昧，但是他们是有色心没色胆的人。到午夜的时候，后街最为热闹，那时候从后窗可以听到小姐们下班的动静，送他们回家的出租车停车的声音，女子踩着尖细的高跟鞋穿过后街的声音，女子叫门的声音，所有这些声音惹出来的狗吠的声音，一时之间难以平静。有人不堪深夜受到的骚扰,就给村治安中心打电话，在小姐们午夜下班的时候，就有治安人员拦住她们盘查身份证。有身份证就被放行，没有就被带走。次日清晨，当地妇女习惯扎在一起，议论那些做着小姐的女子的表现，她们的神色是轻蔑的，但是她们的内心也许会有隐隐的醋意，因为与小姐的自由和情色比，当地女人的生活是寂寥和落寞的。

这些人成为巧面馆食客的时候，巧面馆就焕发出一种混合的多元的生活气息：有时候它是杂乱的，有时候是艺术的，有时候则是性感的。当然，有时候也是寥落的。

巧面馆的女主人叫丑，十九岁。和她名字相反，丑是个美丽灵秀的女子。

和巧面馆的女主人熟悉了以后，我就和她聊天，我衷心赞美她做出来的面食，她听了很高兴，她的眼睛清澈，笑起来的时候眼睛发亮。她的笑声很漂亮，清脆如玉器的鸣响，看她精致的五官我就想养育她的那些山水和土地一定是美的。在乡村，俏丽的女子通常会有一个俗贱的名字，大人们通常认为女孩子名字越贱越好拉扯。丑也是，丑的老家在山西南部的文水县，我知道那是女英雄刘胡兰的故乡。让丑骄傲的是刘胡兰就离她们村两里地，村里很多人都以刘胡兰为骄傲。跟丑熟悉以后，她给我背家乡的歌谣：

> 刘胡兰，十三岁，参加革命游击队，
> 十五岁，死在敌人铡刀下
> 她牺牲,为革命，
> 生的伟大，死的光荣。

背诵完了丑就笑，她的身体在笑声中快乐地颤动。

和丑的美丽灵慧形成反差的是她的女婿。她叫她女婿二板，二板是个清瘦、高挑、沉默寡言的后生，丑在灶前忙碌的时候，二板就在旁边打下手，他会看眼色行事，迅速地配合着丑需要他做的任何事情。丑和二板平时就住在面馆里，面馆打烊的时候，那里就是他们的居所，他们搭地铺睡觉。

巧面馆寥落的时候，丑就跟她的女婿坐在餐桌前看电视。

电视是十六吋黑白的，放在绿色的旧冰箱顶，因为没有闭路，只能收两个台，屏幕上雪花纷飞，声音杂乱。但是他们还是盯着屏幕，他们会在没有客人的时候坚持把某部电视剧看完。我看见丑和她的女婿感情很好，没人的时候他们互相取笑逗乐，依偎着用家乡话私语。丑在她女婿怀中的时候娇柔无比，我看见这是一对幸福的情侣。

他们没有欢笑的时候就是遇见了什么麻烦，最大的麻烦就是房东涨房租、村委会来收卫生费、税务所来收营业管理税、治安人员来收治安管理费。我看见三个男人，一个矮个满脸络腮胡的老年男人，一个面容菜色的后生和一个粗壮的汉子，他们三个人是村里的治安人员，他们经常穿着皱巴巴的绿制服，戴个红箍，骑着旧自行车在村里游走，拦截那些小商小贩，不在指定地方做买卖的就被罚款，粗壮汉子负责威吓被他们截住的人，络腮胡子负责撕票，菜色青年负责抢夺货物。

很多个早晨，我看见在桃花村的道路上停着警车，治安人员守在路口查验暂住证，我看见仓皇奔逃的民工和在后边追赶的治安人员，躲在工棚里的民工被治安人员像黄鼠狼抓鸡一样捕到警车里。治安人员也不是看见路人就查验暂住证，他们会看路人的相貌装扮举止，像当地人的就放行，是外来人口的就严加盘查。这街上的人大抵不知道，北京市实行的《外来人口管理暂行办法》早已经被废止。但在偏远的乡村，似乎外来的人群中很少有人敢跟治安人员理论，不理论的原因是他们认为胳膊扭不过大腿。出门在外，谁也不敢得罪了官家的人。

我坚持在巧面馆用餐，就像我坚持在这个村庄里居住。

我要生活在这些平凡的人与事的中间，我要保持我对人世间最基本的感受力。

因为职业的特性，用餐的时间不规律，我经常会在午后或者午夜去巧面馆用餐，那时客人已少，我到了，丑就开灶忙碌。丑很灵巧地在屋里奔忙，揉面、擀面、切面，或是现包饺子，炒菜，只需要几分钟的功夫饭菜就做好。

丑是纯真的，也是淳朴的，她的发亮的眼睛，精巧而挺直的鼻子，漾着笑意的嘴唇，她的修长曲线分明的身体，都带着乡村女子未被开凿的原始之美，她有浑然天成的人性，待人接物温和有礼，我想这是个仁义而出色的女子。我以为丑是一块未被雕凿的璞玉。有时候我甚至担心她会受到小姐们的影响，我期望她不受影响。

黄昏的时候，是小姐们上班的时刻，她们在沐浴更衣乔装打扮之后纷纷出动。到歌厅和洗浴中心上班之前，她们会坐在巧面馆里吃丑做好的饭菜，那时候，巧面馆和门前的街道就弥漫着小姐们使用的香水的气息。

小姐们经常会在巧面馆请客吃饭，当然付账的是那些陪她们的男士。很多生意人成为小姐们的客人，他们可能在歌厅或者洗浴中心结识，然后就建立了固定的关系。小姐们打手机或发短信联络那些她们看中的男人，我经常看到有小姐，因为房间里手机信号弱而移到屋外打电话给一些男人，她们用软硬兼施的口气逼男人就范。在小姐们租住的房屋前经常停着各种豪华轿车，那些男士如约而来，在白天穿过凌乱的街道，在众目睽睽之下走向小姐的居所。都说做小姐赚钱容易，巧面馆的客人经常议论小姐的收入，数目不乏夸张，但也不是没有根据。桃花村里的歌厅和洗浴中心因为涉嫌色情交易被查封，老板被拘，但是用不了多久，歌厅和洗浴中心照常开张，老板拥有的资本和实力足以轻松摆平他所遇到的任何麻烦。

在桃花村歌厅和洗浴中心我看见过工作中的小姐，她们在迷蒙的红色的灯光下，像下等妓女般抽着烟，光着手臂腿脚，裸露着胸乳慵懒地挤在大堂等待客人的到来，有客人到来她们就被一批一批地领着供客人挑选，有幸被客人挑中的小姐或者进入包房，或者被开车带走；在桃花村豪华俱乐部的夜总会我看见工作中的小姐则是另一种姿态，她们云髻高挽，身穿纱裙，摇曳多姿，高贵而美丽地列队等候在铺着红地毯、盘旋升起的金色楼梯间，光临的那些享有VIP待遇的富豪会挑选他们看中的女子带走。当地警方会定期开展打击娱乐场所色情活动的行动，在警方的打击下，普通的歌舞厅洗浴中心的小姐就成为惊弓之鸟，但豪华的酒店和俱乐部却安然无恙。

在桃花村洗浴中心的保健室里我遇见过一个喜欢舞蹈的女孩子。

她的身材修长，她留着黑亮的披肩直发，眉眼清秀，目光柔和而善良，她白皙的脸孔散发出青春的光泽。她被服务生从一群站在回廊下的年轻美丽的小姐中叫出来。看见她的容貌，我接受了她的服务，这是个娇柔得令人一望就心疼的女孩子。

在保健室玫瑰色的灯光下，在舒缓悠远的古琴曲中，她柔和地讲述着她的故事。这个叫陈晶晶的19岁的女孩子出生在福建泉州一个普通工人的家庭里，她有一个弟弟一个妹妹，弟弟在10岁的时候被诊断出患有白血病。妹妹和陈晶晶一样怀有舞蹈的梦想。她让我看她的手指，她说妹妹的手指和她的手指一样都很长，妹妹的身材和她的身材一样好。如果家境好的话，她们就可以读书、学舞蹈、谈恋爱。但是弟弟病了，母亲没有工作，父亲每月的收入只有几百块钱。因为有了两个女儿，父母一直想要个男孩，最后就有了弟弟。但是弟弟的病倾尽了全家的积蓄也欠下了巨额的债务，弟弟被送到上海大医院救治的时候，医生说，弟弟只能活两年。热爱舞蹈的陈晶晶放弃了考舞蹈学院的梦想，为了延长弟弟活着的时光，她就到城里洗浴中心做小姐，赚钱给家里。我遇见陈晶晶的时候，是她小姐生涯的第三年。她的弟弟已经死去，她的妹妹成了一个幼儿舞蹈教师。陈晶晶则终日关在阴暗的洗浴中心，全天候为客人服务，随叫随到。我知道很多和她一样处在花季中的少女应该都在享受青春的快乐和爱情的幸福。

她的理想是回老家开一个服装店。她说。服装店不需要太多的资金，有四五万块钱就可以开。

我说那你的理想很快就会实现。

她说早着呢，我赚到的钱几乎都给了家里还债务，我每月只留几百块钱给自己。

我说你真是个乖女孩。她说我们这里的女孩子家境都不好，都是为了养家才出来的，我也不算什么，谁遇到我这样的情况都会像我这样做。讲完她的故事，陈晶晶眼睛湿湿地问我，你是不是觉得我很不幸？我说没有。她问，那你是不是觉得我很可怜？我说你不可怜。我说你很了不起。

陈晶晶离开的时候我对她说：祝你幸福。祝你快乐。祝你好运，早日实现你的梦想。

她回过身来，她说：我拥抱你一下吧，虽然我们萍水相逢。你的倾听和理解让我很安慰。我让她拥抱，为她拭去滑在脸上的泪。

丑似乎并没有被小姐们的生活所动。

她保持着自己纯真朴素的美感，保持着自己天然的性情，素衣简食，单纯地在灶前忙碌，勤勉地经营她的餐馆。她对前来光顾的客人没有分别心，殷勤地侍奉着上门的客人，同时坚韧地应付着落在头上的苛捐杂税。

但不知为什么我会产生宿命的感觉，我感觉丑纯美的天性将会成为她生存的障碍，她在城市中的生存将会因为她天然地性情更加艰难。

有一天晚上，下了雪，天很冷。我到巧面馆，我看见一女子在餐桌上哭，她并没有大放悲声，只是低头对着饭碗垂泪，看情形在那女子的碗里拌了很多她的泪，她手拿筷子挑着饭菜，但是饭菜送到嘴里又难以吞咽。在那张桌前围着六七个男人，他们头冒汗珠，推杯换盏，酒热耳酣。看那女子不吃不喝，自顾低头啜泣，座中一男人满脸不悦，他训那女子：

人伤就伤了，又没死，你没完没了哭球个甚？

女子还是流泪，泪珠一颗颗地往碗里掉。

有一年轻的后生好言相劝那女子：

嫂嫂你也别难过，大哥是受了伤，可你也看见了，他这就可以跟你回家了，我们这些人有家还不能回呢。

那个女人的丈夫在工地被砸断了腿，他们要把他运回老家去。只等着结了工钱就走人，那些男人是那女子的乡亲。

我看见抱着双臂躲在角落里的丑。我看见丑的神情黯然。

第二天午间，我听到有人争吵，开始没在意，后来争吵声大起来，有棍棒打砸的声音和人被打砸的哀号震响。我出去，看到巧面馆门前围了很多人，一些男人挥舞棍棒在追打另外一些人，他们是从巧面馆打出来的，我看见巧面馆翻倒的桌椅，摔碎的杯盘碗盏，巧面馆的房东老太太在跳着脚手指那群人开骂，但是她的骂声似乎不奏效，因为无人理睬。有人倒在地上抽搐，头上流着血，有人在挥舞棍棒叫嚣骂阵，场面极为壮烈。

闻风赶来的治安人员平息了这场械斗。这是民工和包工头的火拼，因为拖欠工资，那个被砸断腿的民工的亲戚代他去跟包工头讨工钱，包工头开始是拖，躲着不见那些上门讨钱的人，拖不下去的时候就找理由克扣那个人的工钱。三扣两扣，能拿到手的工钱就很有限。讨钱的人压不住愤怒，就操着棍棒结伙找工头算账。他们先礼后兵，请工头到巧面馆吃饭，在饭局上要求工头支付工钱，工头找理由搪塞的时候，那些人就大打出手。

这样的事情我见得多，也听得多，我对类似的事情已经不再惊诧。让我惊诧的是丑，她平静地收拾着巧面馆的残局，她的神情安静而隐忍，我觉得她是看见了生活的悲怆。

寒冷和狂风到来的时候，是居住在简易房的外省人最难过的时候。

我再去巧面馆的时候，就看见丑和她的女婿被冻得瑟瑟发抖的样子。他们在面馆里生起了火炉，但是我看见火炉里的火气息奄奄，炉筒也只是温热，无法抵御屋外的寒冷。天气转冷的时候，来吃饭的客人也稀少，经常是一天三餐见不到两个客人。丑为了节省蜂窝煤就把煤渣和着泥土一起烧，火炉始终是温凉的，无法取暖，但是很容易在屋里积聚起来死烟。我走进巧面馆的时候，就能闻见令人窒息的死烟气。曾经的矿工生涯使我对这样的死烟气格外敏感，我在矿区就看到过人被死烟气闷死。但丑和她的女婿竟然对死烟毫无察觉，我提醒他们。丑说没办法，煤价一天一个样，煤也贵得快买不起了，得节省着用，还有一冬天呢，她用鼻子嗅嗅巧面馆的空气笑着说：没什么呀。但那时我已经感觉胸闷。

在这么寒冷的时候，丑和她的女婿还是睡在地铺，我就很惊讶。丑说：没办法，挣到的钱刚够交房租，交卫生费和管理费。还得接济家里的父母。手里落不下几个钱，只能克服困难了。

丑的劫难出现在一个大风的夜晚。隆冬的时刻，风力高达八级的狂风袭击京城。我被狂风的呼啸惊起，大街上如同有千军万马在行进，我听见远近都有玻璃在狂风中不断碎裂的声响，屋顶可以移动的杂物被风吹动滚来滚去轰响如雷，高架桥上的高压线在狂风中的呼啸如同妇人的哭泣。早晨起来，我开门，看见大街上被风劫掠过的残状。然后我就听到房东说：有人在出租屋里睡觉被煤烟焖死了。我心紧了一下，去巧面馆看我的老乡丑和她的女婿，我看见巧面馆围起来的人时心里发慌，到了跟前，我看到丑的女婿躺在地上，他的身上盖着一个塑胶袋。

丑被送到了海淀区医院。她的房东早起叫门的时候，发现爬到屋外的丑。而她的女婿身体已经僵了。

几天后丑独自回到了桃花村。我看见她的时候，她在收拾她的巧面馆。

我不开饭馆了，我交不起房租了，存的钱全花在了医院。房东不让我租房撵我走呢。

我问她能去哪里，她说还没想好。丑纯美的脸上展现出来的悲戚和迷惘让我感觉落寞。

屋外是飘落的大雪，白雪覆盖着街道、房屋和过街天桥。

我知道我的肠胃、口腹甚至内心将随着丑的离去重新成为失去慰藉的孩子。

几天以后，我看见巧面馆被封起来的门窗，熄灭的炉火，收拾起来码在一起的桌椅。我熟悉的那个美丽的山西女子已经不在。这是冬天一个阳光充沛的早晨，积雪在冬阳的映照下正在消融，有被人宠爱的狗在路上懒散地游走。我看见那间熄灭了炉火、窗棂结着冰花的暗黑的房间，我想起我读到过的一首流传在民间的诗歌，那首诗被我书写在墙上，铭记在心里。在心里念诵这首诗的时候，我坚硬的心肠会柔软而泪湿：

人长大了，茅屋矮了，我无处去。

我的肉很白，我的脸很黑，我像草丛中抢眼的蘑菇。

我喜欢天，我喜欢地，我喜欢能种出庄稼的土。

爹笑我笨，娘笑我痴，别人笑我傻。可我会讲人话。

我吃过肉，肉好吃，可娘说她不喜欢。

爹老了，娘小了，地里的东西不够吃了。

我不识字，书很香。

读书苦，弟弟总是不开心。

城里的东西好，城里的钱好挣，爹卖血没小三挣得多。

爹疼我，总是偷偷为我扯块布。

娘疼我们，总为弟弟学费抹眼泪。

小弟长大了，他不爱答理我。

叔叔真的很倒霉，当大官坐大牢，爹说他要那么多钱干嘛。

小黑发了，我不嫁他，他欠我老姨父的工钱不给。

马家的老大出事了，造孽啊，杀了那么多人，大学生啊。

小翠回来了，嘴唇涂得那个红，脸也白了，漂亮哟。

过年了，她带回了好多钱。

娘说种棉花不赚钱，明年不种了。

村里人说小翠没有我漂亮，她胆大。

小翠给我买了只口红，鲜着呢，上海的啊。

小翠身上来得比我晚，我们是好姐妹。

小翠变了，她说我什么都不懂，问我想不想去卖淫，我说想。

小翠哭了，说好妹子姐带你去。

我笑了。

娘，明年我也去卖淫。

一种声音找到了它的喉咙

你们每次看见汤姆大叔的小屋，

就应该联想起你们的自由。

——【美】乔治·谢尔比《汤姆叔叔的小屋》

母亲取出白色的麻布孝衣给我的时候，我本能地抗拒。

我非常不喜欢这样的衣物，它手工缝制，粗糙而简陋。还有，它使我重睹哀伤。

16年前我就是披戴着它悼念父亲辞世的。在它的衣襟留下过我的泪水，留下过我跪坐在地祭守父亲亡灵的尘土。往昔的哀伤已逝，我不愿重温。然而，这些衣物当年被我们脱去之后，又被母亲洗净折叠起来偷偷放置在衣柜里。现在，16年前为悼念父亲穿过的孝衣，又要再度披挂。

我看见在土坡上哥哥、姐姐和弟弟都披挂了起来，我心脏颤抖着，也穿戴了起来。

我想我是不能拒绝把哀伤再次披挂在自己的身上。哀伤，也是上天的神来之笔，它跟我们的关系从来是不请自来。穿起孝衣，内心就深陷悲伤。我们沿着大道往村里的一个巷口走，几个同样身披白布麻衣孝服的男孩子拄着哭丧棒跪在巷口迎接我们。我看见停在灵棚的四爹的棺木，看见在香烛之间四爹的肖像。那是跟我父亲极其酷似的相貌。尖利的唢呐在晴空之下吹奏着丧葬的乐曲穿透了我的耳膜，如刀锋刺进我的心脏。

我不愿意下跪。下跪这个动作一直是我抵抗的。自从父亲辞世之后，我不想再为任何人下跪。但是我现在遇到一个跟父亲极其酷似的人，他的血管流着和父亲相同、甚至也和我相同的血液。我还是跪下来，为和父亲酷似的四爹，为这个和我们有着相同血脉的老人奉献出我们的哀思。四月的乡村，天空碧蓝如洗，阳光金黄，照耀在身上温热。四月的乡村，阒静寂寥，人烟稀少。我环顾着四月的村庄，远处满目是高耸的黄土塬，塬下昔日奔流不息的黄河已经断流枯干，裸露的河床遍布白色的枯石，看不到一滴水。这是我的祖籍之地，我的故土和乡间。在我身穿白衣为四爹跪下的时候，我觉得也是在为我的故乡跪下。这是我的来处，我生命之流的源头。

在乘着车奔驰在山西偏关县深隐在群山和黄土之间的乡间道路时，我对坐在车后座的母亲说："当时幸亏妈走出了这座大山，否则我们兄弟姐妹终生就在这里厮守了。"

母亲从车窗看着外边弯腰荷锄背着柴禾走着山路的农妇说：

"要是当年不离开村里，现在妈就和那个女人一样在这里劳动。"

我和母亲，还有我的兄弟姐姐，我们都在庆幸我们没有被封闭在这个村庄里。

五十年前母亲十七岁，和刚刚从军队转业的父亲骑着一头毛驴走出她所生活的村庄。

父亲是十七岁离开生养他的村庄的。那时候黄河汹涌，父亲为村里的地主放养着一群马匹，他在下游的河渡口坐下来，躺在一块巨石上睡觉。天空突然阴云密布，雷电交加，父亲赶着他放牧的马匹想要回村，席卷而来的山洪裹挟着泥沙和石头冲决而下。受惊的马匹挣脱开父亲拉着的缰绳四处狂奔，转瞬之间没有了踪影。父亲很害怕，畏惧被惩罚，就转身上山，寻找在深山里藏匿的八路军游击队。此后，父亲成为年龄最小的游击队员跟随他的同志东奔西走，南征北战。

随着时间的变化，父亲到达的地方也在发生变化，他从游击队到正规军，从抗日战争到解放战争以至朝鲜战争都经历过。1953年父亲结束军旅生涯回到故乡。他娶了在乡间戏班里唱戏的母亲，带着母亲从偏关县杨家营村出来，转业到大同工作。那时候，偏关县还没有现在的车马大道，只有遍布碎石的乡间羊肠小路。母亲挎着包裹，骑在驴背上和父亲走在当年的羊肠小道中。

我对故乡的记忆并不深长，在我的有生之年只有三次回到故乡。一次是爷爷去世，一次是父亲去世，还有就是这一次，四爹去世。我们回到故乡多半是缘于亲人的辞世。只有死亡这种重大的时刻会把我们从各自的生存之地召唤到故乡。

第一次回到故乡的情景我已模糊。记忆中，只有父亲和母亲携带着我们一家大小七口辗转奔走，长途客车，短途马车，白天行走，晚间宿店。那时回到故乡的道路漫长遥远而无限曲折。我完全不记得回到故乡的情景，依稀是父亲母亲和我们此刻一样，为爷爷穿起白衣孝服。那是我平生第一次看到丧葬的服饰，我本能地恐惧。我拒绝到爷爷的灵棚里，拒绝到他的灵柩前。那一次回乡我只记得舅舅抽着旱烟冒出来的幽蓝的烟雾和辛辣的气息，记得村里豆腐坊瓷实的豆腐和麻油坊飘动的胡麻油的香气，记得姥姥裹着的小脚和姥爷的花白的长髯。

再次回到故乡的时候，我已长大成人。我有了自己的家室，自己的女人和自己的女儿。那些源自故乡的父系血统在我们这里得以传嗣。然而我也同时陷身于父亲病患带来的困境：父亲在67岁的时候诊断出胃癌，家里瞒着他，不让他知道真实的病情。

父亲并没有说他知道真实的病况，但是他对母亲说："老子要回村去，要住村里的窑洞去。"

父亲到晚年就想念养育过他的村庄，想念那里的窑洞。他对大哥也说："送老子回老家，老子要看看那里的阳婆。"

谁也无法说服父亲放弃回老家的愿望。大哥就找单位的车送父亲回老家去。知道此行凶多吉少，大哥也用车把准备做灵柩的棺木拉回老家。因为有各自的工作，那时候我们要轮替着伺候父亲。我是第二批去的，我到达的时候已是深夜，长途汽车停在村路边的时候，我看见有一间窑洞的大门打开，窑洞昏黄的灯光流泻出来映照着一个女人的身影。我看出那是母亲，我叫了声妈，母亲手里端着的铜盆就掉落在地，铜盘发出金属落地旋转的鸣响。

母亲带我到窑洞，我进去，母亲对躺在炕上的父亲说："你看你二小子来看你了。"

我只有半个月没有看到父亲。在他走之前我还陪着他在家属区附近的林间散步，给父亲买他喜欢的白酒喝。现在父亲扭过头，我感觉头皮发麻。我的父亲已经衰弱枯槁。

四爹新碹起的石窑在村口的道路边，那是他准备为儿子娶亲用的。父亲回到村里，四爹就把这间窑洞腾出来为父亲送终。那段时间四爹还在山上放羊，早晨他赶着一群毛色杂陈的羊出去，晚上又回来。在出去的时间里四爹为父亲找到墓地，并用山上的石头为他碹好墓穴。四爹回来做的第一件事情就是去父亲住的窑洞去看望父亲。他盘腿坐在父亲的身边，一条大炕就是他们兄弟两人，但是在我们看来他们相貌的酷肖如同一个人。

这就是四爹送给我们的恩情，他在父亲临终之际接引了他，为他安顿好了最后的去处。

父亲撒手人寰的时候，我穿起母亲已经准备好的白布孝衣系起麻绳。我觉得只有这样粗粝的服饰能够传递我内心的悲怆。我为父亲守灵，长久地盘坐在他的灵柩之前，这是我能体验到的真正属于我的家族属于我个人的哀恸。

那时候我就知道，我们的哀恸和悲伤并没有完结。

我们有一天还会重新披挂起来，让哀恸和悲伤重新覆盖我们。

去年我接到表弟的电话。他说四爹病了。医院检查出是食道癌。

他说家里不知怎么办。他们希望到北京来治疗，但是庞大的医疗费用使他们望而却步。

表弟说，村里的情况很不好。有人在村里同时开了好几家铁厂，经常冒出滚滚的黑色浓烟，那些混杂着各种化学毒素的浓烟使土地和庄稼受到污染，连续几年颗粒无收。

村里的村民们不满，聚众找铁厂的老板说理，要求关闭铁厂，没有人理睬他们的抗议和诉求。侄儿说：他的哥哥闯进铁厂老板的办公室找铁厂老板说理，还没等他进去就被门口的保安按倒在地，一顿乱拳之后被扔出来。

很难有人能说服铁厂老板关闭铁厂。铁厂高大的烟囱没有停止过浓黑的烟龙的排放。

烟尘使村里的土地和庄稼日益变黑。那些农民们看着衰弱的庄稼的秧苗就蹲在地里哭。

表弟说：哥你回来看看吧。你来看看，帮助一下我们。这么下去，村里人是死路一条。

哥你帮帮我们吧。这是表弟最后对我的恳求。

放下电话。我很难过。我知道我的家乡和我家乡的父老们遭遇了困厄。

但我不信我能帮助他们什么。我依靠什么帮助他们呢？我反问自己。

我在北京工作，我的职业是记者。在他们看来就是希望。

然而记者这种职业和它所有的能量已经使我深刻怀疑。

真实的痛感和生活的真相在抵达新闻媒介的道路上荆棘丛生，遍布障碍。

在我的新闻中心的办公室，我想我和我同事们的案头都会积压着来自各地因为痛苦和灾难而发出的呼告和吁求。那些呼告和吁求已被蒙上了厚厚的尘埃。

媒介的属性是商品，它抵达的终端是消费；媒介的属性也是工具，它的功能就是充当权力者的喉舌。媒介作为社会公器，维护社会正义，传达事实真相，在现实世界里只存在于教科书。这是我感觉无能的缘由。我想很难有媒介会真实地关心一个遥远的偏僻的村庄的兴衰，很难有媒介会真切地关注这个村庄被污染的庄稼和依靠它活命的农民。

想到故乡的遥远，想到回到故乡的道路的漫长和曲折，我放弃了回到故乡的愿望。

我想，即便回去我也根本做不了什么事情。那时候我感觉无能的力量在增长。

家乡遭遇的困境我也还是牵挂着。我想在时间从容的时候再回去。我可能不能做什么事情，但我还是应该知道一下那里发生了什么。然而我始终没能找出从容的时间。

等我有时间的时候，我随手在碎纸片上记录下来的表弟的电话已无法找到。

即使我不回到乡间，我的乡亲们的容貌也是我清楚的。

他们就像我在北京这座城市看见的那些民工，他们衣衫褴褛形容倦怠出没在尘土飞扬的工地上。我觉得所有在这座城市中出没或潜行着的底层人群都可能是我的乡亲。他们在高架桥上乞讨，在地下铁中卖艺，在深夜的火车站露宿。他们在城管的驱逐中四散奔逃，在警察的管制中束手待擒。在一座物欲和商业气焰高涨，繁华而昌盛的都市他们困顿而无助，劳苦而不得。是的。在我们的生活中，正义的实现异常困难。

正义是悬浮和飘散在我们天空之上的沙粒和尘埃。那是我的所见。也是我最痛切的感受和体察。作为职业记者，我终年奔走在中国的城乡，繁华的和凋敝的图景使我同时看见；荒淫豪奢和困顿饥馑同时被我目睹。我的记忆塞满了他人的哭泣、呼号和吁求。

我们都过着双重的生活，公共视界的生活和我们经历并体察的现实生活。

如同一种声音找不到它能发声的喉咙，我想作为新闻记者，我找不到能真实表达的媒介。

我们的表达是曲折的，被抑制和肢解的。

我们的表达也是功利的，算计的，它和发行、广告额紧密相连。这是媒介的属性，也是特质。1993年苏丹大饥荒，南非摄影记者凯文·卡特来到战乱的苏丹拍摄饥民的情况，走进灌木丛，他看到一个小女孩艰难地向食品发放中心爬来。他蹲下准备拍照时，一只大秃鹫落在女孩背后。卡特等了20分钟，那只秃鹫还不肯离开。秃鹫是专吃死人肉的。卡特拍完照，坐在一棵大树底下点起烟，叫着上帝的名字放声恸哭。《饥饿的小女孩》获1994年普利策摄影奖。两个月后，卡特自杀，他用一截软管将汽车废气导入车内。人们在汽车座位上找到他留下的一张纸条，上面写着：真的，真的对不起大家，生活的痛苦远远超出了欢乐的程度。

现在我就像凯文·卡特。虽然我面对的不是饥荒和死亡。

但是生活呈现出的痛苦的侧影被我看见，令我精神深受打击，心灵饱受磨难。

我感到我愧对家乡和家乡的父老，他们的困顿和祸患无法被外界关注。

他们的痛苦和绝望我无法向外部世界呈示。

自父亲辞世我回故乡算起，已经过去16年。

在16年里，大哥和母亲还经常回乡去扫墓。我则没有。

父亲已经不在了。按照生命轮回的说法，他应该已经转世。即使没有，他也是和我们相异的生命体。我无法让自己执着于那个生命体。我的故乡的山岭之上，那里只埋着父亲的遗骨。那是他留给这个世界，留给我们最后的纪念。那时候我只有遥望故乡，把自己的情感托付于虚空。我不是勇敢的行动者，我知道有很多矢志于环境保护的志愿者，他们奔走大地，穿越沙漠和荒原，攀援险峰和高地，为环境的保护做不懈的努力。

我确凿地感受到自己的无用。我面对一座村庄的受难，面对它被铁厂污染的天空、枯竭的河流和衰弱的庄稼无能为力。是的，出于私心我寻找了我在媒介业内的朋友们，包括我自己供职的媒介。我期待他们能关切和倾听一个被污染村庄的故事。然而，我转给各方的信息在游走一圈之后，原封未动。它们除了使我面对现实时更加抑郁、更加绝望和更加愤怒之外，我是无所托付。

表弟再没有给过我电话，他可能也知道找我没有用处。

我记得我跟表弟说："你们寻找律法的武器捍卫自己的权益吧，不要等我。"

是的，律法不是万能的，而且律法也可能是被利益集掌握并解释的。

但它仍然可以作为一种能够对垒的武器被使用。

那是无权者的权利。

这样过了一年，我再无故乡的消息。

自从父亲辞世之后，姥爷和姥姥也先后辞世。我们和故乡在血缘上的联结越来越微弱。

然而，四爹病故的信息使我决定必须再回故乡去一次。

表弟没有给我电话，他给母亲电话，告诉母亲，四爹去世的消息。

那时候我正在汶川地震灾后重建地带奔走。

灾难使我陷于巨大的悲伤和虚无中。然而更为切近的死亡的信息还是震动了我。

我决定赶赴故乡，为四爹送行。

搭机返京。再乘火车回大同。从大同坐汽车赶赴偏关县杨家营村。

到达的时候，已是第三天的中午。

我是做好准备要看到故乡的荒败的，我想我会看到轰响着机器的铁厂，和升腾着浓烟的巨龙。我准备着看一条被污染的河流，看落满烟尘的山岭和草场。这是表弟曾经描述给我的景象。到达村边的时候，我们就下车。我和哥哥、弟弟、姐姐披戴起白衣系起麻绳，我们在四爹的灵前焚香。然后去见四妈和表弟们。

表弟们苍老的面容布满被太阳晒黑的颜色。他们伸出来的手掌粗糙而脏污。他们和我一样披挂着粗粝的白衣和缠结的麻绳。我也见到了74岁的舅舅，他比从前更衰老，他依然木讷依然穿着有破绽的衣服依然习惯蹲在地上说话。可是我没有看到村庄里有铁厂，没有看到传说的笼罩在村庄的滚滚浓烟。

我找到给我打电话的表弟询问村里铁厂污染的情况。

表弟说现在情况好了。给你打电话求你的时候是污染最严重的时候。

地里全被污染了，污染的土地长不出像样的庄稼。

“我大一辈子放羊，到最后就不敢再放羊。因为山上的草也是被污染的。”

村里人跟铁厂老板讲理不赢，就聚集起来到铁厂集体抗议，群情激愤的村民围住铁厂跟铁厂老板论理。铁厂老板叫来治安队，把领头的村人抓起来，把聚众的人驱散。

铁厂老板势力大，据说在县政府里有很大的靠山。

参加聚集的表弟被人打伤，被村里人抬回家半个月卧炕不起。

然而村民们并没有屈服，他们抬着被打伤的表弟，带着诉状告到地区法院。

村民们只找法院的大门。县级、专区和省里。

“最后的结果是法院判铁厂停工，关停迁移。村里的人，每一户获赔2000元。”

2000元，微薄，但是这个村里的人们平均一年的收入。

表弟讲着这些话，我感到惭愧，也感到如释重负。

我觉得我的被贫困囚禁在土地上的乡亲做对了一件事情。就是自救。

他们并没有等待我。就像一种声音找到了它能表达的喉咙。我的乡亲找到了他们理论的武器。小时候我看过一部美国电影《汤姆叔叔的小屋》。

逆来顺受的黑奴汤姆叔叔逃离囚禁他的庄园之际，对女奴伊丽莎的儿子哈利说：

“记住孩子，人只有自救，才能被救。”

那句话直到电影散场也一直响在我的耳边。

在四月的故乡，为四爹敬完香，我离开人群，坐到河岸之上的高塬，坐在盛长的青草之间。午后的金黄的阳光照耀着我。天空碧蓝，乡间的空气清澈。那时候四爹的灵棚持久地响着唢呐吹奏出来的悼亡曲。我重孝在身，我穿着白衣戴着白帽腰间系着麻绳。

然而我感觉悲伤正在远去，我的心静如止水。

临终的眼：杨家营笔记

春天到来的时候，李贵就不想再往塬畔上挑水。

不想挑水，塬畔曲折升起的羊肠小道就成了阻止李贵的障碍。狗日的，他骂那些盘旋而曲折的羊肠路。羊肠子一样的山路在他年轻的时候可以健步飞奔，现在却让他力不从心。2004年的春天到来的时候，李贵感觉到衰老的来临，他不挑水在塬畔上走的时候，身体会发飘，腿脚会发软；挑水上塬的时候脚下会踉跄，眼睛会发黑。李贵骂自己废物，狗日的，这人说不行，就不行了。

塬畔上的一间土窑住着李贵裹着小脚的老娘。

李贵是我舅舅，他经常要挑着水桶给在塬畔上独居的他的老娘，我的姥姥送水。那是他作为儿子的一个工作，他从身强力壮的时候一直送到现在的年老体衰。那些水是他从村前的一条河湾里舀来的，那是一条历史悠久而变化多端的河，在李贵出世以前这河就流动了几百年。河湾有时湍急，有时平缓，有时又浊浪滔天。在盛夏河水平缓流动的时候，河湾是乡人沐浴的天堂，到秋天暴雨连绵的季节，河湾就是灾难之地，两岸之内浊浪滔天，有从上游冲下来的猪羊牛马或者人，人畜一起在黄水里翻滚，那时就是不幸的起头，饥荒和饿殍就会在这一带丛生。

李贵所在的村庄叫杨家营。这个在行政区划版图上像一片残叶的村庄，在晋北乡间口述的历史中尽显荣耀。当地的乡人们一直相信他们的村庄就是北宋杨家将征战杀伐浴血疆场的大本营，乡民们保存了一些栓马的槽石，保存了悬挂旌旗的树杆，说那是当年杨六郎休养生息的地方。乡民们口口相传，创造出很多关于忠勇之门的英烈行为和这个村庄的故事。作为证据被引述的，是他们耕地的犁铧和耨田的锄头经常掘出生锈的剑戟刀枪，翻起破损的铁甲铠衣，那些出土的古旧的器物被人任意赋予他们想象出来的意义和价值。

和杨家营沉湎于历史和传说中的乡民们不同，李贵是唯一对那些英雄故事忠勇传说怀有敌意的人。李贵把自己描述为叛徒。

李贵经常挑着空桶到河边，他选一个河水流速缓慢的地方，蹲下他高大而佝偻的身体，用跟随他一辈子的铜瓢舀河里的水。舀到桶里的水浊黄，有泥沙在水里沉落飘浮。李贵就挑着这样的两桶水送到住在塬畔上的老娘的土窑里，水被倾倒在老娘放在土窑角落里油黑的水瓮里，那些黄汤一样的水滋养着老娘丰饶而简朴的生命。

老娘那只浑圆阔大的水瓮有时遇到李贵心情不好的时候，也会成为李贵发泄怒火的道具。他会把盖着水瓮的瓮盖狠狠掼到地上，桶里的水连泥带沙全部倾倒进水瓮，水瓮的水在倾倒的时候激起水浪四处飞溅，李贵只有在这样的时刻才会显示出他作为一个忠义村庄的后人所有的刚烈气质。但是父亲李云在世的时候，看到李贵这个样子会脱下鞋用鞋底抽他，或者会抄起他一尺半长的旱烟袋狠敲他的头。父亲不允许李贵把心里的怒火发泄到水瓮，也不允许李贵把怒火撒到老娘头上。在父亲看来，水瓮是水神栖居之所，而娘是他的生身之母。

父亲早年一直率领着一个乡间剧团四野游走，他经常上演的唱本就是《杨门女将》《穆桂英大破天门阵》《杨六郎探母》《杨八姐游春》，李贵的娘曾经就是那个剧团一个名声在外的花旦，因为演员的短缺，娘在一出戏里演佘太君，在另一出戏里又客串穆桂英或者杨排风，在每一出戏中她都是众星捧月的主角。娘对戏剧唱腔的理解、记忆和唱诵有着无师自通的能力，而实际上她不识字，只是一个农人家里的烧火丫头。在年轻的时候娘是父亲掌上的珍宝，年老的时候娘沦为父亲屋里的敝帚，但父亲依然不宽容李贵对娘的不敬。

受苦的是李贵，他并没有出身英烈之门，他没有一身武功，也缺乏英雄气概。他只是一个普通的农家子弟，他生存在凋敝而封闭的乡间，生活在一个结束了演艺生涯的前剧团领班和昔日的花旦组成的贫寒家庭的门下。但是做过剧团领班的父亲一直心怀妄想按照英烈的忠勇行为塑造李贵，勇敢、忠直、孝义是父亲悬在李贵头上的三把戒尺。父亲对李贵的训诫是：成了杨六郎，不成卖麻糖。但他实施的结果是只允许李贵成一个杨六郎，不允许李贵卖麻糖。

李贵是在三把戒尺打击下长大的。父亲的意志让李贵倍感艰辛，李贵内心很烦但是一直缺乏违逆的勇气，李贵年近60岁，但在父亲眼里一直是可以任意打骂的儿子。当父亲的烟袋锅无情的敲到自己衰老的头上的时候，李贵会因悲伤而哭泣，他觉得自己这一生都没有出头之日。

自从父亲前年以78岁的高龄无疾而终咽下最后一口气以后，李贵就额手欢庆自己获得的解放。父亲的辞世结束了他对李贵长期的统治。一生刚烈血性嫉恶如仇、眼睛里揉不得沙子的父亲终于在后山的黄土里寻到了最后的归宿。父亲李云跟他热爱的那些戏文唱腔历史传奇一起和无际的黄沙同归尘土。父亲去了，人世中能对李贵制约的力量就解除了。他真的成了天不怕地不怕的小人，他想象不出现在有什么东西让自己敬畏。父亲生前给他的禁忌太多，他不能做甚至不能想的事情太多。父亲不在世以后，李贵就无限制的放任自己，包括他的懒惰。他终于有了权力安排自己活命的方式。他经常像一个浪子在村里晃荡，像一个无赖在路上盯梢外乡的女人。不再受到管制的李贵打开了自己的感官，他觉得自己以前是白活了，他有些恨父亲，父亲对他的训诫鞭策耽误了他。到头来，他英雄没做成，常人的快乐也错失了。

春天到来的时候李贵想，他可以不去塬畔上给老娘挑水了。人都怕日复一日的重复一件事情，对李贵来说，他就怕日复一日的去河里挑水，怕踩着塬畔曲折盘旋的土路给老娘送水。年复一年的重复几乎让他发疯。不想给老娘挑水，除了不愿意重复五十年的工作，再就是李贵真切感觉到衰老的来临。他的身上已经没有了多少力气，他的头发已经花白，牙齿掉的掉，松的松，说话时候跑风漏气，眼睛也越发老花。老子不想受罪了。在李贵的肉身变软变老变得迟钝的时候，他的心却变得坚硬、冷漠充满恨意。

李贵在活到60岁的时候开始清算生活。他觉得自己16岁以后的生活就从来不是自己意志主宰下的生活。他是父亲情感和欲望催生的一个种子，是父亲驰骋梦想的一块实验田，是臣服在父亲意志之下的一个儿臣。父亲撒手人寰以后，李贵开始重新谋划自己的生活。他要重新过一过他的自由意志支配下的生活。李贵开始发狠了。对于一个年过六旬的老人，李贵开始放任自己身体的懒惰，他为自己的懒惰寻找堂皇的理由。他每天悠然的蹲在村口豆腐坊的墙根下晒太阳，豆腐坊飘动的豆腐卤的香气让他很舒服。不劳动让他很幸福，劳动让他绝望，让他感到自己是在没完没了的服苦役。

现在李贵心情好的时候，也会在嘴里哼哼老娘年轻时唱过的戏文，虽然他永远也唱不清楚。他踩着响在心里的锣鼓点走街串乡，他成了方圆一带有名的浪荡鬼。但是因为穷困和无能，李贵只是新生活的旁观者，李贵从一个被管制被压抑被扭曲的黄口小儿成为一个自由的白发稀疏面孔苍老体质衰弱老眼昏花的老浪子。

李贵到了50岁那年还没碰过女人。作为一个正常的男人，他肯定会想有一个女人。李贵一直开着一个车马大店，所谓的大店就是三间旧窑，外带一个马厩。过往的脚夫和马倌有时候会在夜深的时候在李贵的车马大店落脚留宿。车马大店是没有指望赚钱的，都是有一搭没一搭。李贵有这个车马大店，所以闲着的时候多。他不用去地里收拾庄稼，也不用像乡人一样到采石场劳动，闲下来的时候，他就抱着双臂在墙根下晒太阳。因为穷而且丑，李贵一直没能找到属于自己的女人，女人们看到他的时候眼光里除了鄙夷就是轻蔑。

有一段时间李贵跟老娘的关系很紧张。李贵责怪老娘生出他这样一个丑汉。一辈子穷苦。他认为老娘没有能力让他过正常的生活就没有必要生出他来。李贵在那次争吵的时候抄起挂在窑前的镰刀砍伤了自己。他抄着镰刀，没头没脑在自己身上乱砍，老娘受到惊吓，跪在李贵面前哀求他住手。李贵其实是想砍死自己的，他是真的不想活在人世了。他觉得活着没意思，但是找不到有效的结束自己的方式。那次危机除了给他留下手臂和腿上的伤痕以外，还给了他一个女人。

女人是一个外乡逃荒来的老女人，那个老女人带着三个孩子。她来到杨家营，到了老娘的土窑要饭。老娘把家里剩下的几个煮熟的土豆和冷窝头给了那个逃荒的女人。那个女人躲在窑前的一个角落里把要到的食物分给孩子，和孩子一起狼吞虎咽的时候，李贵老娘对李贵父亲说：给小子说上这个女人吧。

那个女人就成了李贵的女人。李贵第一次有了属于自己的女人，因为是他收留了她，他对这个女人也有了恩惠，同时也具有了支配的权利。李贵平生第一次有了和女人平起平坐的可能。虽然那同样是一个老而丑的女人。

李贵以为他像别人一样拥有属于自己的女人，他的生活会发生改变。他会产生他看着别人所幻想的幸福的感觉。但是有了女人也不能。有了女人的生活确实是变化了，但是是变得更糟而不是更好。李贵娶到的这个女人发现了一个福地，她不仅把李贵的家当成了一个享乐的福地，同时还把在家乡一起逃荒的人都叫了来。李贵刚结婚，家里就多出两男两女，男的18、19，女的15、16。李贵的负担更重了。他养着一群跟自己没有血脉没有亲缘的儿女，李贵的头发更加花白，腰背也更加佝偻。他遥望着自己的生活，感觉是绝望和暗无天日。

有人传话给李贵，说老娘在炕上爬不起来的时候，他也很懒惰。他没有想去攀上塬畔看看爬不起炕的老娘，他想当然的认为老娘是普通的头疼脑热，庄户人哪儿能那么金贵，头疼脑热全当家常便饭。李贵想老娘过几天就会好。老娘是个皮实的女人，虽然她裹着三寸小脚，但谁也不应该小看了三寸小脚的能量，年轻时候老娘在四乡里唱大戏，还不是三寸小脚让她戏名远扬。就是老娘不唱戏了，村里的人也都能看到告别舞台的晋剧花旦在田间荷锄劳作的情形。小脚的女人并不等于不能吃苦的女人。用不了多久，老娘就能从炕上爬起来，重新投入她晚年孤独的生活。

老娘在炕上卧着就不会浪费和消耗太多的水，李贵坐在他在塬畔之下的土窑里想着老娘的时候，也想着老娘窑洞里水瓮储存的水量还有多少。他设法延宕着他去河边挑水的时间。他想着在瓮底空出之前再去见娘也不迟。

但是在这个春天李贵老娘窑洞里的水瓮一直是满的。一生热爱干净，讲究卫生的老娘没有像她平素那样每天洗涮衣物，没有在扫净的庭院里泼洒清水，她甚至没有用水煮饭，没有用水调拌饲料，因为她没有力气从炕上爬起来。土窑外的鸡舍和猪圈都被饥饿的鸡和猪们闹翻了天，但是李贵老娘就是起不来炕。她没有办法向外边传送她爬不起来的信息。

有人再去告诉李贵老娘的消息，李贵不高兴地上了塬畔。他到娘住的土窑里看了卧在土炕的老娘，然后他从窑洞出来，加快了脚步从塬畔疾走，这一次他没让自己懒惰。李贵到了塬下的村委会，跟办事人员借到一部老式手摇电话，给在大同矿区的姐姐打长途，李贵说：姐，咱娘活不成了。

李贵的姐姐是在傍晚接到李贵电话的。那时姐姐正取来柴炭生火做饭，她刚把灶里的炭灰掏尽，用火柴点燃桦皮，然后她就听到了电话急骤的铃声，拿起电话姐姐就听到李贵的声音。这个电话让姐姐方寸大乱。她在放下电话的时候身体不住地抖动。她的牙齿在上下撞击。姐姐精神紧张的时候，会小便失禁。这是生活留给她的一个病症。那个傍晚，姐姐一直神思恍惚。第二天她决定去老家看老娘，她坐上了从大同矿区开往偏关县杨家营村的长途汽车。

老娘一直很凶地抽旱烟，不唱戏以后就开始抽，她跟父亲分别拥有一杆镶着玉石嘴的长管旱烟锅。闲下来的时候他们就各自抱着自己的烟袋抽烟，他们的土窑里青烟弥漫，经常是幽蓝一片。抽烟带给老娘的害处就是间歇性而剧烈的咳嗽。

姐姐出现在老娘面前，她把衰弱的老娘从土炕上扶起来，叫人背下塬畔，放上手扶拖拉机，向县城医院开。县城里的医生把老娘安排在一间病房里的病床上，仔细的检查过后对李贵和姐姐说：你们娘没甚大问题，她就是上了年纪，气管发炎，她是饿昏了。回去多吃点好东西，多补补身体，加强加强营养。重新回到塬畔上的那间土窑，老娘在姐姐的服侍下又活过来了。

李贵那几天和姐姐争吵。李贵责怪姐姐为什么要把老娘侍奉活。李贵说：娘已经是一个没用的人了，死活就一口气。你把她侍候活，你拍屁股走人了，我要侍奉她，我还要为她把屎把尿。你不是给我带害么？你睁眼看看，我也是60岁的人呢，我还一天都没活过个人呢。

姐姐动手打了李贵，姐姐骂李贵冷血。60岁的李贵在姐姐眼里还像16岁的李贵，姐姐可以在不满意的时候捶打他。李贵抱住头蹲在地上哭了。姐姐看着李贵花白凋谢的头发，看他抱着脑袋粗糙变形的双手。李贵苍老的皮肤、憔悴的面孔、衰弱的身体使姐姐的泪水也滚滚而落。李贵的姐姐很想把老娘带到大同，姐姐跟老娘说，老娘不同意，她说：我死也要死在自家的炕头，我是活够了，再活就没出息了。

姐姐看看老娘日渐恢复，就回家。临走，姐姐对李贵说：好好侍奉咱娘，要是有个三长两短，饶不了你。姐姐安顿好，不放心，又给了李贵两百块钱。李贵留下了钱。

但是在这个春天到来的时候，李贵一天比一天疏懒怠惰。他不想再去塬畔上去看老娘，不想再去为老娘挑水、劈柴。他想人有什么活头呢，像老娘那样裹着一双小脚在人世中走路可能会更加困难。李贵坐在土窑里想着老娘的时候，他想老娘还剩下一口气，那口气断了，老娘就解脱了。老娘解脱了，他也能解脱一部分。这样想的时候，李贵就让自己更加怠惰和疏懒。他不去看望老娘，也不去为她挑水。他想娘熬不住就会断了那口气。

2004年的春天，我在杨家营村见到我的舅舅李贵，他正全身缟素为他的老娘我的姥姥挖掘墓穴。这个时候李贵恢复了昔日的勤劳，他的理想是要为母亲建造一个幽深而宽阔的墓室。但那个时候，我的姥姥，正坐在炕头上逐渐恢复元气，那个曾经在乡间舞台美目盼兮彩袖飘舞的晋剧名旦，现在苍老衰弱，正和死神交臂而过。在玻璃窗贴着窗花的土窑里，老人的目光空洞而虚无。在我见到她的时候，她出现短暂的回光返照。她问我：甚时候才能死成呢？等得泼烦呢。

这个老人热爱死亡如同我们迷恋着生，在热切地期待着终结之梦。为了这个梦想她开始绝食，她拒绝食用任何东西。活着而不能幸福的时候，老人决意放弃今生回到前世。老人的身边一直摆放着她保存在衣柜里的发旧的戏装。在她的肉体衰弱的时候，她的灵魂逐渐轻盈。

老人最后的气息飘散的时候，李贵为她换上了戏装。

PART
III

黯哑之年

绝望这时瞪着无情的眼睛叫出声来：
“一个黄金时代，一个白银时代……
确切地说，庞大而静默的岁月，一个冰河期。”

——【英】W.H.奥登

1

很多变故都是突然降临的。没有预兆，也没有暗示。

紧张。不安。忧虑。慌乱。甚至悲情。这些用来描述情绪状态的词语，其实是我们在那段时间的心理映照。使我们坠落到这种情绪幽暗之境的是父亲。有几天他的咽喉突然肿痛，嗓音沙哑，发声困难，说话吃劲。他的咽喉我看不到，能看到的是他的喉结。男人的脖颈上隆起的结实的喉结，我们在背后说他是偷食了核桃而没有下咽。这当然是童年的视角，是孩子对于父亲的观察。在孩子的眼里，父亲或者是一座雄峰，或者是一条浩荡长河。

现在看来我是笨拙的。胆怯。慌张。我从不敢与父亲的目光对视，不知道害怕什么。通常我只是从背后看着他，只要他转过身来以凌厉的眼神看我，我就会紧张。紧张会加剧我身体的笨拙，我的头脑反应会更迟缓。哦，不。对孩子来说，还完全说不上是头脑。只能是脑瓜。“脑瓜”是父亲习惯的用词。“看你这脑瓜的笨样儿。”父亲看着我时会这么说。

他的口气有轻蔑和不屑。这也是他的习惯。不知道他从哪里来的骄傲，即使在面对儿女时也充满居高临下的骄傲。这其实是压迫我的力量。

后来我想明白了。我的笨拙、惊恐、胆怯、慌乱和脆弱——所有这些负面的状态都来源于压迫，来源于父亲气焰凌人的骄傲，来源于他行事的独断和专横。家里就是父亲的王国，他是我们绝对的统治者。我当然不会想到父亲也有“不行”的时刻。疾病使他脆弱和无能。他不能再瞪着眼睛面对我们训斥，不能再高声说话，他甚至说话都那么困难。每次张口说话时脸颊的肌肉会变形和抽动，那是痛苦的反应。这带给我某种认知上的困惑。尽管我长大，很多事情已经能够自己想明白，可我还是为他如此之快就显示出“不行”的状态而黯然。

知道父亲的咽喉不适，开始并没有引起我们的注意。母亲以为是上火，就嘱咐父亲多喝水，多喝水应该是去火的有效方法。于是那段时间经常看到父亲手捧着一个大白瓷缸，里边盛满开水。我记得那个白瓷缸弧形排列着几个红漆喷出来的字：“抓革命，促生产”。白瓷缸是矿上发的，父亲被工作单位评为“先进生产者”，矿上表彰，就会发一些日用物品，水杯、茶缸、暖壶、洗脸盆等等。家里放在橱柜上的竹皮暖壶，都按时灌满烧开的水，保证供应父亲随时喝到。但似乎效果并不明显，他的嗓子还是沙哑，发声还是困难，说话还是吃劲。母亲有些急，开始怀有疑虑。“据说胖大海是可以去火的。”母亲对父亲说。后来她在街上的中医药铺买回来学名叫“胖大海”的中成药，她嘱咐父亲每次喝水要泡着“胖大海”喝。“喝几天应该就没事了。”母亲这么说，她安慰着父亲，也自我安慰。

生活是在有秩序地运行。任何一种生活都有可能建立起某种秩序。即使是我们所过的生活也如是。父亲病了也没有歇着，每天还是会去工作，骑着他的飞鸽牌自行车去井口。他在矿区选煤楼做检修工。选煤楼可以说是矿区的地标性建筑，灰砖砌就的主楼高耸，在我还没有看到过纽约世贸大楼时，我觉得我们矿上的选煤楼是世界上最高的建筑。当然如果用选煤楼跟世贸大楼比还是选煤楼高，因为后来世贸大楼被撞毁夷为废墟消失，这是全世界都看见过的最为悲恸一幕。算下来，我们矿上的选煤楼应该矗立了半个多世纪，在桥梁或者楼房极易成为豆腐渣工程的年代，它也是质量很过硬的建筑，不枉我少年时期对它的向往。

选煤楼由主楼和配楼组成。配楼从主楼的半腰斜切而下，形成一个直角空间。我经常见到太阳或者月亮挂在主楼顶部，这当然是视线的错觉，可我还是觉得那景象的壮观。从矿井里运送出来的煤炭由矿车或者输送皮带运到洗煤仓拣选清洗，将煤矸石拣选出来，煤质优良的煤炭就从副楼的输送仓如瀑布倾泄出来。通常在副楼的直角空间停着运煤的火车，火车牵引着成列的车厢碾压着钢轨驶来，装满每一节车厢之后又轰隆隆开走。矿区孩子们玩耍，这里是常来的地方。我去过选煤楼，壮着胆子，脚步颤颤地踩着旋转上升的铁梯上楼，铁梯很窄，只容得下两个大人贴身而行。在狭窄的空间里盘旋着攀援，一层又一层，走得腿脚发颤，腰背发酸，好像永远也上不完。鼓风机制造出来的风吹着选煤楼使那里阴冷，我缩着肩大着胆子站在窗前朝外看一眼，顿时头脑眩晕。

人如果要跳楼这里应该是理想之处。楼体高耸而视野开阔。不过我从来没有听说矿区有人会从这楼顶跳下去过。矿工们不怎么自寻无常，不像生活在城里的人——比如现在的某些官员，在这两年我隔三岔五能看到官员自杀的消息。他们选择跳楼、坠崖、沉湖、甚至撞车的方式结束自己的性命。还有的从西湖的塔上起跳，这是具有美学风格的悲剧。这些官员或者涉嫌贪腐，或者涉嫌渎职，还有的卷入非正常的男女关系，他们总是不明不白地突然死亡。总之，这两年是中国官员自杀性死亡最频繁的时刻，几乎形成自杀潮。贪腐和渎职不断刷新着官场令人惊悚的纪录，也提升着国民对官场的认知能力，官场生存的严酷和险恶不言自明。当然不独是官场。每个社会阶层都有它严峻的境遇和奇崛的命运。

在我看来选煤楼就是工业时代的象征。我到选煤楼是想看看在这里工作的父亲，那时候他穿着脏乎乎的工装，黑着脸，满手油污在检修机器。这是我想象出来的情境，事实上我没有看到过他工作的现场情景，父亲不允许我去他工作的场所看，说那里很危险。但是作为男孩子我还是怀有好奇感会到选煤楼，会踩着陡立的铁梯往上攀行。选煤楼有没有电梯我不知道，每次来到这里我只攀爬铁梯上行。对这幢高楼的畏惧使我难以考察它的全貌，我对它繁复的内部结构缺乏了解，到这里玩耍总是匆匆来去。不过选煤楼的外观倒是我常能见到的，只要出门就可以在任何方向上看到它，因为它所具有的高度，视野之内几乎难有什么东西能遮蔽它。当然也是因为那时在矿区没有像样的高层建筑。

后来我有过几次出境游历的经历，每到一个国家我都会寻找工业时代的遗迹。比如德国的鲁尔矿区，世界上最早的工业革命萌芽之地，少年时在教科书里见到过，我到德国之后就寻找矿区的踪影，烟尘弥漫的老工业区，铸造工厂和车间，选煤楼盘旋环绕的铁梯和竖立的井筒，高耸的烟囱，巨大的钢炉，这些物象令我亲切，但鲁尔矿区已经不再从事生产，它成为装置艺术和历史遗产的艺术创意园区，艺术家们成功改造了前工业时代的风物。

在波兰我去过开采于十三世纪的维利奇卡盐矿，穿行在异国深邃曲折的巷道，感受着它的阴凉之气，如见远古时期采掘工人劳作的现场。在幽深的矿井之下看见建筑的祈祷室令我震动，这是他们的矿工祈祷和告解之所。粗粝的桦木柱搭起的矩形的结构形成祈祷室的基本格局，内心有疑难或者有所祈求的矿工就可以在这里面对被缚的耶稣圣像静默祈祷。这样的场所使我天然生出好感，它对人的心灵和精神的关注，它为人的心灵和精神提供慰籍而隐秘的空间。这好感我在前往台湾和香港的机场也升起过，在它们的机场，除有医疗室和婴儿哺育室之外，还有祈祷室。这是对人的心灵生活和精神信仰的尊重，它是文明幽光的折射。

说到对地下的情感，因为曾经有过的地下经验，我几乎对一切处于地下状态的事物怀有好感。1996年我迁徙北京的时候，深爱地下音乐，聚集着众多成分复杂的非主流音乐人的上地村是我经常去玩的地方，舌头乐队、眼镜蛇乐队、花果山乐队，二手玫瑰乐队，这些在如今或者声名如炽或者消亡的地下乐队是我最早接触到的。“非主流”作为地下的别称也是我迷恋的，自由画家、独立作家、先锋诗人，前卫电影工作者，这些具有标签性的身份标识总是会令我怀有好感，尽管我知道其中的良莠共生，鱼龙混杂。受地下艺术潮流的影响，我对异国的非主流也有好感：美国的格林威治村、嬉皮士和披头士、法国巴黎的“左岸”，它们都令我怀有好感，如同“革命”“瓦解”和“颠覆”的词语令我怀有好感。

多年以来我喜好收集具有矿区背景的艺术家和作家的肖像，包括诗人。比如我在最近发现我热爱的美国作家索尔·贝娄在早年从事过煤矿生意，而英国诗人奥登在年轻时代的理想是做一个矿业工程师，我还在卡夫卡的作品集里找到他写矿区工程师的短篇小说。我早年迷恋过的梵高在矿区从事传教士的经历，鲍勃·迪伦最早在矿区的生活，以及作家劳伦斯的矿区生涯。我无限度扩展这个具有矿区背景的世界性的精神谱系，以滋养我的心灵疆土。

然而很多事情在父亲那里就是另外的样子。作为经历过N次战争时期的前军人，后工业时代的矿工，父亲习惯主流和正统，习惯某种规矩和秩序的生活。我以为那是他那代人长期被意识形态教谕所形成的惯性。他畏惧异端，害怕另类，他以为在社会上选择异端和另类的生活方式是危险的，哪怕只是象征性姿态也很危险。“枪打的是出头鸟，刀砍的是出头椽”。这是他经常跟我们念叨的话。父亲青年时期戎马征战，人至中年就厌倦公务生活，（我们称之为公共生活）不愿意承担重要的责任，在他由军队转业时，地方民政部门安排他做领导工作，父亲谢绝了，他习惯性地念叨着自己的生活经：“三亩地，一头牛，老婆孩子热炕头”。

他只愿意做普通而不劳心的工作。最后组织安排他做了配电盘的看盘工，就是在地面掌管供电系统的值守者。母亲也是要上班的，她是在街道办的小煤窑做检修工。每天也是要穿着窑衣下矿井。后来我也下了矿井，我的工种跟父亲一样，就是在井下负责看守变电所，负责矿井的供电运行。当我讲述工业时代的词与物的时候，我自知难度高企。我需要使用你们能听得懂的语言，使用你们能知道的有感觉的物象做借喻，以此描述我所看见的工业时代的镜像。这些人与事以及景观和镜像都在你们的经验之外。有类似异域生活或外星存在的味道。我说我们的生活具有长期以来形成的某种秩序。这个秩序跟你们的生活秩序本质上是相同的。你们每天能看到东方破晓，太阳从地平线升起，我也能看到。月亮消褪的时候你们能看到，我也能看到。只要还能见到日出和日落，就证明我们的生活是在某种恒定的秩序中运行。我们的生活也是人类的生活，或者说是人类生活的一部分。

它是最幽暗，也最荒败的部分。

2

恐慌是一种精神之力，也是物理之力。它会悄然改变事物的某种状态。

身体出现的疾病总会让我们想起死亡。这是我们恐慌的由来。中成药胖大海浸泡着喝过多天之后，父亲还是没能缓解嗓子沙哑的症状，而且有越来越严重的倾向，母亲有些恐慌。其实对父亲嗓子出现的症状，她在心里已经有预估和判断，只是她不敢相信。她努力摆脱自我判断给心里带来的黯然影响，往好处去想。但是沙哑越来越严重最后到发声更加低弱的时候，母亲终于失去了镇定的力量。她对父亲说：“咱们去医院检查吧，让医生看看是咋的回事。”通常不到万不得已，我们都是不去医院的。家里的抽屉里备着各种药物，一般的头痛脑热吃过药就会好，或者不吃药也会好。但是对于那些吃家里常备的药不管用的病，我们都觉得很麻烦。它会带来不好的结果，严重的情形就是必须住到医院，躺在医院的病床上挂吊瓶输液打针吃药，如果连这些手段都不能解决问题那就是更可怕的情形的发生。父亲不愿意去医院，因为他也觉得情况不妙。他有恐惧感在心里深藏着。他的咽喉痛的病症让他想到一种可能就是：喉癌。这不只父亲恐惧，母亲恐惧，我们全家都恐惧。

喉癌=哑巴；喉癌=死亡。这两个等式是我们都能预见到的结果。

在街上就有一个活标本。有位中年男人就是因为患有喉癌被施行咽喉摘除手术。喉癌严重时会致死，如果早期发现的话并不会致人于死。人摘除了咽喉之后还会活着，但是不能发声不能言说。中年人出现在街上的时候就是一个哑巴，那个身形高大健壮的男人，经常穿一身不系纽扣的蓝色旧制服，脚上是一双旧懒汉黑布鞋，他走路的时候腰背弓着，头向着地面低垂着，他经常会出现在街头，跟那些退休以后无所事事的老工人一起在街上站着，别的人都在扯闲话，他就只能站在那里，他不能说任何话，想说话的时候只能听到他的咽喉间发出嗡嗡的声音，并没有语言和声音形成。

我不认识这个摘除了“咽喉”的中年人。在以前我们都忽略这个人的存在，可是父亲被诊断出“喉癌”之后我就感受到内心的恐惧。父亲会成为那些哑巴中的一员么？他会失去咽喉失去声音也失去言说和交流的能力么？这样的疑问令我深感不安。父亲被诊断喉癌之后，母亲再不敢提那个被摘掉咽喉的中年人的名字。生怕触疼我们脆弱的内心。母亲真正的恐慌是忧虑父亲会因咽喉的疾病变成“哑巴”。这当然不只是她的恐慌。是我家所有成员的恐慌。

父母亲终于可以放下工作去跑医院了。在我们矿区小镇，只有保健站，正规的医院在矿务局和市区才有。保健站的医生们基本没有受过严格的专业训练，多为半路出家。我知道有的外科医生经常要靠解剖牛羊鸡兔鸟雀来训练自己的刀法。每有重症患者——比如在矿井被砸伤肢体的矿工，外科医生们就直接截肢。他们很少会想办法做更精微的手术连接残断的肢体。在街上有很多外科医生手术刀下的标本，他们或者失去腿脚，或者失去手臂。母亲一直不信任保健站里的医生，虽然保健站就临近家属区，她也是不到万不得已是不会去。然而如果患病，到保健站就诊却是必需的一步，因为所有去别处就诊的病患必需要有保健站医生开具的证明，说明他们没有能力救治才会送出去就诊。能开出这证明当然不容易。因为保健站的医生们很少时候会承认他们的医术不行。

我们在极度不安中等待着父母亲去医院检查的消息。他们早晨出门，到中午回家。带回来一堆白纸袋装着的药品，那是医生给开出来的西药。我有些焦急而慌乱地观察着父母亲的表情。不是听他们说什么，而是看他们的神情反应，这是我多年来总结出的观察父母亲内心境况的有效方式。父亲回到家时有些生气，他气咻咻地骂着医院里给他做检查的医生。他说那医生检查他的咽喉时用铁镊子夹他咽喉里表皮组织的肉，说是用夹出来的肉作化验然后判断病情。“妈的，照这么夹，老子好好的也得给夹出毛病来。”父亲嘴里骂着。

当然他是用沙哑而低弱的声音骂着，在他发出来的低弱声音里已经没有多少力气了。

母亲安慰着父亲。给他脱去外套衣服，给他脱去鞋子，让他上炕头躺下来。

母亲从她叠得方楞四角的被垛取下一床棉被展开盖在父亲身上。

她又从暖壶倒出开水将茶缸端给父亲让他吃药。

她嘴里没具体说父亲的病情，只简单说过几天去取化验结果。

但是我看出事情不好，因为母亲看上去总是走神。

失魂落魄。就是指人在某种坏情况的影响下心神恍惚的状态。

母亲开始格外关照父亲的生活，她注视父亲的眼神也不一样，她会长时间失神地看着父亲，眼睛看着他心神不知飘往哪里了。终于有天下午母亲对我说：

“这次你爸可能得的是灰病。”母亲说完眼睛就红了，带着哭腔啜泣起来。

我在家里排行老四，男孩子里排行老二。上有两个姐姐一个哥哥，下有弟弟。或许是因为我有倾听的耐心，母亲会跟我说一些心里话。我当然明白她讲的话里的意思，也明白她讲的话的分量。突然间我有种天地陷于昏暗的感觉。这是夏天，可是我独自走出街的时候感觉太阳光照耀到身上是凉的，看到的房屋和街道是虚的。天地间幽暗一片。在那个时刻，我的内心冰峰开始出现雪崩。这当然不是我遇到的第一次打击。家庭变故包括至亲者的病患、伤残，甚至死亡。每出现一次这样的事情都是对我们精神的精确打击，痛苦是在那个时刻的体验。痛苦。我现在凝视着这个中文词语。因痛而至苦。那是我们内心的全部悲伤所在。

想到父亲有可能因为他咽喉的疾病而失去声音，失去言说的能力，我的心就像是被刀绞动。医生并没有说喉癌会夺人性命，他只是对母亲说喉癌如果是早期发现可以做咽喉摘除手术。母亲将医生对她暗中说的话隐瞒了下来。她没有对父亲说，也没有对姐姐和哥哥说。

她只告诉了我。或许也是因为她需要有孩子能分担她内心的苦痛。

我走在街上。失魂落魄。那也是我的精神状态。

母亲在暗地里垂泪。为父亲的病况担心，为我们的家庭即将发生的事变忧愁。支撑着整个家庭的父亲有可能失去声音，失去言说的能力。这个可能出现的悲剧带给我们阴影。是的，他只是可能失去声音失去言说的能力，但是命还是会留下来，他还是有可能跟我们生活在一起。然而一个失去声音，失去言说能力的父亲跟我们在一起，它的悲伤并不亚于死亡的悲伤。残缺地活着如同死亡。这是我的看法。我不知道如何安慰母亲，在她垂泪的时候。

面对人的身体和精神的疾苦，我们从来都无能为力。

3

除了生理上的黯哑，还有一种精神的黯哑令我悲伤。

某天在一个黄昏的时刻，我在京郊小镇的住所翻阅一本名叫《生活》的过期杂志，我看到其中的一篇题目为《布加科夫：命运夺走我们的一切》的文章，看到作者在题词里写道：*他生在、死在了美丽的俄罗斯和那即使在夜晚也不曾闭上双眼的莫斯科，然而在他的祖国，他却生活得犹如一个没有身份的鬼魂。*这些语句如同刀锋切开苏俄现代历史悲惨的内页。在苏俄历史的夜空中有无数的璀璨星辰因为政治迫害而坠落凋零，只要翻翻相关历史书籍随处可以找到其中的踪迹。

我的故乡是一个远离书籍和文明的地方。当然书籍也不是没有，在城里还是有几家书店的，但那些国营或是私营书店在我去的时候，所看见的景观如同阔大的菜市场。所有的书籍都是混乱堆放着。书的品相之差让我感到整个书店就是一个印刷品的垃圾场。在这样的地方人是很难建立起对知识和文明的尊敬心。当我走遍全城，看到的各家书店都是如此。

说不清楚我是在什么时候有这些想法的，能说清楚的是我开始寻找书籍，寻找那些具有卓越见识的人是在19岁的时候。它们和我在黑暗中的时光同时开启。想办法用省下来的零用钱买书，进城里逛书店，我家乡的小城几乎被我全部逛遍，我知道那些书店在哪里。不管多么偏僻的书店都能被我找到，我从那些如同印刷品垃圾之中淘出杰出的书籍带回家。

现在我成为一个普世文明的热爱者，这也是匪夷所思的事情。但我想关于文明是难以界说清楚。我向往的文明甚至不是人文知识体系，不是标配发达的现代城市，不是豪华奢侈的高楼之厦，它可能是具有美感的自然环境，具有优良秩序兼宽容度的社会，有民主意识和领导能力的政府体系，它是对异见者尊重和宽容的国家，也是高品质的学校比监狱多的国家，即使是监狱也持有人道主义，囚犯也享有人权。嗯，这是我热爱的文明的应有之义。

在父亲生理上出现黯哑症状的时候，我的精神陷于黯哑之境。

那段时间我经常旷工，无心到矿井里的变电所工作。经常是换上工装下井，到变电所待一会儿就走人。我换掉工装就在井口附近的山上漫游，独自走啊走，没有目标，也不想停顿，直到累得脚脖子酸痛再也走不动道才会停止歇息。我不想工作了，觉得没有意义，觉得那不是我应该做的事情。我最想做的是能到北京，到天安门广场，跟那些游行示威的大学生和市民在一起参加公共集会，和平请愿，表达人们对政治变革的吁求，这在我当时看来是激动人心的事件，我终于在自己的有生之年看到历史性的一幕。看到人们能自由表达意志，表达对社会对国家事务的看法。这在我来说是稀罕的。在这段时间我每天早晚都会守着家里的收音机，着魔般把调频的旋钮调到短波，收听《美国之音》、英国BBC、日本NHK的对华广播。

我的样子让父亲很生气，他忍着心里的怒火不发泄出来也是给我留足了面子，我疑心这些怒火是导致父亲染上喉疾的缘由。后来父亲终于忍无可忍。那是在我单位的领导训斥他的时候。是的，我闯了祸。因为某天在我值班的时间擅自脱岗，变电所发生停电事故，出煤的掌子面也停电停产，这件事很快被总调度室的值班员发现，后来单位派别的值班员下去恢复送电。据说变压器的开关在这个时间被烧毁。我怀疑这是事故调查组的人在吓唬我，也吓唬我父亲。调查组的人员跟父亲算相识，他到我家去找我父亲，那位头上掉光头发脑顶锃亮的中年胖子说："看你养的好儿子，旷工，调皮捣蛋，这次等着处理吧。"

这是父亲终于爆发怒火的缘由。他曾经摔坏过我的随身携带的半导体，这次又把家里的收音机给摔了，那可是他从军队转业到地方带回来的收音机啊。父亲对我说："你再给老子听，下场就是这！"他指着摔到地上破碎了的收音机说。父亲到矿上去给我说情了。他毕竟在矿上多年，有很多当领导的都算认识。那些人也会给他点面子。在他到矿行政办公楼几次找领导之后，开除我的方案被撤销，给予薪酬降一级的处分，以观后效。

麻烦解除。但并不能平息我内心的风波。那段时间我的内心充满挫败感。

没有令人快乐的消息。发生在北京的风波以悲剧结束。

这悲剧令我挫败而绝望。

有一列绿皮火车每天早晚会从矿区铁路的站台经过。铁路有并行的四根钢轨。两根一组等距离延伸无限长。沿着铁路驶到矿区的大多是运煤的火车，巨大的蒸汽机车头拖着几十列或者装满煤炭，或者空着的车皮轰隆巨响奔驰驰过。这是每天都能看到的景象。我在水泥和砖石砌就的站台等待绿皮列车，我准备乘坐列车进城，从城里换乘火车到北京。我在站台上等了大约五分钟就看见绿皮列车进站。在站台一侧竖立的水泥电线杆上挂着信号灯。列车在信号灯变成绿色时停下来。蒸汽机的车头喷吐着白色的雾气发出轰响，绿皮车厢的门打开，列车上的人要下来，等候着的人要上去。我等在站台做着上车的准备，脚下放着一个装满衣物的黑色的旅行皮箱。我的头顶之上是凌空而过的高压电线，在我等候列车的时候有飞鸟在高压线上栖落，那些鸟在高压线上来回蹦跳，用尖嘴啄着高压线并且发出叽喳的叫声。就在我要上车的时候突然我觉得头顶被什么东西砸了一下。然后有湿的东西顺着头发流到脸上。我本能地伸手摸了一把头顶，手指触到一团黏稠状的东西，同时我就闻到一股腥臭。

是的，我迅速地判断那黏稠的物质是一团鸟屎。

脏污是必定的。恶心也是必定的。可是让我不安的还不是鸟屎的肮脏和恶心。

而是不祥之感。那么巧的偶然性。那些栖落在高压线上的飞鸟就会把屎拉到你的头上。

这是多么诡异的偶然性啊。因为降落的物质的属性，它的肮脏和腥臭，我几乎就把它看成是不祥的征兆。这使我在站台之上拎着皮箱踏到列车的铁制阶梯走上列车的时候心境晦暗。那些黏稠的鸟屎不仅脏污了我的头发和衣领，让我感到羞耻还让我感到晦气。突然间就感到沮丧。自我怀疑。甚至绝望。我不记得当时是怎么处理掉这些落在头上的秽物。

只记得自己的心像坠落到冰凉的雪渊之间。

这团黏稠的鸟屎是如此的诡异而奇崛，在很长的时间里我都念念不忘。

我一直担心会有什么厄运像那团鸟屎一样从天而降落到我的头上。

后来的事情应该说是繁复而纷杂。当然有过各种厄运。各种不顺利。

失败和挫折。困顿和尴尬。我已经无法分辨哪些是那团鸟屎带给我的厄运。

这不能算完。在现实中降落到我头顶的这团鸟屎使我耿耿于怀。

后来我将它们写到虚构的作品里。在一部题名为《惨败》的长篇小说里，我让那团鸟屎落到一个少年的头上。那个少年像我一样也是要乘坐家乡的绿皮火车进城。他是要在城里换乘列车奔赴北京。他是要去见证历史。那是1989年的春夏之交。后来少年精神崩溃。

这是虚构的形象。但它其实有现实的原型。这个原型现在已经离开人世许久。

生活就是这样。生死轮转，令我们真假难辨。

4

喉癌。再次看到这个词语是在2015年的春天。

希腊的诗人卡瓦菲斯。我在他的诗集里看到他的个人年表这么写着：

> 1932年，卡瓦菲斯被确诊为喉癌。他设法减少抽烟和谈话，被劝往雅典找一位医生。
>
> 住院，接受气管切开术，失去说话能力。返回亚历山大。

看到这个细节的时候我的心头突然就被打击。喉癌。这个词让我想到父亲。

接受气管切开手术，失去说话能力，这让我想到当年我对喉癌这种疾病的恐惧。

然而亲近感也是这样产生的。卡瓦菲斯成了进驻我内心的诗人，他的诗集成为我随身携带的读物。有空的时候随手打开诗集，读一首诗，体会回味一下诗歌的思绪和意境，在我看来是有意味的事情。它是我试图接近智性生活的具体努力。是的，智性生活。曾经这也是某个社会阶层的特权，现在我很希望它成为我的存在方向。如今我不迷恋金钱和权力，不嗜好物质性的享乐，我只愿意追寻智性生活，以此安顿自己的余生。如此一来，对这个世纪杰出诗人创作出来的伟大诗篇的阅读就是有意味的事情，当然这样的诗人很少。我是说我愿意阅读并期望进入内心的诗人。

真正遇见卡瓦菲斯是在2015年春天。这是太过迟到的遇见。在世人对诗人怀着朝圣情感的时候我还在他强劲辐射的光谱之外。我懵懂而无知。是的，这个星球杰出的人物如同银河的星辰璀璨而浩繁，我们与这些星辰的相遇取决于见识，更取决于缘分。写这篇文字的时候，我是在京郊小镇的居所，两间卧室之间的储物间被我改造成书橱，站在书橱前翻书，突然看到更早买到的《卡瓦菲斯诗集》，这是2002年版，当时的印数是5000册。绛黄色封面，323页。可是这本诗集放在我的书橱里很多年，我竟然没有认真读过一次。诗集买到之后就放在书架上。或者读过但并没有被很深地触及。感知还是沉睡着。我对卡瓦菲斯怀有觉醒的意识和情感的时候他的绚烂的光谱已经开始黯然。追逐新潮的人们已经绕开他寻找新的偶像去了。然而我在这位希腊诗人被人遗忘的时候走向他，我默默地爱他和凭吊他，用读心术与他交流，以他为隐秘的挚友。

> 当你启航前往伊萨卡
> 但愿你的旅途漫长
> 充满冒险，充满发现。

这首题为《伊萨卡》的诗歌想必很多人都熟悉。

而我是在2012年才第一次读到。那是在旅美作家哈金的文论集《在他乡写作》中。应该是在论及作家的独立性时卡瓦菲斯出现的。哈金引述了这首诗开篇的句子。作为一个在黑暗中摸索着前行的人，在看到这些诗句的时候涌起内心的感动。我沿着诗歌指引的踪迹寻找着这个人。如果人的内心是一个浩瀚的星河，那么我就是在那些星光中辨别路标的人。

作为在世的优秀作家，哈金是我怀有尊敬感的作家。活了这么多年，能遇到怀有尊敬感的人与事越来越少，遇到一个我就会好生相待。《在他乡写作》也是我的案头书，可以随手打开认真阅读，同时亦可给自己精神滋养的。这本书的许多书页的许多语句被我用黑色碳素笔笔直地画出线来，很多句子被我抄录到随身的黑皮笔记薄里，可以用心记着它们。

我受到触动和震撼的是这样的表述——

> 在人类历史上，个体总是被指责为背叛了国家。为什么我们不能颠倒过来，指控国家背叛了个人呢？反正大多数国家已经习惯性地成为其公民的叛徒。国家犯下的最大罪行是不允许他的作家用诚实和艺术准则来写作。

我记得当初看到《伊萨卡》时仿若心灵的琴弦被拨动，震颤感久久难以平息。

显然那是一首意味无穷而诠释无尽的诗歌。

再次读到《伊萨卡》是在美籍俄裔作家约瑟夫·布罗茨基的杰出随

笔集《小于一》，书里有篇题为《钟摆之歌》的文章，那是对卡瓦菲斯的长篇评论。相信布罗茨基已经是一代作家和诗人的精神性路标，他的《钟摆之歌》被很多人所识。我也相信我曾经遇到过这些文字，但是它们也与我交错而过，没有在内心和精神留下痕迹。这再次证明我的懵懂和无知。但这次再度相遇布罗茨基的时候我不会错过。也因为这时我已进入不惑之年，对事物的理解相对深入而稳固。同样，当我在《钟摆之歌》读到卡瓦菲斯的时候，我相信也再不会错过这位杰出的诗人。我像渔夫抛锚般将我的锚扔到这片海。我死死钉在这片海域。这时我再次重温那些诗句：

当你启航前往伊萨卡
但愿你的道路漫长
充满冒险，充满发现。

是的。每个人都有一个伊萨卡。这是我们梦想抵达的彼岸和归处。

但是很长时间这个梦想和归处在我的视界是缺失的。我说不清它是被遗失还是被剥夺。

因为喉癌这种疾患，我更愿意理解卡瓦菲斯。觉得他就是父亲般的人。

附在《卡瓦菲斯诗集》之后的诗人小传比他的生平年表叙述的更为详尽。

1932年，卡瓦菲斯出现喉癌的迹象，但他拒绝接受医生的诊断。他的情况恶化。他的好友劝他去雅典看医生。他于7月4日进雅典红十字会医院，并立即接受气管切除手术。手术虽然成功，但导致他完全失去声音。他于10月重返亚历山大。1935年，他的病情复发，被送往亚历山大希腊医院，在那里度过生命的最后几个月。

2015年5月，在这个盛夏的暑热时刻，我在京郊小镇的居所再次打开《卡瓦菲斯选集》。

我找到那首卡瓦菲斯临终时写下的那首诗《在安条克郊外》，读到如下的句子——

我们这些生活在安条克的人都很震惊

当我们得知尤里安最近的作为
阿波罗已在达夫尼给他讲明一切了
他不想给予神谕（仿佛我们很在乎似得）
他不打算用预言的方式讲话，除非
他在达夫尼的庙宇首先得到净化
他宣称，附近的死人让他心神不安。

不能言说。不能自由言说。这其实只是我们纷繁的精神痛楚中的一种而已。

它是我们混杂的无数的恐惧中的一种。是的，循着人体的生理属性来勘探和考察，我们身体所有的每一部分都有上天创生它的伟大的功能。咽喉，是用来发声的，声带是发声之后的言说，失去了咽喉，声带就失去了存在的意义，不能发声亦即不能言说。这是我们身体内部的逻辑。然而在我看来，这其实还只是我们的局部痛苦，真正的痛楚在于我们心灵的沉暗和头脑的蒙昧。我们被隔绝在普世的文明之外，被阻挡在世纪之光的背后，这是所有痛楚中的至痛，我们所有恐惧中最深刻的恐惧。这种痛楚和恐惧感蔓延至今永无消除的可能。

现在约瑟夫·布罗茨基的随笔集《小于一》放在眼前。2015年的冬季我在C城的学人书店看到它，买下来就一直陪伴在身边。随时都会打开阅读。这一次不会再错过。我要让这些文字进入血液变成精神的源泉。约瑟夫·布罗茨基（Joseph BrodsKy 1940-1996)俄裔美国著名诗人、散文家，生于列宁格勒（现圣彼得堡）一个犹太家庭，15岁辍学谋生，很早开始写诗并发表于苏联地下刊物。1964年受苏联政府当局审讯，因“社会寄生虫”罪获刑五年，并被流放至西班牙。1972年被苏联政府当局强制遣送离境，随后前往美国定居。毫无疑问，布罗茨基的这份生平早已被世人所熟知，可我还是愿意一次次地读它。在我心里建有一个精神谱系。它们是由我热爱并内心亲近，精神契合的作家组成。这是个人心性的选择，它是思想的，也是审美的。布罗茨基是在2015年冬季加入到我这个精神谱系的。现在我觉得经历过人生之后具备了理解他的能力。我在京郊小镇的家里书架上放着他的另一部随笔集《悲伤的理智》，其中的那篇演讲《我们称之为“流亡”的状态，或曰浮起的橡实》，我在早年仔细读过，现在又重读。这时候我是懂得人类中那些杰出者所具有的伟大品质，懂得他们的卓越思想、丰饶的见识，优质的创造是值得我们珍视的宝藏。每个愿意过智性生活的人都应该吸纳他们的精华，滋养自己的心灵。

在我的书架上还有一本《布罗茨基谈话录》，2008年4月第一版。当时只印5000册。这是一本印制粗糙的书，卷首有多张摄于不同年代的布罗茨基的照片，照片制版模糊，印刷简陋。但是书里的谈话内容属于珍贵。布罗茨基回忆他在十六岁的时候在太平间实习的经历。

当年的布罗茨基为解剖员做助手，也就是解剖死尸，观察内脏，然后就地缝合，卸下头盖骨。这样的时光仅仅是布罗茨基多舛命运的开始。后来他被苏联当局以"寄生虫"为名判处五年有期徒刑，他度过了最为阴郁和艰难的五年时间，当然事实上，布罗茨基全部人生都可能是阴郁和艰难的，在这阴郁和艰难中无疑也不乏生命的欢乐和精神之喜，只有这样他的人生才是完整的。

这个世界有太多震撼性的灾难，有太多骇人听闻的惨剧，有比悬疑更离奇比荒诞更诡谲比恐怖更慑人的事件每天都在发生，我们为什么还要坚持对自身的关注，坚持对自我内心和精神的关注，这是我经常给自己的提问。瞬间即逝的玫瑰并不亚于万古永恒的山岭，这是我经常告诉自己的答案。每个生命的故事都是值得述说的，问题只在于找到属于它自己的声音。

《钟摆之歌》是布罗茨基为卡瓦菲斯写的诗歌评论，每个杰出者也都有他自己的思想资源和知识谱系，布罗茨基热爱奥登，而奥登热爱卡瓦菲斯，杰出者就是这样相互影响相互滋养。卡瓦菲斯无重大事件的一生，扩展至他从未出版过自己的诗集。他生活在亚历山大，写诗（偶尔印在散页上，作为印数严格限定的小册子或单面印刷品），在咖啡馆跟当地或来访的文人交谈，玩牌，赌马，去男同性恋妓院，有时也上教堂。在《钟摆之歌》的第一节，布罗茨基如此描述着卡瓦菲斯的人生状态。相隔四页之后他又写道：他自称是历史诗人，"历史"这个词同样适用于民族努力和私人生活。两者都包含记忆、纪录和解释。这些部分都被我划上了虚线，也被我抄录到随身携带的笔记薄里，被我空闲时翻阅记忆的。卡瓦菲斯大约已找到了他的声音和他的主题。它把一个人的脆弱性扩大至产生一种精神上的一百八十度转弯的程度，之后便可以发动攻势。这些抒情诗的主角，往往是一个孤独的，渐老的人，他鄙视自己的外形，这外形被时间损毁了，同样也是时间改变了他生命中很多其他重要的事情。一个人唯一可以用来对付时间的工具，是记忆，而使卡瓦菲斯如此与众不同的，正是他那独一无二的，感官的历史记忆。就这样，将这些句子抄录到我随身的笔记本的时候，我想同时我找到了自己的声音，找到了自己的叙事主题。喉癌。这种具体到可以触及到形状的疾患，成为我与卡瓦菲斯的人生产生交集的介质。康斯坦丁·卡瓦菲斯1863年生于埃及亚历山大，七十年之后在那里死于喉癌。布罗茨基平静的语调写出来的这个句子成为我与卡瓦菲斯在纸上相遇的开启。1933年，在卧病时写最后一首诗《在安条克郊外》。在亚历山大希腊医院住院。举行最后仪式。4月29日凌晨2时，卡瓦菲斯中风逝世。这一天也是他的生日。

他的生平如此记录。这是未知的交集也是未明的旅程。

5

如今我能设身处地体察母亲的心灵能量。在我讲述这些故事的时候，母亲就要迎来她的八十寿辰。可她是不要过这个寿辰的，坚持不要。“你们谁也不许张罗，平时的日子该咋过还咋过，谁也不用提生日的事情。”母亲对我们说。她当然不是因为什么禁忌，纯粹只是因为不在意，她不在意怎么活着，也不在意能活多久。这不是因为悲伤或者厌世，我觉得她就是平静。对生死以及对时光的流逝已经波澜不惊。

比较起来，母亲经历的事故好像更多。有几年她也去下煤窑，跟我们不一样的是，母亲下的煤窑是街道居委会承包的小煤窑，在马武山的脚下，有国营大矿采完放弃的煤窑，街道居委会又承包下来挖掘剩余的矿产资源。到那里下井的都是女工家属，也有够十八岁的男孩子。这些女人和孩子下到矿井里像男人一样挖煤。因为在矿业技术学校进修过，也因为母亲曾经在矿上机修厂工作过，是属于在编制的技术工人，为了抚养孩子她才辞了职。等着孩子都大了，她就又动了出去工作的心。街道居委会招工的时候她就报名做了检修工。那个小煤窑我见过，有时候我乘坐公共汽车进城的路上，隔着一条河就能看到那座开在山脚下的小煤窑。山坡上用白色石头垒着标语：“战无不胜的毛泽东思想万岁”、“伟大的中国共产党万岁”。那时我也去马武山下玩耍过，看到工棚大门黑色的皮制门帘也用红色油漆喷着标语：“要斗私批修——毛泽东。”井口是几幢工棚，那是母亲交接班的地方。

她从那里出入矿井，也从那里出入生死的幽玄之门。

我们做好了充分的准备迎接父亲被诊断为“喉癌”的时光，迎接他有可能失去声音失去言说的能力这个现实，然而事实是我们虚惊一场。母亲陪着父亲从张家口回到家里，她的心情似乎好多了。信心。这是我发现的。信心重新植入母亲的内心。从张家口回到家里，我很少再看到她哭泣。母亲的变化很大，她总是悉心照顾父亲，从饮食到喝水，从睡眠到休憩，她总是会做出相应的安排。父亲也很听话，他配合母亲给予的各种训诫和嘱咐。家里也不断收到从张家口邮寄过来的装满药品的纸箱，母亲小心地打开纸箱，取出放在里边装满黑色药浆的药瓶，那是父亲每天三次每次都必须按照配量喝下去的。我不知道是不是这些药物的疗效，总之，父亲的情况好起来。他的嗓音开始不那么沙哑，声带在说话的时候不那么低弱。因为医生诊断出来的“喉癌”这个结果，父亲迅即戒掉了烟和酒，以前他抽烟很凶，他经常抽一种名叫“官厅”的牌子的香烟，每次都会买好几条放在家里囤着，有时我会帮他去副食店买烟，买那些烈性白酒，都由我从街口的副食店里买回来。然而这些东西父亲统统戒掉了。

再去医院复查的时候，“喉癌”的症状竟然消失了。这是让医生称奇，也让我们惊讶的。生活的秩序恢复。悬在我们头顶就要爆炸的炸弹被拆除。看着父亲一天比一天好起来的状态，我们都很宽慰。这个结果是对母亲辛劳的酬报。出现在我生活中的意外减灭，灾祸消除。当然都知道这是暂时的，也还是值得额手称庆。在这样的时刻，我惟有感恩。为我们安详地活着的时刻。为我们能自由呼吸，也能自由言说的时刻。让自己的咽喉和声带，让自己的舌头都按照上天创生它的样子活着。更重要的是让心灵和头脑鲜明而敏锐地活着。

这是我在暗中的祈祷。

然而消散是生命必然的结局，就像死亡是人最后的归宿。

这个存在的实况，无论我们愿意与否都是不能改变的。

一次灾祸侥幸躲过去，一次危难侥幸避开，但是我们很清楚前路依然隐伏着灾祸和危难，那是必然会再遇见的。“喉癌”的症状从父亲的咽喉间神奇地消失，这让我们很是安慰了一段时间。觉得父亲完整健全地活在世上真好，他跟我们在一起活在这世上真好。家庭是完整没有残缺的，而这样的情形其实就是幸福。经历过虚惊的病危忧患之后，亲人们更懂得彼此的珍惜。当然这样的体验并不能抵御可能到来的新的危难。好日子过了那么一段时间，突然间父亲又觉得身体不行。衰弱乏力。以前扛两袋白面都可以不喘粗气地走，后来他到粮店买粮，连一袋白面都扛不起来。有天父亲去街口的粮店买粮，他像往常一样握住捆扎起来的粮袋，他想扛到肩上去，结果他悠了两下没悠起来。

他觉得身体很累，浑身乏力，后背直冒虚汗，两腿发抖。

“我这是咋得了？”他这么问自己，回到家里他也问众人。

“累了吧，休息休息就好了。”母亲回答他。

休息几天也并不见好，而且他的衰弱感在加剧。去医院问诊又是躲不过去的事情。

忧伤和哀愁的阴云再次笼罩到我们的内心。陪着父亲去街区之后的医院检查。

常规的检查结束之后去放射科照X光，站到透视仪前医生交给父亲一大杯白色的黏稠状的液体让他喝下去。这不是可以喝的东西，事实上那杯白色的液体是父亲硬着头皮张开嘴灌到自己的肠胃系统里的。他的表情痛苦。接着我们就在透视仪的显示屏看到白色的液体沿着父亲的肠胃系统缓慢流动的样子。有的地方流动比较正常，但有的地方流动不正常。这是能从显示屏清晰看见的。“液体流动不正常的地方说明被异物阻隔。”医生事后对我们解释透视仪的运行情况：“什么异物呢？这就需要再检查了。”

再检查的过程是痛苦的。医生交给父亲一个胃视镜，让他塞到嘴里咽下去，然后再拉出来。胃视镜属于工业时代的器物，它对人是一种折磨。父亲在咽下那个东西时痛苦异常。他骂道：“他妈的这是球什么东西，老子不检查球的了。”但是医生对他说：“您要忍耐一下，要想检查病情，这是必须的程序。”母亲也安抚着父亲让他忍耐，事实上她已经有不祥的感觉。结果是当然证实了她内心生出的不祥之感。父亲被确诊为：胃癌。

人的肉身总是会生出疾病的。疾病又总是带给人感官上的痛苦。

如同人的精神总是会遭遇磨难，磨难又总是使人蒙受哀恸。

这都是人之存在必然伴随的宿命。活着必然会有死，存在必然会有消亡。

这一次父亲无法再躲开命运对他的打击和胁迫。

命令他结束和消亡，令他归于尘土和虚无。

这是哀殇之神降临的时刻。

一种清凉的声响

水在我举到唇边的罐子里轻响。
“这是一种清凉的声响，”
给我喝水的人告诉我。
我笑了。这声响只是一种轻响。
我喝水，喉咙里听不到任何声响。

——【葡】费尔南多·佩索阿

直到后来他才意识到，他对声音的迷恋是源于对寂静的恐惧。

是的。寂静总是令人不安。尤其是那种幽暗深广没有边际的寂静。

黑暗中的寂静。写下这个句子的时候他在心里对自己微笑。这是他熟悉的境界。此刻他要做的就是掘开记忆的深井，进入到他熟悉的地方。幽深狭长没有尽头的深井。那是他熟悉的处所。对于他个人而言，这个处所意味着两个向度：1.他的肉身经常前往的地方；2.他至今携带着的光影区域。前者为物质存在，后者为精神构造。那个深井如今是他经常在睡梦中前往的地方，他在多年远离故乡，远离真实的矿井之后，进入深井的梦境会隔段时间出现。

伴随着进入深井梦境，还有他真切感受到的沮丧、沉郁、黯然的心境，类似的梦境将他的灵识重新抛回到黑暗的境界。他的现实存在也带给他如在深井的体验，如今他生活在都市里，就时空和物质性而言已远离深井，然而经常会有那样的时刻，他的所见令他的心智和精神如陷幽暗和禁锢之中。这幽暗和禁锢与他的生命形成同构的关系。

这是他的个人体验。人是不可复制的。即使人类如恒河沙数，也没有两个完全相合的人。

基于此，他意识到自己在世间是独特的，那些沉积在内心的黑暗的经验，跟随他的幽暗的阴影必是属于他个人的私产。

就是那样的时刻使他意识到自己对美妙之声的需要。

当然任何人都会有这种依赖和需要。人总会与声音相遇。迟早都会。

然而他这样的人能对声音产生依赖感并且成为持久的需要，还是匪夷所思。

"吹一支曲子吧。我在这里听着呢。"他在心里说。

那时他盼着哥哥回家来。他独自住在一幢偏房里，这个偏房与父母所住的正房隔离开。这是矿工的家属区。如果有一台摄像机对准这个区域，透过取景框就能看到那里的景致。灰砖砌起来的平房连成一片，纵横的街巷如棋盘将家属区切开。街口有公厕，而在另一道街口则是副食店，这都是人必须光顾的地方。从他住的居室透过玻璃窗可以看到远处矗立的工业烟囱，高耸的烟囱冒出浓黑的煤烟。不用说，那些煤烟落下的尘埃染黑了地上的一切物质，树木、花草、河流与山峦，都有尘埃覆盖。那是他熟悉的旧工业时代的街景。

住在这样的偏房里，白天没有问题，到午夜的时候随着浓稠的黑暗如帷幕覆盖到窗前，他的不安和恐惧就会加深。那是一幢小屋，屋里有门窗，也有火炕（晋北乡间普遍有的睡榻），到夜间来临，他就会在火炕上铺好被褥，准备睡觉。然而他躺进被窝里却不敢闭眼。他不敢熄灯，灯绳就在炕沿下，他却不敢扯动。熄了灯屋里就是一片黑暗。只要灯光熄灭，屋里的黑暗就与屋外的黑暗融为一体。这是他内心恐惧的景象。从小他就畏惧黑暗。他的恐惧来源于他对黑暗世界的无明。那当然是他无法识别的境界。然而未知有时候恰恰是催生他想象的力源，越是看不见的地方越能激活他充沛的想象力。比如：幽灵。鬼魂。天使。这些东西他从来没有见到过，但是并不能因此而消除他对它们的想象。响在街上的妇人的哭泣会催生他的想象。在矿区总有妇人的哭泣，她们因为丈夫或儿子在矿难中伤残甚至因为死亡而哭泣。

这些哭泣之声带给他心悸般的恐惧。然而这哀伤的哭泣并不完全属于矿区。多年之后，他住在一幢别墅区的酒店，到夜晚华灯初照，然而隔着酒店的玻璃窗他也能听到妇人的哭泣，这哭泣之声带着他循声而寻。就在这堂皇华美的酒店相邻处有一僻静的马路，与马路相隔着的是一座荒芜的村庄。高墙隔开了酒店与村庄的连结。然而后来他明白，这别墅区的酒店占据的就是这村庄的土地。当初有农民反对别墅开发商侵占他们的土地，他们发起一波又一波的抗议行动。最后当然失败的是农民，他们的房屋被拆，家园被毁，失去土地的农民如同丧家之犬四处流落。这当然不是稀罕的事情，相反在如今类似的情形充斥中国的城镇乡村，遍及人们的日常生活。

“吹一支曲子吧，只要乐声响起，我就会忘记对黑暗的恐惧。”他这么想着。

那时他几乎是在央求哥哥。他巴望着哥哥接受他的恳求。

住在那样的房间里，他是盼望着哥哥回家来的。那时哥哥是在外地一所技术学校读书。

哥哥每次回家都会双手握着一只口琴吹。这是他在那所技术学校跟人学到的技艺。

技术学校是为矿区培养技术人才的，但在那所学校就读的学生也多有文艺才能，他们办文艺杂志，开联欢会跳舞，同学聚会，这些通常在城里的年轻人流行的事情他们也都会有。

哥哥在外边的读书生活让他好奇。还有哥哥吹奏出来的口琴曲也让他感觉欣悦。

是的。最早他是喜爱那支口琴发出来的声音。听到这乐音他的干涸心灵仿佛得着安慰。

那是清凉的声响。*水在我举到唇边的罐子里轻响/这是一种清凉的声响/给我喝水的人告诉我/我笑了/这声响只是一种轻响/我喝水，喉咙里听不到任何声响。*这是他后来读到的葡萄牙诗人费尔南多·佩索阿写下来的诗句，在读到这些诗句的时候他觉得找到了契合心灵的感觉，这是他聆听到优美乐音时的体会，它们如同他在干渴的时候听到的水在罐子里的喧响。

只要是美的乐音都会令他激发喜悦。美的乐音是对他内心弥漫的恐惧的清洗，是驱逐和剿灭。

那是哥哥吹出来的口琴曲。那只口琴不知道他花多少钱买的，也不知道钱从哪儿来的（母亲给他的生活费只够他的伙食），总之就买了一只口琴。回到家里没事儿的时候就见他吹。当然哥哥不是专业口琴师，他吹口琴更多也还是因为喜欢才吹，而不是因为吹奏的技艺高超才吹。每次哥哥吹着口琴的时候他就安静地坐在他的身边听。听过什么曲子现在都忘了，只记得那时候的专注和迷醉状态。哥哥不愿意别人动他的东西，尤其是口琴。他让妈给口琴缝制了一个布袋装起来，自己带在身边，想吹的时候就吹，不想吹的时候收起来。他很想玩，不会吹是肯定的，但是能摸摸也很好。他这样想着也留意着能摸到口琴的机会。后来果真是摸到了，在哥哥疏忽的时候，他拿到了他的口琴学着他的样子吹，自然很难吹出曲调，但是也很过瘾。听着这些声音他就忘记自己心里丛生的惊慌和恐惧，事物在他周围的存在渐渐显出柔和的光泽。

哥哥喜欢口琴也许是受姐姐影响。当时姐姐是插队知青，在远离矿区的某个人民公社插队，有次回家来探亲她就带着一只口琴。在家里的时候姐姐基本是沉默寡言，很少看到她喜欢什么，也看不出她有任何特长，艺文的特长更没有。然而姐姐回家时就带着一只口琴，那是一把单声的口琴。没事儿的时候她在家里吹着玩。她吹出来的口琴乐曲很好听，这让他们很意外。他现在能记得姐姐吹出来的口琴曲，有《远方的大雁》，有《公社像朵向阳花》，有《不忘阶级苦，牢记血泪仇》、有《国际歌》等等。姐姐的这个变化让家人对她刮目相看。

或许是受到姐姐的影响，哥哥也喜欢口琴。他不知从哪儿弄的钱买到那只双声道口琴。

因为父亲的溺爱，作为家里的长子，哥哥在家里享有很大的特权。他想要什么几乎都能有什么。穿的衣服不管什么质地款式，只要他喜欢都有可能得到。当然那时衣服的质地也只有的确良、棉布、条绒布。哥哥喜欢咖啡色宽条绒双排扣的大西服，他就有了，再加上他喜欢留大鬓角的长发，这样的形貌行头服饰，外加一只口琴，这在他看来就很是奢侈。

时光流逝，变化也还是会适时发生。姐姐后来离开插队的人民公社回到家来。在知青大返城之前她就先回到家。父母主张姐姐办理病退手续回家，然而姐姐并没有病，虽然她身体弱。父亲说："必须得办理病退，这是能回到家来的惟一的理由。"当时的知青想要回城有几个途径，1.参军；2.招工；3.推荐上工农兵大学。这三条路径都需要过硬的社会关系，比如有权力的领导干部，再比如家里很有钱。这些可能性在他家里不存在，父亲就主张姐姐以病退的理由回城。这么一来，姐姐就从插队的人民公社回到家等待就业。

姐姐回到家来的时候也是哥哥出走的时候。当时他在初中三年级考取了矿业专业的技术学校，带着行李在外住宿过起了集体生活，他自然会带着口琴出门，一去三年除了寒暑假期只有在过年的时候回家看看。自从姐姐回到家里他就再没听到她吹口琴。口琴不知被她丢到哪里，吹口琴的能力也不知被她丢到哪里。哥哥的口琴他也再没见过，他吹口琴的时刻他也再没见过。口琴是他们生活中偶然的过客么？这让他感到分外的遗憾。然而他们曾经拥有过的口琴，他们曾经吹奏过的口琴曲，像音乐的种籽播撒在他内心。

看到挂在墙上的一把二胡，他有些意外，看到父亲坐在板凳上拉二胡更让他意外。

父亲是矿上的检修工，为了能多赚钱他要求到一线。他背着检修工具下矿井，皮带穿进棕色的牛皮套系在腰间，牛皮套里插着他经常用的三大件：钳子、改锥、扳手、电工刀。他穿着落满煤屑的工装，头上是安全帽，脚上是胶靴，每天会钻到煤巷里。父亲的工作是维护矿井下机电设备的正常运行，那些设备并不是经常有故障的，所以也还轻松。

在工余时间父亲就会取下挂在墙上的二胡拉。他坐在板凳上，将二胡放在腿上，一手持琴弓，一手捻琴弦，拉出各种曲调来。父亲不是技艺精湛的琴师，他能拉的曲调很有限，但他拉着二胡的时候他家里就有了乐音流泻。在他看来音乐是神秘的存在，它们没有形相，出现的时候会使你的空间充溢着韵律之美。尽管知道父亲拉出的二胡曲不怎么精彩，但他还是喜欢父亲凝神拉琴的专注样子，那个样子比他喝酒的时候更有魅力。

在矿区很多男人都酗酒，原因可能是白酒可以驱寒。终日在幽暗潮湿的矿井里穿行劳作，身体难免被阴寒侵入，喝白酒可以给身体带来暖意。当然酒精也可以使人的头脑产生虚幻，使人的神思暂时脱离困顿的现实进入迷思之境。在他的记忆中父亲就没离开过酒，每到吃饭的时候，母亲就会把一壶温好的白酒端到桌上，菜是可好可歹，可有可无。菜好的时候是猪肉烩粉，冷盘的猪头肉，包括一盘油炸花生米都可以做下酒菜。盘腿坐在炕桌前，父亲一盅盅地喝着酒壶里的酒，直喝到眼睛迷离神思飘游。当然是在他不去下矿井的时候。

喝酒的好处是可以松弛心神，坏处是情绪会失控。喝多酒的时候父亲就会唠叨他过去经历的事情。做矿工以前他是复转军人，参加过各种战役的老兵，喝多酒父亲就会唠叨当兵时候的事情，参加过什么战役，击毙过多少敌人，被敌人如何追击，如何在战场上逃生，这都是他唠叨的事情。还有更坏的是父亲心情不顺的时候，谁惹着了他就会把闷气借酒劲发泄出来。他们都怕他生闷气，每到这时候他们就倒霉了，尤其是母亲会被他不分青红皂白地骂，更过分地是他会动手打母亲，这是让他不能容忍的。他愿意父亲在清醒的时候拉二胡，虽然知道他拉的曲调并不十分好听，技艺也不是多娴熟，也还是愿意他坐在凳子上手持胡琴抖弓拉弦，那样至少还有乐音在居所里萦绕。他愿意家里有乐音萦绕，觉得这是对单调和枯寂生活的润泽。

不过同样是拉二胡，他后来还是被住在屋后的盲眼人拉的二胡所吸引。

在他们所住的家属区的后街有一幢筒子平房，那里住着单身职工，也住着有家眷的矿工。

盲人是住在这筒子房里的，他住的房间刚好斜对着他们的家。不知从什么时候开始他就被这筒子房的门窗飘出来的二胡曲所吸引。那应该是技艺精湛的演奏，每次听到的都是完整的曲目。他听到过他拉奏的《二泉映月》和《光明行》前者是他熟悉的乐曲，后来是他问过才知道的。每次听到有琴声响起他就知道是盲人开始拉琴，就跑到他住的屋后站在窗根下听。曲式完整同时还有极强的感染力，这是他听盲人拉琴的感受，在他的琴音里有一种如泣如诉的感觉，悲凉和凄婉，这是他每次听到时的体验。这当然是胜过父亲的技艺。

后来他知道这盲眼是矿医院的按摩师。他出现在街上的时候戴着墨镜，拄着一根长竹竿，走路的时候用手里的竹竿探路。开始他以为他是离不开这竹竿的，后来发现没有竹竿他照样可以走路，在车水马龙的道路上，在曲折回旋的街巷，他都可以凭借自己的感觉行走。这盲人每次出街的时候都是衣服干净的样子，比起那些有眼的人来，似乎他的生活更有方向感。

盲人的按摩技术应该是好的，他在医院很有名，很多病人找他做理疗，听说矿领导也找他做推拿。后来他听说他还找到了女人，一个来自贵州山区的女人做了他的老婆，再出门的时候就看见有一女人陪着他。他还是会在闲下来的时候拉二胡，曲调会稍微有所变化，不那么悲怆也不那么凄凉了。当然也许这只是他的个人感受，他的琴音一如从前。

看到盲人拉琴时，听到盲人拉出的琴音他是被震撼了。

突然就为自己的敏感和脆弱不安。为自己因幽暗的生活而生出的沮丧颓唐甚至绝望不安。

有什么样的黑暗能胜过盲人所经历的黑暗呢？他们的眼睛对于世界而言是没有意义的。

但是盲人能把生活过下去，且过得那么从容，人心的这种坚韧力是他敬重的。

说不清楚盲者的琴音是什么时候在这屋后消失的。

总之很长时间不再能听到那流畅的琴音。

后来他听说盲人随他的女人搬离了家属区。

因为父亲挂在墙上的那把二胡，他知道了世上名为松香的东西。

透明的晶体，更像是琥珀。困在琥珀里的苍蝇，陷在糖浆里的老鼠。他想起读到的加拿大女作家玛格丽特-阿德伍德在其著作《与死者协商：一位作家论写作》里使用的两个意象。阿特伍德是在用这两个意象譬喻“我们如何被困在时光的河流里。”他被这个鲜明的比喻所打动。是的，困在琥珀里的苍蝇，陷在糖浆里的老鼠，这比喻多像是他和他的家人的照相。

在很长的时光里，他和父亲母亲都是在矿井里工作的。每天在不同的时刻，他和父亲母亲都会去各自劳作的矿井里干活。他是在国营大矿的主井上班，父亲是在主井的选煤楼做检修工，母亲是在街道办的小煤窑做检修工。要是有一幅路线图的话，可以标示出他们行走的不同路径，这个路径会构成一张网，他们的生活就困在这张网里。

幽暗。破败。困顿。艰辛。劳苦。忧愁。这是他在其中体验到的感受。

当然也应该是他的父母的体验。他们都在互相担心各自的安危。

母亲说到午夜的时候只有听到在街口响起他的脚步声时，悬着的心才会落到腔子里。

他也是。每次在家里看到父母亲才会觉得安心。

黑暗是个隐喻。多年后他在回看生活道路的时候这么想。

然而在他后来的岁月中，即使在离开矿区之后，也仍然没能离开过黑暗。

他就生活在这个巨大的黑暗的隐喻之中。有位作家也是他的朋友，在2014年的10月赴布拉格接受颁给他的"卡夫卡文学奖"，他在布拉格市政厅发表演讲时说："上天和生活选定那个感受黑暗的人"。他觉得作家把他的题目给讲了，长期以来他觉得黑暗是属于他个人的私产，然而后来他惊讶地发现，黑暗是很多人的体验。那些艺术家们——作家、画家、音乐家、电影导演们，很多人都有切肤的对黑暗境遇的体验和觉察。不同时代的人对黑暗都有不同样貌的体验。甚至它是某个群体的共同记忆，某个国家的人民的共同记忆。比如大屠杀与纳粹的奥斯维辛集中营，比如古拉格与前苏联制造的卡廷大屠杀，比如红色高棉发动的大屠杀，比如中国1960年的大饥荒，再比如以革命的名义实行的政治大清洗，等等。这些历史性事件就是人类永不消逝的黑暗的记忆，这才是令人惊秫的现实。

比较而言他体察到的黑暗对整体人类而言当然是微小的，局部的。

但对他个人而言是重大而深广的。

先前他也是快乐的。

他在黑暗的时光里寻找和感受着某种光亮的照耀。

他迷恋父亲坐在木椅上手握琴弓拉动琴弦的样子。不管技艺如何，只要父亲能坐在木椅上拉琴，这本身就令他安慰。因为拉琴的父亲与在矿井里劳作的父亲会判若两人。前者让他看到希望，而后者只带给他生命不能承受的重量。拉琴的父亲与喝酒的父亲也是不一样的，他喝起酒来就会脑子糊涂，嘴巴没有把门的，骂人，来回说各种车轱辘话。看到父亲这个样子他就体会到彻骨的绝望，以为此生都会在这幽暗的绝望中浸泡。

只有父亲拉起琴来的时候家里是祥和的，满溢着某种光泽。

父亲要带他去找松香。用松香涂抹弓弦可以使之光滑。

“这种东西只有城里才有卖，价钱也挺贵，不如自己搞。”父亲说。

那时他们就去堆满木料的木材厂，火车成列的车皮从不知什么地方运来的木材像山峰一样堆积在木材厂。他喜欢到这样的地方玩，在玩的时间里就把活儿干了。

到木材厂剥桦树皮，这是人们用来做燃火的东西。还有就是找松香。

松香的气味是最先飘过来的，在春天里冬天的冰雪已经消融暖人的风开始吹起。

春风把锯木场浓烈的松香味吹到空气中，他就在空气中大口大口吞咽松香的味道。

父亲在背后推他一把，让他继续走路，他提醒他注意脚下的柴草和木绊。那些东西在人不小心的时候会绊一个跟头。可是他更想站下来仰头把他能呼吸到的松香的气息都吸到肺里。他想他有一个比别人更大的肺，不然他怎么会这么喜欢把那些气息吸进肺里呢?

他们一直认为他有病。他们是他的父亲和他的哥哥。在他们看来他这么迷恋甚至贪婪这些古怪的气味在他们看来非常的不正常。他就是这么迷恋那些在他们看来的古怪的味道，比如卡车驶过时汽油的味道，还有尘土的味道也是他喜欢的。每次出门的时候他肯定走不快，就是因为这些味道的缘故他想。

松香的气息，在他看来它是稀有的。他们的家里更多的是霉湿的气息，因为他们的房屋常年进不来阳光。阳光让屋前的楼房给遮挡了。死活照不到他们的家里。

那时候他们好像都在等待春天，在冰雪消融春回大地的时刻去锯木场。

在他的记忆里跟随父亲去锯木场剥桦皮就像迎来的节日，父亲挎着白色的帆布包，那里放着榔头、钳子、铁锤和钢铲。这是父亲作为机电修理工必备的工具，他带着这些工具到锯木场。门卫通常是一个腿脚不灵便的老头，他坐守在大铁门侧的小房里，有大车进来的时候就铁门大开，平时就铁门紧锁。父亲就对老头说好话，央求老头放他们进去。

锯木场不容许孩子进来，但是总有孩子们会进来。只要进来他们就可以撒欢了。锯木场有成垛成垛堆积而起的树木，那是列车成列成列从不知哪里的伐木场拉来的。他们踩着那些树皮斑驳的圆木向上攀登，可以上到最高处，但他总是对最高之处充满畏惧，同时又无限想往。父亲不允许他攀登到最高处，在他看来那是危险的。他可以上去，他们不可以。危险在于那些堆积起来的圆木会滚落而下，有人在上边挑选有桦皮的圆木，他们会把挑选好的从高处滚落而下，那时候就听到圆木滚落的震撼之声。震撼到让人心惊胆颤。

他在看着那些圆木从高处滚落而下的时候心脏会哆嗦，感觉十分刺激。在高处还能看到蓝天，在地面看木垛的高处，仿佛伸手就可以触到蓝天。当然事实上不可能，即使他站在最高处，蓝天会更高。但是他们就是喜欢在树垛上攀登，喜欢在树垛之间爬行。甚至他们还喜欢在树垛之间形成的洞里躲猫猫，捉迷藏。他想这热情的来源多半是因为他们童年生活的贫乏。父亲也会翻动那些木头。他是站在最高处的。从地面看上去，他更像是站在跟天接近的位置。挑选出一根桦皮丰厚的树木就把它们翻滚下去。这样选出五六根圆木扔下来，他们就可以开始作业了。先用簪子把那些树皮划开，然后就开始剥皮了。

他总是骑在一根圆木上，用改锥从头到尾把那些桦树皮剥开。有时候屁股下就坐上松香。

他喜欢闻松香的气息，但是回家时挨母亲的揍是免不了的。因为松香蹭到衣服时是很难洗掉的。然而在锯木场的时候是顾不上想这些问题的。

快乐是重要的，寻找和体验快乐也是重要的。

> 道路弯折的后面/也许有一眼井，也许有一座城堡，
> 也许只是路的延续/我不知道，也不去问
> 当我走到这道路的弯折处/我只去看弯折之前的路
> ……

这是他阅读的费尔南多·佩索阿的诗歌集《未结之诗》的诗句。

这些诗句对应了他内心因为回忆而衍生的某种情绪。

1996年的深秋是他告别故乡的时刻。也许是因为从前的记忆，他迁徙到北京的时候，身体里总有对那些声音的眷念。有段时间他迷恋声音。迷

恋声音的原因是它不用花钱购买。

作为外省人，他在进入首都的界区内就懂得，在这座城市一切都需要成本支付。干渴的时候需要喝的水，饥饿时需要果腹的食物，行进时需要乘坐的交通工具，安住时需要的房屋，睡卧时需要的床榻，所有这一切都需要成本支付。你能呼吸到这座城市的空气，能行走在它的大地之上，是因为你支付了这个成本。这时候你更清晰地意识到你与一座他人之城的关系，那就是资本的关系。它不是你的城市，没有任何东西是为你而设。你要住在这里就要支付成本，没有钱你就得滚蛋。这是他在那个时期非常明白的现实。而他在那时就是没有钱。身上的几张纸币揣在衣服的口袋里，他的手指不时会触到它，他看它还在不在。担心它被人偷窃。对穷人来说最需要警惕的就是在大街上出没的小偷，你要是被小偷盯上了那就麻烦，如果被偷那就是不幸的降临，你会遭遇无穷无尽的麻烦和困扰。

对穷人来说生活处处都是考验，遍布障碍，危机四伏，四面楚歌。

好的音乐如盛夏时节的清凉声响，除了润泽人心也带给人美感。

他是在那时候迷恋音乐的。当然这是不需要花钱可以听到的音乐。在尘土弥漫的大街，在嘈杂拥挤的街肆，在你居住的房屋的窗外，偶尔就会听到那种音乐。或者是歌唱的飘扬，或者是旋律的流泻，听到了就感觉心头一震，张开耳朵仔细捕捉乐音的来处，找到它们仔细倾听。那年他听到的最多的歌曲是由约翰·丹佛(John Denver)演唱的美国乡村民谣《乡村路带我回家》（Take Me Home, Country Road），不知道为什么就喜欢这支歌，每次听到就觉得亲近，他的心为这歌声无限地敞开和接纳。或者以前他听到过歌者的名字，他有一个中学同学，他喜欢英文歌，经常哼唱，也经常把他带在身边的随身听放出来，在那些欧美音乐里或许有这首歌，反正他就是愿意听。《乡村的路带我回家》，这英文歌词他其实听不懂，他想象它的样子，也想象它的情绪。那时自然会想到自己的故乡，故乡的家。可是他几乎看不到回乡的路，或者他就不愿意回头去看。还有一支歌是他熟悉的，《乘着喷气飞机离去》（Leaving on a Jet Plane)，也是丹佛唱的，就这两首歌经常在心里响起在脑海中回荡。然而在1997年10月12日，丹佛在加利福尼亚海湾因飞机失事不幸身亡，终年53岁。

这一年是他到京城漂流的第二年，听到丹佛遇难的消息，他在街上漫无目的地游荡。

人不仅会在地下死，也会在地上死，还会在天上死。这是他在那一刻想到的问题。

那时他像哲学家一样思考人的生与死，也思考存在的意义。

我们多数人在内心都有一个原始的提词员或评论员，这个人一开始就不断告诉我们，真正的世界是什么样子。1976年美国作家索尔·贝娄获得诺贝尔文学奖，在颁奖盛典上瑞典学院院士K.R.盖罗致授奖词时如是说：他带着问题，走遍大路小径，倾听着自己的心声，这就是苏格拉底和他的守护神。这种反省式的倾听心声，需要僻静的环境。正如贝娄所说："艺术有些与混乱中的宁静相关，这是祈祷时特有的宁静，也是台风眼中的宁静。

那时他就在台风眼中。风暴无形地从他身体之间横贯而行。那是足以摧毁他的风暴。

人是境遇的产物，人成为什么样子是由境遇塑造的。这是他很早就明白的道理。在那样的境遇之下，他迷恋的声音也不会是多么好的声音。就是说肯定不会是大都会歌剧院的美声，不会是华丽音乐厅的花腔。歌剧院和音乐厅是他不能走进去的，在他和它们之间有一道无形的墙。那道墙他看不见，但他要是朝前走，就会撞在墙上。天旋地转头晕眼花不辨来路，这就是他跟墙相撞的结果。就是这样。他的面前总有一道无形的墙。他在哪里，墙就在哪里。可以说在他与任何事物之间都会有那么一道墙存在着。他看不见它，但是只要他朝前走，他就会与墙相撞。并没有血从他身上流出来，可是他的创伤是隐秘的，它们只被他看见，被他体验。他知道疼痛之处在哪里，可是他不准备说出来。

在你们被幸福包围的时候，我的痛感只会成为你们调味的佐料，我不会充当你们的作料。那时他在心里对着他游走的那座他人的城市说。那时很多地方是他不能进去的。城市里有很多公共空间，有很多私人会所，有很多富人俱乐部，有很多名媛游乐馆，当然还有无数的政府机关。所有这些地方都是他不能进去的。阻挡他的是身穿制服神情冰冷面孔严肃身体僵硬的男性保安，也是白色油漆划定的警戒线。其实他更明白阻挡他的是一种身份。进入到这些或者公共或者私域场所是一种身份的象征，而他是没有身份的。甚至他也是无法命名的，他仿佛是这座城市废弃的垃圾。

这就是我跟你们的区别。我知道你们就是这么看我的。你们鄙夷的眼神和嫌恶的表情都显示出你们的态度。但这个世界很多时候是颠倒的。就是说谁是垃圾并没有绝对的标准。说句不客气地话，在我的眼里，你们是真正的垃圾。因为你们事实上置身在这个世界的文明之外。你们，包括你们的制度，包括你们的国家。都是在世界的文明之外。

这是响在他内心的声音。他是这个世界的检测体。他觉得是。他的存在事实上在检测一个社会制度的基准和水平。每个个体都是社会的检测体。一个国家或一个社会怎样对待无身份者，怎样对待不能命名的生活，这是一个尺度。他当然不认为这世界是天堂，不过他也相信它还不是地狱。所以这是他还没有丧魂失魄的原因。他丢掉了很多东西。也失去了很多东西。丢掉是主动的，比如：身份、户籍、社区关系；失去是被动的，比如人生而为人的尊严、荣誉、财富，这是不属于他的东西。好在他没有失去自己的心，没有失去他的魂灵。这是我跟你们的区别。你们什么都有，惟一没有的是魂灵。这是诞生于他内心的辩驳。

很长时间他就是这么跟自己对话的。

恐惧在悄悄蔓延，浸过低垂的眼帘

如果一个作家没有注意到这种变化，那么他的盲目就将剥夺他把自己

算作有创造力的生灵的权利。

——【捷克】伊凡·克里玛/作家

1

革命与反革命。这组词语在很长时间带给我恐惧感。

2014年我在北京一家书店闲逛，看到一本书《科学的反革命》，作者是德国著名人文学者弗里德里希·A.哈耶克，这部初版于1959年的书，更多的篇章讨论近代以来理性的滥用和衰落的历史。其中有文章是第二次世界大战初期，作者在伦敦较为悠闲的时光写成。哈耶克称："我无力对抗落下的炸弹不时打断的环境,便把精力都用在这个远离现实的题目上。"

这本书使我好奇，买下来带回家阅读。然而在早年，我觉得革命与反革命是不可讨论的。

革命者引为同志，获得国家权力体系的支持；反革命则被视为异己，受到批判或镇压。

这是冷战时代意识形态基本特征，它们多以政治倾向和立场划分敌我阵营。

《生命中不能承受之轻》。这是多年前我读到的米兰·昆德拉的作品。我想这是表现捷克作为社会主义阵营面临变革前夜的作品，也是呈现

意识形态“革命与反革命”倾向的作品。

1990年1月，隆冬时节。我带着装满换洗衣物的背包从矿区坐火车到省城太原，然后又换公共汽车到南华门东四条，走进一幢民国时代遗留下来的花园式楼群，据说是山西都督阎锡山某个姨太遗留下来的别墅。在我进去的时候它是山西省作协的办公楼，灰色的洋楼爬满枯藤草蔓。进入院落要在大门侧的传达室登记，大院荒凉，我踩着吱吱作响的黑色木地板寻找我要找的作家和编辑老师。这个冬季是阴郁的，就像省城工业煤烟弥漫阴霾密布的天空。

其时我在矿区做矿工，工余练习写作。矿务局工会的领导推荐我到作家协会读书班学习。出门的时候，矿区正开展一场新的政治运动。“清除精神污染”、“反资产阶级自由化”、“反和平演变”，运动的名目不断在变化，整肃的实质经久不变。出门之前老妈叮嘱我：“到了外面说话要小心，不要干坏事，不要跟坏人接触，写文章要小心，别招惹祸端。”老妈神情严肃地说：“文化大革命，吴晗就是因为写文章被打成反革命的。”老妈知道“文革”，知道“文革”时期被打成反革命的“三家村”，知道其成员吴晗邓拓廖沫沙，她是从那个时代过来的，她经历过当时大批判的狂潮，经历过“破四旧，立四新”，“全国山河一片红”的年代。

老妈的训示我谨记着。如此一来，我就成了一个胆小如鼠的人。

到了省城自然惊恐不定。住进作家协会大院的老式厢房，按照作协安排每天按时作息，读书、学习、交流、空余参加各种娱乐活动。到一个完全陌生的环境，我格外谨慎。大院住着很多被称为“晋军”的作家，有几位作家为声援1989发生在北京的学潮，他们参与在太原街头发起的示威游行，风潮过去他们被关进监狱，经过时任作协主席的担保而有条件获释。住在作协大院的作家们精神涣散，出出进进有种颓唐的萎靡感。作协每周办学习班，作家们轮番检讨，自我批评。我住在北厢房，每天吃过早餐去大教室听课，课余时间找人聊天。作为从矿区来的没见过世面的孩子，我需要鉴别清楚哪些人是可以交往的，哪些人不可以交往。

无疑，老妈嘱咐过我的话是我鉴别的原则。

我就是在这时看到电影《布拉格之恋》的。按照课业安排，晚间是放映电影的时间，有天授课老师表情神秘地告诉我们要放一部内部观摩的电影。我们早早坐在放映室，放映开始，人们安静下来看。这部电影性爱的镜头是夺人眼球的，东欧的男女观念开放，人性自由，生命的形态令我们徒生羡慕。然而随着情节的演进，我看到那样的镜头：开进布拉格街头横冲直撞的苏联占领军的坦克，走上街头抗议的游行示威者。这样的镜头无端地触碰到我的心脏，使我浑身颤抖，它很容易让我们联想现实中发生的事变。惊恐在内心弥漫。在那间幽暗密闭的小型放映室，通过电视屏幕，我看到了东欧之国捷克的社会状况，那个国家知识分子的精神状态，政治现实和社会制度，都在这部电影里得到呈现。“布拉格之春”、“公民论坛”、“七七宪章”运动。这些都是我在那个时刻知道的。老师告诉我们，看电影的事情不要外传。

在我看来，《布拉格之恋》就是一部表现革命与反革命的电影。

包括它的原著《生命中不能承受之轻》亦是关于革命与反革命的话语叙事。

在我的经验里革命与反革命是不可讨论的。对它们的讨论会使我们罹祸。

现在想这样的不安和恐惧当然是可笑的。如今《布拉格之恋》的电影DVD在很多城镇的音像店都公开有售。《布拉格之恋》的小说原著《生命中不能承受之轻》后来也由“作家参考”书籍改为公开发行。讨论东欧国家的政治制度和社会转型也已经成思想界、文化界、大学课堂上的公开话题。然而我记得当年是颤抖着看那部电影的，甚至颤抖着看那些散坐在幽暗的放映室看电影的那些人，我担心会有什么人突然闯进来，把这些看电影的人抓起来。

占领的最初七个日子，她是在一种兴奋的状态中度过的，简直像是某种幸福。她常在街上转，手里拿着照相机，还给外国记者发胶卷，那些记者争着要。一天，她胆子实在也太大了，竟然贴近一个军官，拍下了他用手枪对准游行人群的镜头，她因此而被捕，在俄军司令部关了一夜。他们甚至威胁要枪毙她。可刚一放出来，她又跑到街上去拍照。

2014年冬季，我重新阅读米兰·昆德拉的这部书，这次被译为《不能承受的生命之轻》。

这是2003年7月第一版，我拿到手里的是2005年10月版，已经是第11次印刷。

时隔多年再次阅读昆德拉，我想可以说是完全懂了，明白他想要传达的思想。

在1990年的冬季，这部当时被译为《生命不能承受之轻》的书还在地下流传。

《布拉格之恋》也只能在私下观看，阅读这部书，观看电影会冒被告密或被逮捕的风险。

在我到省城之前，我所在的矿区正在展开全面调查和清剿行动。

凡参与过发生在北京的游行活动，凡是表达过支持的，一律接受调查。

我在电视新闻里不时会看到有人被逮捕的画面。

这带给我内心的恐惧。只要看到街头出现民众集会游行的场面就紧张。

我的紧张和恐惧当然是可笑的。因为集会游行作为公民权利普遍被尊重和保护。

集会游行的权利也被国家之宪法尊重和保护，它是天然的人权的一部分。

然而在我们的国度，我们只允许进行被政府批准的游行，或者被政府组织的游行。

抗议示威是被取缔的。公民以游行示威表达意见的权利是被限制的。

现在我想，我的深植内心的这种恐惧感是怎么来的呢？

是从娘胎里带出来的。是的。恐惧感。这是我精神深处储存的基本的经验之一，这经验构成我独特的生命历史。从小我的母亲就教导我——远离带给你危险的人。她是这么说的也是这么做的，母亲对我的训诫是她的人生最重要的经验之一。我出生于1964年，这是中国“文革”风暴来临的前夜。两岁的时候刚刚脱离襁褓，在呀呀学语和练习行走的时候，“文革”的风暴狂袭。大街上高音喇叭播送的大批判口号檄文日夜轰响，游斗各种被揪出的坏分子的队伍浩荡，他们不时从我家的屋前屋后走过。那些被打成“反革命”的人被剃着阴阳头，脸上涂着墨汁，胸前挂着倒写着名字打着红X的大铁牌，弯腰九十度，“革命者”挟着雷霆般的力量无情打击“反革命”。批判、游斗、囚禁和枪杀，这些事情在那样的年代不断上演，也在我生活里不断出现。这样的经验深刻在我的童年记忆里，长大之后也难以磨灭。

我和老妈都是中国红色革命风暴的亲历者，我们都被这席卷中国的红色风暴吓破了胆。幼儿时期老妈就怀抱着我东躲西藏逃避着街头频繁发生的武装械斗，也逃避人们盲目而疯狂的追捕。更早的时候——当我还是母亲腹中的胎生物质，我的灵魂还在天上浮游还没有降临到我的肉身的时候，我就跟随母亲四处奔走，躲避可能到来的杀身之祸。我家的附近有一幢三层旧式楼房，原来那是干部楼，红色风暴中它被腾空用来关押被揭发出来的各种坏分子，那些人并不是真正的坏，因为没有坏人的恶业，也没有坏人的意志，仅仅因为他们的个人身份——比如那些被划为地主、富农和资本家成分的，就成为打击的对象。反革命、坏分子和右派成为被打击的对象，后来我看到一个文革中的罪名，实在是多的不胜枚举。很多人被突然到来的红色风暴吓破了胆，有的人就跳楼自杀。还有的人选择用绳索将自己吊在高处结束自己的性命。这样的情景在中国的城乡普遍上演，这是我们今天都熟知的。

现在想来恐惧感就是在那时深植我内心，至今没有远离。

它们如同细胞不被人察觉，亦不被我察觉。

只有在特别时刻它们才会像闪电突然袭击我。

我以为恐惧感并不只属于我们的体验。

它是东欧人的集体经验。也是前苏联人民的集体经验。

斯大林时代残酷的“大清洗”运动，带给这个民族巨大的创痛和深重的灾难。

在不同的国家和不同的社会中，人们应对恐惧感的方式是不同的。

1968年捷克兴起社会变革运动“布拉格之春”，苏联军队出兵捷克首都布拉格。

这种侵略行径激起捷克民众的厌恶和反抗，这个东欧弹丸小国有着“自由”的传统，然而“社会主义”国家体制却带给这个国家禁锢，其特征我们可以从东德电影《窃听风暴》中看到，可以从横亘东西德边境的柏林墙看到，禁锢是东欧国家的共有特征和共同命运。

然而苏军入侵布拉格事件出现在昆德拉笔下的时候是轻逸的，《生命中不能承受之轻》的叙事如同音乐，轻逸地滑动，句子的跳跃如同华尔兹的节奏和旋律。昆德拉写外科医生托马斯与N个女人之间的情感史，这些女人中有他的情人萨宾娜，也有作了他妻子的特蕾莎，这是叙事镜头前的两个人，还有镜头之外的几个女人。在呈现托马斯与这些女人的情感境况的时，突发的社会事件和严峻的政治现实如插曲一样穿插进来。占领布拉格长街的苏军坦克车阵，抗议示威的人群，相互的对峙。柔情与残酷交融，人的创痛感从这轻逸的叙事中浮现出来，生之迷思从这轻逸的叙事中浮现出来。昆德拉从微小的个体情感的切口进入，深及到一个国家巨大的精神创痛——被侵略的耻辱，被控制被奴役的悲伤。

在昆德拉的笔下欲望以及肉体之欢与国家的创伤相互映照。

在矿区的时候我听到过昆德拉的名字，但与他的作品隔绝着。

局工会办有一份文艺刊物《浪花》，编辑部有位编辑言必称马尔克斯、昆德拉、卡夫卡。但那时我什么也不知道，无知蒙昧，只怀着对写作原始而天然的热爱。这些被称为大师的作家的作品我还没有读到。到太原才知道昆德拉这个名字意味着什么。

那时不仅太原，很多城市的知识分子都在秘密传阅昆德拉的《生命中不能承受之轻》，传看电影《布拉格之恋》。2008年的夏天，我作为记者负责采写新时期三十年的思想史报道，在我访问的人文学者中徐有渔先生谈到当年他们秘密阅读昆德拉的小说，以及地下观看《布拉格之恋》的情形，“东欧经验”是当时的知识分子认识自身处境的一种载体。

然而在1990年，“东欧经验”在我的意识里刚刚萌芽。

在省城学习的收获之一是我知道了捷克流亡法国的作家米兰·昆德拉。

知道他曾经当过爵士乐手，捷克某个电影学院的教授，也知道他在“布拉格之春”被镇压后有长久的时间被捷克当局禁止出版任何著作，但他还是写出了包括《生命不能承受之轻》等多部作品。从太原回到矿区的时候我随身的旅行箱里放着新买的米兰-昆德拉的小说《生活在别处》和《不朽》。这一年我成为东欧文学的热爱者，成为米兰·昆德拉的拥趸。

但是这并不能改变我们的生活进程。生活一如既往地停滞。

如同淤积着太多泥沙的河流缓慢而动。

2

恐惧在悄悄蔓延，浸过低垂的眼帘。

这个句子是我为这篇文字取的删除又恢复的标题。

我改动了一首流行歌词的句子。这是我访问过的著名的军旅歌手。

她的歌词的原句是：幸福在悄悄蔓延，浸过我低垂的眼帘。

对于我来说恐惧的蔓延总是大于幸福的蔓延。

即使是在后来，我远离家乡开始在京城的漂流生涯时，恐惧也并没能离开我。

我知道了捷克更多的重要作家。具有异议色彩的剧作家，后来当选捷克总统的哈维尔，从纳粹集中营走出来，"布拉格之春"运动参与者的伊凡·克里玛、写出《喧嚣中的孤独》《底层的珍珠》的赫拉巴尔，这些作家都是后来知道的，加之以前就了解的写《变形记》的卡夫卡，写《好兵帅克》的哈谢克，捷克非主流文化显示出持久的异质魅力。

1996年深秋，我再次获得机会到北京参加鲁迅文学院创作班的进修。

在那里结识了重庆作家周忠陵和他的一帮朋友，这是一帮具有另类色彩的人。

看到老威我仿佛又看到内心的恐惧。现在我看见老威行走在北京朝阳区十里堡曲折而逼仄的街道，他走过一座石墩雕刻成小狮子的石桥，桥下是淤积着垃圾散发出污泥腐臭气息的河流。街边到处是盲流的人群，各种身份的人出现在这条尘土飞扬的马路上，刚收工的民工，抱着婴儿的母亲，游手好闲的男人都在这条街上出没。街边是低矮的连片的平房，这是老北京的居住区，也可能是房屋出租户，在那些低矮和狭窄的平房里也许住着外省来的盲流者。如今这些物与人都消失。它们从地球上消失。它们作为不存在的事物存在于我的心里。

最早老威是让我产生恐惧感的一个人。老威是诗人，也是民间乐手。他从成都到北京看周忠陵，他的臂下夹着三尺长箫，长箫装在一个裁剪合体的旧蓝布套，由两端延伸出来的系带刚好让他像背着钢枪一样背着长箫。他的手紧攥着长箫的系带，像士兵卫护着钢枪卫护着长箫。他有一副硬汉的相貌和身坯，但是却有一双看上去柔软的手，虽然这双手的手指长有稀疏而鲜明的汗毛，但是柔软是无疑的。以前他用这双手握钢笔写字，写他的惊世骇俗的诗文，后来他用这双手柔弱而敏感的指尖捻着长箫的孔吹出使人听来荡气回肠的箫曲。

现在看来老威就是我畏惧的那种人。我畏惧他是害怕他带给我某种危险。

我想起老妈的话："不要跟坏人交往，不要跟有异端思想的人交往。"

老妈的想法无疑保守，但我理解她是为我好，希望我有自我保护的能力，跟祸端隔开。

表面上我还是会装出无所畏惧的样了。在老威到来之前他就已经是我们心里的明星。他左肩背着长箫，右肩背着棕色亚光牛皮书包，光着头眼神虚幻像土匪般出现在校园。学院禁止外来人进入校园，门卫又是个做事较真的中年妇女，不知道他是怎么说服门卫混进来的。他走进粗大繁茂的杨树组合起来的浓荫遮蔽的校园，踩着枯黄落叶沿着青砖缦出来的小路走，他的神情冷漠而木然，如同一个落难的行脚僧。

老威走进校园之前我就不断听周忠陵絮叨他的故事。"鬼佬子"是周忠陵对老威的称呼，能看出他对老威的钟爱是从心里生出来的，这是两个内心契合情感深厚的男人。老威是诗人，曾经写过纪念1989北京学潮的诗歌《安魂》，因诗犯禁，老威从1990至1994，有四年是在监狱里度过的。在那段时间周忠陵定期会去探监，为老威送去衣物送去他需要的香烟和零用钱，也负责照顾老威年迈的老娘，他们的情义持续多年。

老威到来的这个傍晚，住在学院寝楼的人们就听到老威吹出来的箫曲的呜咽，也听到他凄厉的长啸。为了迎接老威的到来，周忠陵差人到杂货店买回来两垛啤酒，从学院的食堂买回饭菜，邀来五六个往来密切的人在501室聚集喝酒。酒酣耳热老威手持长箫开始吹奏。

老威是在坐监狱的时候跟关在监号里的一个老和尚学的吹箫。后来老威送我一盘他自己制作的CD《汉奴：老威的箫声啸声》，CD的内封有的自况："身陷囹圄四年，并在高墙内师从司马和尚，学会了吹洞箫。刑满重归故里，世态炎凉已久，文坛故交视我如瘟疫，避之不及，这实在出乎我的意料。绝了功利文学的念头，靠笔吃饭的我必然生活无着，只得终日挟箫，混迹江湖卖艺，倒见识了不少被称作社会闲杂的底层高人。”喝过酒之后老威就不会谦让，他用手抹了下光头上的汗珠，取来放在身边的箫管，坐直了身子，平息气息开始吹起他的箫曲。他吹的是箫曲《汉奴》，这是反映古代流放时期的箫曲，曲风悲切哀婉怆痛。

老威吹箫的间隙会停下来长啸。他端坐木椅，微闭双眼，如密林中的豺狼长啸。

聚集在501寝室喝酒的人都被这悲怆的箫曲震动，我们沉浸在内心的感动中。

3

“国民的社会，或者全民的社会与阶级斗争的社会或无产阶级占据统治地位的社会。

“这是两种类型的意识形态，也是两种类型的社会制度，同时也是两种类型的国家风貌。”

一次私人性质的辩论。在夜间喝酒的时候，围坐在酒桌上的人都醉态毕现，也还是在辩论。这是城市知识青年与外省青年的区别。我是说周忠陵的朋友们和我家乡的青年的区别。

“文字狱，因言治罪，以思想异端为敌，打击和迫害异已，这样的行径在21世纪是反人类的，与世界文明背道而驰。”也有朋友边呷着酒边说道。他们执拗地辩论，不懈地驳难。

我是战战兢兢心怀恐惧听他们辩论的。就是从这些辩论开始，我认识了周忠陵的朋友们。

在501寝室我经常会看到有各种人来找周忠陵。有的是作家，有的是诗人，有的是学者，他们来看望周忠陵。这是思想自由，行为独立的人，除了聊天这些人到来的时候还会带着书籍。这是在图书馆和书店看不到的书，它们只通过这些私人管道秘密流传。到501寝室的人，老威是其中的一个，还有个叫黄峰的北京青年也经常来玩。据说黄峰是流亡海外的人文杂志《倾向》的编辑，这是个看上去斯文的年轻人，戴着一副黑框近视眼镜，四六开的分头，清瘦，满口京腔，在秋天长穿一件米色风衣。这是个开口必谈哈维尔的年轻人。那时我知道在周忠陵的朋友里有很多是时任捷克总统哈维尔的拥趸。我是在这时候开始知道在这世界上还有个名叫哈维尔的政治异议者。有一次黄峰来，刚走进寝室就迫不及待从书包取出一本《哈维尔传》，在他的鼓吹下人们已经对这个中欧小国的政治异议者怀有强烈的好奇心，这部繁体字版装帧和印制精美的《哈维尔传》拿在周忠陵的手里，周忠陵翻看了一下递给赵中月，这部《哈维尔传》就在501寝室的人手里传递最后又回到周忠陵手里，后来这本书就在501室传阅。

我一直没有机会把《哈维尔传》拿在手里认真阅读，只传在手里翻看了一下。

1996年深秋。在艺术学院501寝室，我平生第一次看到哈维尔的著作，我看着那本《哈维尔传》在同学中间相互传递。也算是朋友之间友情的显现。老威跟黄峰也是朋友，作为交换老威在拿走一本《哈维尔传》之后，又取出放在他书包里的自办杂志《知识分子》给黄峰。这是我第一次看到所谓的地下刊物。《知识分子》是老威主编的人文杂志。黑色的封面，32开版本，293个页码。老威打开书页在扉页上签下自己的名字送我们。打开杂志我看到其中的头题文章就是老威自撰的回忆录《黑道：二十世纪八十年代中国地下文学野史》的第四部。在这本制作粗糙的杂志我还看到诺贝尔和平奖得主，美国作家埃利·威塞尔的专辑，其中有《论文化与艺术中的革命》《大屠杀与作家的苦恼》《寻找正直》《大屠杀之后的艺术与文化》《遇见塞缪尔·贝克特》等文章。在这本杂志里我还第一次看到哈维尔的文字《政治与良知》，以及捷克作家哈里·加尔夫写的《公民不服从：为瓦茨拉夫·哈维尔而作》，

还有一篇文字我很有兴趣，就是老威撰写的哈维尔述评《无权者的权力》。这本杂志在我看来新鲜、锐猛，当然也很危险。因为这本杂志几乎在刚印出时就被当地的警察查抄走。我想这样的思想是被当局忌惮的，也在被禁止之列。然而作为一个成年人，我以为自己有独立选择资讯和读物的权利，这本杂志我留下来，有时间就会认真阅读。《大屠杀之后的艺术与文化》《大屠杀与作家的苦恼》是我反复看过的文章。我想到501寝室找周忠陵的人多是这个社会的危险分子。但是如何危险我又说不上来，因为他们不持有刀枪，又不偷盗抢劫。他们的危险在于他们头脑。这是一些思

想异端的人。或者说因为他们思想异端而具有危险性。

4

我是在那时知道国家体制和社会的基本结构。

社会的主体是由国家体制构成，统治集团的权力体系和由其主导的意识形态以及依附在其上的庞大人群形成社会的主流。我看到的是这主流之外的人群，看到主流之外的生活。老威到北京也是应邀为个体书商主编一部地下诗歌史《沉沦的圣殿》。在北京金台路的图书市场活跃着一批私营书商，他们是中国第一批体制外的书业经营者，这是一些基本在思想上不受管制的图书制作商，他们策划的图书选题多以个人志趣和市场主导。周忠陵在成都的老友李亚伟做过《戴安娜王妃》《魂断激流岛》，前者是英国王妃戴安娜出车祸致死之后操作的书，后者是诗人顾城杀妻自缢之后操作的书，两本书都是在只有一个书名的时候拿到市场去征订，那时候钞票如雪片般飘落到书商李亚伟的头上。老威应邀而来，在北京安顿下来之后，他做的事情就是到这个城市的各个角落寻找那些地下诗人和他们创作的具有反叛性质的地下诗篇。书商期待这是又一部有震撼力的畅销书。

老威跟周忠陵要人，说是给他做助手。周忠陵对我说："你去吧。"

开始周忠陵这么说的时候，我还是有些犹豫。老威是个危险分子。这是在我头脑形成的习惯性判断。他是个获得"美国自由作家奖"的作家，在中国社会的语境里，这就是有西方势力支持的人，而被西方势力支持就很可能是国家的敌人。这是被我所熟知的中国的政治逻辑。其次要做的这个工作在我看来也是危险的，"地下诗歌史"，很容易让人想到那些躲在暗处对社会怀有仇恨的人。这种意识也是社会教育我的结果。想到这些有可能存在的危险就令我畏惧。可是我也惧怕这种"畏惧"感，恐惧感带给我作为人的脆弱、卑微和怯懦感。这是我从心里厌恶的状态，在周忠陵跟我说完他的建议时，我又看到盘脚坐在椅子上的老威。他在用一块天蓝色的绒布擦拭他的箫管，他认真而细致地擦拭，神情安静专注。他的眼神有种温暖的柔光。这个人怎么可能是一个坏人呢？我想。他难道不是跟我的大哥一样的人么？这么想着我就觉得老威很像大哥。

最后我对周忠陵说："好吧，我干。"

那些日子我还看到周忠陵出版的一本书《中国底层访谈录》，书里是对数十位生活在社会底层的个体的口述实录，那些人里有狱卒，有退伍军人，有下岗工人，流浪诗人，还有落单的和尚。我看到有一篇是写监狱中的囚犯的，充满逼真的细节，我觉得老威应该植入了自己的体验。跟着老威工作，我开始担心难以伺候，也不好相处。不过既然答应了，谨慎应对即是。毕竟老威是兄长，在写作上亦可作我的老师，也理应尊敬他为好。但是没有想到的真到了具体工作，反倒是老威对我关照得多。在路上奔走时，担心我饥饿和口渴，老威总是为我买来食物和水给我吃喝。

我就那么跟着老威的屁股后边跑，为老威做助理，帮着做口述实录的采访。

这个满脸大胡子的光头男人长了一副杀手的外貌，可是性情却出奇地良善和柔和。

跟着老威穿行在京城的街道，寻找着那些被主流社会遮蔽或遗弃的地下诗人，我觉得心里挺踏实。也意识到由自己的积习形成的对人的恐惧感很可笑。事实上人性是广阔的，而政治只是它微小的一部分。在给老威做助手的时间里，我知道了更多的捷克异议作家，知道了东欧和苏俄的地下文学，除了捷克，我还知道了俄罗斯作家，除了我知道的肖洛霍夫、托尔斯泰、陀思妥耶夫斯基，还有索尔仁尼琴和帕斯捷尔纳克。除了《复活》《安娜卡列尼娜》《静静的顿河》《罪与罚》，还有《古拉格群岛》《红轮》及《日瓦格医生》。而人的意志，除了对统治者的权力顺应和服从之外，还有反叛和不服从以及公民抗命。

"萨米亚特"是我在那时知道的。"萨米亚特"一词是俄文"未经官方许可的手稿复制品"的意思。1960年代，捷克作家们提出除刑法之外，创作自由的问题。他们先在朋友间互相传阅手稿，然后装订出售给感兴趣的读者，甚至还请国营工人来装订成册，配上被禁画家的插图。但为了避免搜查、审问和监禁，只能把它们藏在阁楼、天花板和花棚里。具有"萨米亚特"写作倾向的作家关注现实，描写时代阴影下普通人的真实人生。

这是我思想启蒙的时刻，也是生命意识复苏的时刻。

5

我爱这座城市，爱它的美和艺术的气质

我爱这座城市，爱它热爱自由反抗奴役的人民

哦，我爱，布拉格，我从来没有踏入过的城市

你抵御侵略，你粉碎禁锢

你创造了一座城市的文明之光

……

这是我为布拉格写下的诗句。

很长时间，布拉格成了我热爱的城市，它存在于我的内心和精神之中。

我深爱诞生于这座城市的独立作家和具有异议色彩的政治活动者。

据说昆德拉是拒绝抛头露面的人，很少有人能在公共场合看到他。

在他的思想集《小说的艺术》中他引述福楼贝的话为他画像：小说家是要消失在自己作品之后的人。消失在自己作品之后，意思就是要放弃公众人物的角色。

但我以为他是真正领悟了小说艺术精髓和艺术价值的人，这是他潜心献身艺术的理由。

少年早慧使昆德拉接触并深入理解艺术，从音乐到戏剧和电影，再到文学，包括诗歌，他都有深入的研究。这是个受到天命召唤并服从天命的人。著述的生活他过了多年，从最早的小说创作到今天，他的生活几乎没有发生多少外在的变化。

每个人都受天命所召唤最后并服从天命。哈维尔与昆德拉所走的道路不同，他的命运是一个政治异议者的命运，他放弃写作，走上街头，参与抗议示威活动，发起请愿签名，不断地被捕入狱。他的剧作家的命运是为他从事政治活动做的准备，是通往他政治生涯的一条道路，一座桥，他的最终理想是改造社会，重建国家。

在中国的语境里哈维尔是个被屏蔽的名字。在官方媒介里看不到关于他的任何消息，在书店里也没有他的任何著作能买到。但是自我将《哈维

尔传》拿在手里的一瞬间，内心就生出对这个异国剧作家兼政治异议者的尊敬感。

2004年，我看到一部中文版的《哈维尔文集》，译者为北京电影学院教授崔卫平。

其时我结束漂流生活开始在媒体供职，看到这部书激发我访问崔卫平教授的热忱，我很想系统地了解捷克在当代的政治与文化。在访问之前我通读了《哈维尔文集》，同时也读了波兰著名知识分子，有团结工会智囊之称的米奇尼可，在更广泛的维度下了解捷克的政治与文化。那时候我知道了哈维尔著名的言说："活在真实中。"

通过中译我也可以直接看到他的言说和思想。《说出真实是有意义的》是哈维尔接受捷克记者伊希-莱德尔的访谈，他在其中讲述了自己的往昔经历和现实境遇，有很长时间哈维尔是紧张的，为了安全，做了许多复杂和隐秘的准备。"我将一些我称之为'应急包'的东西放在一起，包括雪茄，一把牙刷、牙膏、肥皂、一些书、一件T恤、纸、一些泻药和其它一些小东西——我不可能记住每一件东西。我整天带着这个包，或者更准确地说，当我离开屋子时我都带着它。"哈维尔说。

2006年，我为当时供职的媒体做"聂华苓与爱荷华国际写作中心"的报道，年届九十岁的聂华苓谈起"爱荷华国际写作计划40年的历史中，有没有计划邀请，又没能到达的作家？"时说："哈维尔是答应来但又没有来的作家之一，他不能长时间离开他的国家。我们的国际写作计划只有三个月，在东欧很有影响，尤其是1970—1980年代，东欧还在苏联控制之下，很多作家受到压制，作品不能发表，所以我们请到的东欧作家年纪都比较大。"

哈维尔倡导"民权运动"，1968年，聂华苓邀请哈维尔到爱荷华来。他接受了邀请，当年的9月就可以到爱荷华了，8月间聂华苓与安格尔去纽约，一天晚上，他们在收音机上找古典音乐，碰巧听到晚间新闻：苏联坦克开向布拉格。他们立刻打电报给哈维尔，催他和家人立即到爱荷华，全家飞机票将寄往任何他指定的地方。聂华苓希望在苏联进入布拉格之前哈维尔可以收到电报，先到维也纳或西德，再到美国。

然而杳无音讯，捷克与外界隔绝。聂华苓不断打听哈维尔的消息，哈维尔转到地下了，哈维尔戏剧被禁演了，他的书被禁止出版了，他被捕了等等。那年聂华苓在"五月花"公寓为哈维尔订好的房间一直空着。聂华苓每年都会在“五月花”公寓给三十多位被邀请的作家订好房间。那年有两个作家始终没有来，一个是捷克的哈维尔，一个是台湾的陈映真。

“陈映真是被捕了，哈维尔转到了地下。”聂华苓说。

2010年的深秋我作为新闻记者应台湾某出版社总编辑邀请到台湾访问，到达台北时我专程在傍晚独自去台北的诚品书店逛，在书架上寻找有关哈维尔的书籍，我选出一本由贝岭编著的449页的《半先知与卖文人：哈维尔评论集》，还有一本《哈维尔剧作集》，两本书我都买下来。除了哈维尔的书，我还买到伊凡 · 克里玛的随笔集《布拉格精神》，这是与大陆版不同的版本，它的思想和表达没有经过删节保持着完整的状态。我看到这部书的后记是由刘晓波写的《读卡里玛《布拉格精神》：狱中笔记》。这是我喜欢的书，也只有在台湾和香港，阅读的自由可以实现，在大陆，出版如同媒介一样是被严格管制，严厉的审查制度限制着一切与官方规制不同的书籍出版，这是中国的出版现实。买到这些书的时候，我还担心是否能顺利带回家，担心海关检查，最后的结果是我顺利带入境。

然而就在我开始认真阅读哈维尔的这两本书的时候传出哈维尔病逝的消息，我在第一时间跟编辑部报了选题，连夜做相关采访，我访问了在大陆的哈维尔的研究者和译者，也访问了在台湾的哈维尔的研究者和译者。这个选题在报社的通过也是因为总编辑作为审查者对哈维尔这个名字的陌生，他或者以为这只是个外国的球星。结果我把稿子做出来，编辑送审安排当期的版面，总编辑在审版时才发现这是个政治异议者。撤稿已经来不及，就勒令编辑修改，最后见报的稿子只能谈论哈维尔的剧作家生涯，涉及政治的部分全部删掉，研究者回忆哈维尔的部分全部撤掉。不过，纪念哈维尔的报道总算是在我的手里发出了。

过于漫長而痛苦的仇恨

我们开始在合众国旅行
从今开始航行到每一块陆地
每一片海洋。
我们乐意向所有人学习
给所有人教诲
爱所有人。

——【美】沃尔特·惠特曼

1

航班号：UA88；预计起飞：15:35；目的地/经停站：纽瓦克。

我的航班座位是22K。蓝色机舱。机舱里的装饰也为蓝色。美联航的航班服务也呈现美国的国家状态。自由、随意、没有刻板的程式。机上的空乘侍应人员多为中年男女，黑皮肤比白皮肤多。他们微笑着自如穿行在机舱过道。从我所在的位置可以看到这些场景和情境。

这当然是新异的。有十多年的时间我是空中飞人，乘坐各种机型出境旅行，北欧航空公司、阿联酋航空公司、中国国际航空公司、台湾中华航空公司，等等，置身于美联航的飞机很容易感受到其中的差异。如果时光倒流在1960年代以前的美国，族群融合是难以想象的。在漫长的时光里，被视为超级大国的美利坚实行野蛮的种族隔离政策，黑人与白人不能同乘公共汽车，黑人不能出现在白人的公共区域。政府也很少有黑人就职。种族隔离制度带来严重社会危机，族群对立，社会撕裂，国家动荡，很久以来都是美国的国家之痛。

今日的美国似乎弥合了国家的分裂，消除种族隔离之蒙昧制度。

族群的融合不仅在美联航的飞机上，在美国的城镇和乡间亦如是。

波音客机在天穹之间飞行十多个小时后降落美国。我在纽约街头行走，跟随朋友开启自驾之旅，沿西海岸驰行，在洛杉矶和旧金山漫游，沿途既见如画的海岸美景，也见城市街头的混杂。根植于人性的藩篱依旧存在，族群歧视和阶层仇恨游弋在人心之间。如同云翳投射在美利坚国土之上，显示出文明灯塔的暗影。这暗影是美国的，也是人类生活的。

我愿意作为观察者和体验者进入这个国度。

注视这异域的国土，注视生息在这里的人。

“我相信人不仅仅会存活，他还能越活越好。他是不朽的，并非因为生物中唯独他具有永不枯竭的声音，而是因为他有灵魂，有能够同情、牺牲和忍耐的精神。诗人的、作家的职责就是写这些东西。作家的特殊权利就是帮助人坚持活下去，依靠鼓舞人心、依靠让他记住，勇气、尊严、希望、自豪、同情、怜悯和牺牲，这些是人类历史上的光荣。”

1950年12月，美国作家威廉·福克纳在斯德哥尔摩的诺贝尔奖颁奖典礼现场发表他的演说词时如是说。在20世纪，活跃在美国本土的杰出作家，因其对于美国“黑人”生活的书写，对于种族关系的揭示而成经典，福克纳的《喧哗与骚动》、《圣殿》、《八月之光》、《押沙龙，押沙龙》长存不衰。因其描写美国南方“光荣的过去建立在黑奴的廉价劳动之上，过于漫长而痛苦的仇恨”，福克纳被称为“伟大的史诗作家”。瑞典学院在授予福克纳诺贝尔文学奖时评价道：“福克纳更加深邃地探究人类的心灵，探究人类崇高与自我献身的力量、权欲、贪婪、精神贫困、恐惧以及堕落的种种过失”，成为二十世纪世界文学的里程碑。

纽约时代广场。沉淀着时间的遗迹，也凝聚历史光影。

时代广场的钟声在耳畔响起时，我会有时空交错感。宾夕法尼亚酒店。建于1919年。这是我在纽约的下榻之处。清晨，时钟报时的声音会响起来。钟声从城市的高空传下，透过玻璃窗传到耳边。我被这钟声的喧响吵醒，看到阳光透过窗帘晒进来。每天的时光都是新奇的，我让自己打开感官保持住好奇心。这是对一个异国的城市的好奇心。钟声来自纽约时代广场的钟楼，能听到这钟声，我有新奇感。知道这种听见是稀罕而珍贵的。侧耳倾听这高空传来的悠扬钟声，是我从睡梦中醒来的标记。当我意识到这是睡在纽约的酒店的床上，还是会有一种激情在心头蔓延。

在纽约期间。我每天都会经过时代广场，它是回酒店的必经之路。穿行在人群里，真正置身于时代广场，眼前的一切都令我怀有热忱。在抵达纽约的第二天我步行走过曼哈顿的百老汇街区，在位于此地的卡内基音乐厅听音乐会。自1891年起，柴可夫斯基、马勒、普罗科非耶夫等古典音乐家都在这家音乐厅演出过。百老汇是时代广场的地标性建筑，在它的对面是三一教堂，纽约现存最古老的教堂。最初是由威廉三世作为英国国教教堂于1697年建成的。1776年被烧毁。之后重建的第二代存在倒塌的危险而被推到。1846年，由建筑师理查德·阿帕文设计，三一教堂得以重建，形成现在的哥特式建筑风貌。

然而时光倒流，1865年4月15日，林肯的丧礼在此举行。这是世纪性的告别。

载着林肯遗体的灵车在16匹由黑人驾驭的白马牵引下走向百老汇。所经之处有神情悲戚的女人抛撒鲜花。在灵车后边，16万送葬者擎着旗帜。前来参观丧礼的民众有50万。为了尽量容纳观礼的人，对着百老汇街道的楼房的二楼窗栏都卸下来。在街道行进的送葬队伍里，穿着白色长袍的唱诗班唱起圣诗，行进的乐队奏着哀歌。每隔一分钟，百门礼炮鸣响。

林肯的棺木安放在纽约市政厅，供民众瞻仰，百万民众从美国各地赶来。人们悼念这位美国历史上最伟大的总统。次日中午，林肯的灵柩从纽约出发，前往美国几大城市巡礼。到了晚间，半个北美大陆被火炬和焰火照得一片通明，它们在为林肯的灵车照路。

“亚伯拉罕·林肯（1809—1865），美国第16任总统，在美国人民乃至全世界人民心中都有着极其崇高的威望。在华盛顿林肯纪念堂。每年都有数以百万计的国内外观众前来瞻仰这位伟人巨大的坐像。”由戴尔·卡内基著的《人性的光辉：林肯传》评论道：“在短短四年多的总统任职期间里，维护国家的完整和统一和解放黑奴是林肯的两项伟大的业绩。”

1862年9月，林肯发表《解放奴隶宣言》，宣布解放南方各州叛乱的奴隶，使美国400多万黑奴获得自由。然而他也遭到仇视，弗吉尼亚州的一群奴隶主在1863年组织了一个秘密协会，其目的就是为刺杀林肯。约翰·威尔克斯·布斯就是这个组织的成员。

1865年4月14日。林肯乘车去福特剧院看戏。沿途的街道到处是举着火炬的舞蹈队列，民众兴高采烈地向总统高声欢呼。福特剧场人满为患，数百人挤在剧场外面。第一幕戏开始不久，林肯和他的随行人员才进场。当时的时间是晚8点40分。舞台上的演员停下来，向总统鞠躬致意。身穿节日盛装的观众高呼。管弦乐团适时奏起《领袖万岁》，林肯向人群鞠躬答礼之后落座。这天晚上，是萝拉·基恩演出的著名喜剧《我们的美国表亲》，观众席上发出阵阵欢笑，整个剧院气氛热烈。

晚10点10分。枪手约翰·威尔克斯·布斯走进剧场。他穿着一身黑马裤，皮靴和马刺。布斯手上拿着一顶黑色礼帽，向通往贵宾座的楼梯走去，他从一条摆满椅子的过道挤过去，进入包厢外面的走廊。布斯已经察看到总统的位置，他通过卫兵的阻拦，进入包厢。他向总统身后那扇门走过去，从他提前挖好的瞭望孔看进去，计算好距离，他推开门，抬起手里的高口径小手枪，将枪口贴在林肯的头部扣动扳机。布斯射出的那颗子弹，从林肯左耳下方射入，穿过大脑，停在离右眼半寸的部位。随后，布斯飞身跃下舞台。这时没有人——包括舞台上的演员——想到总统已经被暗杀。人们还以为剧院响起的枪声和跳下舞台的动作是演出的一部分。

2

哈莱姆区。位于纽约曼哈顿125街和135街之间。

这里是爵士乐、灵歌的诞生地，是黑人文化的发源地，是教堂福音音乐的根。

哈莱姆划分为三部分，黑人居多的中央哈莱姆，列克星敦大街以东、波多黎各人生活的东哈莱姆，以及阿姆斯特丹大街以西、多米尼加共和国人居多的西哈莱姆。据说哈莱姆的犯罪发生率比曼哈顿其它地区高，到处可见废墟、兜售大麻的毒贩。

“地上黑暗之处，都满了强暴的居所。”这句话出自《圣经》的《旧约·诗篇》，被美国作家斯陀夫人写到长篇小说《汤姆大伯的小屋》。少年时我在矿区的电影院里看过根据这部小说改编的电影。在原著里，黑奴汤姆和他的同伴们跟在一辆笨重的马车后面，在一条崎岖不平的路上行进。道路荒凉偏僻，时而迂回曲折穿过荒漠。贫瘠、悲风萧萧的松林，时而越过漫长的沼地中的栈道。对于被买去当奴隶的黑奴来说，这旅程凄凉而疲惫。黑奴们在困苦的旅途中唱起赞美诗。耶路撒冷，我幸福的家乡/你的圣名对我永远这样亲切/我的痛苦哪天才能了结/你的欢乐我哪天才能有。人们强作欢笑歌唱，狂放的歌声中蕴藏着深切的悲哀。斯陀夫人的小说《汤姆大伯的小屋》1852年问世，此书出版之前，美国南方和北方因奴隶制度而引起族群冲突。《汤姆大伯的小屋》的发表震撼美国社会。它揭示南方奴隶制度的残暴现实，激起北方民众的义愤，1864年美国南北战争爆发，《汤姆大伯的小屋》被视为是美国南北战争的导火索。林肯总统将斯陀夫人称为"发动南北战争的妇人。"

到纽约之前很多朋友提醒，不要轻易到哈莱姆区，这是黑人聚居的地方。偷窃、吸毒、抢劫、强奸、寻衅滋事随时会发生。尽量不要单独行动，不要进入行人稀少的道路，切忌拿着相机对着人。我随身带着的旅行册也如是提示。这些提醒令我心有余悸。然而我知道哈莱姆区也是美国总统巴拉克·奥巴马在青年时期的居住之地。在哈莱姆的潮流店，可以看到从音乐巨星鲍勃·马利、杰米·亨德里克斯到奥巴马总统等传奇黑人为主题设计的各种T恤。

2008年巴拉克·奥巴马成为首位非裔美国总统，成为种族和解的象征。

"我曾经目睹过社会底层人们的绝望和混乱。那种绝望和混乱扭曲了那些流落在雅加达和内罗毕的街道上无家可归的孩子们的生活，也同样扭曲了芝加哥南区的孩子们的生活。对他们来说蒙耻和爆发无可抑制的愤怒之间只有一步之遥，他们多么容易身陷暴力和绝望中。"

这是奥巴马在回忆录《我父亲的梦想》中的话。2008年，在残酷选战中胜出的奥巴马当选美国总统，作为美国两百年历史首位非裔总统，弥合种族隔离，凝聚国家团结力量。

奥巴马住在第一大道和第二大道之间的九十四街。

那里草木凋敝，环境脏乱。一排排灰色的临街公寓遮住了一天当中的大部分阳光。

奥巴马住的公寓楼很小，地板已经倾斜，楼下的门铃是坏的，前来造访的客人必须事先在街角的加油站打付费的公用电话才能上来。夜幕降临的时候，这里随处可见恶狗出没。在很长的时间里，哈莱姆区也是美国社会的骚乱源。“我们在他们面前是客旅，是寄居者，与我们的列祖一样。”奥巴马在他的回忆录《我父亲的梦想》中写道。它也是美国黑人处境的自况。“我的成功是种族政治得到更广泛改变的一个信号。黑人社区普遍对我的成就感到骄傲。一种夹杂着挫败的骄傲。”1996年当选伊利诺伊州国会参议员的奥巴马在自传中写道。作为从哈莱姆黑人贫民区走出来的政治新星，奥巴马见证了他的道路的艰难，也见证美国社会由来已久的种族隔离带给国家的撕裂和撕裂之后引发的动荡和危机。

1963年8月28日，华盛顿林肯纪念馆。二十万黑人和白人民权运动支持者从美国各地游行到华盛顿，示威民众在林肯纪念堂听取了马丁·路德·金有力动人的演讲《我有一个梦想》。这是首都历史上最大规模的游行示威。示威者在林肯纪念碑前发表各种演说，黑人抗议者的领导人会见了肯尼迪总统与国会领导人。“我梦想将来有一天我们这个国家挺身屹立，真正实践它的这一信念，即：我们认为这些真理是不言自明的，所有的人生而平等。”

其时日益加剧的种族隔离带来的社会危机，使得美国频繁爆发抗议示威。黑人领袖带领游行队伍走过亚拉巴马州伯明翰市区的几条街道，抗议该区域的种族隔离。尽管游行是以和平非暴力方式，但是由于游行没有得到批准，金与其它58位抗议者被逮捕。逮捕行动又引发暴力冲突，2000名黑人要求释放被逮捕的人，示威者与警方发生冲突，多人受伤。在此前，由于密西西比大学录取一名黑人学生，挑起有种族隔离情绪的白人学生的暴力活动，然而无论骚乱如何激烈，詹姆斯·梅瑞迪最终成为清一色白人学生的学院第一名黑人学生。

1964年12月10日，35岁的马丁·路德·金被授予诺贝尔和平奖。

1968年4月4日，金博士遭枪击致死。当时他正在田纳西州孟菲斯市的洛兰汽车旅馆二楼他住的房间外的阳台上。这位时年39岁的民权运动领导人之死，给孟菲斯全城和整个美国造成强烈震撼。田纳西州长布福德·埃灵顿命令4000名国民警卫队员开入该城以维持治安，同时对居民实施宵禁，这里40%以上居民都是黑人。

据说事后逃走的暗杀者是一名白人男子，当时住在距洛兰汽车旅馆约50码到100码的一家廉价旅馆里。警方认定，这名男子事后是驾驶一辆野马牌汽车跑掉的。犯罪现场发现的枪支证明所用的是一支高效步枪。出事的时候，马丁·路德·金正倚着栏杆上和站在楼下的他的民权活动伙伴杰西·杰克逊谈话。在此以前，金刚刚邀请杰克逊的一位音乐家的朋友在两小时后就要召开的支持孟菲斯环卫工人罢工的集会上，演奏一支黑人圣歌《亲爱的上帝，请拉住我的手》。遭枪击后，失去知觉的金博士被送往圣约瑟夫医院，在那里他停止呼吸。

3

肯尼迪机场。这是我前往洛杉矶时进入的机场。在空间广阔的候机厅候机时，总会想起约翰·肯尼迪总统，美国史上最年轻的政治明星，想到他激情而悲怆的终局。

政治暗杀贯穿美国历史。缘于各种阴谋和企图的枪击事件，使政治精英殒命。

刺杀的枪声从19世纪延至20世纪，一次次使美国陷于创伤中。从亚伯拉罕·林肯到约翰·肯尼迪，从民权领袖马丁·路德·金，到披头士巨星约翰·列侬，躲在暗处的刺杀者一次次得手，烧灼的子弹冷酷击中那些杰出的头脑，美国一次次失去它的伟大生命，国家一次次蒙上哀殇面纱。然而美国是这样的国家，可以经由政治遗产塑造国家制度和精神。

纽约中央公园（Central Park），有茂密的树林，湖泊和草坪，还有农场和牧场。至今公园还保存有肯尼迪总统的遗孀杰奎琳的遗迹，杰奎琳生前会在中央公园晨跑，人们在这里会看到她美丽而隐忍的身影。我在纽约市导览图上看到说明，按照指引寻找杰奎琳生前的遗迹。午后的中央公园静谧，每张木制长椅钉有铭牌，讲述发生在此的故事。

1963年11月25日。一个男孩装扮成士兵，肃穆哀悼。全世界都看见这个场景，观者无不动容。3岁的约翰·约翰·肯尼迪与仪仗队站在一起，当他的父亲约翰·菲茨杰拉德·肯尼迪的遗体在他们面前经过时共同致敬。此时，总统的遗孀杰奎琳的脸上蒙着黑色轻纱，她的眼里充满人们看不见的晶莹泪水。杰奎琳与肯尼迪家族的成员一同进入国会圆形东厅，他们跪在肯尼迪的灵柩前祈祷。棺木安放在灵柩台上，100年前在这里安放过林肯的棺木。

1961年1月20日。华盛顿下了半尺多厚的雪，使早晨的空气变得又纯净又料峭。大约2000名穿着大衣围着围巾的人聚集在国会山的东门廊前面，等待着第35届总统的宣誓就职。约翰·肯尼迪发表了他的著名演说："亲爱的公民们，在你们的手中有比我更多的东西，将决定我们方针最终的成功与失败。"肯尼迪总统说："现在号角又向我们召唤——去反对人类共同的敌人，暴虐、贫困、疾病和战争本身。"他的演讲具有激烈人心的力量。

在肯尼迪当选总统的这一年，作为东西方冷战的产物柏林墙建起，像一把利剑把柏林的心脏切开。这道用预制板和混凝土块以惊人速度筑成的墙，是共产党东德阻止亲西方者逃到西方的障碍。要通过这道墙是困难的，需要特殊通行证。由架设着机枪的东德士兵筑起带刺铁丝网，埋设地雷，布置岗哨，以阻拦大批逃离者；而美国社会动荡，抗议浪潮汹涌，种族歧视导致的社会撕裂，冷战正酣，苏联作为庞然巨物虎视眈眈。年轻的肯尼迪意气风发，他的形象和风度，他的头脑和心灵，他的品格都受到前所未有的欢迎。仿佛美国经由明星总统的带领自此走向新生。然而就在这美国梦酣的时候回响在达拉斯的枪声击碎了人们的心。

1963年11月22日，肯尼迪总统在达拉斯被凶手的子弹击中，遭到暗杀。当时他正坐在汽车队的一辆汽车中。凶手站在德克萨斯教科书仓库里用步枪开了三枪。行刺时间发生在中午，夹道欢呼的民众听到枪声惊恐不已，人们看到46岁的总统倒在敞篷车的座位上，头上有一个又大又深的伤口。汽车随即以高速开到帕克兰医院。30分钟后，肯尼迪逝世。

事发时杰奎琳·肯尼迪正坐在汽车里她丈夫的身边，没有受伤。可以看见她的长筒袜溅上她丈夫的血。肯尼迪遇难后仅仅99分钟，副总统林登·约翰逊在总统专机上宣誓就任美国第36届总统。当新总统在美国空军机场宣誓就职时，杰奎琳·肯尼迪就站在约翰逊身边，她的脸上充满忧伤，依然穿着在福斯沃斯与达拉斯向欢迎的民众挥手致意时的那套紫红色礼服。她脱下了无边帽，黑色的头发被风吹起，有点凌乱。她的手轻轻放在她丈夫的棺木上，这时灵车正载着棺木从医院送往停机坪。当时飞机停在洛夫机场跑道上，载着被暗杀的国家首脑的尸体，与55岁的新总统，起飞向着首都华盛顿航行。

1968年6月5日，纽约州参议员罗伯特·肯尼迪（Robert F Kennedy, 1925-1968），在民众的欢呼声和象征胜利的"V"手势中结束竞选演说离开现场。然而几秒钟后，从暗处射来的子弹击中他。罗伯特·肯尼迪躺在厨房走廊的水泥地上。他的头部中了两发子弹，一发在前额，一发靠右耳处。作为已故总统约翰·肯尼迪的胞弟，罗伯特秉承家族的雄心和志向，致力于政治生涯。1964年当选为纽约州参议员，1968年3月16日宣布民主党提名总统候选人身份，1968年6月4日在重要的加利福尼亚州初选中旗开得胜，那天晚上他在洛杉矶大使饭店向他的拥护者们演说，在穿过一间厨房的过道离开饭店时被一名心怀怨恨的巴勒斯坦移民开枪击中，两天后死去。

就在罗伯特遭枪击两个月之前，预定要在印地安那波利斯市一个贫穷的黑人区为他争取民主党总统候选人提名的竞选运动发表演说。警察告诫他当晚不宜去演讲，因为他们不能保证他的安全。然而他还是到达那个地区，并且将竞选演说改为对马丁·路德·金遇害的哀悼。他的即席讲话回顾了一名狙击手的子弹夺去他兄弟的生命后他个人的巨创深痛。这场演说使群情悲愤的黑人得到情绪的安抚。然而两个月之后罗伯特遇刺。这是在约翰·肯尼迪被暗杀之后，肯尼迪家族遭到的又一次死亡重创。

肯尼迪在总统就职仪式上的演说成为20世纪的绝响，他的声音至今回响在纪录他生平的影音里："火炬已经传到新一代美国人手里，因此，亲爱的美国人，不要问你的国家能为你做什么，而要问你自己应该为你的国家做什么。"

4

在国内的时候，我看到媒介的宣传战，出现在公共媒介（电视和报纸）中的"美国"是混乱的，衰退的，恐怖的，灾难不断。然而真正进入美国，会发现它具有超强的稳定性。国家有序地运行，尽管当政总统特朗普遭到广泛批评和反对，但是权力系统和社会都在稳定地运行。作为国家政体的支撑——独立的司法、独立的议会以及独立的新闻，这些民主社会的基石坚固地支撑着国家和社会有序地运行。美国的国民也很出色，他们安详、镇定、文明，属于高素质的国民。在地铁、火车站这种人流稠密的公共空间很少看到人们拥挤，礼让优先；道路上也很少看到汽车抢路，任何时候都是汽车礼让行人，这种日常化的社会景观反映一个社会的文明程度。为美国制造恐怖和混乱的多是来自境外的恐怖分子，本国的只有精神异常者才会仇视社会，制造恐怖事件。美国作为全球文明国家的样本，目前依然是先进的。

然而枪击成为这个国家的噩梦，在不同时代都萦绕在这个国家。

“我想过一种普通的生活，不被报纸追踪。当你杀了个人，而这个人是约翰·列侬的时候，你实在没多少地方可去。”马克·戴维·查普曼，刺杀约翰·列侬的枪手，在服刑20年之后回答记者的提问：关于如果他从监狱被释放想去哪里的问题时如是回答。

在纽约的时候，我专程前往中央公园（Central Park）。好莱坞有诸多电影或电视剧会以中央公园为背景。它被59街、110街、第五大道环绕着。面积约3.4平方公里，南北约4公里，东西约800米。这是面对纽约市民和游人免费开放的城市公园。我被它的广阔、静谧和幽美所打动。这里有德拉科特剧场，定期上演莎士比亚剧目的露天剧场，每年夏季成为纽约莎士比亚狂欢节；还有始于1934年作为广阔牧场的绵羊草原；建于1873年的毕士达喷泉。安贝尔堡则记录了二万年前的冰河时代奇境。然而中央公园，最吸引我的是草莓地。

草莓地是约翰·列侬遇刺后，由小野洋子设计而成的马赛克纪念地。

我找到位于中央公园北角的草莓地，那里聚集着来自世界各地的音乐朝圣者，他们或坐或仰面躺在黑白两色如射线组合的环行马赛克，以此缅怀约翰·列侬的音容。

约翰·列侬的遇刺地是在达科塔公寓。位于纽约大街，与中央公园相邻。

1980年12月8日的夜晚，约翰·列侬与爱侣小野洋子刚从录音棚出来回家，伪装成歌迷并且当天还向约翰索要过签名的马克·查普曼叫住了约翰，在友善地聊了几句之后，他向约翰射出了5发子弹。约翰背部中了两枪，肩膀中了两枪，第五发子弹没有打中他。洋子就跟在他的身后，只有几步远，亲眼目睹了这个恐怖的时刻。约翰挣扎着爬了6级台阶，然后就倒下了。几分钟后，收到洋子报警赶来的警察载着约翰直奔医院，然而到医院不久，约翰就因为失血过多辞世。

“约翰·列侬是一个非常巨大的产业。有贺卡、杯子、帽子、T恤、背包，甚至烧烤围裙，不过这些都在给他的名字抹黑。这个巨大的以他名字命名的商业行为真是一种羞耻。我们应该更好地了解这个伟大艺术家的真相，他是一个被纷扰的、被误解的反应迟钝的伟大天才。”杰弗里·朱利亚诺在其著作《列侬在美国》里写道。

“约翰尝试用他的歌来改变世界。”1992年11月13日，小野洋子在接受《今日美国》的访问时说。约翰·列侬是在1966年11月9日与小野洋子相遇的。这是在小野洋子举办的一个题为《未完成的绘画与实物》的展览上。列侬在展览会上对洋子的作品发表了精辟而幽默的见解，使洋子为之所动。他们从此成了好友并开始合作办画展。1968年7月，列侬在洋子的鼓励下准备了名为《你在这里（You Are Here）》的个人画展。列侬为找到了一个能够分享自己内心最深处的思想和感情的人激动不已，他和洋子热烈相爱。

作为摇滚巨星，约翰·列侬以其巨大的影响力致力于反战运动，他多次参加在纽约举行数万人参与的“反对越战集会”，以行为艺术表达他的“和平主义”立场。然而列侬和洋子离经叛道的生活方式也引起公众的侧目。他们拍摄裸体照片，甚至因为吸毒被捕。列侬的妻子辛西娅主动提出离婚。1969年3月20日，列侬和洋子在远离英国的直布罗陀的一家小教堂里安静地举行了婚礼。

1994年，当约翰·列侬入驻世界摇滚名人堂时被评论家评价为：“他史无前例地将摇滚乐发展推广，并且将社会良知贯注进去。”作为甲壳虫乐队的成员之一，全球最受欢迎的流行艺人之一，列侬在几十年间影响了整个流行乐坛。作为一个独立音乐人，列侬创造了一种参与社会的、内省的而同时又性灵的歌曲。列侬遇刺前正在制作新的音乐专辑《双重梦幻》，后来当这个专辑获格莱美奖，小野洋子怀抱幼子代替亡夫上台领奖时，她百感交集，泪流满面，现场观众为之动容。

凡墙都是门

"自由有许多困难，民主亦非完美，然而我们从未建造一堵墙把我们的人民关在里面，不准他们离开我们"

——语出约翰·肯尼迪演说《我是柏林人》

夜色沉降。一辆银灰色商务车在疾驰。我坐在司机身后的位置。

这是冬夜。透过车窗注视街景，从车窗能看到疾速掠过的街道，亮着灯光的楼房，道路两边我叫不出名字的树木。沿街亮着的路灯在暗夜的城市映照出鹅黄色的光。我看到街边形若工厂的建筑，看到紧闭的铁门。街上行人稀少，车辆也稀少。看到无限延伸的铁路，看到铁路上疾速弛过的拖着长列的火车。这是东西柏林的交界带，相隔一条长街的两边街景呈现出繁华和沉寂的不同样貌。坐在司机身边副驾位置的马库斯也看着窗外。他是我们德国之行的翻译兼向导，他不时地回头指着车窗外掠过的街景讲解它的名字，我没有办法记下来。对我而言，这是遥远而陌生的国度。当我乘坐飞机穿越云雾在天空中进行九个小时的漫长飞行时，就知道这个国度跟我的国家的距离。它的一切对我来说也是陌生的，夜空之下的楼群、街景、道路、树木，甚至空气，我都能感受到它的异样。

看，那就是你想要见的柏林墙。马库斯手指着车窗外说。

我循声看去。夜色中一道蜿蜒而筑的水泥高墙，墙壁涂满种彩色涂鸦，我看见一幅背着枪支的军人和穿着高跟鞋的卷髮美女的彩绘涂鸦，还有一幅是前东德领导人昂纳克和前苏联领导人勃列日涅夫吻在一起的彩绘涂鸦。这是街头艺术家的杰作，被拆除后的柏林墙遗留下这一段残墙断壁作为遗址永久矗立在柏林街区。我们没有下车，刚刚抵达柏林，需要先找到入住的酒店。我就在汽车行驶之间遥望着柏林墙，不消说内心是激动的。我大睁着眼睛，注视着那道高墙，直到它从视线中消失。

我们还会看到的，肯定会满足你的愿望。我们的日程上会有专门到柏林墙参观的时间。马库斯看出我的急迫和焦虑微笑着说。那时我心里最想看到的就是柏林墙。在北京启程之前，我申报给邀请方——歌德学院赴德访问的计划就列举了我必须到达的地方——柏林墙。

飞机落到位于柏林城郊的机场，上了等候在接机厅外的汽车，我就想着那道墙。我的执着的热情也许对马库斯来说不可思议，我像是去看久已未见的故交。事实上我是首次踏上德国的土地。然而我想，在抵达柏林之前我的精神先于身体抵达了它。

我知道世界有这样一堵墙。

多年来我在想这道墙与我个人的隐秘关系。

早年我并没有见到过柏林墙，不知道它具体的形貌。

但我一直觉得内心和精神里横亘着这么一堵墙。

作为一个知性懵懂的少年，我把所有的墙体，有形或无形的墙体都幻想成是柏林墙。

这是我的秘密。内心的秘密，或者精神的秘密。

我总是能看见那些墙，想看的时候它在，不想看的时候它还在。

想看的时候是什么时候呢？在我欢乐的时候看到它。哦，那里有一堵墙。我想。

不想看的时候，或者不想看也必须看，不看也会横亘在内心，这多半是在遭遇挫折的时候，失败的时候，痛苦和愤怒的时候，感觉不幸的时候。唉，这是你必须要面对的一堵墙。我在心里对自己说。有形的或无形的墙。它就横亘在你的内心里，在你的生活中，在你的生命的现实和历史间。你无法逾越，难以拆除，不能突破，不管它有形还是无形。你都会体验到阻断感受到隔绝。

我第一次知道柏林墙是在1980年。

这是矿区的中学，杂草丛生。杂草长到人的半腰，枯黄的纷乱的杂草。青砖垒砌的三层楼校舍就矗立在杂草之间。灰色砖墙因为多年来雨水霜雪的侵蚀出现风化的班驳迹象。这灰色的砖墙当年是我们在课间晒太阳的地方，在冬天每到下课的时候，孩子们就从教室里涌出来，那些穿着黑色棉袄棉裤棉鞋的孩子们都在抢他们认为的有利位置，拥挤着站在那里接受太阳的光照，我们叫“晒阳窝”。教室里是太冷了，有时候没有柴草和煤炭烧火，我们就靠着天上的太阳取得暖意。

那时候我们倚靠的是一堵温暖的墙。孩子们都往朝阳的位置挤。阳光可以直射的位置。

用手摸上去砖墙温暖，后背要是靠着砖墙，被阳光照耀着热哄哄的暖意会传导在身体。

大家在争抢那个位置。力气大的性情顽劣甚至调皮捣蛋的男同学总是抢先占到重要位置，次要位置也会被不那么厉害的男同学占据。只有女同学没有能力占据那些墙。她们只能远远站着，把手拢着棉衣的袖筒里取墙就是东德的柏林墙。遥远地横亘在另一个国度的墙。

L喜欢听微型半导体收音机。他经常会把那个东西带到课堂上。

我们好像还没有。至少我家是没有的。当时我家里就是一个很大的座式收音机。

他带微型半导体收音机到课堂上，旋转调频，短波、中波、长波。他让指针在各个波段中移动，收听着各种声音。短波是他收听最多的，他经常就会把指针听在短波的波段上。在那儿播出的多半是国际时事节目。那时候他收听的最多的是美国之音，英国的BBC，还有就是台湾的中华民国广播电台。在放出这些声音的时候他的表情是神秘的，如同偷食禁果。

在东德发生偷渡柏林墙浪潮，很多生活在东德的人翻越柏林墙，举家逃离他们的国家。

L举起半导体收音机，让声音放出来能被我们听到。

他对国际政治怀有热忱。我见过他在课堂里看的书，《领袖们》《第三帝国的兴亡》《戴高乐传》《肯尼迪传》，这就是他的阅读物。他还会带到课堂看《世界之窗》《环球》，因为这些书籍被化学老师在课堂没收过，化学老师不满意同学们在他的课堂上读没用的课外书，只要发现就会被没收，同时还会惩罚那些看课外书的学生。我也被没收过，我被没收的是法国作家雨果的《悲惨世界》，果戈理的《死魂灵》和《鲁迅全集》。

化学老师不喜欢我看这类书，但我又不喜欢那些教科书。我们好像都不喜欢教科书，如果不是老师强行管制，课堂上很难有同学会坐到座位上去。

我们听着半导体收音机的短波广播。现在难以记得是哪个国家的华语广播，只记得那些广播里传送出来的信息。L也在听着。收音机里是一个男人播报的声音。

后来我是借助历史档案了解到那个时刻，在东德发生了什么事情。其时我已到北京，在一家制作大型图文书的文化公司打工，我领到的项目任务就是编辑一部取名为《目击世界一百年》的图文书。我从资料室领到资料，那都是公司资料馆储存的国外未被解密的档案。

现在由我编辑出版，厚达1115页的《目击世界一百年》就在我的膝头，我在591页中找到始于1952年的柏林墙记录：1952年5月27日，由于西德即将加入欧洲防御集团，东德和苏联加强了对东德边界的封锁，不但切断了电话线，而且禁止西柏林的居民前往东德探亲。另外，沿东西德边界将开辟出一条5公里宽的封锁地带，交通线也将被封锁。苏联士兵和东德警察奉命挖掘壕沟，设置路障，砍伐森林。

L的头脑聪明，反应灵敏。我想他的智商肯定比我们高，但为什么他的智商就高则是我无法明白的。他是从尖子班被打下来的，高中时期，学校给班级分为两类，一类是由学习成绩优异的学生构成的，叫尖子班；一类是由学习成绩糟糕的学生构成的，叫普通班。我所在的班级是普通班，男生几乎全是调皮捣蛋的孩子，女生虽然捣乱得不多，但愿意学习的和学习成绩好的孩子很少。我们就是混时光的孩子，在尖子班加强学习，没日没夜地刻苦攻读，等待着高考来临的时刻，我们属于朽木不可雕，混着把一天天过去，混着等待毕业的时候。

他本来是在尖子班的，不知为什么就被打下来。

那个尖子班聚集着智力优异的孩子，俨然是特殊群体。

那里有一套特别的制度，管理严苛，班主任叫宋福，是一高个子胖男人。

宋也是数学老师，长着大嘴巴厚嘴唇，我们见到他的时候他总是端着一只粉笔盒，袖口蹭满粉笔灰，看人的时候眼睛要穿透像瓶底厚的镜片，我从瓶底厚的镜片看到他有一双水泡眼。这个人说起话来的时候嘴角会飞出唾沫，难得有不听话的孩子就会受到他的体罚。

L是被体罚最多的，我们经常看到他站在课间的教室外，室内传出老师讲课的声音，他在外边被罚站。想不到的是他被罚出教室，又被罚出班级，最后被罚到跟我们在一起。

他并没有逃脱尖子生的待遇，到了普通班，也还是被确定为冲刺大学的特战队员。

我也是。因为会写作文就被列为特战队员。但我却不喜欢别的课程，对教科书毫无兴趣。

但我喜欢L，对他真心地欣赏。我听到他的半导体播出的柏林墙的消息让我有点难过。

世界上还有这样一道墙。一个国家用军警力量阻止它的国民前往另一个国家。

阻止的理由是因为他们的社会制度不同，也不同属一个意识形态。

那些偷偷摸摸冒死翻越这道墙的人被击毙，被拘捕，或者受到惩罚。

这样的一道墙横亘在地球，我想如果人升到太空去俯瞰这道墙也是一道特别的景观。

墙是用来阻挡和隔绝的。这是我能明白的功用。

那时候就想我们的生活。我想在生活中这样的墙也横亘着。

我把每一道不能逾越的阻力都看作是一面墙，每一个不能粉碎的障碍都看作是一面墙；

不能实现的梦想，不能完成的理想也都是一面墙。除了自己，我的亲人遇到的无法克服的困顿、无法消灭的障碍，他们遇到的挫折和打击也都被我看成是一堵难以逾越的墙。

这样一来，我的生活就遍布形态各异的墙。

后来，当我成为职业记者之后，我就开始寻找跟柏林墙有关的人。

我愿意倾听它的故事，所以不放弃任何可能倾听的机会。

我觉得这样的倾听也是对我内心的某种应合。

柏林墙开始修建的时候，顾彬15岁，在故乡敕勒，德国北方一个古老的小镇。

1961年8月13日，少年顾彬跟随祖母住在故乡。“我们听到修建柏林墙，当时非常难过。有很多人在街上游行反对修建柏林墙。”顾彬说。

2009年11月3日，花甲之年的顾彬回忆着那个时刻。

柏林墙曾经有过28年的禁锢。据说当年的柏林墙有70万枚地雷，6万支自动扫射机关枪，还有1100只训练有素的狼狗，当时东德领导人有“越墙者射杀”的命令。“我们那时候都明白，有多少人死在那里，是谁让他们死。那个时候我记得。”顾彬说。

其时我们坐在北京清华园某宾馆的客房，满头银发的顾彬面孔消瘦，他的白色肤色微红，在他身边的一张桌子上放着我的数码采访机，他僵硬的口舌讲出来的简直的汉语显现出他记忆和思想的脉络。这是柏林墙倒塌二十周年的纪念时刻，世界上很多国家都在纪念这个时刻，神情严肃的顾彬是我寻找到的跟柏林墙有关的生命体。

1950年代末，东德出现逃离潮，逃亡人群大多是年轻人和知识分子，当时东西德的边境可以自由通过。东德统一社会党的宣传册描述了这种逃离潮，批评逃离者被西德的反动势力和军国主义所引诱。“仅仅因为诱人的工作机会或其他未来的保证之类虚假承诺的缘故离开一个美好新生活的种子已经发芽并结出的第一批果实的国家。无论从道德立场还是从整个德意志民族的利益来说，离开东德都是在政治和道德上的落后和堕落。”

柏林墙就是对逃离潮的阻断和隔离。

柏林墙又名反法西斯防卫墙，它的长度为140公里，约3至4米高。于1961年8月13日开始建造，一开始以铁丝网为材料，后被修筑成更为坚固耐久的砖墙。在1962年6月，面向东德方向距墙100米的地方平行设置了一道围栏。围栏和墙体之间即是著名的“死亡地带”，这一片开阔区域没有任何可以提供掩护的地方。其间的房屋均被夷为平地，并铺上细沙以更容易追踪逃亡者，同时也便于边防军长官检查卫兵是否执行他们的任务。

顾彬真正看到柏林墙是在1977年搬到柏林以后。他住在离柏林墙很近的一幢房子里，属于当时的一个工业区，非常破败的一个地方，当时没有人想住在那里。“但是知识分子、文学家们、作家们、学生们很喜欢那个地方。因为离柏林墙很近，那里曾经受到过战争的破坏，没有修复，在这里可以看到，1945年战争的痕迹。你生活在这个地区，无论去什么地方都可以思考，我们的过去、我们的现在，你都会有所感受。”他说。

我一直记着对顾彬的这次访问。对访问者的选择，对访问题目的选择，有时候会带有访问者的个人倾向。我不掩饰自己的这个倾向。柏林墙的倒塌。很难说得清楚我为什么会对这一事件感受深刻。仿佛这墙不是矗立在遥远的异邦，而是横亘在我精神的疆土。

2007年的冬天。在清晨。我走到柏林墙下。

我伸出手抚摸着那道高墙，冰冷墙壁的寒凉通过手指传到身心。

现在它已经成为涂鸦艺术的画廊，然而曾经它是一道死亡和隔离之墙。

柏林墙原址只有少部分存留，有一处位于波茨坦广场和查理检查站之间，长约80米。还有一处较长的存留是在施普雷河沿岸奥伯鲍姆桥附近，存有大量涂鸦，被人称为东边画廊。

当年修筑柏林墙时有一个代号：中国长城第二。

我知道这道墙在冷战时代的巨大象征意义。我还知道它的各种故事，人与墙的故事。比如当年那些试图冲破阻隔，翻越这道墙被击毙被逮捕的众多东柏林人；比如他们用挖掘地道的方式从地下穿过这道墙；比如他们乘坐热气球从东柏林城升起，飘过柏林墙到达自由的西柏林。这都是那个逝去的时代的故事。阻挡。隔绝。禁锢。封杀。这是柏林墙在它的时代的国家功能；冲击。翻越。突破。逃离。这是被封闭在僵冷意识形态的前东德人做的事情。

在那个空气凛冽的冬日之晨，我抚摸过柏林墙之后又上路，沿着柏林墙延展的方向前行。这一次车速放慢，可以更仔细地看到遗留的柏林墙近景。

在冷战时期，驻守东德的边防军共有11500名士兵，500名文职人员。边防军有先遣、通讯、交通、榴弹发射器和炮兵组。过境检查站配备侦查小组、火焰喷射器、军犬小组和水面小组。边防中心共有567辆装甲运兵车、48个大型榴弹发射器、48座反坦克炮、156辆装甲车、2295辆其他车辆以及992只猎犬。这是维基百科所显示的资料数据。

顾彬对这道墙有着更为个人化的观察和体验。

作为柏林墙的兴建和倒塌的见证者，顾彬早年生活在联邦德国。

1966年他的学术志向由神学转为汉学，他的理由是，在神学里看不到人，他需要跟人在一起。顾彬熟悉远在东方的中国，也熟悉近于邻邦的民主德国。他认为民主德国害怕中国，尤其怕1979年以后的中国。“他们采取的是禁锢的政策，就像他们修建的柏林墙。”顾彬说。

在1985年以前，民主德国不允许他们的人民关心中国，看有关中国的消息。

1985年顾彬住在柏林，差不多每天都能看到柏林墙，柏林墙前后都是空地，如果是东柏林的话，到处都会有炸弹之类的东西。“有时候我会去东柏林，在那里跟我的一些同事见面，他们对我的检查是非常严格的，因为他们知道我是汉学家。那时侯，他们最怕的是中国，最怕的是1979年以后的中国，会影响到东德。我还记得因为在原来的西柏林中国非常红，每天都有报道。”

有一次，去东柏林的时候，顾彬带着广播电台的海报。海报的内容是说他在次日要报告“中国文革”的消息。海关发现顾彬身上的海报。“他们问我，我是什么意思？为什么把这个海报带到民主德国去？我说我没有什么意思，我忘了，我带在身上。他拿走了，他们不允许我把这个海报带到东德去。他怕东德的人会听这个报告，怕东德从中国的开放来看他们走的社会主义，怕东德人发现他们的社会主义有问题。因为中国从1979年开始不是走向改革的路吗？这个变化他们怕。无论是“文革”的中国，还是1979年以后的中国，他们都怕。”

就像我对德国的认识是表象的一样，我觉得顾彬对中国的了解也是表象的。

作为生于1960年代的人，我也算经历过“文革”和“1979年以后的中国”。

顾彬说到的柏林墙让我想到1979年位于北京西单的民主墙。

这是一道异质的墙，它的功能不是阻挡，而是呈现。

我很想去看看这堵墙。我和我的好友L，说不清为什么，我们就是想去看一看。

对于生活在偏远封闭的晋北矿区的两个孩子来说，西单墙也是遥远的。

可是我们已经知道它的存在。知道它是中国政治解冻之自由声音的集聚地。

也是反对和批评声音的积聚地。还是结束浩劫之后中国民众鸣冤告屈的积聚地。

我们就是想站在这道墙之前看一看，见证一下中国不同的思想，倾听一下中国不同的声音。就那样我们动身了。那时L考到市区的一家财会学校，我则是穿行在矿井之下的一个少年矿工。因为彼此欣赏，我们就是在离开学校之后也还保持着紧密的联系。我说过，我带着做矿工赚到的第一个月工资96元，他带着在铁路勤工俭学赚到的100元，我们就那样上路了。

我们相约着除了去北京，还准备远赴重洋，到海外去闯荡。

L喜欢踢足球，他拼命锻炼身体。他觉得日后要想出去没有好身体是不行的。

我不喜欢任何运动，但我也愿意锻炼自己。我就在矿井之下锻炼自己。

把防火的沙土装到衣服的袖管里，吊起来当我练拳击用的沙袋。

我们是乘坐着火车到北京的。坐了一夜的火车，到了北京火车站是清晨。

下了火车我们就赶往西单墙，然而到了那里我们找到那堵墙的时候，看到在那墙的前面空空荡荡，只有清洁工在用水龙头冲洗墙壁，远处是保持戒备的警察。那时候，我们知道来晚了，西单民主墙已经被取缔了。那天我们到了北京，然而因为行程仓促，我忘记带自己的身份证，这是重大的疏忽，让我觉得自己该死。没有身份证我是不能入住任何一家旅馆的。

我们找了好多家旅馆，因为没有身份证明，没有一家旅馆愿意让我们入住。

最后我们选择了一家澡堂。那里可以入住。

L带着他的身份证，但是我们之间只能有一个人住下来，他把这个可以入住的机会让给我，他去了火车站。他比我小一岁，总还要照顾我。第二天我去火车站找到他时，看见他正躺在长椅上睡着。那时候我感到我们和北京这座城市还是隔着一道墙。

那时候不能实现的梦想也被我看成是一道墙。我最大的梦想就是能生活在文明世界。这个世界里有真诚的友善和爱，有公平和正义，有秩序，有健全而不是严酷的律法。

那时再看北京，我觉得它并非我们的幻想之城。

中国古代禅师有一句偈语：凡墙皆是门，意为：有阻隔处，必有突破。

2006年6月我应波兰驻华使馆文化处邀请访问波兰。

在行前我递交了采访计划，其中有前总统莱赫-瓦文萨的采访。

波兰小城镇格但斯克是瓦文萨当年领导团结工会的地方，也是瓦文萨晚年寓居的地方。

1989年，瓦文萨得到一段柏林墙的纪念物，他把那段墙体带到了格但斯克。

在格但斯克团结工会广场我看到那段墙体，它看上去普通和任何一段墙没有区别。

然而它是20世纪东西方冷战的象征，也是20世纪意识形态变迁的见证。

2009年11月9日，德国迎来柏林墙倒塌20周年纪念日。

1000块巨型多米诺墙体模型竖立在德国柏林墙遗址附近，从勃兰登堡门到波茨坦广场绵延1.5公里。每块骨牌长约2.5米、宽约1米，绘有不同图案。

在这一天，波兰前总统莱赫·瓦文萨将在纪念仪式上推倒第一块多米诺骨牌。

1989年，柏林墙被推倒的一刻，俄罗斯大提琴家罗斯特罗波维奇飞赴柏林。

他从机场打出租车直接赶去柏林墙拆除现场，借了把椅子，坐下拉奏巴赫《无伴奏大提琴组曲》。“我无法忘怀所有想要翻越这堵墙而丧生的人们，当我拉起萨拉班德，人群里有位年轻人哭了。”2013年3月7日，我在微博上转发了一位音乐评论家的评论。

这是第二次转发。点击附件音频，罗斯特罗波维奇坐在一把椅子上，怀抱大提琴演奏。

他的身后就是满是彩绘涂鸦的柏林墙。人们聚集在现场聆听着他的演奏。

据说，在早期柏林墙尚未修建时，人们通常通过跳越铁丝网和从公寓窗口跳下来穿过边境，艾达·西格曼为第一个因穿越围墙而丧生的人，她在1961年8月22日从柏尔诺街48号的三层公寓跳下后身亡。第一个因穿越边界而被射杀的人是Günter Litfin，他在1961年8月24日尝试游过施普雷运河逃往西柏林的过程中被射杀，这一天东德边防军刚刚收到开枪射杀所有尝试越境的人的命令。最后一个被射杀的人是1989年2月6日尝试越境的克里斯格·弗罗伊。

在柏林墙兴建的历史中有过各种数据，维基百科有如下记录——

柏林墙建立后，共有5043人成功地逃入西柏林，3221人被逮捕，239人死亡，260人受伤。其中死亡人数存在一定争议。查理检查站博物馆负责人希尔德布兰特称死亡人数多于200人，波茨坦的当代历史研究中心（ZZF）已确认136起死亡，先前的官方统计为96起。

1989年，前东德领导人昂纳克下台，接替他工作的后任者很清楚面临的局势。

顾彬讲述着他当时亲历的那个变革时刻："政治家们在后来控制不了局势，这也是为什么他们那时候没有派什么军队阻止人们逃亡柏林，没有阻止当时的东柏林的人把柏林墙拆除，政治家们自己觉得'他们完蛋了'"。

1989年席卷东欧的变革浪潮也冲击到东德。

11月9日晚东德政府宣布柏林墙完全开放，但并没有被立即拆除。从那天起大量的人带着铁锤和凿子来到围墙边敲下墙体，并将墙体留作纪念品。柏林墙上一些非正式的通道被开凿出来。这些人被称作"围墙啄木鸟"。

1990年6月13日。东德军队正式下令拆除柏林墙。

柏林墙被拆除的时候，顾彬在波恩大学教书。"柏林墙拆除的时候，我非常高兴，我老早就盼望德国统一，非常讨厌当时有一些左派的人，他们反对民主德国跟当时的联邦德国统一。现在我们都知道从1980年代初，东德事实上已经失败了，因为它没有选择中国的道路——如果东德跟中国一样，从1979年走上改革之路的话，可能它现在还存在，但是它没有。现在东德消失了，我认为有两个原因：第一，它没有进行经济改革。第二，它还是在控制它的人民——控制太厉害，这是它消失的原因。”顾彬说。

一粒落入两扇磨盘间的种子

这是一份私人性的阅读经验。它的情感也是隐秘而幽暗的。

在雪天阅读俄罗斯之心。2013年某个冬夜，我在雪地里散步时脑际浮现出这个想法。

密集的树丛悬挂着白色的冰凌，成列的路灯亮着昏黄的光。在冬季的夜晚，我几乎每天会踏着沉积的雪沿着住宅区的林间小径漫走。这是东北高寒之地的冰雪，我从北京乘坐D次列车经过六个小时的疾驰抵达这里，走下列车的时候感到刺骨的寒冷，寒冷使这座城市在整个冬季都被冰雪覆盖，旧的积雪还没消融，新的积雪又来。路边的长椅被积雪掩埋着，秋千被积雪掩埋着。在冬季的夜晚它们都处于静止的状态。那些沉积着白雪的道路在我穿着棕色皮靴踏雪行走的时候，发出嘎吱嘎吱的声响。静夜。阒静无声。昏黄的路灯映照着雪地。这凛冽的寒冬让我想到俄罗斯，想到那个寒冷国度伟大的作家和思想家。然而这寒冬我的居所是温暖的，时光也是自由的，那时我觉得应该找到与这个凛冽的寒冬相对应的阅读生活。

切近俄罗斯之心，对索尔仁尼琴的温故就是这寒冬阅读生活的一页。

2007年6月5日，鉴于在人文领域所做出的杰出成就，索尔仁尼琴被授予俄罗斯联邦国家奖。几天后，时任总统普京接见作家，对他获得国家奖表示祝贺。

也是在这个时候我开始准备赴俄罗斯采访索尔仁尼琴的计划。那时我已经赴波兰做完波兰前总统莱赫·瓦文萨的访问，受此次访问的启示，我计划做在世的诺贝尔奖得主的采访，列入计划的还有南非退休的前总统纳尔逊·曼德拉，戈尔巴乔夫也是我想访问的，当时我所供职的报社很支持我的采访计划，我通过俄罗斯驻华使馆的文化处，也通过中国社会科学院的俄罗斯文学研究者联系索尔仁尼琴，希望能做他的访问。我很清楚索尔仁尼琴年事已高，而且一直谢绝外界访问，深居简出潜心自己的写作。然而就在着手联系采访事宜的时候，有天突然看到索尔仁尼琴病逝的消息。未能完成访问之愿，不能不说是遗憾。

更为遗憾的是，当时为纪念索尔仁尼琴做的纪念专题报道，因为突然而至的禁令被撤版。

在我们的故国，在某个特别的时期，索尔仁尼琴还是个敏感而不可言说的名字。

在那个隆冬的雪夜，我在私人笔记薄写下这样的话：他的写作是一种纪念碑式的写作。《古拉格群岛》《红轮》《癌病房》等等，那些卷轶浩繁的著作显示的已经不仅是文学价值，还有政治和社会价值，有历史和文献价值。它提供给现代世界启示录。他使当世和后来者看到人类社会的极权之恶，看到国家治理的暴政之残酷。就此而言，它有恒久的价值。这个人在世间的存在某种程度鼓励和激扬了那些严肃的思想者和书写者，他站在人道的基石上，对人类所能享有的文明或同时拒斥的事物进行甄别。他的道义感、公正心和反抗暴政的强烈意志成为生命的鲜明特质，这特质使他区别于同时代的作家，也区别于文学史的书写者。

他为世界建立一个文明社会，摒弃政权之恶提供了有力的证据。

我是在什么时候，在怎样的境况下知道索尔仁尼琴的呢？现在我这么问自己。

对一个读者来说，他的价值和意义在哪里呢？我继续问。对这些问题的回答也是在解决我重新阅读他的缘由。因为在某个时刻，我把书房里能找到的索尔仁尼琴的书，在各处散落的他的书都找到，放在常坐的沙发扶手边随时阅读。我为什么要花费这份心血和时间呢？

说到索尔仁尼琴就得说苏俄文学与我们的关系。最早我知道的苏俄作家无疑是高尔基，这位革命的作家的作品出现在中学教课书里，比如《海燕》。我看到过一本被撕掉封面的长篇小说《母亲》，似懂非懂地翻完。露天电影经常会放映他的作品，我看过《母亲》。《在人间》和《我的大学》是在后来看到的，那时知道他的文学样式是无产阶级的样式，或者也叫革命文学的样式。看这些书和电影的时候我是在出生地，就是我经常写到的矿区。我生长的环境属于无产阶级的。按照我现在的理解，高尔基的文学也就是我们现在所说的“底层叙事”。当然这是当年中译的高尔基，后来我们知道高尔基要比我们知道的更复杂，这从后来译介的那本《不合时宜的思想》可以看出。文学的引进和译介从来是有所选择的，这个选择器就是意识形态的风向。奥斯特洛夫也在这个谱系，他的《钢铁是怎样炼成的》，不管是书籍还是电影，抑或是连环画都被我翻过和看过多次。保尔·柯察金英雄般的人生，他的恋人冬妮亚的美丽仪容和那句著名的对人生的咏叹持久地留在我们心里。

到高中的时候我开始有一点阅读能力，班主任老师知道我喜爱写作，也喜欢阅读，就将我推荐给学校教务处主任，主任交给我一把学校图书馆的钥匙，他准许我随时进入图书馆看书，也准许我将喜欢的书带走阅读。那时我看到更多的苏俄作家，比如托尔斯泰的书，《复活》《安娜卡列尼娜》，至今我都没能把这两部巨著仔细地从头看到尾，但是托尔斯泰写出来的那些沉厚的巨著让我深为敬重，他的伟大形象就那样矗立在我心里。然而看陀思妥耶夫斯基的时候，我有点抗拒。这个写作者是严重的癫痫病患者，他还嗜赌，债台高筑，穷困潦倒（印象是这样），读他的书《死屋手记》看了开头就读不下去，抗拒那种疯狂的独白似的呓语。《罪与罚》《卡拉马佐兄弟》《被侮辱与被损害》，这些讲述社会底层的幽暗生活，讲述性情疯狂人格分裂者的故事令我感到严重不适。不知道为什么那时就是抗拒底层社会的叙事，或许是因为我身在底层，亲历过太多这个社会阶层的幽暗和痛楚生活。

那时候作为一个阅读者，我肯定是头脑浅薄而阅历简单，缺乏对事物深入体察的能力。

我是离开矿区到北京漂流之后看到索尔仁尼琴的，有同住在出租屋的诗人朋友带着索尔仁尼琴的《牛犊顶上的橡树》，我有些好奇借来翻看，意外地喜欢。后来在书店看到他的《古拉格群岛》，看到《红轮》。觉得这是有别于其它俄罗斯作家的一个。他的流亡和政治性身份（比如他是世界公认的“异议者”）、他描写和呈现的主题的重大，揭示的事物的严正使他显得卓然而立。从索尔仁尼琴的身上我不仅知道了“异议作家”，知道了地下文学，还知道了反抗式书写，也意识到一个作家的力量可以如索尔仁尼琴这样强大。

2008年8月4日凌晨，亚历山大·索尔仁尼琴在首都莫斯科的居所去世，享年89岁。

在辞世前的这天，索尔仁尼琴还在工作，在整理30卷的全集，晚上辞世。他的全集拟在九十岁生日的时候出版。“他度过了艰难的的一生，但他是幸福的，他在苦难中获得幸福。”索尔仁尼琴的妻子娜塔丽娅·安德烈耶夫娜对媒体说。《纽约时报》在当日发表的讣文中称：索尔仁尼琴在1962年凭借《伊凡·杰尼索维奇的一天》登上文学舞台。在此前，索尔仁尼琴不过是苏联某个偏僻城镇里一个毫无名气、没有出版过作品的高中物理教师。《伊凡·杰尼索维奇的一天》，关于劳改监狱中劳改犯的小说，具有重大开创意义，轰动一时。由此他变成了可以与俄国文坛巨人托尔斯泰、陀思妥耶夫斯基、契诃夫比肩的作家。索尔仁尼琴被视为“俄罗斯良心”。普京总统在悼念时评价说：“我们为我们有索尔仁尼琴这样的同胞和同时代人感到骄傲，我们要学习他真正的自我牺牲精神及为人类、为祖国、为追求自由、公正和人道理想而无私奉献的精神。”

索尔仁尼琴生前写作量惊人，仅中译《红轮》就十卷，《古拉格群岛》三卷。

早年我在书店看到索尔仁尼琴的著作时，只能在近处观望。要买下来实在是太贵了，而且要阅读也甚觉困难。那时只能站在书店里，来回翻阅那些码成高垛的书，直到头脑发胀眼睛酸涩的时候离开。事实上索尔仁尼琴的著作比中译本更多，他的大半生的写作都是在监禁和流亡中进行，他称之为“地下写作”。据他的个人档案记载：1945年2月9日，时任炮兵中尉的索尔仁尼琴被捕，原因是他与同学在通信中对列宁以不敬的小名相称和对斯大林用绰号相称。根据前苏联刑法他被判处劳改八年，最初关在莫斯科远郊的新耶路撒冷城，后转到谢尔巴科夫城等地。“被夹在两块巨石之间”成为索尔仁尼琴人生状态的象征，他不断地迎接着这类命运的袭击。索尔仁尼琴的写作生活与监禁岁月相随。监狱集中营的生活使他领略到了俄罗斯作家的命运：不能出版自己的作品，就连一行字也需要付出头颅作为代价。《牛犊顶橡树》是索尔仁尼琴在49岁时写作的回忆录，在这部著作里他尝试着追忆自己的命运。

“不敢公开地说和写，甚至不敢相信纸张，因为斧钺悬在我们颈上。随时都有斧头起落的可能。绞索套在我的颈上已有两年，但还没有拉紧。我正被夹在两块巨石之间。一块已经推开，在另一块巨石面前，我感到卑怯。”

在前半生除了监禁和流放，对索尔仁尼琴形成考验的还有疾患。1953年他在流放之初发现自己得了癌症。“1953年的秋天，好像我是在和生命作最后诀别，活不上几个月了。12月间，医生们，也是被流放的伙伴证实最多还能活三个星期。我的生命，连同我在劳改营中记诵的一切全部面临毁灭的危险。这是我一生最为可怕的时刻。”在医生许给他的这最后几个星期，他连续许多个夜晚，在由于疼痛而彻夜不得安眠的时候，急匆匆地，零打碎敲地写作，把纸页卷成筒形，把一个个小纸筒装进香槟酒瓶里，他随后把酒瓶埋在自己的菜园里。“但是我并没有死。我得的是严重的恶性肿瘤，耽误了诊治，根本没有希望。没有死掉这是上帝创造的奇迹。”这一年的春天，索尔仁尼琴久病初愈，由于大难不死，他如醉如痴（也许他只能再活两三年），兴奋之中写完了《劳动共和国》。写作这部作品时他已经不再试图把它记诵下来。在此前他完成多部作品，这些作品写于劳改营，写于流放中。他写诗，后来写剧本，最后又写散文作品，但是他在此间所能做的就是，怎样保住这些作品不被发现，同时也保护自己。

最初由于需要保守住写作的秘密，索尔仁尼琴不能结婚。除了履行他当时担任的中学教师的工作，他必须自己照料生活。地下的写作还不够，他需要学会新的技艺——把写好的作品藏起来。还有一种方式是需要学习的，就是自己把手稿拍成缩微胶片，没有灯光照明，只能在太阳不被云遮的条件下。然后把缩微胶片藏进书籍封皮里，写好信封寄出去。在从事地下写作的这些年代，包括生病前5年的劳改营生活，包括流放和自由的7年，出人意料的病愈之后获得“第二次生命”的时日，索尔仁尼琴的情绪平稳，甚至可以说是有一种愉悦的情感。“我熬过地下写作的那些岁月，是因为心存的一个信念：我知道我们这样的人有几十个，分散在俄罗斯各地，是一些闭塞而倔强的孤独者，每个人都凭荣誉感和良知写作，写出他们对我们时代的了解，写出什么是主要的真理；而这个真理并不只是由牢狱、枪决、劳改营和流放构成的。”索尔仁尼琴在他《牛犊顶橡树》中回忆道。

“这个人的内心要有多么强韧，意志要有多么坚实才能完成如此浩繁的写作工程。”

这是我在阅读索尔仁尼琴著述时内心生出的感慨。在索尔仁尼琴漫长的生命史中，我们看到一个人与一个政权的对抗。这同时也是与一个国家的对抗。这个政权是残暴的，充满杀戮和政治迫害的纪录，而国家意识形态则是僵冷而禁锢的。对于个人来说，对抗这样的政权更需要勇气也更需要意志力。为什么索尔仁尼琴会有如此强韧的反抗意志？看到他写的随笔《耻辱》似乎可以证实他的心迹："那是怎样的一种痛苦的感受啊，为自己的祖国感到耻辱。如果她被掌控在那些冷漠的或是不可靠的人的手中，听任他们愚蠢的或是功利地左右着她的命运，她呈现在世界面前的是傲慢的，或是狡诈的，或是陈腐的形象，注入她体内的不是健康的食粮，而是腐臭的泔水。人民的生活已经沦落到破败与贫穷的窘境，再也无力振兴。那是一种很难摆脱的羞辱感。"

是羞辱感催生了他的义愤么？我们只能这么遥想。索尔仁尼琴曾经说过："伟大的作家是第二政府"，我的理解就是他强调作家的独立感和永久的批判精神。当政府以国家的名义从事非正义之事时，一个有正义感的个人都必须对国家进行道德上的反抗。这样的思想立场我们可以从美国作家梭罗的《论公民不服从》中看到。然而以良知对抗一个政权，乃至对抗一个国家，需要支付沉重昂贵的代价：流放或监禁的生活、被屠杀的威胁、疾病、困顿、没有安稳的日常生活，更没有恒久的幸福，而这些对一个人来说总是重要的。索尔仁尼琴拒绝或放弃了这一切。书写使他获得精神的慰藉，揭示真相也带给他道义的满足，这些事物支持他度过那些暗淡而凶险莫测的监禁时光和流放生涯。

在索尔仁尼琴的生命履历中，1964年应该是个特别的时刻。

这一年他在莫斯科西南的依斯契河畔购得农舍一座，他告别中学教师职业，开始专事写作。复活节期间，他向到家来做客的朋友读了完成的长篇小说《第一圈》，在此期间他也开始史诗性长篇《红轮》的写作。然而局势正日益严峻，从1961年开始他的创作受到克格勃的内部控制。不久他托人保管的包括《第一圈》、集中营长诗、剧作《胜利者的盛宴》等作品部分创作档案、手稿被克格勃查抄。在此之前索尔仁尼琴已经预感，随着勃列日涅夫的上台，他同苏维埃政权的短暂蜜月期结束。"他再次成了一个贱民，他的作品将永远都不能通过国家的审查体系。他放弃了在官方刊物表达自我的一切愿望，开始越来越频繁地让自己的作品以地下文学的方式出版，也就是由"私人出版社"出版。由美国作家约瑟夫·皮尔斯著的传记

《流放的灵魂：索尔仁尼琴》纪录了他在那个时刻的境况："环境的变化要求他采取一个更为周密，更加谨慎的写作方式。"

1966年索尔仁尼琴多处辗转，秘密创作《古拉格群岛》。

索尔仁尼琴几乎是与"古拉格群岛"一同出生的，"他们都是同一场革命的孩子。"

《流放的灵魂：索尔仁尼琴》中有这样的记录：1918年7月23日，十月革命之后夺取政权的苏联布尔什维克颁布一项法令："对于所有不遵守现行法律的人，没收其所有财产……投放到监狱中，派往前线，进行强制劳动。"索尔仁尼琴是在1918年冬天诞生，半个世纪之后他写道："集中营的出现和古拉格群岛的产生都缘于1918年7月23日的这项特殊法令。红色恐怖法令除了要求大规模地实施死刑外，还准许苏维埃共和国"以将阶级敌人隔离在集中营的方式来保卫自己。"

《古拉格群岛》的写作倾尽了索尔仁尼琴的心血和精力，也带给他危险。次年5月22日，他致信苏联第四次作家代表大会，提出要求取消书报检查制度并公开对他实施监督、控制的事实。苏联官方对索尔仁尼琴的政治围剿由此开始。1968年8月21日，得知苏联坦克进入布拉格镇压捷克的"布拉格之春"后，他书写传单"做一个苏联人是可耻的！"但为使《古拉格群岛》的创作能正常进行，他放弃了公开发表的想法，他说："为了更重要的呐喊，要保住我的喉咙。"对索尔仁尼琴的驱逐发生在1974年，在这年初他被捕，苏联苏维埃最高主席团决定剥夺其苏联国籍。同一天作家发表著名文章《不能靠谎言生活》，与当局的政治斗争公开化。是年2月13日，索尔仁尼琴被驱逐出境。

最初旅居瑞士两年，后来想去挪威，但真正使索尔仁尼琴安居下来的是美国，他居住在佛蒙特州卡文迪许的一个小村庄里。邻居保护他不受观光客的干扰，门外张贴了标志："没有通向索尔仁尼琴家的路"。流亡期间他仍然不断写作并且思考了大量有关俄罗斯他现在所处新环境的问题，他自己可以肯定的是，总有一天他会回到家乡。

在此之前索尔仁尼琴的家庭生活多有波澜。1973年3月15日，他的第一段婚姻走向终结。他遇见了数学家娜塔丽娅·安德烈耶夫娜。此时的安德烈耶夫娜正暗中参与地下出版物的印刷和传播活动当中。他们迅速坠入爱河。索尔仁尼琴事后回忆说："她与我一同参与到这场抗争中，我们并肩作战。”他向他的妻子纳塔丽娅·列舍托夫斯卡娅提出离婚，遭到拒绝。这样的情况持续了好几年。不久列舍托夫斯卡娅曾经试图自杀，被及时送进医院，抢救过来。而就在同时，安德烈耶夫娜生下了索尔仁尼琴的最大的两个孩子。最终，列舍托夫斯卡娅在1973年三月同意离婚。不久以后，索尔仁尼琴和安德烈耶夫娜在莫斯科附近的一个东正教堂举行了婚礼。

索尔仁尼琴与当局的冲突也在进一步加剧。尽管当局剥夺了他的出版权，但他依然坚持写作和发表言论，以致收到信件和电话恐吓。他在睡觉的时候床边都会准备一支草叉。最后，一直在孤立和恐吓他的那些政府探员逮捕了他，把他带到机场并将他驱逐出境。

在仅仅几个小时里，他如同一股旋风，从苏联的列夫尔特监狱，来到德国科隆城郊，一个名叫亨利希-别奥利的乡村小屋。其时上百个记者围在现场期待他能发出震撼世界的声明，在他们密不透风的围堵下，索尔仁尼琴向记者做了令他自己都想不到的回答：“我在苏联已经说得够多了，现在我要沉默。”那时他向往的不是被新闻记者围堵的生活，而是一个偏僻的地方：悬崖陡峭的峡湾，悬崖上的一座房子——从那里远远地可以看到永远在涌动不息的，犹如钢铁般坚强的海洋。索尔仁尼琴认为他在德国的停留是暂时的，而后来在美国的生活他也以为是暂时的。“不知道为什么，我很确信有一天我会回去的，而这并不只是美好的愿望，我真心相信它。”他对BBC记者说：“我带着这样的信念过着每一天。”

他的信念似乎与现实格格不入。就这样在美国佛蒙特州卡文迪什乡间与世隔绝地生活着。

“我全部的生命只有一件事构成——工作。”这是索尔仁尼琴说过的话。

美籍华人作家哈金在他的文集《在他乡写作》中写到他的心迹：“事实上我总是被索尔仁尼琴的勇敢和接受孤独为工作条件所感动。据他的传记作者D.M.托马斯说说，那时的卡文迪什连个医生都没有，老索尔仁尼琴由于坐骨神经痛，不得不站靠在讲台边才能写作。我相信让他如此顽强的原因不仅是对工作的献身精神，还缘于他的基督教信仰，灌输给他一种超越今生、延续性的意识：相信有来世，可使一个人此生过得无所畏惧。”

“文学的独立性，足以抵挡时间的流逝。”哈金写道：“索尔仁尼琴虽然声称‘我只为我的祖国写作’，但许多年来他无法与俄罗斯的人民直接对话，尽管用母语写作，却只能通过翻译向西方读者发言。他仍把揭露苏联历史的黑暗视为己任，见证其对人道的摧毁，为没有发言权的俄罗斯人保存记忆。”

似乎没有哪个民族的作家会像俄罗斯作家这样经受严酷岁月的考验。

流放、监禁、打击、迫害。这些境遇贯穿在这些作家的生命历史中，然而他们始终怀有不屈服的意志，在严酷的岁月中坚持按照自己的信念和理想顽强写作。他们身负使命般，以献祭者的激情投身杰出的写作事业，他们与国家意识形态保持距离，甚至相互对抗，互为反叛。这种对抗式写作贯穿生命全程。就此而言，索尔仁尼琴应该是俄罗斯作家中的杰出典范。

这个人的写作信念、生命意识、精神结构必须是非凡的，坚毅而强韧的，是那些监禁和流亡和政治迫害的境遇成就和磨砺了他，使他炼就坚忍之力，否则他将无法承受那些与之相随的一切。在他的内心，在他的眼界之间他看到一个更高的存在。那是他检验世间生活的标尺，也是他充满献祭激情的缘由。当然他也是幸运的，被幸运之神所眷顾。

在最初的流亡生涯有过那么多的关注，不同政治背景的出版人，庞大的读者群，对他怀有持久好奇心的新闻记者，这些支持者的存在使他书写的作品可以出版流传，使他的思想可以完整地呈现，更远地传播，他的妻子也是他的爱侣兼同道对他的全力支持也是他在流亡岁月中的慰藉。除此之外，还有那么多的国际人道主义者的声援，这些人群里有重要作家，也有著名的政治人物。索尔仁尼琴得到了朋友和艺术家们的支持，国外也有人给他支持。索尔仁尼琴的这场斗争，成为冷战期间最著名的事件之一。数以百计的著名知识分子签署的请愿书反对苏联当局对索尔仁尼琴的控制。左倾人物如萨特还特别与苏联当局进行抗争。其他支持者包括格雷厄姆·格林，穆丽尔·斯帕克，奥登，君特·格拉斯，海因里希·伯尔，三岛由纪夫，卡洛斯·富恩特斯，以及来自美国的阿瑟·米勒，约翰·厄普代克，杜鲁门·卡波特和库尔特·冯内古特。他们都参加了呼吁国际的文化抵制苏联的活动。那么也应该感谢他所在的时代，冷战、冲突、杀戮、动荡，然而也是道义和激情汹涌的年代，所有这一切都使他如虎添翼。

然而流亡生活也带给索尔仁尼琴精神上的忧虑——他总是担心他能否在西方写作。

“有这么一种说法，人一旦离开祖国，会失去写作的能力。我会不会也是这样？”索尔仁尼琴不断陷于自我诘问。进入西方世界他一直努力保持某种理性，对自己的处境保持足够的警惕。他在自述文字《决不依附》中写道：“如果我真的来的是一个自由世界，那么我想成为一个自由人：拒绝一切媒体的纠缠，拒绝所有的邀请人，拒绝任何的社会行动。我所有的拒绝都是为了文学创作的自我保护。能继续安安静静的写作，别让创作之火熄灭。”

诺贝尔文学奖的颁发带给索尔仁尼琴世界性的影响力，这使他的写作更为重要。

1970年10月，由于“他在追求俄罗斯文学不可或缺的传统时所具有的道义力量”，瑞典学院授予索尔仁尼琴诺贝尔文学奖。然而他未能前往领奖，因为他害怕苏联当局会阻止他回国。“对于我来说，获诺贝尔文学奖，似喜庆又非喜庆，似痛苦又非痛苦。整整两年我是过着慌乱的日子。”他说。

瑞典学院常务秘书卡尔·拉格纳·吉罗在受奖者缺席的情况下宣读了授奖辞。

“像所有作家一样，索尔仁尼琴无疑受到时代的社会条件和政治条件的影响。索尔仁尼琴是在苏维埃新政权下成长起来的第一代作家。他的创作才能的激发跟他的祖国有着不可分割的联系的。然而他的作品却具有全球性的艺术魅力，这种魅力来自他对贯穿于许多伟大先驱作品中无可比拟的俄罗斯传统的继承。他和他的前辈作家一样，以不同的艺术形式象征性地表达自己对俄罗斯苦难的沉思和对俄罗斯母亲的挚爱。”

1974年12月，索尔仁尼琴赴斯德哥尔摩领取了四年前获得的诺贝尔文学奖。

瑞典学院常务秘书卡尔·拉格纳·吉罗再次宣读了授奖辞。

“今天的这个仪式不仅对瑞典学院，而且对我们所有的人都具有特殊的意义：我们终于能够把奖章颁发给1970年的荣誉获得者。亚历山大·索尔仁尼琴先生，我已经向你作了两次演讲。第一次演讲你没有能够倾听，因为当时有道需要跨过的边界，第二次演讲我不能够做出，因为当时有道需要跨越的边界。你今天的在场并不意味着边界终于被取消了，而是相反，这意味着你现在位于一道仍然存在的边界的这一侧。”

晚年的索尔仁尼琴面相变化很大，与他的壮年时期比，再与青年时期比，失去了那种庄严感。那是一个年迈的老人的容颜，枯瘦而纹理密布。脱像是指某人的容颜不像他自己。相较而言，托尔斯泰的形貌变化反倒不大，从影像和照片来看，托翁的面相始终是饱满的，而索尔仁尼琴则显示出衰老感，他的容颜不再是那种精神导师式的容颜，而只是一个老人枯寂的容颜，它带给人们韶华逝去的沧桑感，生命力的衰竭感。这中间发生了什么呢？他热爱的祖国对他的疏离，人群对他的遗弃，当年的时代发言者成为一个不合时宜的人。

索尔仁尼琴跟他的祖国的关系随着时间的流逝也在变化。最初他是异议者、批评家。后来他成为被驱逐者，再后来他被看成是先知般的人物。在索尔仁尼琴一生中，有过三次回国。第一次是他从前线的“归来”，本来应该作为胜利者凯旋的他，却被作为“人民的敌人”秘密押回了莫斯科；第二次是指他从中亚流放地的归来，用索尔仁尼琴自己的话来说，“我完全是撞着大运……从炎热的、尘土飞扬的荒原回到了俄罗斯”；第三次则是从美国乘坐“阿拉斯加号”飞机先到俄国远东地区，然后乘专列横穿俄罗斯大地，最后抵达莫斯科。

其时在莫斯科作访问的中国学者刘文飞先生描述了索尔仁尼琴1994年豪华的、凯旋般的归来。“让人联想起十月革命前列宁的回国。在海参崴市中心的广场上，索尔仁尼琴在众人簇拥下登上高高的讲台，刚刚升起的一轮红日将崭新的朝霞洒在他的脸上，人们则在他的脸上看到了俄罗斯的希望之光；在莫斯科的雅罗斯拉夫尔车站，自发地前来欢迎的人群将站台挤得水泄不通，人们向他献上鲜花，向他高呼。在火车站前广场，激动的老人对前来欢迎的人群高声说道：‘在整个旅途中，我都有一种兴奋的感觉，觉得自己又回到了俄罗斯，又回到了自己人的中间。今天，我正是怀着这样的感觉向你们致意，并感谢你们，感谢你们的到来，感谢你们热情的迎接。’”

2007年春天，当时我还在做记者，开始做访问索尔仁尼琴的准备。我计划委托刘文飞先生做索尔仁尼琴的联络人，在刘文飞的居所里听他讲述索尔仁尼琴重返俄罗斯的故事。“回国之后的一段时间里，索尔仁尼琴曾频繁会见记者，多次发表电视讲话，宣传自己的主张和理想。但是不久，人们不无惊讶地发现，这位“俄罗斯文学的主教”却又一次沉默，隐居了。对于索尔仁尼琴近几年来的沉默，人们有各种各样的议论。有人抱怨，在先知预报灾难的时候，无人倾听，而在人们想起要听听他的话的时候，他却恰恰沉默不语了；有人引用了“在自己的祖国没有先知”这句俄国谚语，既指“墙里开花墙外香”；亦有“忠言逆耳”之含义，认为索尔仁尼琴的受冷落是注定的。”刘文飞说。

在关于索尔仁尼琴当前处境的讨论中，有一种意见是值得重视的，即在索尔仁尼琴流亡与归来的过程中，他走得不是时候，回来得也不是时候。像大多数20世纪的俄国流亡者一样，索尔仁尼琴一直不愿主动出国，去寻求西方的同情和支持，而愿意留在国内斗争，1970年，他执意要在能获得回国签证的前提下才去斯德哥尔摩领奖。他后来的离去，和布罗茨基一样，是名副其实的被驱逐出境。“索尔仁尼琴的确很少露面，在我来到俄罗斯之后的数月里，仅在电视上见到他一次，那是在他出席莫斯科艺术剧院前的契诃夫纪念碑的揭幕典礼时。只有他的著作静静地站在书店的书架上，等待着与人们交谈。”刘文飞回忆道。

“索尔仁尼琴失去了俄罗斯人的支持。”1998年6月6日的《每日电讯》刊登了乔治·特列夫加恩的文章，这篇文章反映了俄罗斯人对流亡归来的异见者、诺贝尔文学奖得主的态度：“他对新俄罗斯的激烈批判显示出末世感、灾难感和历史感，这是从一个苏联的幸存者，一个诺贝尔文学奖获得者身上所能预料到的，索尔仁尼琴认为，俄罗斯推翻了共产主义罪恶，但结果只是用资本主义的罪恶取而代之。”

然而事情并没有乔治·特列夫加恩想象得那么坏。在约瑟夫·皮尔斯所著《流放的灵魂：索尔仁尼琴》中有如下的描述：1998年12月13日，索尔仁尼琴迎来他八十岁的生日。为了庆祝他的生日，俄罗斯电视台播放了两个纪录片，每个纪录片都连续播放三个晚上，每晚播放一小时。在同一个星期，著名的大提琴家、作曲家米斯蒂斯拉夫·罗斯托波维奇在莫斯科音乐学院举办了一场纪念索尔仁尼琴的音乐会；同时索尔仁尼琴的小说《第一圈》改编的戏剧也在俄罗斯一个重要的剧院上演。最后作为生日庆祝的一部分，时任总统叶利钦试图给索尔仁尼琴颁发圣安德烈荣誉勋章，以奖励他所取得的文学成就，然而索尔仁尼琴拒绝接受这项荣誉，以示对叶利钦在苏联崩溃中所扮演角色的抗议。他说：“在今天的状况中，当人民还在挨饿，在为领取工资而罢工的时候，我不能接受这个奖项。”

独行于世，写作立身。我觉得这是索尔仁尼琴的人生映像。尽管在晚年毁誉参半，索尔仁尼琴在回归俄罗斯的后期还是坚持表达了他对国家的看法。继写作《我们应如何重建俄罗斯》、《俄罗斯在崩溃中》之后，他在2000年又出版两卷集《200年同行》，据说文集引起强烈反响。“索尔仁尼琴是为生活在充满悲剧的当代世界的人的尊严而斗争的巨人”，前苏联的异议者，著名物理学家阿·萨哈罗夫的评价显示了他所在时代的判断。在索尔仁尼琴逝世之后，时任俄罗斯总统的德米特里·梅德维杰夫的评价更符合时代对他的认定：“亚历山大·索尔仁尼琴的道路是一个真正战士的道路，他经受住了各种形式的磨炼和苦难。他上过战场的前线，经受过斯大林的劳改营和流亡的痛苦。但是在经过命运的一切苦难后，他坚持着对人民、对人民的道德伟大和灵性伟大的信仰。他从来没有背叛过自己，没有背叛过他的信念和良知。他总是讲真话，无论是在什么样的情况下。”

伏尔塔瓦河的倒影

1

当我说："心里有爱。"

这个语句中，"心"，并非指那个在胸腔里跳动的心脏。不必借助医学仪器观察，我也知道，人体里的心脏是一个中空器官。这个心脏有左右两半，回收血液的部分称为心房，喷出血液的部分称为心室，心脏共有左、右心室和左、右心房四个腔组成。但是这个"心"不会有"爱"。那么爱在哪里呢？在我们的意识中，在精神里。然而人的意识无形无相，精神同样难以辨识。也许只有作家或艺术家能捕捉这独异的存在，只有作家或艺术家可以诗性地呈现意识或精神存在，而医生或生物学家通常会出具简约的病理报告。

此刻当我说："在我心有座城市，它叫布拉格。"

这句话意味着，我能从自己的心灵之间，在自己的意识世界和精神疆域，看见那座名叫布拉格的城市。它与那个在地理意义存于地球之上的布拉格，有着怎样的关联？无疑，它来自那个实存的物质世界，然而比这个物质世界更抽象。这是只有我能看见的存在，独属于我的精神遗迹。现在让我们接近我记忆中的这座城市，我心爱的精神之城。

灰黑的鹅卵石镶嵌的道路泛着幽光，在色彩炫丽的街巷里曲折而无限的延伸。只要走出下榻的旅馆向着任意方向启程，脚下都是这样的道路。有轨电车响着铃声缓慢行驶，橙黄、靛蓝或者橘红的机车以及车厢，我看着它从身边走过，比乘坐它更有意味。

在布拉格旅行，徒步是更好的体验方式。我是乘坐飞机穿越广袤的天穹抵达这里的，如果我有更恢弘的视野，看地球如观赏书案的地球仪，就知道我要横跨多少山川河流才能来到这里。这不是我的生活之地，不是我居住的国家，它是异邦的土地，我所见是异域的城市和外族的人民。除了更细致地观察和体会，更真切地铭记，我不知道还能做什么。

沉思是我习惯的心灵运行方式，而旅行是很好的与自我对话的机会。在决定不乘坐出租车而是徒步行走前往想要去的地方，我就会对自己这么说："抬脚行走，你踏上的土地是此生难有机会再来的，所见景观也是难以再亲见的。惟有打开自己的感官，经历和体验。"

很多时候，我对一座城市的热爱源于对人的热爱。布拉格（Prague），在很长时间里这个名字回响在我的心头。念着它的时候，那些看过的电影镜头，就如蒙太奇浮现。比如《布拉格之恋》，就让我想到米兰·昆德拉的《生命中不能承受之轻》《告别的聚会》《生活在别处》；相较而言，赫拉巴尔对大众来说还是陌生的名字，然而他的小说《过于喧嚣的孤独》《底层的珍珠》《我曾伺候过国王》《没能离站的列车》是我珍爱如珠宝的。是的，这座如同童话中城堡的城市总是带给我们奇异想象，它有着辉煌的历史和非凡的现实境况。那些曾经生活在这座城市的杰出人物，卡夫卡、莫扎特、德沃夏克、瓦茨拉夫·哈维尔、米兰·昆德拉、伊凡·克里玛、赫拉巴尔，这些名字如星光闪耀在20世纪人类精神的夜空。

因为珍爱这座城市带给我的美感和诗意，我情愿徒步行走。

更仔细地体察古老的街巷，洁净的道路，有着辉煌历史的桥梁。

沐浴着阳光和微风，观察倒映着城市剪影的河流。

以及河流之侧的尘世生活与人的样貌。

这都是我想要铭刻心头的。

在布拉格街头看到卡夫卡肖像时，我的心头会震动。

地铁入口。购物商城。马路之侧。总能看到卡夫卡沉静而忧郁的肖像，甚至在酒吧以及酒吧的酒水单上，都会看到卡夫卡肖像的剪影。我当然知道眼见的城是卡夫卡的故地，然而在街头如此频繁地出现一个作家的形影，也可见这座城市独有的精神气质。

当我行走在布拉格街道时，如同行在卡夫卡沉郁的目光里。

在布拉格期间，我有两次到访卡夫卡博物馆（Franz Kafka Museum）。

博物馆位于布拉格城堡山丘之下的伏尔塔瓦河畔，走过查理大桥向西行走即是。

进入幽静庭院，映入眼帘的就是铁艺制作的黑色K字，高过屋顶的K字极具象征意义。

必须留下与K的合影作为永久的纪念。我站在K字之侧，以右手抚摸K字，感受到铁艺的清凉。然而进入卡夫卡的世界则是幽暗玄幻的迷境，这里的两个展区分别展示着卡夫卡的一生与卡夫卡文学的世界。行在光线幽暗结构繁复的房间里，看着卡夫卡的生平、陈列的版本众多的著作、珍稀的手稿、日记、画作及书信。在这样的空间里我会觉得触摸到卡夫卡的魂魄。卡夫卡博物馆是具有实验风格的建筑空间，集现代音响和多媒体技术合成，博物馆除了以实物、照片和手稿讲述卡夫卡生平的故事，还采用各种声光技术模拟卡夫卡小说中表现的主题和意境，使观者更逼真地体会卡夫卡的人生境况和写作生涯。

有很长时间，我外出旅行总会在随身的背包里带着卡夫卡的《审判》与《失踪者》。这是我在台北的诚品书店买到的正体字版本，我欣赏它完整呈现出来的卡夫卡形象，欣赏它对卡夫卡的独特阐释。德国作家托马斯·曼的儿子克劳斯·曼在后记中所言令我深感契合：

> “他接受了他的命运。他是勇者——一个英勇的古老民族柔弱而顽强的子民，这个民族拥有最多受苦、受辱和坚韧不拔的经验。然而有时候，他多情的愁绪想必会越过海洋，去拜访那个她创造出来后抛弃在彼岸的漂泊少年，捎去他的祝福和希望……这个诗人和先知必须歌颂并分析他的厄运，必须继续和一位幕后的神对话——不倦、诙谐、热情、绝望，却又忠实。”

在K博物馆幽暗曲折的空间里，相临伏尔塔瓦河开着一扇四方小窗。

我伫立在窗前，这是一个别致的视角。从窗口望出去就是查理大桥。

流水如银器碰击般喧响，河流两岸的城市风景尽收眼底。

2

在布拉格色彩瑰丽迷宫般的街道，我寻访瓦茨拉夫·哈维尔的遗迹，寻访“布拉格之春”与“天鹅绒革命”的光影；也曾在金虎酒吧寻访赫拉巴尔的形踪。1994年赫拉巴尔曾与捷克总统哈维尔和到访捷克的美国总统克林顿同在金虎酒吧喝酒。晚境的赫拉巴尔孤独而病弱，据说他是在布洛卡医院的窗前探身喂食鸽子从窗口坠落而亡。

喂食鸽子，当然是婉转的说辞，事实上赫拉巴尔是因为对孤独晚境的厌倦而自杀。

小说家米兰·昆德拉称赞赫拉巴尔：“他是我们这个时代最了不起的作家。”

赫拉巴尔的小说大多描写普通、平凡、默默无闻、被抛弃在时代垃圾堆上的人。一个在废纸收购站工作了三十五年的打包工汉嘉，他把珍贵的书从废纸堆中挑出来，藏在家里，藏在脑里。他狂饮啤酒，啃噬书本里的思想和词句，他从一无所知的青年变成满腹诗书的老人。《过于喧嚣的孤独》完稿于1976年，其时无法问世，只得放在抽屉里，迟至1989年才由捷克斯洛伐克作家出版社正式出版。赫拉巴尔住进医院的时间是1996年12月4日，一个寒风凛冽的日子。赫拉巴尔住的六楼病房外有着奇特的忧郁景色：灰暗、朦胧的寒空。

被窗檐挡住一半的树林乌鸦横飞。赫拉巴尔坠亡的时间是1997年2月3日。

初到布拉格，我被它造型奇崛的楼群所魅惑。它们具有各种风格，罗马风格、哥特风格、文艺复兴时期的风格，巴洛克风格、新古典主义风格，乃至共产主义风格。我迷恋它的道路，迷恋它迷宫般的街道，迷恋它清洁透明的空气。抬头即可见到湛蓝如宝石的天空漂浮着洁白如轻烟的流云，成列的有着红白蓝绿不同颜色的有轨电车不时从街道中心穿行而过。布拉格是一座色彩明丽的城市，橘黄、橙红、青蓝、乳白、蓝黑的楼房交错而建，很少嘈杂，即使在街上也难以听到车辆驰行的鸣笛声。行走在街道之间如同行走在童话的世界。

每个人的内心都有一个梦想之城，对于我们而言，布拉格即是。它绮丽而明艳，奇崛而优雅，充满视觉之美。它自由而安详，具备人类宜居之地所需要的诗意品格。走在布拉格的城区，脚踩泛着幽光的卵石，穿行在清寂迷宫般的街道，我被这座城市的气质和品格所感动。或许它只是欧洲众多国家中的一个，然而它也必然是欧洲文明的一部分。

行走在布拉格街头，穿越马路的时候，即使再匆忙行进的汽车也会减速停下来，等待行人穿过十字路口的斑马线。当我在马路向路人询问我想去而又不认识的地方时，被问询的人都会停下脚步，耐心为我指路或者释疑。美好而良善的人性。这是我在布拉格看到的普遍的人之特性。这是人的品质和精神的显现，也是城市气质与文明的显现，它与布拉格辉煌而瑰丽的城市风貌相互映照，折射出这座艺术之都的人性之光。

布拉格有各种美誉，“神奇的城市”、“镀金之城”、“百塔之城”、“东方巴黎”，这是来自世界各地的游人对它的赞美。置身色彩绚丽的城市街头，极目远眺城市如童话中古堡般的楼群，观察它的奇异样貌，对这些赞美多有体会。拥有120万人口的布拉格，是波西米亚地区首府，自1993年1月1日起成为捷克共和国的首都。伏尔塔瓦河波光粼粼缓慢雍容地在城市的中心流过，海鸥在河面飞舞，群鸟在水里嬉戏，各种豪华或普通的邮轮在河流之上驰过，看上去一派安宁祥和。

3

布拉格的旧市政厅。这里的天文钟成为人们观赏的珍奇。

每到整点的时候，游人都会聚集在市政厅的钟楼之下，聆听天文钟敲响。

在某个黄昏，我也挤在人群里仰头望着钟楼之上古老的天文钟，等待钟声敲响的时刻。

这座建立于1338年的古老的钟充满传奇，在天文钟的周围有4个偶像，据说它们的样貌和神态分别代表了15世纪布拉格人的内心境况：带着镜子的是虚荣心、带着钱袋的是贪婪、骷髅的是死亡，土耳其人则作为异教徒入侵的样貌出现。这4个偶像之下，分别是年代的纪录者，它们是天使、天文学家和哲学家。在整点时分，死亡之铃敲响，沙漏倒转，12名使徒经过天文钟上部的窗户，向聚集在钟楼之下的人群点头致意。最后公鸡鸣叫，钟声敲响。那天听到这钟声悠扬敲响的时候，我觉得是触摸真切到了布拉格的时间流逝。

布拉格既有酷烈的炎热，也有如深秋般的清凉。很多时候它的气候温差可以在一天之间转换。从伏尔塔瓦河左岸向西，沿着倾斜的长坡走，可见密集成排的尖顶、塔楼和宫殿宛如童话中的城堡。这就是布拉格城堡，当今世界上最大的城堡，长570米，平均宽度128米，占地面积7.28公顷。城堡是捷克历代君王的住所，也是国家元首的官邸。兴建于9世纪，由博日沃伊王子主导的这座府邸工程开启了布拉格城堡的历史。

在通往布拉格城堡的斜坡上可以看到年轻的大提琴手在演奏，布拉格的音乐家们将这里作为他们的演出地。在舒缓的大提琴音乐声中向上行进，会有别样的美感。当然一路还会有摇滚音乐、民族音乐的表演者，听众或游客可以根据自己的兴趣选择欣赏不同的音乐。

布拉格城堡分为三个庭院，它们分别是皇宫、皇家花园。第一庭院座落于城堡正门的城堡区广场，两侧是巨大的巴洛克王宫，是到旧城堡的游客必然会来到的地方。沿着布拉格城堡鹅卵石铺就的道路走，还可以看到皇宫的文物和珍宝博物馆。布拉格历史博物馆也在这里，走在展厅里可以看到布拉格城兴起的历史。

查理大桥是布拉格的象征。它连接着布拉格的老城区与马拉斯特拉纳新城。

建于1357年的查理大桥，经历500年的风雨侵蚀和伏尔塔瓦的风浪冲击矗立着。桥长516米，宽10米，由16个桥墩支撑着，两座高大的塔楼分别矗立在桥的两端，由塔楼的入口进去，登上顶楼便可俯瞰查理大桥以及城堡的全貌，美丽的布拉格尽收眼底。

查理大桥是布拉格城市防御体系的一部分，在查理大桥的桥栏相互对称分列雕刻有三十座巴洛克风格的雕塑艺术品，这些取材于《圣经》的雕塑作品造型各异，神态逼真，细节精微，纷繁的雕塑作品使这座古老的石拱桥成为“露天博物馆”。这里是国际化的地标，艺术家们在这里表演，画家们在这里画画，每天都会有来自世界各地的游人漫步在桥上，欣赏这古老桥梁的风韵，也阅览伏尔塔瓦河两岸神秘而诗意的景观。

查理大桥的画家们都会展示约翰·列侬墙的画作，这是查理大桥又一可纪念之地。沿着大桥下去，走过两条街就可看到一面墙，有摇滚歌手在这里演唱。1980年12月8日列依遇刺身亡，他成了众多捷克年轻人的精神偶像。在法国驻捷克大使馆对面有道隐蔽的墙，人们可以看到约翰·列侬的画像，还有政治涂鸦以及披头士的歌词，尽管反复粉刷，还是不能保证墙壁的清洁。约翰·列侬墙也成了捷克青年人的聚集地。尽管有些捷克音乐家因为在这里演唱抗议性歌曲而被逮捕，但是更多的青年还是会聚集在此，具有反叛意志的年轻人将约翰·列侬墙当作他们的精神象征。

4

不同于通常的城市广场，瓦茨拉夫广场更像是宽阔的林荫道。这是我到达布拉格的第二天前往的地方。天空沉积着铅色的浓云，空气里有微凉的风，走出酒店沿街步行，走过一条清幽的长街，转弯就看到那条倾斜而上的坡道。看到坡道尽头一幢大楼，城市交通图标识着它的名字：国家博物馆。这是新文艺复兴建筑风格的博物馆，在广场的南端就是一尊圣瓦茨拉夫骑马的雕像。瓦茨拉夫是10世纪的一位波西米亚公爵，是一位和平主义者，享有圣诞颂歌里“好国王瓦茨拉夫”的好名声。瓦茨拉夫广场最初是中世纪一个马匹交易市场，后来成为布拉格民众公共集会的重地，见证一个世纪的历史风云的激荡和消散。

瓦茨拉夫广场有露天咖啡吧。找一个座位要一杯咖啡，可以尽情地欣赏和体验这里的景致和风物。在布拉格的广场，很少会看到警察。人们自由地聚集在广场。这里有街头音乐家的表演，歌唱或者演奏。还有各种杂耍艺人的表演，包括人偶的表演。游人们在广场席地而坐，悠然地观看各种表演。成群的鸽子在广场飞翔，或者落在地上觅食嬉戏，鸽子们在游人的脚下安然地走来走去，它们很少会受到惊吓，没有人伤害它们。在广场或者街头，任何人群密集的地方都能看到人们的自由和安然的状态，我以为这是城市真正的文明。

然而布拉格能享有今日的自由的荣光也是一代政治精英奋斗的结果。

关于布拉格1968年的事变，媒介多有叙述。我曾经访问过美籍华人作家、爱荷华国际写作中心的创办人聂华苓女士，听她讲述过1968年捷克的故事，这也是哈维尔的故事。早年毕业于美艺学院戏剧系，先后当过舞台技师、电工和字幕校审员、剧作家、助理导演。20岁起在文学和戏剧杂志上发表作品，后成为知名剧作家。其时哈维尔的剧作《备忘录》（The Memorandum）赴美演出受到欢迎。同年聂华苓邀请哈维尔到爱荷华，他接受了邀请，计划九月成行。然而在八月间，苏联坦克开进布拉格，当时身在纽约的聂华苓是在收音机里听到消息，立刻打电报给哈维尔，催他和家人到爱荷华，旅行机票寄到他指定的地方。聂华苓希望在苏联坦克进入布拉格之前哈维尔能收到电报。然而哈维尔没有音讯，捷克也与外界隔绝。后来多方打听消息，知道哈维尔转入地下，他的戏剧在捷克被禁演，书被禁止出版。再后来哈维尔因为担任"七七宪章"发言人被当局逮捕。聂华苓在爱荷华大学国家作家工作坊的"五月花"公寓为哈维尔订好的两个房一直空着。

瓦茨拉夫广场在捷克当代史的意义还在于1989年。要求变革的人们聚集在广场抗议示威。这次非暴力革命结束了共产党的统治，也使哈维尔从一个异议色彩的剧作家转身为捷克民主共和国第一任民选总统。1994年，聂华苓接到哈维尔寄赠的新书《走向公民社会》（Toward a Civil Society），打开书页，看到哈维尔在签名下画了一颗心。

5

"人生没有安慰或尊严或高尚的承诺，在它面前我们唯一的责任——难以言明且难以实现，但毕竟是一个责任——是不对我们自己撒谎。"这句话是我深爱的前南非作家J.M.库切说的。我以为这句异国的箴言也指出了我昔日幽暗生活的真相。在18岁时我高中辍学顶替父亲到矿井做矿工，每日换上工装进入地腹之中的巷道劳作。然而在深邃的黑暗中，卡夫卡真实地带给我内心的慰藉。在最初的时刻，也就是在少年之时，我还没有机缘也没有能力触及神明的存在，我指那种来自宇宙中创世力量的启示。然而我看见卡夫卡，这个生活在奥匈帝国时代，也即昔日的布拉格的人，这个形容瘦消，眼神忧郁，患有严重肺结核病，与父亲关系紧张持续冲突，缺少异性爱情温暖的男子，又是那样坚韧而强悍地活着，并且执笔不辍地书写，没有力量能阻止他的写作行为，这样的一个人对我是巨大的激励。

在布拉格旅行，我随身携带着《审判》的扉页有"卡夫卡的布拉格"。

我的手里还有布拉格市政地图，在那幅地图之上我用笔圈起想要去的场所。

卡夫卡广场（Franz Kafka Square）是我想要去的地方。在一个下午我找到这个广场。1883年7月3日卡夫卡出生在旧城广场北边的平房，1885年5月，卡夫卡一家人搬至维斯拉斯广场（Wenceslas Square）56号。1897年此栋平房发生火灾而后被拆除修整，今日所见到的卡夫卡出生的房子，只保留了原平房的大门，其余部分则重建成新巴洛克风格的大厦。

坐在广场咖啡馆露天的座位，喝着咖啡任由思绪漂游是难得的惬意。

在布拉格期间，我带着城市交通图徒步行走在街头。我寻找哈维尔的遗迹，寻找赫拉巴尔的遗迹，更多时候在寻找卡夫卡的遗迹，从他的出生地，到就读的学校和工作的保险公司，以及犹太公墓。然而最令我好奇的是黄金巷22号。

黄金巷是布拉格城堡的一个异类区域。城堡更多的是王宫和皇家园林，而黄金巷是平民聚居之地，它是守卫城堡的士兵的营房。沿着狭窄陡峭的阶梯走上狭长绵延数百米的营房，可以看到陈列在昔日的营房的盔甲铁衣，看到长矛和各种枪械，还可以看到守卫城堡的瞭望孔。黄金巷也是炼金师居住的地方，幽深荒僻的地下室陈列着炼金术的各种工具、器械，以及他们的床榻卧具，兽皮制作的地毯给这里的主人平添神秘气息。我对黄金巷的好奇，还在于这里曾经是卡夫卡借居过的地方。黄金巷22号，一幢被漆成淡蓝色的房屋是卡夫卡最小的妹妹奥特拉的住所，卡夫卡借居这个房间写下他的小说《乡村医生》、《中国长城建造时》，然而遗憾的是这里除了卡夫卡的照片，没有留下他的任何遗物。

我在黄金巷时遇到一场急骤的暴雨，突然降落的雨幕在顷刻之间将游人驱散，被雨水清洗过的街巷泛着幽光，道路之间积水横流。为躲雨走进街巷尽头的一家老电影收藏馆。

我在那里看到电影放映机自动播放黑白电影，讲述卡夫卡与布拉格老城的故事。

黑白影像映现出布拉格昔日的昏暗、凋敝和没落景象，城市里生活的人如同幽灵闪现。

我想卡夫卡带给无数人的慰藉。在他活着的世纪，以及在他远去的世纪。

然而卡夫卡带给我的精神慰藉是深刻而值得感念的。

我最早是在矿井下阅读卡夫卡的。一本黄色封面32开的《卡夫卡寓言与格言》的书，1987年我在矿区的一家书店花9毛钱买到带回家，这本书伴随着我早年矿工生涯的幽暗时光。

后来我的私人藏书里有了卡夫卡的《城堡》《变形记》《审判》《失踪者》。

"写作作为祈祷的方式。"莫名喜欢卡夫卡的这句写在日记里的话。也许因为我懂得祈祷生活的意义，懂得灵性生活的意义，所以更能体察卡夫卡箴言的真义。就像法国作家让-菲利普·图森说："卡夫卡，每天晚上，都坐在书桌前，等待激情推动他去写作。他对文学有这种信仰，而且只相信这一信仰（'我不能也不愿成为任何其他人'），于是，他每天晚上都想着这一无法企望的美事降临到他身上：写。"

我熟悉卡夫卡的寓言和格言，也熟悉作为插图的卡夫卡的简笔画。

比如："他们从黑暗中来，也将遁失于黑暗。"

这句格言我在后来写作《黑暗中的阅读与默诵》时作为题记。

比如："真正的道路在一条绳索上，它不是绷紧在高处，而是贴近地面。它与其说是供人行走的，毋宁说是用来绊人的。"

我让这句格言出现在我的长篇小说《我的神明长眠不醒》的叙事中。

现在那幅简笔画出现在一件海蓝色T恤上——一位伸展着双腿坐在木椅之上的人形双手捂着耳朵拒绝听到外部噪音——我在卡夫卡博物馆的文创店里买下来这件T恤带回家，同时买下来的还有一尊黑色的卡夫卡肖像石雕，以及印有卡夫卡肖像的日记薄和明信片。

少年时因为我有写作能力而得以离弃黑暗而不义丛生的生活。

我铭记着德国作家克劳斯·曼在卡夫卡的《失踪者》后记所言，仿佛那也是给我的箴言：

"你必须在这里继续写作，沉思和祈祷，寻找上帝并敬畏祂……你必须在这里忍受宗教迫害之妄想的折磨，必须把你持续的苦恼转化为脆弱美丽的澄澈散文。你必须在这里服役并死亡，在最终赢得那顶阴暗的冠冕——你自身毁灭的黑暗荣光。"

布拉格通鉴

在旧宫，我自在地放眼
整个布拉格，视野更加广阔；
深深在脚下，暮色苍茫的时刻
以轻悄寂寥的脚步经行而过。
城市渐渐模糊，如在玻璃之后。
清晰地耸立在我面前，只有高处，
如佩戴头盔的伟岸匈人，
圣尼古拉那铜绿色的苍穹。

——【奥】赖纳·玛利亚·里尔克

1

这是卡夫卡的布拉格。是里尔克的布拉格。也是米兰·昆德拉的布拉格。

当然也是我的。现在我能在我身体内部看到它，辽阔天穹的颜色，天穹之下城市由造型奇崛的楼群和迷宫般街道构成的绮丽景观。城市道路穿流不息有着不同肤色的人潮，密集的钢铁车阵，人的面孔和表情，所有这些我都能在心里看到它们清晰的存在。仿罗马建筑、哥特式建筑、文艺复兴时期建筑，这些语词是对这座城市华美风格的概述，2015年7月，我有七天的时间168小时10080分钟生活在这座城市里，我的皮肤感受过它的内陆气候，肺腑间吸入过城市清朗的气息，我的双脚长久行走在它的道路被鞋子磨出过三粒结痂血泡。

我住在这座城市具有波西米亚情调的蔷薇旅馆（Hotel Ruze），清晨即起，在浴室以它清澈的水源沐浴，然后更衣。乘坐电梯下楼在清洁雅致回旋着钢琴曲的餐厅用餐，插着红玫瑰的花瓶置于餐桌一角。仰望城市上空湛蓝色的天穹和飘浮的轻烟般的云翳，遥视城市由相互簇拥交迭的哥特式尖顶的建筑形成的天际线，白日间徒步行走在它散发着幽光的鹅卵石道路，穿过色彩绚丽的楼群之间的街道，在橘黄或深红的有轨列车驰行时的铃声伴随下，前往想要去的任何地方。这昔日罗马帝国的领地，而今自由而安详的城市，我愿意悉心体会。

瓦茨拉夫广场、查理大街、查理大桥、伏尔塔瓦河畔，约翰·列侬墙。我在布拉格的时刻，这些地方每天都会往返而行。古老王朝遗留下来的老城堡、新城堡、小城堡，每一处都令我迷恋，怀着永不疲倦的热情之心抵达那些令我心仪的地方。波西米亚水晶、捷克木偶、俄罗斯套娃、有100年历史的比尔森啤酒，精致的小玩意和味道醇厚的美酒都让我心喜欢生。这座城市是建筑艺术的荟萃之地，巴洛克风格的圣维塔大教堂、圣尼古拉教堂，圣托马斯教堂，教堂恢弘瑰丽，神圣庄严，作为建筑艺术，作为信仰之空间令人震撼。剧场也是我向往的，国家剧院、巴鲁斯特拉德小剧场，曾经的捷克先锋艺术的中心，它上演过尤涅斯库的荒诞戏剧《秃头歌女》《椅子》，上演过米兰·昆德拉的剧作《钥匙的主人们》《雅克和他的主人》，也上演过瓦茨拉夫·哈维尔的剧作《花园晚会》《愈来愈难以集中精神》，剧场凝聚着艺术气息，也汇集着时代风潮。一座城市拥有一位杰出作家就是拥有它的灵魂和精神。里尔克的诞生之所、卡夫卡的故居和墓园、米兰·昆德拉的家乡、赫拉巴尔出入过的啤酒屋和隐居的森林小屋、伊凡·克里玛的乡间别墅、瓦茨拉夫·哈维尔的囚禁之地和上演剧作的剧场以及他的总统府，都是我想要温习的。

布拉格地处欧洲内陆，北邻波兰，东接斯洛伐克、南邻奥地利，西与德国接壤。

它在地球上的地理位置，在东经 14° 北纬 50° 之间，然而它也深刻在我心灵之间。

抵达即存在。我到达的每一处场域和空间都成为精神的遗存。

只要凝视注视，我就能在自己的身体内部看见它。

当然是美好而珍贵的体验，它是我永久的宝藏。

一帧青铜浮雕，如打开形成对称关系的书页。

浮雕倾斜立在插满书籍的橘色简易书架上，这是捷克作家伊凡·克里玛的乡间别墅客厅。我站在书架前凝视着那帧青铜雕像。凸起的页面是一位男子低头沉思的肖像，凹下的页面是肖像的剪影，合起来就是一本无缝隙的书籍。我当然认得出来，这是哈维尔的肖像。在另一侧书架竖排插着《哈维尔文集》，七卷精装绿色硬封的文集。显然这个书房存有哈维尔的遗迹，伊凡·克里玛对他的这位逝去的朋友怀有深挚的情感，他记得他的朋友到家来做客的情景，记得他的言说和神情，包括哈维尔喝着咖啡抽着雪茄留在居室里的烟味。

2015年7月25日下午，我到达布拉格。应《时尚先生》之邀做“巨匠与杰作”专题之

捷克作家伊凡·克里玛访问。我与纯子乘坐北欧航空公司的客机，从北京首都国际机场起飞，前往莫斯科在谢列梅捷沃机场降落，再换乘同一航班前往布拉格瓦茨拉夫·哈维尔国际机场。我们的英语都不好，捷克语更不懂。纯子依靠她熟悉的有限英文单词，从机场乘坐预约的出租车到预订的酒店。在服务台办理好入住手续，我们拿着房间的门卡，拖着拉杆皮箱背着双肩背包乘坐电梯升至十二楼，进入预订的房间1202室。这是一间雅致而温馨的居室，橘色的墙壁镶嵌着白色圣女浮雕。紫色的床榻洁净，窗前摆放着郁金香的花饰。

我们如同滑翔机稳落布拉格，那一刻狂喜在心头激荡。

经由个人进入历史，进入时代生活，这是我愿意做的事情。

伊凡·克里玛，是我找到的凝结着历史和时代讯息的人。

到布拉格第三天，拜会克里玛。布拉格远郊的乡间居所。我在白砖墙的左角看到钉着蓝色的牌印有S/23/17，红牌印有NA DuBINE/HDDKOVICKY-PRARA 4，这应该是街区和住宅的编码。我们是从布拉格城中心赶到这里，捷克摄影师维多开着他的车，布拉格电影学院就读的学生晓慧作为我们的向导同行，汽车后备厢装有摄影器材，黑色桑塔纳驶出有着色彩绚丽楼群的城市，进入郊区道路时出现所有郊区都会有的灰暗景致，穿过远郊的铁路上有火车喷吐着雾气轰响着疾驰而过。在郊区公路颠簸行驶一个多小时的路程，到了我们要找的地方。

时间是上午10点，按照预约，我们准时出现在这幢楼房的院落铁栅门前。三层红白相间的楼房。底层是长满树木的院落，隔着砖墙之间是黑色铁艺栅栏。沥青马路并不干净，尘土以及陈旧的落叶随处可见。这是位于广阔密林之间的别墅区，庭院里倾斜长出来的大树枝叶繁茂掩映着楼房。一条陈旧的沥青路从门前通往密林深处。我们的出现引出来一位白发妇人，她从楼房的后门走出来，踩着石阶走到铁制的围栏前。我猜她是克里玛的夫人海伦娜，一位心理治疗师，妇人微笑着用捷克语问："你们是谁，来这里干什么？"

随行的向导对妇人说："我们来自中国，预约做访问。"

在这幢乡间别墅外的森林边，经常有各国的记者来。他们向克里玛提各种问题。

片刻，从别墅的门廊里走出一位有着东欧人面孔的老人，满头银发身材敦实，目测身高在165CM之间。我认出那是克里玛。这位捷克最负盛名的作家衣着简朴随意，上身一件雪青色半袖T恤，裸露出的手臂粗壮。下身是旧灰色长裤，脚上是果绿色休闲鞋。老人微笑着，样貌和举止更像一位质朴的园艺工。必须依靠翻译交流，老人知道我们的来意，开门请我们进去。走进客厅，室内布置简朴，从敞开的窗户可见绿意葱郁的森林，织有雪青花卉图案的赭色地毯是旧的，悬垂的花型吊灯下，克里玛坐在赭色的T型组合沙发上，神情默然看着进屋来的人布置摄像的机位，我和先期到来的中国国际广播电台的捷克语翻译，也是克里玛小说《我的疯狂世纪》的中文译者许宏女士，坐在他对面的两张木椅上。

身后是摄像师和摄影师。他们要拍摄访问克里玛的现场。

环顾客厅时，看见在橘色书架的隔段间摆放着人的肖像浮雕。

尽管是剪影，我立即认出那是哈维尔。

我是来向伊凡·克里玛致敬的。

这是一个身处矿井深邃幽暗中心的少年，对一个陷于纳粹集中营残酷深渊少年的探望。

少年之心。我们胸腔里跳荡着的青春的心脏，分别隐藏在两个已然成熟或饱经沧桑的身体中，它们曾经在不同的时代和相异的年月各自经历着厄运的磨难，此刻飞过天穹，穿越地球不同的纬度，在异国之邦相遇。这是我与克里玛的相遇，逾越国度的界限，逾越语言的藩篱。少年时被德国纳粹党卫军士兵关押到特莱津集中营，青年时生活在禁锢时代的捷克，这位经历过“布拉格之春”与“天鹅绒革命”的作家，以写作建立比铜更为永久的纪念碑。

经由克里玛，我也愿意向米兰·昆德拉致敬，愿意向瓦茨拉夫·哈维尔致敬。

我知道他们是相识多年的朋友，三位个性鲜明，立场相异，境遇和命运截然不同的作家，被称为捷克文化的三驾马车。我是怀着勘察他们的生命踪迹和精神遗存来到布拉格的。东欧知识分子，那些作家、学者、艺术家群体，是我关注的。我想看到他们在时代潮流、国家存在和公共领域以及私人生活中的表现，看见知识分子，也就洞悉一个国家的心灵。

1931年出生于布拉格的克里玛，早年因为其犹太人身份，和父母一起被纳粹关押到特莱津集中营，获得解放之后又经历了捷克斯洛伐克的禁锢时期。1968年“布拉格之春”，当俄国人开进捷克斯洛伐克时，他离开自己的国家，途径伦敦到美国密歇根大学观看他一个剧本拍摄的情况，并在那里讲授文学课。1970年春天结束在美国大学的教授课程，克里玛偕同妻子和两个孩子回到捷克斯洛伐克。在此期间，捷克的知识分子们进入一段特别的时日。

小说家米兰·昆德拉出生于捷克东部的摩拉维亚地区的布尔诺，他创作过长篇小说《玩笑》《生活在别处》《生命中不能承受之轻》，这些作品也为中国读者所熟知。克里玛与昆德拉在上世纪五十年代就认识，他们作为年轻作家都属于青年作家协会的成员，昆德拉自幼喜爱音乐，跟随音乐家的父亲学习钢琴和作曲，青年时期热爱实验性诗歌创作，就读于布拉格查理大学艺术系，毕业后在布拉格电影电视学院任教。作为捷克惟一的外省作家，昆德拉最初深受官方器重，获得过官方文学体制的嘉奖，他的立场是有建设性的批评当局。

1967年9月30日，昆德拉与布尔诺电视台主持人薇拉·赫拉班科娃结婚。

1968年“布拉格之春”受到苏联军队镇压。昆德拉被开除出捷克共产党，同时被作家联盟开除。1972年，昆德拉被布拉格电影学院开除。所有昆德拉的书都从书店和图书馆撤除。1975年，昆德拉接受法国雷恩第二大学聘任的邀请移居法国。

此后克里玛就再没见过他，然而昆德拉在捷克极具争议性。“在捷克他引起民众的反感，原因是人们认为昆德拉用来描述他的捷克的经历是哗众取宠，他描述的个人经历与他本人在1968年以前曾经是共产党政权下一个受到奖励和宠爱的追随者的事实不相符。”克里玛说。

青年时期克里玛醉心法国存在主义哲学，他曾经在法国巴黎见过萨特。1970年代克里玛在美国受到各种文学聚会的影响，回捷克以后也在家里举行文学聚会。每月在克里玛的家里聚会一次，邀请那些被禁止出版的朋友和作家，他们就在这些聚会中朗读最新作品。来客中有捷克斯洛伐克文化的主要创造者，瓦茨拉夫·哈维尔、伊日·格鲁沙、卢德维克·瓦楚利克，有几十个这样的人物。还有博胡米尔·赫拉巴尔，他本人不来，但是把作品寄过来让人们朗读。这些不能公开发表的作品被称为“萨米亚特写作”，即地下写作。

克里玛在他的随笔集《布拉格精神》里，谈到捷克斯洛伐克这段禁锢时光时说：

> 任何一种精神生活最终都导致对自由的向往。所以，它毫不犹豫地禁止实际上所有的捷克斯洛伐克文化，使作家无法写作，画家无法展览，科学家——特别是社会科学领域——无法进行独立的研究；它摧毁大学，大多数情况下任命俯首帖耳的职员当教授。突然被投入到这个大灾难之中的国家被动地接受着这一切，至少一度如此，无奈地看着最近崇拜的人物一个接一个地消失。

其时，米兰·昆德拉被捷克斯洛伐克共产党开除出党，也被就读的查理大学艺术系除名，他出版的书被从图书馆和书店撤出；捷克作家弗朗兹·卡夫卡因其悲观主义，被捷克当局视为“资产阶级作者”。要求为卡夫卡恢复名誉会被当局视为“反革命”；被誉为捷克最伟大的在世作家博胡米尔·赫拉巴尔继续在出版社工作，但沦为“负责销毁书的人”，在1976年由地下出版社出版发行的小说《过于喧嚣的孤独》中，赫拉巴尔叙述了这段经历。

剧作家哈维尔被囚禁监狱。只有他的妻子奥尔嘉和朋友克里玛被允许去探视，他们一年可以来四次，每次只有半小时。哈维尔担任总统后他们还会见面。“他每次来了就很放松，终于可以脱离开那种官式的环境。他来的时候和夫人一起，当然随从留在外面。”

克里玛居所的客厅里还光临过美国作家菲利普·罗斯。

罗斯在1960年、1996年分别凭借处女作《再见，哥伦布》和《萨巴斯剧院》两度获美国国家图书奖，凭借《美国牧歌》获普利策文学奖。他的小说《反美阴谋》《背叛》《人性的污秽》影响广泛，1998年，罗斯在白宫受颁美国国家艺术勋章。

罗斯回忆与克里玛在一起的时光时写道：

“二十世纪七十年代早期，我每年春天去布拉格旅行的时候，伊凡·克里玛是我主要的现实教员。他驱车带我到街角的报摊去看作家卖烟卷，到公共建筑物那儿去看他们用拖把拖地，到建筑工地去看他们砌砖，到城外去看供水系统——他们在那穿着工装和裤子，迈着沉重的脚步走来走去，一个口袋里装着扳手，另一个口袋里装着书。”

罗斯也分别在伦敦和康涅狄格州访问过昆德拉，在访谈中，昆德拉对罗斯说：

“那以后，我被学校除名了。我和工人一起生活。当时，我在外省夜总会的爵士乐队里吹小号。我弹钢琴，也吹小号。后来，我写诗，还画画。”

1984年1月27日，昆德拉在《世界报》（LeMonde）专栏里写道：“共产党人占领了我的国家，当时我十九岁，我明白了什么是狂热与独断，什么是政治审判，我也通过自己的经历知道了被权力陶醉、被权力抛弃意味着什么，知道了面对权力感到自己有罪意味着什么，反抗它又意味着什么。”此前罗斯为《纽约时报·书评周刊》做的访问里谈到1948年被捷克共产党开除一事时写道：“极权制，不仅是地狱，而且是天堂之梦。一个与世界同样古老的梦，在这梦里，所有人和谐地生活，由惟一而相同的愿望团结在一起，也由惟一而相同的信仰团结在一起，任何人对其他人都没有秘密。”

1990年4月10日，罗斯到达布拉格。

罗斯访问克里玛，谈及捷克的“布拉格之春”和“天鹅绒革命”，谈到东欧剧变前后捷克的国家现实和人们的生活及精神状态。在那次访问里，克里玛谈到哈维尔。罗斯赴总统府参加哈维尔举行的关于他美国和俄国之行的记者招待会。“我很有兴致地听——还有点惊讶——一个总统当场创造有力的、流畅的、富有人性观察力的警句——而且还是即兴创作，在白宫，也许自林肯被杀害后还没有如此大量地产生过这样的警句。”菲利普·罗斯感慨道：“一个像哈维尔那样有其恶作剧般的嘲讽和非凡才智复杂的人，一个文人，一个学哲学的学生，一个具有强烈倾向的理想主义者，一个幽默的思想家，他准确而直率地用他的母语讲话，采用逻辑和细致入微的推论，兴致勃勃地大笑，着迷于戏剧性的事物，熟悉和理解自己国家的历史和文化。”

罗斯漫长的职业生涯中，对东欧问题的关注仿佛一道强光，映现他的人权意识和人道精神，也反照东欧作家在禁锢之年作为反抗者的精神光谱。我最初知道罗斯是在克里玛的文论集《布拉格精神》。自1973年起，罗斯作为西方作家多次前往布拉格，他寻访那些生活在铁幕时代的东欧作家（包括电影艺术家），倾听他们的心声并提供可能的人道援助。罗斯与米兰·昆德拉对话，与伊凡·克里玛对话。对话的文本刊登在《纽约书评》。吸引我的是罗斯的西方背景与他对东欧社会的关切，他提问的角度，以及纵深思考。“铁幕时代的出版审查与萨米亚特（地下）写作”、“极权时代作家的信仰与知识分子的责任”、这些严肃而重要的问题意识，揭示出东欧剧变前铁幕国家与禁锢社会带给人的精神苦痛与身心戕害。对话文本展现出东欧作家与欧美作家因为置身社会的不同显示的差异性。呈示罗斯思想视域的广阔和复杂性，以及他的价值立场。

克里玛在与罗斯的对话中论及捷克的公共生活和知识分子的境况，也谈到他的好友哈维尔：“作为在过去二十五年来见过他无数次的人来说，哈维尔主要是以一个剧作家而出名的，然后是一个有趣的散文家，最后才是一个持不同政见者，一个现政权的反对者，他是如此坚持他的原则，准备为他的信念经受一切，包括监禁。哈维尔的剧本允许在我们的剧院上演的时候，捷克公众主要是把它们理解为政治剧的。我经常半开玩笑地说，哈维尔之所以成为剧作家，仅仅是因为那时剧院是可以发表政治观点的唯一地方。”

克里玛将“天鹅绒革命”之前的捷克斯洛伐克形容为政治沙漠，他谈到哈维尔在这政治沙漠中的作为：“哈维尔也是善于妥协和结盟的大师，他从来不会失去基本的目标，消除极权主义体制，用一个复兴的多元民主体制来取而代之。为了这个目标。哈维尔竞选总统以及他后来的当选，首先表现了这个国家突入其来的，真正的革命进程。哈维尔成为变革时代的象征，成了带领社会走出危机的人物。”

2

1968年8月20日，距布拉格十公里的鲁齐涅机场。夜幕降临后，一架苏联航空公司的重型运输机候在跑道尽头。二十三时许，苏联红军的伞兵从运输机上冲出来，迅速占领机场各地。这就是克里姆林宫两天前决定的大规模军事行动的开始，行动目的在于终结捷克的改革尝试。接下来的数小时中，几百架飞机从波兰、白俄罗斯或民主德国的基地起飞，一千辆坦克越过捷克斯洛伐克边境。几天内，共计五十万来自华沙条约组织成员国军队的士兵进入并控制了捷克，主要是苏联人，但也有波兰人、保加利亚人，东德人和匈牙利人。

历史学家记录入史籍的这个时刻，也同时出现在电影、文学、戏剧和摄影中，被不同年代的人们阅读和观看：“整个夜晚多架重型飞机从首都上空飞过。凌晨4点，士兵包围了中央委员会所在地。捷克斯洛伐克共产党领导人杜布切克与他的朋友们被捕，并被送往一个秘密之所。8月21日上午，民众开始聚集在街头，围住坦克，并高喊：伊万，回家！某些人试图与侵略者对话，后者似乎不清楚自己身处何方。”

此刻，我手边的一部传记《米兰·昆德拉：一种作家人生》里写到如下细节：

面对苏军坦克占领，捷克人采取一种更接近围棋棋手而非武士的策略。在城市和乡村，他们把指示牌，把街道和各种场所的名牌都摘掉，以至于外国军队迷失了方向，找不到路，只能原地打转。装甲车司机没有受到工人的攻击，却被以大群身穿迷你裙的年轻姑娘团团围住，姑娘们嘲笑他们对他们进行性挑逗。捷克被占领的最初几天，气氛几乎是欢快的。并非充满希望的欢快，像“布拉格之春”期间那样，而是一种饱含愤怒的迷醉。

1984年昆德拉出版小说《生命中不能承受之轻》，这部以"布拉格之春"为背景的作品在法国出版后引起关注。昆德拉在小说里写道："对俄国人的仇恨像酒精一般，令人头晕目眩。这是仇恨的醉人节日。波西米亚的城市里到处是手绘的海报，海报上挖苦文字、讽刺短诗及勃列日涅夫和他的军队的漫画十分醒目，大家嘲笑勃列日涅夫的军队像无知的小丑。"

1988年《生命中不能承受之轻》改编为电影，由菲利普·考夫导演，让-克劳德·卡里耶尔编剧。电影再现了苏军坦克占领布拉格，引发捷克民众抗议的历史性场景。

多年后卡里耶尔在他的回忆录《乌托邦年代：1968-1969》写道："如今回想起布拉格之春，回想起吉它手的花和金发女孩的微笑，我难免伤感，因为我知道事情将如何结束。我知道接下来的二十年，微笑会变得呆滞，整整一代人在苦难与沉默中黯然老去。我知道捷克电影完蛋了，铁幕只升起片刻，很快会伴着军靴沉重的脚步再度落下。所以如今我看到的是一个可悲的春天，一个灰色的春天。"

布拉格旧城广场。

蔷薇旅馆（Hotel Ruze）1202房间。

在布拉格这是令我有亲切感的名字。旅馆是威廉·罗森堡在十六世纪修建的，当年作为耶稣会教士们的宿舍，是捷克境内最古老的耶稣教会建筑。外墙雕刻有许多罗森堡建筑的五瓣蔷薇族徽，1889年这幢建筑改建成旅馆。在旅馆房间里，透过玻璃窗可见旧城广场后街，鹅卵石道路呈放射状分布，广场周围是鳞次栉比的哥特式风格建筑，褐红色尖顶如童话中的城堡。人们在道路边的长椅闲坐，成群的鸽子在假山的喷泉与石雕的圣像之间栖落或飞翔。

我愿意以行走勘察这座城市的风貌，也愿意以沉静之心观看它的形容。

记忆自己的所见，将所见之物铭刻在心。这是我要做的事情。

到布拉格的当天下午，我联系在布拉格电影学院读书的晓慧。

她是我们的向导兼翻译。约定3点在一家咖啡馆见面。

简便收拾一下，我背着双肩背包和纯子出门，乘坐电梯下楼。背包的夹层放有装着护照和数百欧元以及信用卡，这是我必须随身携带也认真保护不能丢失的东西。

在旅馆前的长街步行500米，绕行两个街角，找到地铁站。

乘坐地铁两站，出来就是那家咖啡馆。

选定临窗的位置坐下，我们喝着服务生端来的咖啡等晓慧。

晓慧是来自中国四川的留学生，到布拉格是第四年。出发前《时尚先生》的编辑将晓慧的联系方式发给我，先期已取得联系。布拉格电影电视学院，我知道1948年米兰·昆德拉在这所大学读书，修读导演与剧本写作课程。1952年昆德拉通过考试，成为布拉格电影电视学院的世界文学教师，同时他创作出版第一部抒情诗集《人，这座广阔的花园》，第一部长篇小说《玩笑》。作为来自外省的作家，昆德拉在布拉格崭露头角，在捷克的知识界日趋活跃。1968年的“布拉格之春”，捷克社会进入寒冬之季。1972年，昆德拉被布拉格电影电视学院开除，其时他完成第三部小说《告别圆舞曲》。

在北京的时候，我通过居住在巴黎的出版界的朋友尝试联系昆德拉的出版人，预约他的访问。昆德拉不接受媒介访问的规则保持多年不变，自然难有结果。晓慧的出现让我感觉到某种意味，她是布拉格电影电视学院的学生，从她这里应该能获得昆德拉的讯息。

片刻之间有位中国姑娘推门进来，她径直走到我们桌前。

“你们好——你们是夏老师吧？我是晓慧。”姑娘说。

很高兴在布拉格见到来自祖国的人，见到她我对布拉格的旅程更有把握。

“知道为什么在这里见面么？”晓慧说：“这家咖啡馆有故事。”

据说这是卡夫卡和他的朋友们聚会的地方。1900年前后，卡夫卡和他的朋友们组织了一个读书会，辩论哲学、文学和时事，他们定期在这家咖啡馆碰面，讨论当时在布拉格知识分子影响很大的哲学家弗朗兹·布伦塔诺的学说。在这些朋友里就有马克斯·布洛德，他后来成为卡夫卡文稿的保存者和编辑者。这间咖啡馆是布拉格艺术家们喜欢光顾的场所。

这个咖啡馆的轶事很有趣，我很喜欢。然而眼下我最迫切做的事情是规划布拉格的行程。

我想要寻访米兰·昆德拉生活的踪迹，寻访瓦茨拉夫·哈维尔生活的踪迹。

“我们能去你读书的学院看看么？我很好奇也想了解昆德拉在那儿的情况。”我说。

“布拉格电影电视学院，很方便去。安排好时间我带两位老师去。”晓慧说。

“米兰·昆德拉中学毕业后，进入布拉格查理大学艺术系学习文学和美学。二十岁就被开除出捷克共产党，被文学系开除后，他在布拉格电影电视学院注册学习。1952年获得电影专业文凭后，他没有离开布拉格电影电视学院，留在那里讲授世界文学，起初作为助教，1964年起任讲师。”晓慧回答。

“你看过电影《生命中不能承受之轻》么？”我问。

“当然。很早就看过。”晓慧回答：“中国版应该译为《布拉格之恋》。我知道这部片子是1986年拍的，外景地选了里昂，室内镜头在巴黎拍摄，效果非常震撼。导演和制作人借助搜集到的所有资料（照片、视频）和所有证言，重建了坦克进入布拉格以及之后几天的氛围。最要紧的是他们把两位主演朱丽叶·比诺什和丹尼尔·戴·刘易斯放进布拉格街头游行的真实画面，或者放进一些仿佛真实的画面的场景里，再由女主角特蕾莎拍进自己的镜头。”

3

沿着破旧的铁路

我回到故乡

星星在家乡茅屋的上空闪亮

为了欢迎我归来

那里所有的狗都发出响亮的叫声

在昆德拉的《玩笑》里，我看到他对矿区生活的叙述，莫名的亲近感在心里升起，仿佛血脉相通。一个年轻女工，因为偷墓地的花送给自己的情人而被逮捕。这是昆德拉从朋友那里听来的故事，也成为他写作《玩笑》的灵感来源。尽管昆德拉书写的故乡是摩拉维亚布尔诺的矿区，我生活的是中国晋北矿区。写作《玩笑》时昆德拉正经历着自我放逐的幽暗时刻，被捷克共产党开除，同时也被就读的大学除名。昆德拉从布拉格返回故乡布尔诺。

"我一眼就看到了俄斯特拉发，这座矿工之城就像一个巨大的临时宿舍，到处都是废弃的楼房和通向空旷之地的肮脏的街道。"昆德拉在他的小说《玩笑》里写道。在这座城市里，被大学开除的昆德拉被迫不停地做小工，艰难地维持生计。作为昆德拉的第一部小说，《玩笑》完稿于1965年12月5日，1967年春天在布拉格出版，1968年8月在苏联入侵捷克斯洛伐克三个月之后在法国出版。《玩笑》是关于毁灭的故事，因为对捷克斯洛伐克社会现实的叙述呈现，被看作是社会文献或政治宣言引起西方知识界的瞩目，几个月销售了十一万七千册。

《玩笑》令我有亲近感的是这样的段落：

> 就在同一天，我们还跑去集合，吃晚饭，然后睡觉；第二天早上，起床后出发去矿下；到了矿场，我们的队又被分成几个劳动小组，发给工具（尖嘴镐、铲子、矿灯），我们中谁也不知道，或者说几乎是谁也不知道怎么使用矿灯；接着，下井的笼子把我们带到井下。当我们上来时，浑身酸疼，等着我们的士官命令我们排队，把我们带回营房；我们吃午饭，下午队列训练，打扫除，政治教育，唱规定必唱的歌。

这是我熟悉的矿区生活。

矿井下。矿场。劳动小组。工具。矿灯。下井的罐笼。

在17岁到25岁之间，我的工作场域就是矿井下，我使用过尖嘴镐和铁锹，矿灯是到井下随身带着的。我也参加过军训，为了使矿工们具有服从精神和高度纪律性，矿上会军训。矿工们排成方阵，在烈日下跟随教官高喊着口号，反复练习正步走。很长时间这就是我的生活。每到节日矿上会组织歌咏比赛，人们练习演唱爱国歌曲，这也是我们做的事情。

当然那些矿井下的劳作是我更为熟悉的，读着下边的段落，我感觉就是在叙述我的劳作：

> 足足半个月才使我好歹习惯了矿下那累死人的活儿——手得用力握住沉重的风镐，干完后直到第二天早上我还感到全身的骨头架子在震颤。那我也不管它，还是凭良心猛干，决心要达到那些先进突击手的效率，而且没多久我就差不多做到了。

矿区成为《玩笑》的现实背景，当然也成为昆德拉的成长背景，这个发现令我欣喜，在精神上我们又靠近一步。故乡摩拉维亚在《玩笑》中无处不在。小说由主人公路德维克回归故乡开始，虽然他的故乡在书中从未被命名，但那矗立在山顶之上的教堂钟楼无疑使人想起布尔诺。远处是摩拉维亚东部的矿城俄斯特拉发，毗邻波兰，正是路德维克的流亡地。这个既工业化又弥漫着乡村气息的市郊小城，在他心中激起了一种略带悲伤的忧郁："这条无穷无尽的环城大道，周围奇怪地混杂着工厂和自然景致、田野和垃圾场、树丛和废石堆、高楼大厦和乡间小屋，它吸引着我，又以奇特的方式搅得我心绪不宁。"

我当然清楚，昆德拉有着迥异的家庭背景和奇崛的生活道路。

他出生于1929年，父亲卢德维克·昆德拉青年时期加入奥匈帝国军队步兵团担任中尉，经历过战争。父亲是闻名国际的音乐家，曾经担任布尔诺音乐学院院长和布拉格查理大学音乐教育学院院长。在故乡布尔诺，昆德拉一家居住在一幢带有小花园的两层楼小房子里，自幼年起昆德拉就目睹他的父亲弹奏钢琴，他刚满五岁，父亲就让他和自己一起坐在钢琴前。

尽管没有利用早期的音乐学习成为像父亲一样的音乐家，昆德拉却被开掘出小说家的天赋。

昆德拉10岁时，第二次世界大战爆发，15岁时战争结束。他的中学时期也是德国纳粹占领时期，他被迫在学校里学习德语，虽然是强制性的，但也让他有机会在课文中读到某些他后来最喜欢的作家——卡夫卡、布洛赫和穆齐尔。此时他学习音乐和练习拳击，他的第一位作曲老师帕维尔·哈斯在纳粹迫害犹太人的狂潮中被关押到布雷津集中营，那里囚禁着七万五千名犹太人。昆德拉的老师在集中营待了三年，之后被转移到奥斯维辛，1944年10月7日在奥斯维辛去世。1945年5月，苏联红军解放布拉格，捷克斯洛伐克的社会进入斯大林式的共产主义时代。写作《玩笑》时，作为抒情诗人的昆德拉告别抒情，决心成为小说家。

构成昆德拉作家生涯的，是他创作的小说《不朽》《生活在别处》《告别圆舞曲》《生命中不能承受之轻》《被叛的遗嘱》《小说的艺术》，这些作品展现了他的职业艺术风貌。

在昆德拉写于1993年的《被背叛的遗嘱》里，他谈及自己的写作缘起：

“当时我深深渴望得到的唯一的东西，就是一种清晰而醒悟的目光。终于，我在小说艺术里找到了它。正因为如此，对我来说，成为小说家不仅意味着实践‘文学体裁’中的一种；它是一种态度、一种智慧、一种立场。”

如同我愿意向伊凡·克里玛致敬，愿意向瓦茨拉夫·哈维尔致敬，

到布拉格，我是来向米兰·昆德拉致敬的。

很长的时间里，他在我心里，如同暗夜星辰，照耀着我潜行在黑暗中的道路。

1990年的冬季，我刚刚到达省城太原，住进作家协会的老式厢房。那年，这部当时被译为《生命不能承受之轻》的书还在地下流传，电影《布拉格之恋》也只能在私下观看，我们在不安和恐惧中看完这部电影。如今《布拉格之恋》的电影DVD在很多城镇的音像店都公开有售。《布拉格之恋》的小说原著《生命中不能承受之轻》 后来也由“作家参考”书籍改为公开发行。讨论东欧国家的政治制度和社会转型也已经成思想界、文化界、大学课堂上的公开话题。然而我记得当年是颤抖着看那部电影的。

占领的最初七个日子，她是在一种兴奋的状态中度过的，简直像是某种幸福。她常在街上转，手里拿着照相机，还给外国记者发胶卷，那些记者争着要。一天，她胆子实在也太大了，竟然贴近一个军官，拍下了他用手枪对准游行人群的镜头，她因此而被捕，在俄军司

令部关了一夜。他们甚至威胁要枪毙她。可刚一放出来，她又跑到街上去拍照。

这是《不能承受生命之轻》里的情节叙述。

2014年冬季，我重新阅读米兰·昆德拉的这部书，这是2003年7月第一版，我拿到手里的是2005年10月版，已经是第11次印刷。时隔多年再次阅读昆德拉，我可以说是完全懂了，真正明白他想要传达的思想。苏军入侵布拉格事件出现在昆德拉笔下的时候是轻逸的，《生命中不能承受之轻》的叙事如同音乐，轻逸地滑动，句子的跳跃如同华尔兹的节奏和旋律。昆德拉写外科医生托马斯与N个女人之间的情感史，这些女人中有他的情人萨宾娜，也有作了他妻子的特蕾莎，这是叙事镜头前的两个人，还有镜头之外的几个女人。在呈现托马斯与这些女人的情感境况的时，突发的社会事件和严峻的政治现实如插曲一样穿插进来。占领布拉格长街的苏军坦克车阵，抗议示威的人群，相互的对峙。柔情与残酷交融，人的创痛感从这轻逸的叙事中浮现出来，生之迷思从这轻逸的叙事中浮现出来。昆德拉从微小的个体情感的切口进入，深及到一个国家巨大的精神创痛——被侵略的耻辱，被控制被奴役的悲伤。

在省城学习的收获之一是我知道了捷克流亡法国的作家米兰·昆德拉。

知道他曾经当过爵士乐手，捷克某个电影学院的教授，也知道他在“布拉格之春”被镇压后有长久的时间被捷克当局禁止出版任何著作，但他还是写出了包括《生命不能承受之轻》等多部作品。从太原回到矿区的时候我随身的旅行箱里放着新买的米兰·昆德拉的小说《生活在别处》和《不朽》。这一年我成为东欧文学的热爱者，成为米兰·昆德拉的拥趸。

但是这并不能改变我们的生活进程。生活一如既往地停滞。

如同淤积着太多泥沙的河流缓慢而动。

“对于在布拉格度过的这段时光，这个春天，我的回忆里一直都有两张面孔。一方面我看到的是一座无人照管的城市，维护得很糟糕。人家建议我从老城的阳台下经过时要多加小心，它们全都有坍塌的危险。这座城市饱受压制，物资匮乏，每个街角都有陌生人鬼鬼祟祟地凑过来用英文问：换钱不？这座城市与当时东欧的其它城市一样，也仿佛被困在了过去，滞留在二十世纪四十年代前后，汽车、服饰、建筑，在自称处于社会顶端的政权下，一切都给人带来倒退和定格的感觉——以至于若有人稍微把头发留长，把裙子改短，就会被认为在搞颠覆，也就可能招来惩罚。一种令人悲伤的僵化模式。”

这是电影《生命中不能承受之轻》的编剧让·克劳德·卡里耶尔在《乌托邦时代：1968—1969》的回忆。2015年夏季的某一天这部书的出版人将书快递给我。

卡里耶尔在回忆中追念他对布拉格的印象：

青年披挂着庸俗的红色，在指定的日子列队游行，在展开的标语底下高喊愚蠢的口号，歌颂政党的光荣——全世界被强行统治的年轻人都受过这种待遇，例如希特勒治下的青年。监视无所不在，告密一向被鼓励——也就是鼓励谎言和卑劣。这是个古老的民族，深沉复杂，惯于讥讽，有时晦涩难解，如今眼看着这一系列残暴的愚行泰山压顶，他们担心长此以往自己难免消亡。

4

天空穹隆而起，闪亮而湛蓝。

这是诗人里尔克诗意浸染过的布拉格的天空。

1875年12月4日，里尔克诞生于布拉格海因里希街（Heinrchsgasse,Jindrisska）19号父母的居所，青年时期就读布拉格查理·斐迪南大学德育部，但直到最后，里尔克也没能修毕一门学科。成熟之年的里尔克是一个足迹遍及欧洲、北非的浪游者，他去过博洛尼亚、威尼斯、罗马，1926年12月29日逝于瑞士蒙特勒的瓦尔蒙疗养院。作为20世纪德语世界的巅峰诗人，他曾经担任过雕塑家罗丹的秘书，长诗《杜伊诺哀歌》《安魂曲》是他创作10年传诸后世的经典。终身漂流在异国他乡的里尔克，在诗歌里寄寓了他对故都布拉格的幽微经验和深挚情感。《宅神祭品》是他献给故城的主题诗，布拉格的老城、小城、新城，查理大桥、圣维特大教堂都出现在他的怀乡诗集里。其中一首《在夜晚》如此歌咏：

寥廓在布拉格上空，庞大地
升起了黑夜的巨大的花萼，
在黑夜冰凉的花的子宫里
太阳蝶隐藏了自己的闪烁
月亮那狡黠的地精在高处讪笑，
戏弄地将缕缕
白色的银屑
撒入摩道尔河。
……

摩道尔河，是伏尔塔瓦河的德语译名。在布拉格的六天期间，我每天都会沿着伏尔塔瓦河畔徒步行走，穿过查理大桥，去往想要去的地方。

对一座异域城市的热爱基于对它的历史和现实的瞭解，也缘于对它的地理形态的勘察。现在遥想布拉格的时候，我能看见存在于自己心灵疆域内的布拉格，我能从自己身体内部找到与布拉格的关联。在迷宫般的街道穿越而过的身影，脚掌踩过的街道铺就黝黑发亮的鹅卵石，伫立在河岸之上眺望的伏尔塔瓦河，无数次行走过的查理大桥，大桥上的雕塑，眼睛所见的炫丽的色彩，耳朵听到的钟声和鸽子扑楞着翅膀飞动的声响。坐在啤酒屋里看见过的卡夫卡肖像的剪影。与其说这些意象存在于我的记忆之中，不如说是镌刻在心灵之间。我珍视个人对布拉格的体感，这是对一座城市所怀有深情的具体显现。当然这是个人化的体验。

在布拉格期间，瓦茨拉夫广场（Wenceslas Square）是我经常徜徉的地方。

这个广场是见证一个国家变革的地方，也是见证一座城市走向新生的地方。瓦茨拉夫是10世纪的一位波西米亚公爵，是一位和平主义者，享有圣诞颂歌里“好国王瓦茨拉夫”的好名声。瓦茨拉夫广场最初是中世纪一个马匹交易市场，后来成为布拉格民众公共集会的重地，它见证布拉格一个世纪的历史风云的激荡和消散。

瓦茨拉夫广场有露天咖啡吧。找一个座位要一杯咖啡，可以尽情地欣赏和体验这里的景致和风物。在瓦茨拉夫的广场，很少会看到警察。在整个布拉格都很少看到警察，人们自由聚集在广场。这里有街头音乐家的表演，歌唱或者演奏。还有各种杂耍艺人的表演，包括人偶的表演。游人们在广场席地而坐，成群的鸽子在广场飞翔，或者落在地上觅食嬉戏，鸽子们在游人的脚下安然来去，它们很少会受到惊吓，没有人伤害它们。在广场或者街头，任何人群密集的地方都能看到人们的自由和安祥的状态。

然而我并非只想做一个游客。

寻访杰出者的音容，勘察时代的云烟与生活的遗迹。这是更为重要的工作。

在布拉格街头奔走时，我找到了巴鲁斯特拉德剧院。黄铜色矩形砖体砌成的城堡般的建筑，大门侧布置着上演剧目的海报。瓦茨拉夫·哈维尔曾经在巴鲁斯特拉德剧院（Theatre on the Balustrade）工作，这个小剧院是波西米亚艺术家的中心，先锋文化的中心。哈维尔独立完成过剧作《花园晚会》和《通知书》。“没有这两部戏，人们就无法想象波西米亚的二十世纪六O年代”，作家米兰·昆德拉回忆昔日时光时写道：

“这两部戏剧是在尤涅斯库开创的、以荒诞派而著称的那种戏剧的鼓舞下写成的。这些戏剧以其彻底的反意识形态性质而使我们着迷。它们还艺术以自主权，并且召唤它再次走上自由和富有创造力的道路。因此，哈维尔的那家剧院，巴鲁斯特拉德，通过上演其演出令人难忘的《秃头歌女》和《功课》，从一开始就表明了方向，这并不是偶然的。”

昆德拉对戏剧的热爱始于1947年，他在布尔诺的一家剧院观看了让-保尔·萨特的戏剧《紧闭》（Huis clos）。他回忆道：“令人毛骨悚然……那以后，再也没有任何一部戏剧能带给我如此震动。在整个社会主义现实主义所强加的隔离期内，萨特为我留下了对一个‘被排斥的世界’最重要而清晰的记忆。我没办法跟您说，几年前忽然面对他时，我的心情多么激动。”昆德拉对萨特怀有感激之心，他熟悉萨特的作品，尤其《存在与虚无》，他感谢萨特在戏剧和小说上对自己的影响，他认为自己也是萨特式的作家。1953年萨特第一次来到布拉格，后来他又数次重返布拉格，1963年在西蒙娜·德·波伏娃陪同下访问布拉格，萨特通过他的捷克语译者安东尼·J.利姆结识了昆德拉。1964年，萨特成为最早发表昆德拉作品的人之一，萨特在《现代》（Les Temps Modernes）杂志刊登了昆德拉的短篇小说

《谁都笑不出来》的译文。昆德拉在电影学院任教以谋生，在选定小说作为探测存在奥秘的唯一方式的同时从事戏剧创作。20世纪50年代，他投入《钥匙的主人们》的写作，这是他第一部戏剧，作品以纳粹占领时期为背景，该剧首先在布尔诺演出，1960年代初开始在布拉格上演。

在捷克的戏剧舞台上，哈维尔也是活跃的剧作家。他的祖父是巴兰多夫电影制片厂的创始人，在战前雇用人数达三百多人，平均每年出品八部故事片，捷克电影“新浪潮”在此兴起。1963年，二十七岁的年轻剧作家瓦茨拉夫·哈维尔的剧本《户外节日》（La Fete en plein air）在布拉格的栏杆剧院（Divadlo na Zabradli）上演，该剧由导演扬·格罗斯曼担任艺术总监。哈维尔创作了一部荒诞剧，他的剧作融入政治性内涵，成为戏剧介入现实的样本。

1960年代的布拉格气氛比较宽松。哈维尔很快习惯了这样一种生活：在烟雾缭绕的厨房或撕拉维亚咖啡馆中讨论到深夜，啤酒、苦艾酒、地下出版物和摇滚。他热衷地下丝绒乐队，尤其喜爱宇宙塑胶人乐队。在他二十多岁以及三十岁出头的时候，他曾经写了多部舞台剧本，《花园晚会》《通知书》《愈来愈难以集中精神》，这些戏剧被准许在国外上演，标志着文化复兴，成为“布拉格之春”的象征。苏联入侵了布拉格后，哈维尔的剧作被禁演。他只有和奥尔嘉搬到一个乡下小屋，他们叫它赫拉德切克小城堡。然而哈维尔的言行影响到他的境遇，使他成为一个深陷监狱的囚徒。

“哈维尔的一生，经常被比拟为一出戏，由他亲自披挂上阵，领衔主演。因为哈维尔身为剧作家的成就，以及在国际舞台上所受到的好评，让此种比喻恰如其分。但真正展现出来的戏码——这也为捷克共和国的政治文化留下深刻痕迹——是哈维尔几乎不可能创造的。”

以上出自加拿大作家保罗·威尔逊（Paul Wilson）2003年3月11日刊于《纽约书评》的介绍哈维尔专文《奇妙人生》。他是哈维尔的英文翻译，与哈维尔有着数十年的友谊。

爱情是哈维尔在长期遭受迫害时的安慰和庇护，也是他获得拯救的力量。

1997年来临，当时哈维尔正由一连串的困境中恢复——他的妻子奥尔嘉（Olga）于1996年去世，同年12月他也因肺癌而濒临死亡边缘。1997年1月，哈维尔和达玛·维什诺娃结婚，达玛是演员，是哈维尔的情人，也拯救了他的生命。

只有奥尔嘉和伊凡·克里玛被允许去探视在监狱囚禁的哈维尔。他们一年可以来四次，每次只有半小时。保罗·威尔逊回忆说："奥尔嘉不只是一个伴侣，哈维尔是一个波西米亚人，做事狂野不羁，他身边不乏其他女人，但他总是回到奥尔嘉身边。她是一个坚强、品性端正的女人。她对待他就像对待小孩一样，从某种意义上说，他也喜欢这样。当她离去时，他世界的一部分也坍塌了。民众们认为他再婚得太快了。"

然而在哈维尔看来，达玛拯救了他的生命。他是一个"烟鬼"，多年监狱生活使他饱受着肺病、肠穿孔和其他疾病的折磨，好几次他和死神擦肩而过。最近的一次是1996年末，医生发现他的肺上有一个斑点，诊断为肺炎。哈维尔一直高烧不退，视觉紊乱。最后，医生确定他患了癌症，并摘掉了他右边的半个肺（就在进手术室前，人们在电视上看到抽着烟的哈维尔和卫生部长在一起）。达玛开除了误诊哈维尔的医生（她还召了一个江湖术士，不过没起作用）。危机并没结束，有一天在医院，达玛去加护病房看望他，哈维尔突然呼吸困难。达玛拼命呼救，救了他的命。几星期后，哈维尔就和达玛结了婚。由于奥尔嘉的形象深入人心，哈维尔感到不得不向全国解释："在奥尔嘉去世前，她说过我可以再婚，"哈维尔说："那时我根本没有这个念头，我已决心独自走完自己的人生。她坚决认定我不可能一个人生活，也不应该这样。她是对的，而且生活也证实了这一点，我非常幸运地认识了达玛。"

1979年5月29日清晨5时，捷克斯洛伐克国家安全警察开始逮捕"保护受到不公正起诉者委员会"的成员，该委员会以其捷克文首字母缩写VONS闻名于世。有十五人被捕，其中十人，包括瓦茨拉夫·哈维尔，被关在鲁兹伊内（Ruzyne）监狱。后来，根据"刑法"第九十八条，他们被控犯有"颠覆"罪，对这种反对国家之罪，最高可处以十年有期徒刑。

作为捷克斯洛伐克人权运动"七七宪章"的直接产物，VONS成立于一年前，用其第一份正式文献里的话说，其目的是"监督那些因表明自己的信仰而受到指控或被投进监狱的人，或是那些警察和法庭滥用权力的受害者的案件的审理。"VONS的成员收集材料，并将其发现用打字机打印成报告，既送官方机构也公之于众。到被捕时为止，他们共提供了一百五十份这样的报告。它们构成了当局控告VONS案唯一确凿的证据。

哈维尔是"七七宪章"运动中的活跃者，有段时间他两次成为发言人。政府不断加大对他的压力。1977年10月，他因"颠覆罪"被判处十四个月的有期徒刑，但缓刑三年。1978年1月，他再次被捕，但未予起诉在三月再次被释放。1978年下半年，警察开始不断地骚扰他，企图搞垮哈维尔的神经，迫使他或者屈服，或者移居国外。他走到哪里，警察就跟到哪里，不论什么时候，只要他在城里，就总有便衣警察在他布拉格的公寓外不停地监视。

在赫拉德切克（Hradcek）——哈维尔与奥尔嘉在北波西米亚重新翻修的一所农舍外面，警察设立了一个永久性的监视哨，它看起来像一个建在椿柱上的可移动的小教室（哈维尔根据苏联的遥控月球车，称其为"庐纳乔特"（Lunochod），在这里他们可以看到他的一举一动，并监视他的客人。哈维尔将它们归于他所谓的"软禁和陪护现象"之列。

哈维尔每天都要从事繁重的体力劳动。他在赫什马尼采（Hermanice）的第一项工作是用焊枪焊接重的金属格栅。工作量被故意提得很高——哈维尔估计，大概是普通工人的一倍——所以，有时他就不能按时完成定额。不能完成定额意味着要加班加点、减少食物和零用钱，以及丧失某些权利。当他的健康状况开始出现恶化的迹象时，给他换了一项使用气炔割金属的对体力要求较低的工作。后来，在比尔森博里（Plzen-Bory），他在两个地方做过活，先是在监狱洗衣店，后来是在一个金属处理厂，工作是将电线上的绝缘材料剥下来。

尽管劳动时间很长，身体不适以及时常出现的各种病痛，哈维尔仍希望干活，因为他说，在工作场所不易受到骚扰和欺侮。

5

抵达布拉格，也就进入奇崛的当代史之核心。

时代生活。这个词意味着流逝的时间和变幻的世界风云。

公元5世纪，斯拉夫民族来到捷克疆土。公元870年捷克成为一个独立的国家，公元950年普热米斯王朝被奥托一世征服，该地区纳入罗马帝国。捷克在历史上先后经历普热米斯王朝、卢森堡王朝、哈布斯堡王朝。19世纪，在第一次世界大战之后，奥匈帝国瓦解，捷克斯洛伐克立国。1939年3月，在第二次大战中捷克被纳粹德国占领，1945年5月9日，捷克斯洛伐克在苏联军队的帮助下获得解放。1948年2月，捷克斯洛伐克共产党执政，1960年7月，改国名为捷克斯洛伐克社会主义共和国，1968年8月，苏联出兵镇压了“布拉格之春”改革运动。1989年11月，捷克政权更迭，改行多党议会民主制，1990年改国名为捷克和斯洛伐克联邦共和国，同年6月举行首次自由选举，1993年1月1日起，捷克和斯洛伐克分别成为独立的主权国家，瓦茨拉夫·哈维尔当选为捷克共和国的第一任总统。

东欧历史，现在已经是人们知晓的常识。除了历史和文学的叙述，还有更为直观的电影叙事，讲述禁锢时代的东欧社会实况。比如德语影片《窃听风暴》，美国影片《间谍之桥》，匈牙利影片《布达佩斯大饭店》，以及捷克语影片《布拉格之恋》。

以个人之力对抗一个国家，凭籍一己之勇战胜一种残酷的制度，依靠脆弱的个体与钢铁般的极权者交锋和征战，最后迫使暴政结束其残酷统治。这样的事情能够发生应该是人类史的奇迹，它必将构成文明史的一部分，如同照耀暗夜的星辰高悬天穹。

此刻。午夜。万物静默。

我围着雪青色丝绒被坐在母亲睡觉的床上。雕花的椭圆形赭色羊皮床头已经有地方绽开，露出里边白色衬布。这是我在少年和青年时期睡过的床，1982年父亲用他从矿井下扛回家的木料，请来木匠打制的。我看着那些木料放在屋里，由木匠师傅用钢锯破开，用刨推平打制成床和衣柜。木屑和刨花的气息弥漫在房间里也被我吸入肺腑。多年来我的床和组合衣柜一直放置在老屋南北朝向的居室。母亲回到她和父亲住过的北屋，每次我回故乡总是如此。我住在我使用过的旧家俱环置的老屋，白色组合柜如起伏的波状倚墙而立，如今已失去新鲜色彩的旧家俱，是我当年放置电视、书籍和衣物的地方。组合柜的正面镶嵌着鹅蛋式的梳妆镜下，摆放着母亲放置药物的三个盒子。我打开盒子看过，里边是速效救心丸、胆囊灵、感冒胶囊。这都是母亲常用到的药物，它们也会放置在枕头下随手可以探到的地方。

在木制的壁柜上，正对着我的位置，摆放着父亲的彩色遗照，身穿黑呢风衣的父亲满头乌发，英气犹存的面孔，平日严厉的眼神在最后的时刻变得温和。在多年以前我家的墙上挂着镶有父亲身穿军服戴着军帽骑着军马昂然而立的照片，还有镶着军委政治部主任徐向前签发的嘉奖令的相框，现在他们不翼而飞。在父亲的遗照下是哥哥的全家福，在哥和嫂子之间站着他的女儿，戴着黑色的学士帽，穿着黑色的学士袍，手握赭色的毕业证；在哥哥的全家福之侧是身穿迷彩服曾经在军队服役的侄儿的照片。这些影像代表我家族昔日的生活，它们是生命存在的证据，是岁月流逝的遗迹。如果有什么重要东西是缺少的，或者不在场，那就是曾经摆放在书架上的凯歌牌收音机，我就是凭借这收音机获取外部世界的讯息。

我记得那样的时刻。一把铺着红色橡胶垫的锡光电镀椅在我的屁股下，我只要坐上去就很少起身。我坐在那张电镀椅上，上身伏在组合柜上用来做书桌的梳妆台，因为很少用来梳妆，我只用这个位置书写，在印有横线的白色稿纸上记录我生活的时光，同时收听放在这个位置上的收音机。插上电源，拧动开关的旋钮，收音机的显示屏有亮光出现，我就可以扭动旋钮寻找自己想要寻找的波段。中波、短波，我知道这两个调频的波段，调适它们会出现不同的电台广播。我要寻找的是美国之音、英国BBC、日本的NHK，其次是法国的法新社、苏联的莫斯科电台。我应该是在二十多岁，我的青春岁月。我就这样伏在柜台上的收音机前如饥渴的人渴望水和食物一样渴望着外部世界的讯息。

其时我做矿工。很多时间是身穿被汗碱和煤屑浸入变得硬如甲胄的窑衣，脚上穿着白洋布做的但已变黑的长袜再在上边裹一层布条之后套上的橡胶靴。头戴黑色橡胶安全帽，腰上用皮带系着矿灯盒，手里拎着灯头，我就那样穿行在矿井下的巷道里。我会在巷道里步行一个多小时到到达自己工作的场所。那里是寂静而深邃的黑暗，时间在那里是停滞的。

惟有手腕上的表提示我，进入或离开这里的时刻。

1982年，捷克剧作家瓦茨拉夫·哈维尔的名字就是我在这样的时刻听到的。它被一位男性的声音说出。美国之音的主播。我印象深的几乎都是男性。在一阵作为开始曲的旋律过后，一位男人的声音响起。“这里是美国之音中文广播，听众朋友们，大家好。”这个声音一出来的时候我就会感觉振奋，因为我知道接下来必然就有我想要听到的关于这个世界的讯息。

放置在组合柜右侧的凯歌牌收音机陪伴我全部的青春时代，它与放置在左侧的18寸黑白电视机共同构成我获得外部世界讯息的介质。电视使我看到异国的文化，比如日本的电视连续剧《血疑》《阿信》，电影《追捕》《人证》《望乡》，然而我更看重收音机获得的讯息。“布拉格之春”、“天鹅绒革命”、“东欧剧变”、“苏联解体”、“南非结束种族隔离制度”， “罗马尼亚救国阵线成立”、“逮捕罗马尼亚领导人齐奥赛斯库”、“匈牙利变革”。这些消息都是我在这个时刻听到的。每个消息都凝结着波诡云诈的政治风暴。

我迷醉于获取这个世界更丰富也更激荡人心的讯息。

在收听这些讯息的时候，我是关闭着房门的，收音机的音量也会开得很小。

那时还没有耳机这种东西，我只能将耳朵伏在收音机前仔细听。

同时我也要保持警惕，防备住在北屋的父亲听到收音机的声音冲进来。

半生有着军旅生涯的父亲不允许我收听这些广播。他说这都是敌台。偷听敌台是犯法的。

“要是保卫科知道你偷听敌台，他们会逮捕你。”父亲曾经警告过我。

这是我的秘密。怀着因恐惧而颤抖的心，冒着被惩罚的危险，获取这个世界真实的讯息。

寻求世界存在的真相。我愿意这么做。生活在真实中，这是我愿意有的人生状态。

当我关掉收音机也关闭这个世界通过电波无形飞翔的讯息时，我有虚脱感。

走出我的房间，大多时间我要去工作。骑着自行车穿过矿区的马路到井口去矿井上班，换工装进入地腹之中的巷道里，再穿行数十公里的巷道到劳作的矿场。回到家里，父亲要求我做的各种杂务。比如在院子里劈烧火的木柴，打碎烧火的煤炭；到粮店去买粮，到菜铺去买菜，拎着瓶子，到副食店去为父亲买酒，为母亲打酱油。这些事情都是我做的。走在矿区幽暗的落满煤尘的街道，穿过家属区低矮的平房和陈旧的泥皮剥落的楼房，看着大街上晃过的醉眼迷离步态踉跄身体摇摆的酒鬼，我会因为自己内心的获得而愿意原谅我看见的令我沮丧的人与事物。在我的内心里（或者意识世界中）有一个异质的存在。它们是地球上有着不同文明有着不同社会状况和政治制度的国家，在那些国家生活着与我的祖国完全不同的人类。我看见人类中最优秀者的样貌，看见他们卓尔不群的个性，以及他们杰出的表现。

这样的看见，是我暗自私享的秘密。

6

蒙马特啤酒馆在一幢白色三层楼房。

下午没有顾客，然而门开着。我们进去。一楼是啤酒馆。二楼是哈维尔书店，我们只在楼下的酒吧坐下来。老板指着一张桌子说："哈维尔过生日的时候，他就坐在这里。"我环视着酒吧空间，墙壁上贴着哈维尔的肖像。酒水单上也印着哈维尔的肖像。当然还有卡夫卡。我们在酒吧里等晓慧的朋友，一位名叫维多的摄影师。

蒙马特啤酒馆（Montmartre）。诞生于1911年，位于布拉格老城区224号。

我愿意将访问的疆域和触角延伸扩展到需要的边际。比如布拉格的一家剧院，一间啤酒馆，一座桥梁，一条河流。从那里寻找我需要的生活细节及人事的讯息。脚踩曲折回环闪着幽光的赭色卵石路，行在清寂迷宫般的布拉格街道，按照路人指引来到啤酒馆。三层小楼，啤酒馆占据其中一层，朱红色墙壁，白色拱形门廊，双扇的赭色木门。走进啤酒馆，不同的位置散坐着几位客人喝酒聊天。

啤酒馆是三厢套间，穹形屋顶，看上去普通，桌椅是粗粝的原木打制。啤酒馆的酒水单印着名人肖像，其中有表情沉郁的卡夫卡。通向里间的拱门墙壁则挂着哈维尔侧脸微笑的黑白肖像，这是被世界熟悉的表情。这间啤酒馆是哈维尔经常光顾的。二楼曾经是哈维尔书店，如今改为商铺。有时哈维尔独自来，有时与朋友聚集。哈维尔生前最后一次生日是在这间啤酒馆度过，其时有二十多位好友共同庆生。啤酒馆老板遗憾的是哈维尔最后的生日之时他没来上班，没能看到哈维尔庆祝生日的现场。但是老板说，哈维尔独自来喝酒他是遇见过几次的。老板指着一张靠里间的座位说："每次来哈维尔都会坐在这个位子，我会端酒给他。"

布拉格的市民在酒馆看见哈维尔并不鲜见。金虎酒馆（U Zlateho

Tygra），老城区最具捷克风格的酒馆，1994年，美国前总统比尔·克林顿访问捷克的时候，哈维尔带他到过这家酒馆喝酒，那是居住在布拉格的著名作家们经常光顾的酒馆，其中就有小说家博胡米尔·赫拉巴尔（Bohumil Hrabal），他写出《过于喧嚣的孤独》和《我曾侍候过英国国王》。哈维尔、赫拉巴尔与克林顿的合影挂在墙上。美国作家苏珊·桑塔格也由哈维尔带着在酒馆喝过酒，只是那一次在他们的旁边坐着哈维尔的两个保镖。

在蒙马特啤酒馆，我见到出生在布拉格的摄影师维多。

离开啤酒馆，维多带我们到他位于查理大桥附近的办公室。乘坐电梯到十二层高楼，从那里临窗可以眺望异彩纷呈的布拉格城市全景。维多经常骑自行车到查理大桥附近的办公楼上班，他见过哈维尔多次，六年前他跟97岁的奶奶在查理大桥偶遇哈维尔，奶奶跟哈维尔握手并对他说她是他的崇拜者，哈维尔耐心听老人家说话。

查理大桥建于1357年，以数十尊巴洛克时代的雕塑而闻名，伏尔塔瓦河（Vliava）在桥下缓慢而雍容地流过。这里也是哈维尔经常散步的地方，总统官邸（又叫爱德华贝奈斯博士别墅），位于布拉格城堡皇家花园西南部，就在查理大桥的附近，隔着塔瓦斯河就能看见一幢寰型的黄色独栋别墅。维多早在11岁时就见到过哈维尔，那是1989年，捷克"天鹅绒革命"的时刻，维多跟随着母亲聚于瓦茨拉夫广场的民众中间。

维多应邀拍摄过哈维尔葬礼的纪录片《哈维尔的心》。他带着我们沿着伏尔塔瓦河走，踏上查理大桥，进入圣维塔大教堂。我们是走在一条与哈维尔的诀别之路。

与其说哈维尔是一个政治领袖，不如说是精神象征。布拉格市民最后见到哈维尔是瞻仰他的灵柩，那是震动布拉格也震动世界的葬礼，全城到处都是手持鲜花哀悼的人，蜡烛彻夜照耀。哈维尔的灵柩在礼兵的护卫下通过查理大桥，驶往建于1344年的圣维塔大教堂，在那里做最后的告别，世界多国政治领袖聚集布拉格出席哈维尔的盛大葬礼。

全球发行的旅行指南《孤独星球·布拉格》在评述哈维尔时写道：

哈维尔的离去在这个国家的心中留下了道德真空。

7

阅读是我们内心生活的一部分。

经由对那些我们心灵选择的书籍的阅读，我们重构了个人的心灵空间与精神场域。

1982年塞缪尔·贝克特写出新剧《浩劫》,此剧是献给身在狱中的捷克剧作家瓦茨拉夫·哈维尔。其时国际保卫艺术家协会邀请贝克特写作这个剧本，受到邀请的作家包括阿瑟·米勒（Arthur Millri）安德烈·贝内德托（Andre Benedetto）、维克多·海姆（Victor Haim）、埃利·威塞尔（Elie Wiesel）。作为"瓦茨拉夫·哈维尔之夜"活动的一部分，他们的作品在当年七月的阿维尼翁戏剧节上演出，以此展现对被囚禁的戏剧家的集体声援。

这个细节是我在1124页的传记《塞缪尔·贝克特：盛名之累》（詹姆斯·诺尔森著）中读到的。贝克特是我在2012年辞去供职10年的新闻职业后，重新阅读重新认识并供奉于我为自己构筑的万神殿的作家，这位脸颊枯瘦眼神忧郁身形微陀的老人很像我的父亲。令我亲近的老人总会让我有如父再生感。1996年我离开故乡的矿区到北京求学，结业之后开始在首都的漂流生涯。作为一个脆弱的个体，也许因为洞悉生而为人的晦暗与无明、觉知人的蒙昧与智识有限，我渴望更高等的生命对自己的启示，希冀更杰出的灵魂对自己的映照。我铭记着诗人里尔克记述雕塑家奥居斯特·罗丹的箴言：你将得到伟大事物的恩惠。据说有一个僧侣对年轻的密歇尔·哥隆贝（文艺复兴时期的艺术家）说过一句意味深长的话："努力呀，孩子，尽情观赏这圣波尔雕花的钟表和兄弟们美丽的作品吧。观赏，爱上帝，你就可以享受伟大事物的恩惠。你将得到伟大事物的恩惠。"（赖纳·马利亚·里尔克《艺术家画像》）。

在长春我的居所书架上，有贝克特全部著作的中文版，《等待戈多》、《自由》、《马龙之死》、《无法称呼的人》、《瓦特》、《莫菲》等等，小说《莫洛伊》是我长时间随身携带阅读的，每有出门都会将《莫洛伊》塞到背包，空闲时会翻开阅读。莫洛伊是一个腿脚不便而又患失忆症的中年人，他被困在已故母亲的房间里不停地写作。他的任务是把他寻找母亲的漫长旅程，也就是把他来此之前的冒险经历用文字记述下来。另一个主人公莫朗，在一个突如其来的信使命令下，踏上寻找莫洛伊的旅程。贝克特写的这些语句我反复阅读过：

我在我母亲的房间里。现在是我生活在这里。我不知道我是怎么到这儿来的。可能用了一辆救护车，肯定是一辆什么运载工具。有人帮了我。独自一人我是做不到的。这个每星期都来的男人，可能是多亏了他我才在这儿的。他说不是。他给我一点钱，并把纸页拿走。那么多纸页，那么多钱。是的，我现在工作，有点像从前一样，只是我不会再工作了。这并不重要，好像是这样。现在我想谈论的是留存于我的事情，道别，最终死亡。

2021年9月12日深夜。我从长春回到故乡大同时在随身的背包塞入《莫洛伊》。这是属于我的第二本《莫洛伊》。第一本在此前我回故乡时遗失，随身携带随时阅读而不知道丢在哪里。或许是留在我位于京郊的寓所。很多年来我就是这样横穿祖国的辽阔国土，确定我存在维度的是三座城市：我工作和生活二十年的首都北京，现居地长春，以及我的故乡大同。在结束公务生涯致力于职业写作时，我经常奔走在这三地。运送我的交通工具，有时是高铁列车，有时是各种机型的飞机。此刻我就是坐在母亲居住的老屋里写作。

绝对自由的尘埃。这是贝克特的自况。如今阅读已经成为我们内心生活的重要部分。对作家的选择总是这样，以自我为中心，以个人心灵作为导航图，寻找那些令我精神有契合感的作家。隐忍与避世。这是贝克特的一个面向，这位爱尔兰的作家，离开他的祖国四处漫游。青年时期他去过纳粹法西斯控制的德国旅行，亲眼见证希特勒的崛起，后来他长居沦陷于纳粹铁蹄之下的巴黎。然而无论在流亡和逃难之时，还是在困顿和匮乏之际，他从来没有放弃过写作。《莫洛伊》就是贝克特在逃难之路写在笔记本上的小说，在这时期写作的小说还有《莫菲》《瓦特》，这是他著名的困境三部曲。《莫洛伊》更令我亲近，缘于我和主人公境遇的相似——我指频繁回到故乡，住在母亲居住的老屋里写作。仁慈与激进，是我所知道的贝克特个性中的又一极。隐士般的作家是反法西斯运动的抵抗者，在巴黎沦陷于纳粹的铁蹄之下，他从事过国际组织的翻译工作，也救援过被德军追杀的抵抗运动者。在结束战争后他保持对人道的关怀，对极权制度下艺术家与自由问题的关切。

贝克特的这一特质很难被常人所识。

然而他就是这样的人。

此刻。我在母亲居住的老屋里回忆贝克特与哈维尔。

令我深怀意趣的是贝克特献给瓦茨拉夫·哈维尔的剧作《浩劫》。

哈维尔是我个人建筑的万神殿中的永恒之星，少年时自从我知道他的名字就深刻在心。

在哈维尔的一生中，有很长时间是在监禁和迫害中度过。"我随时准备被捕，因为一个人必须准备面对任何事情。"1975年4月29日，捷克斯洛伐克记者伊希·莱德尔造访哈维尔位于赫拉德切克的农庄，在哈维尔的客厅里对哈维尔进行长时间采访。哈维尔在《说出真相是有意义的》访谈里言及当时状态："我将一些我称之为"应急包"的东西放在一起，包括雪茄、一把牙刷、牙膏、肥皂、一些书、一件T恤、纸、一些泻药和其它一些小东西——我不可能记住每样东西。我整天带着这个包，或者更确切地说，当我离开屋子时整天带着它。"

被秘密警察骚扰和监控成为哈维尔生活的一部分。

旅居巴黎的爱尔兰作家塞缪尔·贝克特，关注到被监禁中的捷克剧作家哈维尔。

贝克特的书房壁架上有一尊小雕像——来自俄国雕塑家瓦季姆·斯多尔的礼物——作为在极权主义政权下为艺术自由而斗争的永久纪念。贝克特曾经声援遭受迫害的东欧作家，帮助那些在困境中的作家。贝克特得知哈维尔在狱中的状况震惊，应邀而作的剧本完稿的日期为1982年2月20日。"这部戏既可以理解为审视极权国家对于个人的压迫，又可以理解为一个恶魔企图剥夺人的灵魂。"贝克特阐释他创作的缘起（《半先知与卖文人：哈维尔评论集》）。

《浩劫》于1982年7月20日在阿维尼翁上演。贝克特的剧作在阿维尼翁的上演深深打动正在囚牢里服刑的哈维尔。1983年，贝克特收到瓦茨拉夫·哈维尔在释放后写给他的一封信，在信中哈维尔谈到第一次接触贝克特作品时的情形："在黑暗的1950年代，我16或是18岁的时候，在一个与外界几乎没有任何文化上或其他方面接触的国家，我幸运地读到《等待戈多》……，一直以来，作为一个人，在某种程度上也作为一个作家，你对我产生巨大的影响。"哈维尔讲述他在听到《浩劫》演出时的感受："我提及这一切是为了让您更清楚我所感受到的震惊。当时我在监狱里，在一年四次，一次一小时的探监时间里，我妻子当着愚钝的看守的面告诉我，在阿维尼翁，为声援我而举行了一个戏剧之夜活动，您以此机会写作并首次公演《浩劫》这部戏。在得知此事后的很长一段时间里，感动与极大的欣喜一直伴随着我，并帮助我在所有的耻辱和肮脏中活下去。"

哈维尔从监狱释放后，写了一部戏剧作为回报献给贝克特，剧名为《错误》。哈维尔对美国民权自由论倡导者马丁·戈博斯（Martin Garbus）说道："这两部戏剧相互补充，互相支撑"，他还谦虚地说："我希望这样说并不意味着我与贝克特是同样等级的剧作家。"

贝克特与哈维尔深挚的友谊由此缔结。

1989年9月，贝克特的身体日渐衰弱，他每天要向肌肉注射大量维生素，医生命令他禁酒，身体的衰弱渐渐让贝克特的写作也举步维艰。他的夫人苏珊娜的身体状况在此期间也急剧恶化，1989年6月17日，苏珊娜辞世。葬礼在蒙帕纳斯公墓举行，贝克特在亲友的帮助下来到现场，此后他是悲痛缠身，郁郁寡欢。在苏珊娜死后短短数月，他的生命也走到尽头。12月6日，护士在洗手间内发现失去意识的贝克特。清醒之后，他被救护车送至位于马西的一家医院。他在心脏科度过48小时，经过初期检查，人们断定他并非因为心脏病失去意识。两天后他被转移至圣安妮医院神经科接受神经学专家检查。

此时也是哈维尔竞选捷克斯洛伐克总统之际。

《塞缪尔·贝克特：盛名之累》记述了这一时刻：

12月11日，贝克特处于弥留之际。最初他并未感到病痛折磨，数日之后，他看上去日益煎熬，直到被注入镇静剂。友人伊迪丝·福尼耶陪伴他走到最后一刻，当她告诉他瓦茨拉夫·哈维尔即将出任捷克斯洛伐克总统时，贝克特的脸上闪过一丝笑容。

1989年12月22日下午13时，贝克特安详辞世。

在蒙帕纳斯公墓，贝克特安葬在苏珊娜身边。

8

布拉格，里尔克寄居过的故乡，更是卡夫卡生活过的城邦。

天空湛蓝，云翳如轻烟漂浮，视野所及都是色彩瑰丽的楼群，耸立的哥特式尖顶构成城市炫美的天际线。自由而安详，这是我看到的城市气质。在布拉格行走，很少会看到警察，很少有需要安检的地方。从老城堡到市政广场到商贸中心，或者火车站与地铁，很少看到警察的身影。在街头公园或公共空间，人们可以席地而坐，欣赏歌舞表演，观看杂耍技艺。

每一座伟大的城市都有一条重要的河流，布拉格也拥有伏尔塔瓦河。

有600多年历史的查理大桥横跨伏尔塔瓦河，联结着东岸老城区和西岸小城区的查理大桥成为布拉格的地标性建筑。在查理大桥的西侧，伏尔塔瓦河畔，建有卡夫卡纪念馆。

看到矗立在纪念馆前，铁制的巨大的字母K，我的心脏骤然加快跳荡。

伫立在K字之前，伸手触摸着微凉的铁制的K，仿佛触摸到卡夫卡的魂灵气息。

最早我是在卡夫卡的个人简史里读到卡夫卡的。其时我在矿区，地下深处石头砌成的硐室。我身穿结满汗碱和煤屑的工装，头戴黑色橡胶安全帽，脚踩胶靴，腰间系着皮带挂着矿灯盒，一盏矿灯在我手里握着，它在最初发出的炽烈光亮可以照耀我在黑暗巷道要走的路。

我说过在我的怀里揣着用塑膜包好避免脏污的书，《卡夫卡传》，这本1989年4月购于故乡小城新华书店的书和另一本购于1990年3月的《卡夫卡的寓言与格言》，都是我反复阅读的书，尽管我避免弄脏可还是在纸页里留下我蹭着煤屑的手指翻过的污迹。

——一只手挡开笼罩着命运的绝望，同时，另一只手记下在废墟中看到的一切。

——真正的道路在一条绳索上，它不是绷紧在高处，而是贴近地面。它与其说是供人行走的，毋宁说是用来绊人的。

——在巴尔扎克的手杖柄上写着：我在粉碎一切障碍。在我的手杖柄上写着：一切障碍都在粉碎我。共同的是：一切。

这些话语真实而深切地令我感受到身心的慰藉。青年卡夫卡的黑白肖像印在书的扉页，忧郁的眼神，挺直的鼻梁，紧抿着轮廓分明的嘴唇，瘦削的面孔，他的眼睛仿佛有洞悉复杂事物奥秘的能力。我被这肖像深深吸引，感觉到无法言说的亲近。

在黑暗中我看见了布拉格。那也是漂浮着灰暗云翳的天空之下的一座忧郁的城。

患着肺结核做着保险公司小职员的卡夫卡，工作之余在纸页上写下他想要写出的文字。

我读着这个人写下的那些文字，感觉深契内心。

我后来阅读过卡夫卡几乎所有小说作品，《城堡》《审判》《失踪者》，他的言说已成箴言。

——我要不顾一切得到孤寂，我只有我自己。

——我仅仅是个从事文学创作的人，我不可能，也不想成为其他的人。

——我要过一种美好的生活，这个生活是为写作而专门设计出来的，我的这个要求丝毫没有减弱。我的小说是礁石，我紧紧靠在它上面，至于世界上发生了什么事，我一概不知。

卡夫卡的父亲是出生在捷克偏僻乡村的无产者，住在布拉格的贫民区。母亲则出生优裕，娘家有资产，也受过较高的文化教育，住在布拉格城区。1883年7月3日，弗朗兹·卡夫卡在圣·尼克劳斯主教的钟楼住宅里出生，这个住宅在布拉格两个区的交界处。卡夫卡生活在老城区里，生活在犹太隔离区旁边。他对友人说：在我们的内心世界里，总有这样一些黑暗角落，神秘的甬道、漆黑的窗户、肮脏的庭院、嘈杂的酒店，还有那些难以近身的旅店。我们的脚步不稳，眼睛也不知道往哪里看，我们好像是在一条悲惨的小巷里面，我们的心在不停地颤栗。不管这个城市多么干净，我们对此一点不感兴趣，对我们来说，肮脏的旧犹太城，比它周围的新城区现实得多。卡夫卡的家后来不断搬迁，他们住过的房子有：文采尔广场5/6号，盖斯特巷V/8号，采纳尔特巷3号，尼克拉街36号，这些房子都在旧城区里。

初到布拉格，我带着一份市区交通图，或者徒步，或者乘坐公交汽车，或者乘坐出租车在布拉格的城区寻找卡夫卡的遗迹。在色彩缤纷的布拉格街头漫游，随处可见落地觅食的鸽群。它们自在而安详地在行人的腿脚之间蹦跳，低空飞翔，或者栖落人群密集场所。

天空湛蓝，阳光明亮，城市的哥特式楼群色彩缤纷。

然而今日的布拉格只能在街头看到卡夫卡的肖像，

作为现代文学的杰出作家，他进入世界文学史的画廊。

在布拉格期间，我去过两次卡夫卡纪念馆。第二次我买了印有卡夫卡剪影的蓝色T恤。

卡夫卡黑色的青铜雕像，印有卡夫卡肖像的棕皮笔记本和明信片也都被我买下。

就那样带着卡夫卡离开他的纪念馆，离开查理大桥和伏尔塔瓦河畔。

现在卡夫卡的青铜雕像置于我的书案之上。

它与列夫·托尔斯泰、达摩、加缪、约翰·列侬同为我尊敬的精神导师。

显然，布拉格还有另一个维度。

那是伊凡·克里玛和他的作家朋友们构成的萨米亚特式的布拉格，“布拉格之春”，以及“天鹅绒革命”的布拉格。很难想象眼前的这座城市曾经被俄罗斯的坦克占领，人们因为失去自由而在硝烟中抗议。对《布拉格狂欢》的阅读，也是对捷克历史的阅读，对东欧国家禁锢时代的阅读。“我不能写作，不能在公共场合演讲，要见朋友必须先接受当局的询问。要想做点事，做任何事，都会危及自己的幸福，以及老婆、孩子和父母的幸福。”书中，到访纽约的捷克作家与他的伴侣对美国作家祖克曼滔滔不绝讲述被苏联军事占领的布拉格生活图景，以及人们所经历的磨难。《布拉格狂欢》写于1985年，作为日记体结构的小说分为三章，分别是“1976年1月11日，纽约”、“1976年2月4日，布拉格”，“1976年2月5日，布拉格”。

菲利普·罗斯创造了他的文学人物，比如作家内森·祖克曼。在二十世纪七十年代祖克曼来到布拉格，他看到的是诡异的生存图景：情人在酒店相会被人警告说话要小心，因为酒店的房间里到处都藏有窃听器。说话时要用两套语言，嘴里说着的口语，笔写在纸上的语言，以此防止窃听。这样的场景在米兰·昆德拉的小说《生命中不能承受之轻》（同名小说改编的电影《布拉格之恋》）里出现过。在东德电影《窃听风暴》中也出现过。这部日记体（或笔记体）的小说将视角聚焦三天的时间两个城市空间。通过真切体验和精湛叙述呈现出捷克斯洛伐克禁锢的国家状态，以及灰暗、恐怖而绝望的人的生活，呈现出知识分子幻灭的精神困苦。这是一个西方作家视角之下的布拉格。

苏联坦克入侵布拉格，严厉管制之下的社会境况，秘密警察的监控、公民的告密。被放逐的流亡艺术家在极权社会中的幻灭与挣扎。书中流亡美国的捷克作家对祖克曼说：“你必须选择屈服，因为你意识到一切你都无能为力，没有人抵抗我们国家的苏俄化。只有作家和知识分子继续受到迫害，只有写作和思考受到压制，其他所有人都感到很满意。”

与《布拉格狂欢》的书写形成同构的是罗斯的布拉格之旅。

1973年罗斯被推举为美国艺术与文学委员会成员，他在康涅狄格州西北买了一个旧的农场和20英亩地，距离纽约城100英里，从伍德斯托科搬来此地。其时罗斯在宾夕法尼亚大学授课，讲解卡夫卡。也就是在这一年5月，罗斯去威尼斯和维也纳旅行，途中去了布拉格，与小说家米兰·昆德拉和伊凡·克里玛见面；和一些被列入黑名单并因共产主义而遭迫害的作家见面；和被列入黑名单的翻译家兼学者Rita　Klimova成为朋友。罗斯为美国笔会写了关于捷克斯洛伐克的“国家报告”。策划“来自另一个欧洲的作家”系列丛书，由美国企鹅出版社出版。丛书关注不为美国读者熟悉的东欧作家。

《重返布拉格》对话时间是1990年4月12日，其时东欧已经发生巨变，“天鹅绒革命”成功，剧作家瓦茨拉夫·哈维尔当选首任民选总统。在此背景下罗斯与克里玛对话。

这是具有深度也具有思想力的对话，涉及到社会禁锢之下，作家或知识分子应该承担的责任。

罗斯说："西方对于铁幕后面审查制度下的缪斯有不少随意浪漫的讨论。我敢说，西方作家有时候甚至嫉妒你们能在可怕的压力下写作，嫉妒由这种重负培育出来的明确使命感：在你们的社会，你们实际上是真实的唯一监护人。在一个审查制度的文化里，每个人都过着一种双重的生活——谎言和真实——文学成为生活的捍卫者，成为人们紧紧抓住的真实的残片。我认为同样在一个像我那样的文化里，虽然没有任何东西需要审查，但大众传媒却以对人类事务最无聊的歪曲来充斥我们的生活，严肃文学也一样是生活的捍卫者，即使社会对它完全淡忘。"

克里玛回答："由于禁令和迫害——对出版的禁令不仅包括禁止从事所有社会活动，在多数情况下也包括禁止作家从事他们能胜任的任何工作——作家为那些具有重要性的言论不得不付出高昂的代价。有很多作家、评论家和翻译家靠给人家擦洗窗户的方式谋生。有的还干过重机驾驶员。几乎所有我的被禁止的同行都不都不靠体力劳动来维持生存。"

"七十年代早期，我开始经常造访捷克斯洛伐克。每年春天我都去布拉格。都会接受一点关于政治压力的速成教育。我之前亲身认知的压力都更温和，也更隐蔽——往往是一种性生理心理上的束缚或者社会生活的限制。"1984年，罗斯在与《巴黎评论》对谈时说："对于一个作家来说，在布拉格和在自由放纵的纽约生活是多么不同。"

罗斯与昆德拉保持着很好的私人关系。1980年昆德拉第一次访问美国康涅狄格，罗斯把昆德拉介绍给朋友、《纽约客》编辑Veronica Geng，后来成为昆德拉在杂志的编辑。罗斯与昆德拉在伦敦和康涅狄格的对话发表在《纽约书评》。1991年罗斯去了布拉格，与伊凡·克里玛的对话发表在《纽约书评》。

我注意到《重返布拉格》的对话里，罗斯对米兰·昆德拉的关切与质疑。

"在我看来，引起反感的部分原因是，人们认为昆德拉用来描述他的捷克经历的那种简单化的、哗众取宠用的方式。他描述的经历，可以说，与他本人在1968年以前曾是共产党政权下一个受到宠爱和奖励的追随者这一事实不相吻合。正如昆德拉所认识到的，极权主义制度对人们是非常严酷的，但生活的严酷有着比我们在他的描述中发现的更为复杂的形式。在昆德拉获得自己的最高世界声誉的时期，捷克文化正在与极权主义制度做艰苦的斗争。国内以及流放的知识分子都参与了这场斗争。昆德拉与这种努力一直保持着距离。”

在布拉格的政治压力的速成教育，使罗斯看到东西方社会制度的差异带来的文化差异。

除了关注捷克作家，罗斯还关注波兰、匈牙利、南斯拉夫作家。罗斯从布拉格回到美国后把捷克作家与美国作家的处境进行对比，1984年他在接受《巴黎评论》的访问时追忆道：“我第一次去捷克斯洛伐克的时候，突然想到，在我生活的社会里，对于一个作家来说，什么都可以写，写什么都无关紧要。然而对于那些我在布拉格遇到的捷克作家来说，什么都不能写，但写出的每一句都至关重要。东方那些生死悠关的严肃的事情在西方变得琐碎轻佻本身就是一个主题，于是精微的想象力才能转化成引人入胜的小说。”

9

哈维尔留给他的国家太多的个人印迹。布拉格国际机场（Vaclav Haval Airport Prague）即是以哈维尔的名字命名的。布拉格的很多书店都在显著的位置摆放着哈维尔的遗著和他人写出的传记。他曾经工作过的巴鲁斯特拉德剧院还在上演他早年创作的剧目，最著名的剧作是《花园宴会》《通知书》《愈来愈难集中精神》。他参与拍摄的电影《离开》(《Leaving》)也能在音像店里看到，商店里出售的捷克套娃也有哈维尔的肖像。

异议者与异议文化。在我所生活的环境里，它们是缺席的。

国家更强调同一性。亿万人民服从于国家元首，忠诚政治领袖。这样的现实由来已久。由德国纪录片导演由莱尼·雷芬斯塔尔执导的《意志的胜利》（Triumph of the Will），展示过那种高度的同一性。这是由UFA电影公司制作的战争纪录片，阿道夫·希特勒、赫尔曼·戈林、约瑟夫·戈培尔、雷哈德·赫德里奇等主演。该片主要记录1934年在纽伦堡召开的帝国代表大会，该片于1935年3月28日在德国上映。纪录片展示的纳粹体制化的威权和森严统一的力量震慑观看到它的人。与此类似的还有莫斯科红场的阅兵式，有朝鲜平壤的阅兵式。以及北京的阅兵式。记忆是对遗忘的对抗。如果不是记忆的遗迹，或许世人已不再记得曾经经受过的苦难和哀恸。二十世纪发生在欧洲大地上的纳粹进行种族灭绝的大屠杀，因为有奥斯维辛集中营的存在就保存下来证据；斯大林式的大规模政治清洗，因为一代作家的存在，藉由索尔仁尼琴的《古拉格群岛》《红轮》，帕斯捷尔纳克的《日瓦格医生》，以及白银时代阿赫玛托娃、曼得尔施塔姆、布罗茨基等人的诗篇成为残酷时代的见证。矗立在前东西德交界的柏林墙也成为扼杀人性的东西冷战时代的证物。

异议者改变历史。异议者自身的命运史，以及他所在国家的历史都被改变。当一个国家的政权以暴虐的方式运行，当掌权者疯狂残酷迫害国家的公民时，有人站出来表达异议，这需要正直的个性和勇气。那些伟大的异议者在20世纪的后半叶蜂拥而出，我们能记住的，历史也会记住，同时载入史册的有：索尔仁尼琴、萨哈罗夫、莱赫·瓦文萨、昂山素季。

他们是勇毅者，献身于个人信念，也献身于公共事务。冒着被迫害被追杀被囚禁的风险，有很多人死于被囚禁。他们冒着生命危险阻挡恶的驰骋，这样的人值得铭记，也值得珍视。

《老实人必须被消灭》是小说家米兰·昆德拉在哈维尔被审判和判决后写的剧评，刊于1979年10月的法国《新观察家报》。"哈维尔在二十世纪六O年代，开始在捷克的公共舞台上崭露头角，当时捷克社会正在欢快和热烈地适应和改造那种引进的制度。他在布拉格的一个叫巴鲁斯特拉德的小剧院工作，这个小剧院成了那些年代中那种愉快气氛的象征之一，是该时期先锋派的一个中心。"最初哈维尔与伊万·维斯科切尔（一位杰出的荒诞派短篇小说家）合作，后来他独自写了两个剧本，没有这两部剧作——《花园晚会》和《通知书》——人们就无法想象波西米亚的二十世纪六O年代。在回忆这段时光时昆德拉说："这些戏剧以其彻底的反意识形态性质而使我们着迷。它们还艺术以自主权，并且召唤它再次走上自由和富有创造力的道路。1968年后，哈维尔被逐出剧院并被禁止继续从事他对语言的文学探索时，他把自己的生活转化为庄严的对官方语言的去神秘话：他成了"七七宪章"运动背后的主要推动者、它的创始人和发言人之一。"

广为流传的是哈维尔写给共产党领袖古斯塔夫·胡萨克的公开信，以及被认为是"七七宪章"和捷克反抗运动最广泛理论基础的政论文《无权者的权力》。哈维尔的政论以其特殊的方式进入读者的视线：打印、复写的手稿、在国外出版了又被私带回国的书籍，在自由欧洲电台中的广播。哈维尔描述自己的异见，并非是另外一种政治意识形态，而是一种对诚实人性的信仰，从思考到做事情的方式，即使是小事情，人性是出发点。

“共产主义纪念馆”在一座十八世纪贵族的宫殿里，位于瓦茨拉夫广场街区。我两次进入其间。在放映厅我戴着耳机观看滚动播放的纪录片，观看一个国家由禁锢走向变革的历程，观看布拉格这座城市由封闭走向开放的历程。1989年“天鹅绒革命”兴起，集结在瓦茨拉夫广场的捷克民众要求政治变革，这次政治抗议带给捷克的是国家新生，成为当年风云激荡的东欧变革之一波。对于这两场变革的肇始和历程，纪录了捷克变革的历程。那里陈列的文物讲述着社会主义国家最初建立的情形，马克思、列宁、斯大林在不同时期的雕像，共产国际运动的兴衰。1968年苏军入侵布拉格的情景，坦克碾压道路的辙印都被作为文物展示。

我看到哈维尔被成千上万的民众拥戴的情景。人们绽放欢欣的笑颜，被人群簇拥的哈维尔相貌平凡，神情朴实。然而就是这个貌不惊人的人成为一个国家结束禁锢走向自由新生的领袖。1990年，捷克经过自由选举的方式而组成新国会，同年7月5日，哈维尔被选举为捷克斯洛伐克联邦共和国总统。他与世界各国领袖建立了新的关系，并重新奠定捷克斯洛伐克的外交政策；1992年，在联邦共和国分离的情势逐渐清晰后，哈维尔于7月20日辞去联邦总统职位；1993年1月26日，哈维尔被选为捷克共和国的首任总统；1998年1月20日，哈维尔连任捷克共和国总统。2003年2月，哈维尔结束最后一任总统生涯。

哈维尔曾经表达过自己的政治理念，而他的人生之旅是对这理念的践行：

> 自由与人性是一切正常和健全社会有机体必不可少的条件，因而，如果一个国家在丧失了这些东西多年之后又试图使之再生的话，那么，它并不是在从事什么惊天动地的历史伟业，而只不过是在力图摆脱自己的不正常状态罢了，不管它是否自称为社会主义国家。

2011年12月18日，瓦茨拉夫·哈维尔（Václav Havel）辞世，享年七十五岁。

我是在北京西郊一幢出租屋里看到这个消息。海淀区瑞王坟36号。现在这幢建在四环公路之侧临街的房屋和它周围密集叠加的出租屋以及混杂的外省人一起消失。这些外省人里有杂货商贩、建筑工地的民工、IT业的技师，KTV小姐，洗浴中心的性工作者。他们和整个村庄都消失于城市的改造中。然而此刻我能看到它。只要关上装有暗锁的灰漆铁门，临街的这幢独立的灰砖房就如密闭的铁盒与外界隔绝。在幽暗的房间里手机没有讯号，很奇怪即使在偏僻的深山手机都会有讯号，在北京西郊这幢乡间出租屋里竟然没有讯息。后来我知道此地属于军事管理区。没有高楼，没有民用网络覆盖器。然而电脑网络是有的，通过如猫眼闪烁的路由器可以与外界相连。在幽暗室内坐在一张褐色的藤椅，面对放在卡式电脑桌的电脑。

我突然看到哈维尔逝世的消息，在网络空间有人点燃蜡烛悼念。在此前的一天——12月17日朝鲜领导人金正日病逝，公众的情绪并无波澜。然而哈维尔的辞世令人震动。我有被哀伤击中的感觉。远在东欧之城布拉格的哈维尔，怎么可能带给一个居于逼仄出租屋的中国人哀伤呢？似乎不可思议。然而我知道自己是哀伤的。因为世界失去一个非凡的灵魂，失去一个杰出的生命。

人性是衡度事物的尺度。通常如果我们对人与事难以把握的时候，以人性为尺度就可以度量出优劣。卑微者可以度量伟岸之业，脆弱者可以衡定勇毅之心。当然更全面深入认识一个远在异国的政治明星是困难的。然而世界的反应我还是能看得见，哈维尔的辞世震动捷克也震动世界。捷克政府下半旗致哀，宣布为哈维尔举行国葬。此时我已从事十年新闻生涯，职业感令我当即与供职的报社编辑总监通话申报选题，做“哈维尔逝世”的讣闻稿。领到任务后我从书架找出从台北诚品书店购买的《半先知与卖文人：哈维尔评论集》，重新阅读这本我热爱的书，由此进入一个令我深怀敬意的人之生命史。同时我联系哈维尔著作的中文译者，哈维尔剧作的台湾译者，东欧文学的研究者采访。两天后纪念哈维尔的讣闻稿见报。

经由熟知哈维尔的人士讲述呈现一个中国公众未知的哈维尔。

10

> “您是共产主义者吗，昆德拉先生？”
>
> “不，我是小说家。”

“您是持不同政见者吗？”

“不，我是小说家。”

“您是左翼还是右翼？”

“不是左翼也不是右翼。我是小说家。”

这是昆德拉广为人知的对话。

每当被问到政治立场时，昆德拉总是回答：“我是小说家。”他认定这是他的身份。小说家为自己谋求的“法外治权”使他摆脱了人们想把他禁锢在其中的那些类别，也同时确定他在文学时空中的位置。从出生于布尔诺，移居布拉格的外省作家，他成为全国性作家，后来又在法国赢得了世界声誉。他说：“作为小说家，我始终觉得自己处于（小说的）历史之中，也就是在一条道路上，与先行者，甚至有可能也（较少）与后来人对话。”

1975年7月20日，周日，在妻子薇拉的陪伴下，昆德拉登上一辆雷诺S型轿车，向西方驶去。这是他告别祖国客居法国的时刻，1979年春，《笑忘录》出版之时，昆德拉收到来自布拉格当局的一封信，告知他8月24日通过了一项对他的决议。该决议取消了他的捷克斯洛伐克公民身份，阻止他返回自己的国家。同年9月，昆德拉在雷恩第二大学的合约到期时，他被享有盛名的法国社会科学高等研究院（EHESS)聘用，该研究院坐落于巴黎的拉斯帕伊大道。昆德拉一家离开布列塔尼前往首都，搬入帕纳斯区，此后他们在那里居住多年。1981年7月1日，在文化部长贾克·朗的建议下，米兰·昆德拉被刚刚当选共和国总统的弗朗索瓦·密特朗授予法国国籍。他在致谢时说：“法国已经成为我的书的祖国。因此，在某种意义上，我追随了我的书的道路。”

伊凡·克里玛最为公众知晓的是他的小说《爱情与垃圾》，这是他在二十世纪七十年代在布拉格街道当了几个月的清洁工的经历所激发而创作的。现在布拉格街头的书店经常可见克里玛的书，比如《我的疯狂世纪》，克里玛的肖像印在张贴于书店橱窗的海报。

“我们这里的生活不太令人鼓舞，畸形和压抑的生活时间太长。我们始终受到迫害，不容许我们在这个国家发表一个字还不算完，我们还要受审，我许多朋友都被短时间监禁过。我没有被监禁，但我的驾照被没收了

（当然没有任何理由的），我的电话被切断了。”

这是克里玛在他小说《爱情与垃圾》里的自述。

“伊凡的妻子，海伦娜，是位心理治疗师。俄国人占领期间她在持不同政见者在各种起居室举办的地下大学里接受过培训。当我问及她的病人对于革命和之后建立的新社会有何反应时，他确凿、谦恭、认真地回答说：精神病患者在好转，而神经病患者却在恶化。”

菲利普·罗斯在追忆他与克里玛及夫人海伦娜会面时的情景时写道：

“那你对此作何种解释呢？”罗斯问道。

海伦娜回答：“拥有了现在新的自由。神经病患者极其不稳定。现在会发生什么呢？无人知道。旧的僵化即便对于他们来说当然是令人厌恶的。但也是令人安慰的，可靠的。其中存在一个结构，因此你知道期盼什么，不期盼什么，你知道信赖谁，憎恨谁。对于神经病患者来说，变化是非常不确定的。他们突然进入一个充满选择的世界。”

罗斯对克里玛与海伦娜的观感是：“他们最艰苦的年代，她总是表现出令人惊奇的忍耐和平静。精神病在好转，神经病患者在恶化，尽管盛行着振奋的情绪，在那些勇敢体面的人中，在值得尊敬的少数人中，他们在抵抗年代坚忍、理智地处理的毒化情绪到如今有点爆发。”

2015年7月27日正午。

在克里玛位于布拉格城郊的别墅的开阔客厅里，摄影机的镜头长久对着满头银发的克里玛。他坐在沙发上像一位刚从田野里返家的园艺师，他的脸部神情与其说是疲倦不如说是走神，心游弋在它处。他的夫人海伦娜忙着为远方到来的客人倒茶，克里玛回忆与哈维尔的最后告别时，84岁的伊凡·克里玛陷入长久沉默。他在少年时期经历过三年纳粹集中营的生活，青年时代经历过斯大林主义在捷克的统治，如今迎来了让他不再为那种悲惨的社会制度烦恼的年代。

谈及哈维尔，克里玛有理由为失去的杰出朋友哀伤。

很长时间他们一起喝咖啡，喝啤酒聊天，在更早的“萨米亚特写作”的时期，哈维尔经常到克里玛的家里参加文学聚会，朗读新写出来又被禁止传播的作品。他们一起参加1968年的反抗苏军坦克占领的行动，在1989年参加"天鹅绒革命"的街头运动，在哈维尔成为捷克共和国总统之后，他们还一直保持老友之间的深厚友谊。作为同时代的作家，克里玛与哈维尔的道路不同。在"布拉格之春"后，哈维尔的命运是不断被逮捕，进出监狱。而克里玛的命运是被禁止。有二十年的时间，他的书不能在捷克公开出版，只能辗转在欧美出版。那时作为被禁作家传播的方式就是"萨米亚特写作"。在早年的秘密聚会上就有哈维尔。克里玛是聚会的召集者，聚会是在他的家里。当被问到当时哈维尔朗读的是什么作品时，克里玛从安坐的沙发起身，绕过摆放在面前的摄影机，到摆放在另一侧的书架取下《哈维尔文集》中的一部，他找到其中的一章说："就是这个。"

"我想我继承了母亲对寂寞的偏爱。我没有真正的朋友。我害怕独自待在黑暗中。"

这是伊凡·克里玛早年对自己的个性描述，就是这样一个性情内倾的孩子，少年时被送入德国纳粹集中营，在那里度过三年黑暗而恐怖的时光。集中营的生活不难想象，残暴的虐待和冷酷的奴役以及极度匮乏是所有集中营的特征。"我对缺乏自由的感觉远甚过对缺乏食物的感觉。"多年后克里玛在《布拉格精神》中回忆他集中营的幽暗生活时说。

"当我从纳粹集中营归来后，我对未来的职业从来没有怀疑过。我要写作。对我这样的年龄来说，我有太多不寻常的经历。"这是克里玛对写作生涯的自况。在随笔集《布拉格精神》里"文学与记忆"一文中，他表示自己"以创作对抗死亡，以文学写作建立一座比铜更持久的纪念碑"。克里玛经历过两个时代的极权制度带给他的磨难，告别纳粹集中营后再度遭遇祖国的极权桎梏。纳粹集中营的暴行如今广为人知，捷克在冷战时期的禁锢状态世人也多有描述，克里玛的同胞，定居法国的作家米兰·昆德拉在《不能承受的生命之轻》呈现过那个时期的状态。公民生活在告密、任意监禁、横遭迫害的恐怖现实中，昆德拉借小说人物特蕾莎之口描述捷克的社会境况："世界正变成集中营。集中营，就是日日夜夜，人们永远挤着压着在一起生活的一个世界。残酷和暴力只不过是其次要特征。集中营，是对私生活的彻底剥夺。"如今克里玛告别往昔的黑暗，在八十四岁高龄以他理想的方式活着，他所生活的国家解除禁锢转型为多元而开放的社会；作为作家他可以独立思想和自由写作。他创作过长篇小说《等待黑暗，等待光明》，今日的现实则是告别黑暗，迎来光明的时刻。

如同克里玛与罗斯对谈时总结自己的写作生涯时说：

> 任何一个童年时在集中营生活过的人——他曾经完全依赖一个外在权力，这权力随时都可能进来敲打或者杀害他和周围的每一个人——也许在生活中的态度与那些没有接受过这样教育的人的态度至少有点不同。那种生活可以像一根绳子一样突然被拉断——那是我童年时就学会的一课。这对我的写作有什么影响？执着于公正问题，执着于那些被侮辱和被抛弃的人的情感问题，执着于孤独无助的人。

如今作为一个变革时代的见证者，克里玛已经退隐。他开玩笑说他写出来的书已经对捷克的森林造成“损耗”。他在完成两卷自传性回忆录《我的疯狂世纪》后宣布封笔，他的印着作家肖像的大厚书在布拉格的各种书店的显要位置都能看到，在中国他的系列长篇小说再度由花城出版社以“蓝色东欧”书系出版，《等待黑暗，等待光明》、《我的金饭碗》、《没有圣人，没有天使》等书面世。他的早期的随笔集《布拉格精神》在两岸三地都有众多的读者。

现在伊凡·克里玛过起退隐生活，在激荡风云消散的时期。

当被问到未来生活的愿景时，克里玛开玩笑说：

> 一场热情的葬礼，一个好看的墓地。

PART
IV

故乡的葬仪

“四月是最残忍的季节，哺育着丁香，在死去的土地里，混合着记忆和欲望。”

美国诗人艾略特写在《荒原》的诗句萦绕在脑际的时候，我正站在青色卵石砌起来的墙体前。身后是开着木格门窗用石头砌就的穹形窑房，身侧是几株枝叶寥落的枯树和堆积成垛的木材。脚下是石块杂草，远处是黄河水断流的河湾，正午炽白的阳光炙烤着一切。借助这个背景，我为自己拍下照片，以留可以长存的纪念。是的，这是我眼见的故乡，我的祖籍地，我生命之河的源头。然而与艾略特的诗句比，我的故乡的四月更残忍，它没有丁香花，没有春雨，放眼望去土地荒寂贫瘠，形如枯槁衣饰陈旧神情落寞的乡人行在路上，与我具有同样血缘的亲人们正如缀在冬日残枝的果实日渐凋零归于尘土。

那天正午载我们的轿车经过五个小时行程终于停在村口，从车上下来母亲打开拎在手里装满孝衣的包裹。这些孝衣还是父亲去世的时候，母亲找村里的裁缝缝制的。做工粗糙，针脚疏漏，麻布边缘还是毛的。不过母亲说孝衣就是这样子，粗糙一点无妨。当时拿到这衣服往身上穿的时候我的心脏颤抖。这是哀伤和悲恸的象征，穿戴这些白色布衣就等于披挂哀伤和悲恸在身，等于死亡与我们照临。穿着这白衣腰间系着麻绳跪在父亲的棺木前守灵，在午夜手持自制的火把沿着村里的山路走为父亲召魂，在凌晨跟随送灵的车队为父亲送葬。按说这些白衣应该丢弃，或者跟冥物一起烧掉。然而母亲把它们一件件找回来，回家之后洗净重新叠起来放在衣柜底部。“丢了可惜。以后还会用的着。”母亲说。也许因为一生久经变故见惯死亡，她对哀痛更有适应的坚韧力，或许在她眼里那些白色布衣如同她清洗过的任何别的衣物一样平常。这当然不是事实。

事实是母亲有属于自己面对悲伤的方式，那些痛感隐秘不被我们所察。

那天我们在母亲的带领下重新走进村庄，重新披挂这些衣物，挽悼逝去的亲人。

作为外来者，我们有三天的时间是在哀伤中浸泡。

然而我也看到乡人在生离死别的时刻别样的景况。

表弟瑞利手握火钳，从堆砌的炉火夹出一块烧红的碎炭。他的另只手指间夹着香烟，将烟头对准炭火点燃，放下火钳，从孝衣摸出个锡纸包，打开锡纸包，亮出一撮白色粉末。嘴衔着那支烟对准锡纸上的粉末点燃，深吸一口，闭着眼仰头静止一会儿，再吸，再仰头。"瑞利是在吸白面呢。"我听见站在身边的姐姐对母亲说。姐姐曾经做过医生，认识瑞利吸的那是什么东西。"这孩子咋就这么大明五朗地吸白面？也不怕蹲监狱。"我以为姐姐会管瑞利，然而她没那么做，她只是低声嘟囔。

这是我们回故乡为四爹奔丧的第一天。瑞利是五爹的儿子，二十八岁还没娶媳妇。他穿一身孝服，站在四爹的灵棚前跟人说笑。并非人离世就哀伤，这是村里人对死亡的态度。他们请来戏班子唱戏，请来歌舞团唱歌，请来吹鼓手吹打，互相比拼热闹红火。有些死人的主家还会在灵棚前办流水席，一开百桌，请全村能到的人吃肉喝酒，猜拳行令，死者无声，活着的人以死者的名义恣意狂欢。村里的男女老少都赶来围观，这是乡间的风俗。

当然四爹家是开不起流水席，只请来吹鼓手，秃顶盲眼的吹鼓手握着黄铜唢呐猛劲地吹，高亢尖利的哀乐曲牌《哭皇天》从灵棚飞出，穿越乡野当空震响。灵棚前站着很多年轻人，他们腋下夹着哭丧棒，砍下的树枝截成一米左右，用缀着缨穗的白纸糊成的哭丧棒。年轻人分站一条马路的两边，等待接引前来吊唁的人。有赶来吊唁的男女走到近前，年轻人就单膝跪地迎接他们，带着来人走到灵棚前跪下磕头，在火盆前烧冥纸，男人无言，女客多会哭几声。不哭的就被身后围观的人们调侃戏谑，有人哄笑摁着跪下磕头而不哭的女人的脊背，不哭不许起来。女人只好佯装哭几声，哭完回到旁边围观的人群，跟人说笑哄闹。

是的，在乡亲们看来死者的葬仪也是给活人看的戏剧。

我们是外来者。我从北京回大同的家，先跟母亲、姐姐、哥哥聚集，然后驱车五小时抵达偏关县的祖籍地跟四爹做最后告别。我们没能见到四爹的仪容，那时他被整容换衣放置到棺材里，棺材头前摆着他的照片，他长得样子很像父亲，都是中等个头，宽身板，大背头发型，都是双眼皮大眼睛黄眼仁。我们看不到活着的四爹，也再看不到父亲。四爹活着的时候还能从他的身上看到父亲的音容，看到四爹宛若父亲在世。然而在父亲逝去N年之后四爹也撒手人寰，我们世代的烟火就这样日渐暗淡终至流散。

四爹平时并不管太多家务，他只是每天早晨赶着羊上山去放，羊有三四十只不算少，都是由他从羊羔养大的，四爹对待这些羊比对儿女亲，他赶着它们上山吃草，赶着它们下河饮水，多数的日子就是这么过的。但是后来四爹的身体出现状况，浑身乏力，走路比较费劲，羊们走得快一点他想撵还撵不上。

有天我接到老家来的电话，打电话的是四爹的长子瑞民："我大得了灰病，医院确诊了。"

母亲哥哥和姐姐在这天都接到了瑞民的电话。在老家人看来得了灰病就很麻烦。

灰病多半是不能治愈的，比如各种癌症。治不好的结果就像四爹一样躺到棺木里。

这么多年我一直以为自己是有双重故乡的人。

每次说到故乡时我会看到两个不同方向的区域：我的出生地和我父母亲的出生地。故乡。家族。先人。这些词语出现在典籍里的时候会有各种释意，现实的故乡生息着与我们血缘和基因相同的人，他们跟我们是兄弟，不同于我们的生活现场和精神背景，它们是独立于我们生命，也独立于我们生活现场的存在，然而多年来我是看着故乡在贫困中沦陷，看着生活在祖籍地的乡人像谢幕陆续在尘世消逝。

"村里建了好多个铁厂，铁厂冒出的黑烟呛得人不行，土地全被污染了，庄稼长不成，草也长不成，羊都没草吃。这日子没法过。哥你回来看看，找找人跟上边反映一下，要不这地势没法活人哩。"这是表弟瑞恒从老家打电话跟我说的话。

接电话时我的脑海浮现出一个黑瘦矮小眼睛却黑亮牙齿很白的男孩。这就是四爹的三子瑞恒。在感情上我感觉跟瑞恒是亲的，这孩子性情活泼，说话有点小幽默。重要的是我的父亲在最后的时刻住的是他准备娶亲的石窑，虽然他的媳妇还没有踪影，但那毕竟是他的新窑，慷慨地让给父亲住，由着父亲完成肉身走向死亡的旅程。可是瑞恒打电话给我的时候，我没有任何能力帮助他，没有任何能力帮助乡亲。那些来自众多铁厂高大烟囱的浓重黑烟在村庄的上空翻卷飘荡，它们将具有化学毒素的烟尘撒向大地，撒向草滩、河流和农田，然而我没有任何能力帮助他们。

那时我供职媒体，然而媒体报道什么不报道什么是由媒体的政治导向而不是记者的职业良知选择。出现在晋北乡间的环境污染不算什么新闻，类似的事情在中国实在太多。

现在看祖籍之地的乡亲是陆续得灰病离世的。

我对爷爷的记忆就是小时候他到家来。屋里全是蓝色的烟雾，那是爷爷抽的烟袋锅里的旱烟冒出来的烟雾。他盘腿坐在炕头，嘴里咬着烟杆的翡翠烟嘴，吧嗒吧嗒吸着烟，烟锅里的烟丝明明灭灭地烧着烧出红光。每次从老家来爷爷都是来跟父亲要钱，当时家里并没有多余的钱，父亲每月的收入是27元人民币，母亲没有收入，以前母亲在矿上做机电工，后来为了拉扯五个孩子，辞职做了家庭主妇。爷爷来的时候是父亲发愁的时候，爷爷在老家也养着一大家人，他放羊、种地、做杂活，可是一年到头赚不了几块钱，就指望着到矿上找大儿子要。没有钱父亲会从外边借钱给爷爷拿回去，这是父亲的个性和习惯。

后来见不到爷爷来家。过了很长时间父亲突然收到老家拍来的电报，说是爷爷病重。

拍电报告知病重多半是好不了，人也没多长时间了。这个判断父亲还是有的，他就决定带我们回老家。那是我平生第一次出远门，也是第一次回祖籍地。冬天全家人包裹在棉衣里坐着火车回老家偏关县杨家营村。坐一段火车之后再换长途汽车，中途还要住车马大店。花了一天一夜的时间才回到村里，我一直搞不明白为什么那次会花那么长时间。回到村里的时候爷爷已经躺倒在棺材里。这也算是父亲熬出头的时刻，再没有人敢对他发号施令，再没有人敢两句话不对就脱鞋打他。最重要的是再也没有谁隔三岔五地来找他要钱。我想爷爷去世以后父亲的日子轻快许多，他头顶的紧箍咒总算被去除。

现在杨家营村的人，年轻者多在外地打工，比如四爹的次子瑞生，在潞安煤矿做挖煤工；比如四舅在县城里开铁矿；还有一个远房亲戚在大同煤矿挖煤，被砸坏了腰鉴定为残废返回乡里；年老的乡亲多数在村子里讨生活，耕地犁田，养猪放羊，生活艰辛。

“本来日子就辛苦，再吸毒，那还能有好么？”

在四爹的灵棚前姐姐一直在暗自唠叨。姐姐看不惯老家的人，尤其看不惯瑞利。

“我瑞利哥是吃喝嫖赌抽，五毒俱全。”挤在人群里的瑞恒嬉皮笑脸地逗趣。

“狗日的，这算球个甚。”瑞利不屑地说。

瑞利在幼小时候的样子我们是见过的，他的父亲——我们叫五爹，也是见过的。

黑瘦的面目，平时总是佝偻着腰，没见到人的时候就听到他的咳嗽。五爹咳嗽的时候经常是没有止息，我听见这咳嗽就很为他担心，怕他一口气出不来就死过去。

见到五爹是在为爷爷奔丧的时候。他总是躲在某处阴影里。父亲带我们为爷爷奔丧，在爷爷还躺在棺材里等待着下葬的时候，父亲的兄弟们就在为如何分爷爷留下来的家产而争执。父亲是主张为五爹多分点，窑房和爷爷养的猪羊也给他。“老五没本事，日子过得凄惶，就多分给他些。”父亲这么做主。四爹不高兴，他觉得自己的日子也挺艰难，应该给自己多分：“老五是怨他没本事，别人有甚办法？”四爹不服气。

在父亲和他的兄弟们为分家产争执不休的时候，我和表弟们在爷爷的棺材上玩。我们在油漆彩绘着蓝天白云的红漆棺材上爬上爬下玩追击游戏，我们偷吃放在爷爷遗像前的供品，点着朱红的白面馒头和水果，完全不知道死亡的恐惧。

如果父母亲不离开家乡，不走出被大山围困的乡村，我们也还是会跟表兄弟们一样务农。

在土里刨食，想谋生而不得。这是表兄弟们时下的境况。

“现在的工作不好找，乡镇的小煤窑全关了，找不到工作就回家啃老。”

表弟瑞生说。他在外打工多年知道啃老这个名词。然而他回来没多久四爹就病了。

病了没多久四爹去世。没了父亲支撑的家庭，瑞生不知道以后的日子怎么应对。

是表弟瑞恒告知我四爹病况的。

“我大是灰病，医生说了治不好，也用不着治，治也是瞎耽误工夫。”瑞恒说。

乡间称父亲为大。瑞恒并没有要求我做什么，他没说要带四爹到北京看病，也没说需要带四爹到北京复查病情，他只是告诉我四爹得病这个消息。但是我为不能替他们做任何事情深以为歉。再后来又接瑞恒的电话，告知他父亲去世。

在父亲去世N年之后，四爹之死又将我们召回到村里。出门的时候母亲又从衣箱取出以前打好包放起来的孝服，母亲将那个孝服包带在身边和别的东西一起带到车上。开车的是姐夫，每次回老家跑长途的时候都是姐夫出车，他是市老干部局的小车司机，他开的车越野性能好，走在老家破旧的公路上能抗颠簸。我是从北京专程回去的。因为路途遥远，很多事情能推基本都推掉了。比如回老家为故去的父亲扫墓，我几乎都不能前往。每年的清明都是大哥开车带母亲和嫂子回老家扫墓，他们几乎年年回去。我不回去是因为路途遥远，也因为在我的意识里认为父亲如果有灵应该已经转世，或者前往天国。地狱之门对父亲是关闭的，因为他生前的良善业力，他和地狱无缘。这是我的看法。

我看到过一张照片，在姥爷家的石窑里，盘腿坐着父亲和母亲，姥爷和姥姥在他们身边坐着，最边缘坐着的是哥哥和姐夫。照片有些发黄，这是父亲检查出胃癌决定回老家的时候，姐夫开着他的桑塔纳接父亲回老家，母亲做陪同。哥哥随后请单位的司机送回去满卡车的木料，那是准备为父亲做棺木的，这一行人出现在偏关县杨家营村的时候，引来大批村民的围观，他们站在沟畔上，站在马路边，也站在山道上看着从公路上驶过来的车，看着车停下来从车里走出来的人。父亲披着黑呢大衣，里边穿着蓝色毛料制服和蓝色毛料裤子，脚上是擦得铝亮的黑皮鞋。父亲平时也很爱干净，回老家的时候更不会让自己邋遢。

父亲像荣归故里的英雄回到他的出生地。16岁因为他受雇佣给人放牧的马匹遇到山洪爆发受惊，父亲那时还是未经世事的孩子，他站在河边看着汹涌而来的黄河水掀起惊涛骇浪，他有些吓傻了。他放牧的那些马匹，据说有八九匹马都在受惊之后四散狂奔，有的马匹掉到河里被咆哮的河水卷走，父亲很害怕，他逃到离河水有两百米远的地方，攀上长在那里的一棵百年老槐树，他无法找回那些四散奔逃丢失的马匹，也不敢回家，跑到偏关县城去躲避灾祸，在那里遇到进城来的游击队长。后来的情况是他跟随游击队长上山去打游击。后来又参加了徐向前领导的八路正规军部队，再后来改编为解放军，再后来他作为中国人民志愿军的一员赴朝作战。再后来转业回乡，再后来参加支援国家建设，来到山西大同煤矿做了矿工。

父亲的往昔是艰难的，他要在血与火里淬炼，在死亡中穿行，他说有时候一场战役结束血流成河，死去的遗体堆积如山。开始听到响起的枪声和炮声他都害怕，后来他可以骑着高头大马手舞战刀奔腾在敌军的阵地前劈杀，这是他当骑兵的时候，也是父亲以为人生最骁勇的时刻，这样的时刻永留在他的记忆之中，在后来的时候父亲反复对我们念叨，已经让我们的耳朵听出茧子来。但是我们还是原谅或者理解父亲的絮叨，因为在后来的岁月中他的人生是有着太多的幽暗和破碎。

父亲在他人生的最后时刻回到老家。他的态度是死也要死在老家。但是姥爷似乎对父亲的到来并不高兴。从照片上也能看出满头银发的姥爷不高兴的样子。姥爷知道父亲病了，也知道这一病可能人就完了。但他还是不高兴，觉得女婿不应该到门上来。家有老人的时候是忌讳病人的，哪怕这病人是亲眷。据母亲后来跟我说，他们拍完这张合影就离开了姥爷的窑房。到哪里去呢？父亲并没想到他在最后时刻回到自己的故乡，但这故乡并没有他可以终老的地方。没有属于他的居所，没有属于他的私人空间。

没有办法，母亲就去找四爹商量，母亲给了四爹五百块钱跟他说："你看你哥病了，他得的是灰病，这一来就再也回不去家了。你能不能想办法安顿他一个地方住。"

四爹收起钱说："我哥回来了，有我住的地方就有他住的地方。"

四爹让儿子们腾出盖在公路边的一套窑房，那原是准备为小儿子结婚的房子。

窑房收拾好四爹就去接父亲去住:“哥就在这里好好住吧，多年不回来，这次咱哥俩要好好住下唠唠。”

四爹是接纳父亲的人。在生死时刻，这无疑是大恩。

母亲和哥哥都对四爹深怀感激，同时对姥爷和姥姥生出怨忿。

在中间受夹板气的是姥姥，她做不了姥爷的主，姥爷当时是73岁的高龄，年轻时姥爷做过乡里的戏班班头，闯过江湖也趟过黑道，即使在年老之时也是满身的威仪，不只是姥姥惧怕姥爷，连村里的男女老少也都惧他三分。姥姥颠着一双三寸小脚站在崖畔上万分歉意地看着母亲扶着父亲离开自家的石窑向着山下走去。“你这个家我就是死也不会再回来了。”

母亲生姥爷和姥姥的气。果真在父亲弥留的时刻，她没有离开过父亲借住的四爹的窑房。

我是在父亲回乡半个月之后回到原籍的。再见到父亲，他已不能起床，也不能转身，我看到他的样子瘦弱枯骨。这样的景象令我惊惧。我回老家的第二天早晨听到四爹在窗外跟母亲说话，他问母亲:“我哥咋样了?”母亲就告诉他所知道的情况。这是我时隔多年之后再次见到四爹，我见到他的时候他穿着一身蓝布制服，戴着蓝布帽子和一双黑色的布鞋。他的腰间扎着羊鞭，一群颜色黑白相杂的羊围在他的腿脚边低头啃食着野草。

那段时间四爹是来看望父亲最多的人，每次他走进窑里就盘腿坐在土炕上跟父亲说说话:

“狗日的就这么躺下来，我还准备带你去县城里逛逛，赶紧的好起来呀。”

四爹这么伏在父亲的耳边说，但是父亲再也没有起来。

我对四爹怀有好感，觉得他是很有兄弟情义的人。当初在那样的时刻接纳父亲，嘘寒问暖关照备至。我们都对四爹怀有好感，真心觉得他亲。可是姐姐有保留意见。有次她抱怨家乡的人穷而贪财。“都是见钱眼开的主，没钱和少给钱都不行，人情寡淡比纸都薄。”姐姐表达她对乡间情态的观察。姐姐的话让我想起舅舅。身高180CM的舅舅经常佝偻着腰脊，瘦得像张弓。他穿着一身旧衣服，那也是母亲送给他的旧衣服，他到父亲住的窑房，名义是看父亲，我总能见到母亲往他手里塞钱，每次舅舅都不推辞，塞给他钱装起来放入口袋。

“没办法，村里人苦，一年到头种地，辛苦下来也赚不了几个钱。”母亲说。

父亲倒在病榻之后迅速地衰弱下去。母亲要为他翻身，小心地移动他的枯骨架子，避免散掉。要定时为他擦洗身体。母亲以耐心和坚韧之力应对着悲伤的时光，她几乎是彻夜不眠守着父亲，父亲身体动一下母亲就起身，伏在父亲耳边问他需要什么。

负责做饭的是四妈，每次到吃饭的时候四妈把做好的饭菜端到桌上时，父亲只扒拉两口，母亲是连一口都咽不下。但是不知道她哪里的力气能支撑得下去。

四爹和四妈有时会争吵。四爹去放羊，说是上山去放，早晨吃过四妈做好的饭——玉米面糊糊、芋头、土豆和玉米面窝头，将圈在羊舍里的羊赶出来，赶着他的羊群出门，四爹是应该把羊赶到山上，或是赶到河堤。羊们在那里会散开自己寻觅吃的草和糜子。让四妈不高兴的是四爹把羊放到山坡或河道就不管了，他会扭身去别处。去哪里呢？去住在东山头上的马寡妇家。四爹扎进马寡妇家就不出来。这件事情让四妈很恼火。有时候她会跟踪四爹，她看着四爹放的羊散在山坡而自己的男人不见踪影，她这时候就会跟踪找到马寡妇家。站在门外就听到四爹在屋里和女人说笑的声音。只要听到那样的声音四妈就生气，她经常会被那样的声音气得发抖。生气的时候脑子就是昏乱的，做出事情很难顾及后果。那时候四妈就会闯进马寡妇的家，她抄起从院子捡起的镰刀或者斧头站在屋的当地叫骂。“你个偷野男人的破鞋，偷谁不行偷到俄家男人，撕破你那逼脸，看你还要不要逼脸。”四妈这么叫骂。

被搅了好事，四爹有时候会忍住怒火，离开马寡妇家完事。他要不愿意忍住怒火就会打女人。脱下脚上的鞋子抽女人，这样就会纠缠不清，也容易引来村民的围观。通常四爹会选择忍耐，他黑着脸离开马寡妇家，把羊群唤回家，回到家四爹就会关起门来暴揍四妈一顿，燃烧在心里的怒火在那时会爆发，四爹把四妈推到炕上，挥起拳头在她身上捣，直到解了心头之恨。四妈也不哭闹，她让四爹揍：“给你揍，给你揍，揍死才好，揍死再不用给你当牛做马。”四爹的拳头在四妈的身上捣累了才住手。他从炕上爬起身，下地走到水瓮前用铜瓢舀瓮里的凉水喝，咕嘟咕嘟地把凉水灌到肚里，这才算舒坦。四妈从炕上爬起来，整整头发和衣衫不哭也不闹，她到院子里取柴炭生火做饭，不管怎么样都不能耽误一大家人吃饭。

四妈有时也咽不下心里的委屈和怨气，她会到父亲住的窑房里找母亲诉苦，讲四爹的不是。"唉，嫂嫂你是不知，看你跟大哥的这份感情我是羡慕死哩。你妹子命苦遇到个不懂疼人的男人这么多年积下满肚子苦水"。在四妈跟母亲诉说心里的委屈的时候，父亲躺在炕上，他也是能听得见的。要是身体好的时候他会不客气地骂过去，现在他连身都不能翻的时候，只能皱眉表示心里的不满和厌烦。母亲当然是能看在眼里的。这时候她就会打断四妈的话头说："四妹子不是嫂子劝你，你大哥都这样了，活的日子有一天没一天，有一时没一时，嫂子哪还有心思听你这些话呀。谁的肚子里没有一肚苦水呢？你就忍忍。"

四妈的眼睛红起来，她忍住了要涌出来的泪水，起身从母亲身边走开。

这么多年来我们返回故乡的次数是有限的。然而从幼年起，每次的返回都是因为奔丧。

我们从来不是因为爱和想念而走近它，总是因为死亡才走近它，我们每次的返回都是受到亲人死亡的讯息的召唤。人生之事，最大莫过死亡，只有死亡才让我们不惮劳苦奔赴而去。

那时候让母亲烦恼的还有舅舅。这一年舅舅是63岁，他是不管春夏秋冬都戴着一顶洗得泛白的蓝布帽子。这帽子也是母亲以前送给舅舅的，这是母亲从家里收拢打包带回来的旧衣物中的一件，舅舅喜欢这顶村里的干部们经常戴的帽子，四季都不摘掉。帽子摘掉或许舅舅就觉得不自在，因为他尖削的脑顶是没有毛发的，只在边缘稀疏长一点毛发。每次我们见到舅舅的时候他都穿着那身洗得泛白和发旧的蓝布制服，吊到脚腕的蓝布裤子，黑色圆口懒汉鞋。舅舅的皮肤黝黑，想必是常年在地里劳作给晒出来的。他有一张马脸，面部狭长像斧子给劈下来的。眼睛、鼻子和嘴巴都无甚稀奇，跟别人不一样的是他的额际有块疤痕，据说那是小时候跟人打架被人用石头砸出来创伤留下的疤痕。

舅舅每次来到石窑就站在门边，他的个头很高，可是佝偻起来就显得瘦弱。他站在门边双手抄在袖筒里，往躺在炕上的父亲所在的位置看一眼。

有时舅舅来，黑瘦粗糙的马脸上显出指甲抓出来的血痕。“你这是又咋了？又吵嘴了么？你咋六十多岁的人就不能省点心呢？”母亲心疼又忧虑。在舅舅脸上留下指甲抓出血痕的是他的婆姨，一个比舅舅大12岁的小脚女人。某年陕西闹饥荒，有个逃荒的妇人带着三幼儿到村里乞讨，有人做主把这个乞讨的妇人介绍给当时还打光棍的舅舅。姥姥反对这件事，她觉得儿子找个讨吃货颜面无光，姥爷却支持，他认为男人总得有个女人做伴才能活得像个人。

舅舅娶了这个逃荒的女人，他以为日子可以不再那么凄惶，结果相反带给他无穷尽的麻烦。舅舅娶过这个女人之后经常在家里受气，欺负他的是他的婆姨和婆姨养出来的三个孩子。她经常不给他吃饭，或者他只能吃剩饭。母亲给舅舅带回家的钱都被婆姨从身上搜走，他的身上不能留有一分钱。小脚婆姨不顺心就对着舅舅开骂，每次骂起来，如果婆姨的儿子们在场的时候就会帮腔，那些儿子们都是五十多岁的汉子，这些汉子骂起来舅舅是不敢还嘴的，因为他们敢对他动手。舅舅不敢反抗，以前反抗过，结果那些汉子让他饱尝一顿老拳。

“你黄土埋脖的人咋就照顾不了自己呢？咋还能受别人的气呢？”

母亲恨铁不成钢的口气使舅舅站在门边的样子越发萎缩。

舅舅蹲在地上哭泣起来。

“要哭回家哭，不看这里一堆麻烦事么？”

到这时候母亲只能赶舅舅离开，她不想看舅舅的窝囊样子。

但是舅舅离开石窑时母亲又心疼。

“唉，这个窝囊废。”母亲长叹一声说。

作为外来者，也作为局外人，母亲回到她的出生地会看到很多不如意的事情。

“这些人都是咋活的，咋就这么活得不像个人呢。”这是母亲顾自叹息时说的话。

放眼望去很多事情超出她的经验，也超出她的伦理限度。

姥姥也是让母亲生气的人。姥姥做不了姥爷的主，不管是做事情还是说话，姥姥都要看姥爷的脸色行事。在家里的时候满头银发的姥爷经常黑着一张没有表情的脸，很少跟姥姥有交流，他经常盘腿坐在土炕面对着窗外一言不发很难知道他在想什么。姥姥平时要穿着劳动的旧衣服颠着三寸小脚下地干活，锄地打草，背柴回家，喂猪喂鸡，这都是她的营生。看见姥姥满脸灰尘满身泥土，母亲心疼地抱怨：“你这么大岁数还干这么多营生，累坏了身子怎么办？谁管你呀，我离你那么远着急也解决不了问题。”

姥姥并不停下手里的营生。“还能干，累不着。”姥姥对母亲说。

然而自打母亲负气陪父亲离开姥爷家，她就再没进去过姥爷住的窑洞。

“这辈子也不会踏你们家门。”母亲这么说。可她还是替姥姥操心。

我并不知道故乡的前史。不知道它在前朝是什么样的，只知道它的现在。

曾经试图寻找过县志或村志。但是没有找到。我只能凭借地貌、山峰和丘陵的样态，凭借河流和草场来推测它的过去，判断它的今日和未来。现在走到村庄的河湾，我看到的是干涸遍布白色枯石的河床，昔日浊浪滔天流沙沉厚的黄河水在今天断流了。而山上也只见黄土沟壑，不见植被林木。亘古不变的只有太阳的升起落下，只有月亮的满盈和残缺，只有它们的光照还能莅临大地。然而这自然的给予也因为污染而减损和消耗。

姥爷病逝的时候我们很吃惊。他怎么会有病呢？那个满头白发的老人，从来没有过病患。连普通人常有的头痛脑热都很少。而且他是那样在意保护自己，天凉加衣，天热防暑，这是他经常做的。家里的营生从来不做，地里的活计也从来不做。家务和地里的营生都是姥姥在做，七十多岁的小脚老太太，劈柴打炭，挑水锄地这些活计都包了，养鸡喂猪也都是她干的，她还要侍候姥爷。姥姥一辈子都怕姥爷，愿意为他当牛做马地侍候他。

然而有一天姥爷像往日一样盘腿坐在炕上，突然就头朝前栽倒。

姥姥在院子里在喂猪，回到家看见姥爷伏在炕上双腿还盘着保持坐姿。

“狗日的，坐没个坐相，睡没个睡样。”姥姥嘴里唠叨着上炕去搬姥爷，她想让姥爷躺下来好好睡觉，结果发现姥爷已经没气了。姥姥哭天呛地地嚎啕，引来了住在周边的邻居，人们打电话叫村里医务所的医生，医生背着急救包赶来，手指张开姥爷的眼睛看看说：“你们准备后事吧，狗日的咋修来的这福气，落下个好死。”医生说。

嗯，那段时间杨家营村的人都在攀比死法。“好死”在他们看来是最好也最令人羡慕的。所谓“好死”就是没有得着灰病，没有各种癌症，身体没有残损不被病痛长久折磨而寿数又大的人死，即谓“好死”。然而能“好死”者实为罕见，多数人都是“恶死”，被病痛苦苦折磨，形销骨立或者只剩一把枯骨之后撒手人寰。

姥姥的死不属于“好死”，也不属于“恶死”。她是主动选择的死，也是舅舅成全的死。

“这狗日的，活得泼烦呢。”这是姥姥在姥爷去世后经常说的一句话。

在姥爷故去之后姥姥也还能颠着小脚背着米面从老家到大同看母亲。

看着姥姥背着大包小包颤巍巍行走的样子，母亲就生气。

“你还以为自己年轻呢？背这么多东西。这要累个三长两短哪个合适？”母亲呛姥姥。

在晚年的时候姥姥一直保持着看电视的习惯。夜里睡不着就翻来覆去看电视，把各个频道的各个节目挨个地换着看。姥姥还愿意跟母亲讨论国际局势，比如伊拉克和美国的战争，比如萨达姆和小布什，谁谁怎么样了，有时姥姥看着新闻跟电视生气，把遥控器摔在床上，气呼呼地抽烟。母亲不愿意陪姥姥唠叨这些跟自己不沾边的事情，姥姥就气得收拾包裹嚷嚷回家。“妈你咋就越老活得越像小孩儿，从头这么任性呢。”母亲数唠姥姥。

“这狗日的，人活着泼烦呢。”姥姥不高兴地时候总会这么说。

姥姥是盼着死的人。她觉得自己活得够寿数了，再活下去实在没意思。

她盼着自己生病。人有时候盼啥来啥。结果姥姥有一天就病倒起不来了。

家里的鸡没有人喂，猪没有人喂，鸡舍和猪圈开始吵翻天，后来也没有声息了。

舅舅开始去看姥姥。姥爷去世以后舅舅承担起为姥姥挑水的活儿。

挑水的时候舅舅也很不耐烦，他已经六十多岁了，人老胳膊和腿都没劲儿，爬坡上梁的时候倍感吃力。舅舅为姥姥挑水隔得时间越来越长。开始三天去一次，中间五天去一次，后来是十天去一次。姥姥病倒在炕上的时候舅舅看见了，但是他想：“人活得这么泼烦，死也是好事情。”他去看姥姥的时间越来越少。有一天舅舅打来电话跟母亲说："姐姐咱妈病了，快不行了，你回来看看吧。"母亲电话问："啥病就病倒了？看医生了么？"舅舅回答不上来。

母亲回到老家看到姥姥的样子就脱鞋打舅舅。"你个枪崩货，妈这哪是病，这分明就是饿的，你这是活活在饿死她。"打完舅舅，看着满头白发枯瘦如柴的舅舅蹲在地上哭，母亲也哭。在老家的那几天，母亲为姥姥做家务收拾窑房，为姥姥做饭喂她吃饭。姥姥又能起炕了，也能坐着吃东西。"姐你这是给我找麻烦呢，你一走没事了，我得侍候咱妈呢。我也老得快死了，侍候不行了。"舅舅在暗地里这么对母亲说。"贵小子，可不敢这么说，你说这话葬良心，这要天打雷劈的。"母亲对舅舅说，她可怜姥姥也可怜舅舅，但是自己的生活也要过。临离开老家时母亲不放心姥姥，说是给她找个做伴儿，不要房租白住，帮姥姥做做饭，喂鸡喂猪，也好有个照应。可是回到家母亲就听舅舅电话说，姥姥不愿意嫌家里有个陌生人不自在，把那个伴儿给撵走了。这样过了没几月，舅舅又打电话给母亲：

"姐，你还得回来，咱妈这回真的没了。"

按照乡俗第三天是四爹出殡的时候，人们等待着移灵运到山上安葬。

天还没亮。灵棚前聚满吃饭的乡人。他们准备吃饱后送葬。

瑞利站在人群里，他身上的白衣已经变成土色，而面容接近炭色。

他习惯性地用火钳夹起炭火点烟，习惯性地从怀里摸出锡纸包，用香烟点燃锡纸包里的白面吸。这一次姐姐没有再忍，她挤进人群问瑞利："你知道吸的这是啥东西？"

"料子啊。"瑞利看见姐姐，嬉笑着回答。

村里的年轻人吸白面并不鲜见，姥姥抱养的儿子，我们也叫二舅的小海就吸白面很凶。有段时间小海在县城开铁厂赚了钱，他用赚到的钱买房子，买别墅，买汽车，炒股票。各种事情都干了也还觉得意思不大。小海听说吸白面很舒服，也很过瘾。就买了尝试。果然吸完白面让他感觉神奇和玄幻。后来小海吸毒成瘾，他没有精力和头脑再经营铁厂，结果铁厂倒闭。持续吸毒两年之后小海成了一个倾家荡产的大烟鬼，烟瘾来时他打老婆孩子，都是往死里打，老婆孩子都怕他，全家都跟着发愁。姥爷一辈子要强，结果儿子成了大烟鬼。老人在村子里出来进去脸面就无光。姥爷下决心让小海戒毒，他叫人把小海送到县城的戒毒所戒毒。开始小海死活不肯去，最后戒毒所的警察把他带走。

“你是在吸毒知道么？这白面姐姐认的，它的学名叫安钠咖，又叫苯甲酸钠咖啡因。医疗上用作中枢神经兴奋药，滥用就会成瘾，它是毒品，你这么吸很危险。”

“看姐姐说到哪儿去了，吸这面面也没甚，狗日的，人活得这么难，能舒服就舒服一下。”

瑞利嘻哈笑着，应对着姐姐的诘问。因为一直操劳四爹的丧仪他的脸是肮脏的，伸出来的手也是肮脏的。他肮脏的手指间夹着香烟，不时用烧红的烟头去点锡纸的白面。

点燃，深吸一口，他的肮脏的脸上是痴迷玄幻的表情。

听着他们的对话，我想起美国垮掉派诗人艾伦· 金斯堡的母亲对他说的话：

“结婚吧，艾伦，不要吸毒。”

然而在父辈去世之后，有谁能对身为孤儿的表弟说这句话呢？

仿佛万古长夜的隔绝

1

敌人。这个词语在现代汉语词典里有多种解释。

仇视而相对抗是其中一种解释。这是我今天所知道的解释。

时光倒流，回到1970年代的中国，回到1970年代的中国西北，回到1970年代中国西北的矿区，敌人这个词语带给我的是无边的恐惧。在我的成长年代没有见到过敌人，但是在社会公共生活空间，在教科书里，在黑白电影胶片中，敌人是频繁出现的。他们残酷、凶恶、暴虐，只要打开教科书，就可见对敌人的描述。黑白电影里也随处可见到敌人的狰狞面目。若上街也能看到被漫画出来的敌人的形象。我的家乡所在的矿区街道有很多土墙，每一堵土墙之上都有被墨涂出来的黑板，它们整齐分布在矿区纵横交错的街道。那些黑板上有很多粉笔绘画出来的墙报，我最常见到的画面是一只伸出来的线条刚劲的手臂和一只坚硬的铁拳，铁拳攥着一个形如蚁类的小人，那就是被刻画的敌人。

在我个人记忆里，敌人最初出现在父亲的嘴里。在他喝多了酒之后。烈性白酒进入体内会麻醉人的心智，也会松弛人的精神。在酒液的作用下父亲的神思游荡，他坐在因潮湿而长满青苔的老屋前，屁股下是一块因久坐而磨出光泽的青石，因为屋檐的遮挡，阳光很少能照耀到院落，在父亲的脚前是母亲喂养的公鸡母鸡，它们颤抖着鲜艳的猩红的鸡冠低头啄米，在鸡们的身后是横卧圈里肥胖的白毛猪，猪喘息的声音闷响。那时父亲对着虚空说话。老子就是在敌人的尸体堆里爬出来的。老子怕你个毬。这样说话的时候总是父亲被什么人惹怒的时候。他不高兴就会借酒撒疯，或者借酒浇愁。他只有对着虚空说话，因为我们都不愿意听他说话。

1976年，我12岁的时候，父亲48岁，在我看来已经是一个絮叨的老人。嗜好烈性白酒，除了酒醉骂人，酒后吹牛是父亲一贯的作派。他对着虚空说话，有时他的神思会回到战争情境，那是他经历过的血腥战斗。16岁，故乡一场泛滥的洪水，卷走父亲为地主放牧的马匹，因恐惧惩罚不敢回家，父亲找到活跃在山区的抗日游击队。手持枪杆四处征战，在枪林弹雨中穿行，几年后他由游击队员成长为八路军战士，后又加入改编的中国人民解放军。在父亲的叙述中，他作为中国人民解放军某骑兵连的连长出没在战场。骏马、战刀、威武的身姿，这是父亲为自己刻画出来的形象。出现在他嘴里的敌人就是那些面对他射击，在他撤退的时候疯狂追击，在他冲锋时顽强抵抗的人。血流成河，尸堆如山。这是父亲经常描述的情景。

我们在矿区的老街名为白平房，那里住着很多类似父亲的人。他们是昔日的老兵，有的参加过解放军，有的参加过国民党兵，有的来自河南，有的来自四川或者东北，在老街经常会响起不同方言的话语声。夏天的时候，男人们会摇着蒲扇光膀子坐在房檐的荫凉处神聊，女人们则把她们做出来的稀罕食物挨家送，比如油炸糕，比如油炸麻花。比如炖猪肉，那时候货物紧缺，食物也紧缺，但是只要有，人们就愿意互相分享。在男人们聚在一起吹牛的时候，在女人们挨门挨户分享她们做出来的食物的时候，这街上的人是看不出差异来的，回到屋里这差异就显现出来。在我家老屋的墙壁挂满木制的镜框，镜框镶着玻璃，有一个镜框镶着一张由时任中国人民解放军总参谋长徐向前签发的嘉奖令。

张秀财，兹因你在解放太原战役的特殊表现，特授予一等功，现予以表彰。

中国人民解放军总参谋长 徐向前

一九四九年十二月三十一日

嘉奖令的边缘是花卉和红旗组成的图案，纸页已经发黄，墨写的字迹也开始褪色，但是一直被父亲保存着。我家的隔壁住着李树德，我们叫他叔叔。这是一个身材魁梧高大的男人，但他是国民党兵，解放军的俘虏。以前我们并不知道他的身份，也是在父亲喝酒时讲出来的。在我记忆中李树德低调而隐忍，说白了就是夹着尾巴做人。他的原籍河南，他的女人是四川人，他们操着完全不同的方言说话，他们的膝下有一对儿女，男的叫李小树，女的叫李润琴。男孩儿跟我同岁，女孩跟长我6岁的大姐同岁。在平常的日子里看不出我们之间的身份差异。但是在父亲对着虚空骂人的时候，这差异就显现出来。父亲醉酒的时候是骄傲的，他是胜利者的姿态，说话的语气和神态傲视一切，包括傲视李树德全家。父亲醉酒的时候是我们紧张的时刻，因为醉酒就骂人，醉酒时父亲就把郁积在心里的怨愤倾泻出来，他骂得最多的就是李树德。父亲一直不平，他认为自己是解放军，是立过战功的人，不应该跟李树德这样的国民党俘虏兵生活在一个屋檐之下。敌人咋能在一条街上共处呢？这是父亲不能接受但又必须接受接受了又让他心境难平的困扰之一。

我很少愿意倾听父亲的讲述。父亲的叙述通常是在某个闲暇的时刻，是他不去矿井做工，或者不去山上种植的时候。从军队转业时，父亲拒绝了上级让他当官的安排。两头牛，一母地，老婆孩子热炕头。告别军旅生活的父亲梦想过寻常的俗世日子。他的工作是在矿井的配电盘做值班员，负责井下供电系统的运行。这是不费脑力的工作，工余时间父亲就会扛着锄镐山上开荒翻地种植谷物菜蔬。他不去做这些事情的时候就坐在街口喝酒吹牛或者骂人。

父亲还有一爱好，就是遇到参加过战斗的老兵就领回家，不管那人做什么，他都会让母亲好菜好酒招待。有时那个被请到家来的人就是一沿街乞讨的乞丐。父亲喜欢结交这样的人，有这样的谈话者在场，父亲的性情就大为欢畅。他像说古书一样讲述昔日的战事。那时候我就坐在炕桌一侧，听他讲述。我觉得父亲其实是孤独的，他需要同志的情谊，需要有战斗者的共同体带给他精神的温暖。当他深入到黑暗的矿井，记忆却是烽火连天血雨腥风。我能想象到他的孤绝。

但父亲的记忆是散碎的。他能讲述的只是往事的鳞光片羽，哪怕是最严酷的战斗。无论如何，父亲是胜利者。他代表胜利的一方。很长时间我们都这样相信着。他的敌人退守在一座孤岛之上，与我们相隔一道辽阔的海峡。台湾岛与环绕着它的海峡，长久地存在于我们学习的教科书里，存在于我们没有依托的遥想中。

2

2010年5月。我乘坐华航的飞机前往台湾。

一张淡绿的入台证带给我异样的体验，我看到证件上印着的青天白日徽章。

在童年时期，这是恐怖的徽章。它和日本军人的太阳旗、德国纳粹军人的雄鹰徽记一起成为恐怖的象征。我带着入台证和邀请函坐火车回原籍大同办理大陆居民赴台通行证。在个人史上，这是少有的体验。我知道我将踏上父亲意识里的孤岛，我将见到父亲精神上的敌人。

这一次比较顺利。递交了填写好的表格，一周之内就拿到了签证。

坐到飞往台湾的飞机，异样感还来自于飞机上年轻的空姐所使用的语言和印在机舱座位上的文字。空姐的语言是绵软轻柔的，文字是繁体，在台湾被称为正体字。此时两岸隔绝的冰封期早已解冻。敌对的状态也已解除。因为飞机直航，大陆人前往台湾，台湾人奔赴大陆都是寻常事情。然而，对于个人来说，我依然觉得这是历史性的一刻。我觉得我是带着父亲的遗愿前往台湾的。父亲终生的敌人就是在这个被海峡环绕的岛屿上。三个小时的飞行之后，飞机降落在台北松山机场，我仔细注视着窗外的天空和大地。我想这是不同于我们生活的世界的地方。

台北的街头很像1980年代中国大陆的城镇。马路上轰响着摩托车队呼啸而过的噪音。台湾的年轻人代步的工具更多的是摩托车，有红绿灯的时候，摩托车手们就停下来，红灯亮起时摩托车队如同决堤的洪水倾泻而出。我喜欢这样的情景。喜欢这样的街道和这样的马路。这让我看到它们世俗生活的一面。或者说是人类的生活的一面。因为如果是在三十年前，我们遥想的台湾是敌人遍布的地区。我们很难想象那里有和我们相同的人类。

这一次的台湾行是参加“世界华文文学高峰论坛”会议。

行程九天，前往台北、台中、台南和台东，属于环岛而行。

30年前我们是在一个敌对、仇恨与隔绝的时代。

说这句话的是旅居加拿大的台湾诗人痖弦。中等身材，满头银发，银色须眉，慈祥的眼睛，标准的国字脸，脸膛红润，这是痖弦留给我的印象。这个70岁的老人有着年轻的声音。在他讲话的时候磁性丰沛的声音注满全场。

到了台湾以后我与痖弦有一种相知的忘年之交。慈祥仁爱。这是这个老人的面相。我觉得他更像一个慈爱的父亲。仿佛万古长夜的隔绝。这是痖弦用他诗人般的语言描述当年的状态。在台湾的时候，行在路上，会餐以及在车船之上都会跟老人在一起。他是国军。我想在30年前他就是父亲的敌人，也会是我们的敌人。在台北我与痖弦有过两次深谈，听他讲述自己的故事。

"两岸隔绝状况下，印象最深的是谁也不能写信。写信会带来祸害，可能害死你父母，

所以不要写信。绝大多数人都不敢写信，有些胆量大的人，有海外关系的人，比如在香港有舅舅，或在美国有同学，想办法把信转交给他们寄。中华民族人类历史上从来没有这么长的诀别，好像生死两个世界，仿佛万古长夜的离别。"痖弦说。

1949年8月，15岁的痖弦在湖南参加了国民党军队，并随之去台，此后与家乡的亲人音讯隔绝。1991年，痖弦第一次回到阔别已久的故乡。老家在河南的一个村庄，距南阳城有45华里，痖弦包了一辆车，行进中车夫指着一条小路说：那就是你们村子。到了村子，全村的乡亲都出来迎接，他们一脸的皱纹，脸色黛黑，少有人能认得出来。他看到的亲人也只有一抔黄土。痖弦家有三个墓，一个是祖父和祖母的墓，一个是父亲和母亲的墓，一个是叔叔和婶婶的墓，墓碑都是痖弦立的，墓碑上看是六个人躺在墓里，实际上只有三个女人葬在这里，男人死在外地，父亲死在青海，祖父死在民国二十几年的时候，家乡闹土匪，土匪把他杀死的，一个池塘都红了，找不到尸体，后来取一个衣服来招魂。一个墓，墓碑上六个人，其实只有三个女人躺在里面。

痖弦是1948年从河南流亡到湖北再到湖南，入衡阳国立豫衡中学。

半饥饿状态中的痖弦，看到有河南老乡在招兵，招兵的人说："有血性、有志气的青年到台湾去。"当时并不知道台湾在哪里，几个同学吃了人家的一锅肉就报名参军了。

到台湾后，痖弦进入国民党政工干部学校学习，蒋经国是这所学校的创办人。

在学校里，经常能看到蒋经国，他常常到学校来，校区有个铁皮房子，晚上蒋经国就住在那里。他吃饭都跟学生一起吃，也说笑话，很平民化的一个人。学校的名字，看起来很政治化，其实里面有新闻系、艺术系、戏剧系、体育系、音乐系。当时有人问蒋经国，你为什么叫政工干校呢？你这个学校明明是跟鲁迅艺术学院对打，他们讲革命艺术，你们讲战斗文学，可是你为什么叫政工干部学校？好像一个情报学校，不好听。蒋经国说我不要训练一般的大学生，我要训练干部。

痖弦是在政工干校的戏剧系学习，排演话剧，广播朗诵都是他的功课。

1961年，痖弦出任晨光广播电台台长，有机会收听到敌台广播。

痖弦在军中担任的职务是少校新闻官，做军中的广播电台，所以才有借口收听敌方的播音。收听敌方广播罪行很严重，那时每一个人都有一个档案，那些档案跟着人走，调到哪里，档案就跟到哪里，上面犯过什么过失，包括思想有什么问题都有记录。

大陆那时候的广播是定向的，节目做的也很认真。那时小提琴协奏曲《梁祝》已经出来了。痖弦说："我记得第一次听到时热泪盈眶，小提琴的乐音像中国的二胡，情感是中国的，旋律也是中国的，每次听都非常的感动。那个时候还不了解为什么小提琴协奏曲那样受欢迎，到处播放，后来知道是因为共产党把《梁祝》当做一个阶级故事来宣传，因为马文才是资产阶级，梁山伯是无产阶级，资产阶级把无产阶级的新娘子抢走了，致使恋爱的这一对小情人垮掉了，就是这样一个故事，它宣扬的是阶级仇恨。大陆把它当作反面教材来宣传，这些音乐和戏剧当时都被政治化解读，但是音乐还是好听的，每次听到《梁祝》，都非常感动。"

3

敌台。就是敌人的广播电台。

在回响或萦绕在虚空中的无数声音中有电波发出的声音。在无数萦绕在虚空的电波中，有一种频率是敌人的。在我看来这是诡谲的，也是奇异的。很久的时间里，我看着收音机，觉得这是一个藏满魔力的盒子。我家的收音机是老式的，不知道父亲是在何时买回来，在哪里买到的。记忆里在我出世的时候就看见它的存在。棕黑色的外壳，米黄色的机体，分布在机体两边的旋纽和隐在有机玻璃之后的调频指针，这些都让我喜欢，也让我感觉神秘。

1976年的时候，父亲常在空闲的时候听收音机，比如样板戏《红灯记》《智取威虎山》《海港》等等。除了戏曲唱段，收音机播放最多的还是报纸的消息和社论。

1976年是一个特殊年代。在收音机，我们先听到毛泽东的战友，共和国总理周恩来逝世的消息；然后是朱德委员长逝世的消息；

最后是毛泽东逝世的消息。在这一年收音机里播放的哀乐不断。

也是在这一年的前一年，我们也听到蒋介石去世的消息。

一个时代就这样随着一代伟人的辞世而消逝。

很小的时候我就会爬到衣柜顶上玩收音机。我旋转着调频旋钮。有时就会听到一个绵软的女声。中华民国中央通讯社，这里是对大陆广播。这个声音出现的时候，父亲的脸色就发白。他会慌乱地关掉收音机。这个声音是敌人的电台播放出来的。如果被人听到我们在收听这个声音，就会招来大祸。街上经常会看到因为偷听敌台而被拘押的人。收听敌台犯法，罪名是：反革命。

现在看对革命的支持或反对只是一个人的个人态度，但是几十年前它会成为一种罪。

我的叔叔李树德被五花大绑捆着，头上戴着又高又尖的纸帽，胸前挂着用铁丝系着的铁牌，铁牌上用白色油漆写着"特务、工贼、内奸"，每个汉字都被划上大大的叉。这样的情景令我恐惧。那时只要离家，离开教室和课堂，总能看到被游街的人。我知道在我们的身边，在我们的生活中隐藏着敌人。他们被揭发出来，告密、窃听、检举，这是人们对待敌人惯常采用的方式。李树德就是这样被揪出来的敌人。因为他参加过国民党军队，因为他是解放军的俘虏，还因为他有一个姐姐在台湾。他就是我们的敌人。他被红卫兵押着，脸上涂着墨汁，弯着腰从街上走过，后边是敲锣打鼓的人，人们呼喊着口号。这样的情景在现在看来是寻常的，它们曾经频繁地出现在中国的城乡里。但是对于生活在矿区的孩子来说，这样的情景却很震撼。那时我们并不知道外面的世界，不知道在这个国家发生了什么事情。只能依靠眼前发生的事情判断我们的生活。

父亲也是参与游街李树德的人。他和很多别的矿工一起，他们头戴藤制的安全帽，脖颈上围着白毛巾，身穿蓝色劳动布工作服，崭新的橡胶靴。这样的装扮几乎就是造反派的标准装束。在矿工里分出造反派和保皇派，就是所谓的好派和糟派。划分的标准就是矿工们列队回答：造反好得很，还是糟得很？说好的很就是支持造反，说糟得很就是反对造反。派别就是这样划分出来的。现在看这实在是像一个玩笑。但在当时在回答这个问题时父亲不停地颤抖，他满怀恐惧，惟恐回答的不对带给自己杀身之祸。好在父亲站到了好派的一面。他躲过了被惩罚被打击的命运，成为惩罚和打击别人的人。李树德被游街我不清楚是否跟父亲对他的态度有关，总之是他们这两个人成为不共戴天的仇敌。

被游街的还有别的人。一个在日据时期做过矿区把头的搬运工，每天按时被拉到街上批斗。人们用绳索绑着他，头上戴着尖顶的纸高帽，胸前挂着倒写着名字的铁牌。就那样被人押着沿街走。跟随的人不时喊出口号。被游街的人很多，他们胸前的铁牌写着他们的名字和他们的罪名。这些被游街的人就是我们生活中的敌人。这是我当时知道的情形。我知道我们有敌人，那些被划归到敌人阵营的人就是那些白天用绳索绑定游街，晚上被关押在牢房中的人。牢房也在家属区。是一幢建筑在山体之上的二层楼。那里的房间暗黑，铁门紧闭。那些被游过街的人就被关押在那些房间里。

高殿礼以前就是看管犯人的。母亲后来对我说。

高殿礼是住在后街的一个老人。他看管犯人的情景在母亲的讲述中显现出残忍和冷酷的样貌。有人送吃的穿的东西给犯人都会被高殿礼冷酷地拒绝。那时候每天早晨从睡梦中醒来，高殿礼做得第一件事情就是跪在毛主席像前，他带领着老婆和儿女向毛主席表忠心。高殿礼是从山东潍坊流落到大同的。1960年代的大饥荒使他成为一个乞讨者。依靠乞讨他从山东一直走到大同。大同矿区当时正在建设之中，他就转到了矿区下煤窑。煤黑子成了红色分子。这是1966年到来的样子。矿区的工人被分成两派，革命一派，反革命一派。革命打击反革命。革命揭发揪斗惩罚反革命。高殿礼成了革命者。他的胸前挂满毛主席像章，手里总是握着毛主席语录本。

每天早晚都会把老婆和儿女带到毛主席像前，早请示和晚汇报。

高殿礼对待敌人的态度是残酷的。他守卫着矿区办公楼临时改建的牢房。他用鞭打惩罚敌人，拒绝给他们吃喝，那些送来给犯人的馒头和饭菜被他打翻在地。在那个时候，死亡是频繁出现的。被游街羞辱，被鞭打惩罚的人，有的忍受不了就自杀。上吊或者跳楼，这是当时被羞辱的人最常采用的方式。在母亲讲述往昔的记忆时，住在邻街的老人高殿礼已经成为一个被割去喉咙的哑巴，他不再能说出任何的话语。但是他还活着，行走在矿区的大街上。这是在他70高龄的时候。此刻的高殿礼终日静坐、茹素、研习佛典，他的眼睛经常掠过佛典经卷投向虚无之中。

4

我一直不能明白，或者想要搞清楚的是，政治是如何进入我们生命，如何进入我们意识和内心？在矿区如此封闭如此僻远甚至如此蒙昧的地方，政治是怎样进入我们的生活？

我想回答了这个问题就清楚了我们遭遇的悲剧和厄运的根源。

1966年12月，痖弦以少校军衔退伍。退伍之后，在美国待了两年。

1968年8月，他到美国，在加州伯克莱大学就读。其时美国出现青年运动。反战，嬉皮士、垮掉的一代都是在那个时期出现的。在伯克莱大学念书。晚上就有一批人穿的乱七八糟，披着毯子，头发也不梳，唱歌，朗诵，男女当街亲吻，放浪形骸的一群人，这些人在晚上11点以后就有，一夜都在那里，这是最早的嬉皮运动。不到几个月，嬉皮士运动就在美国风行，等到1968年，美国的各个大学都出现嬉皮士，他们开始砸学校，焚烧图书馆。

痖弦先生说，焚烧书籍在美国有，在台湾也有。那时国民党大量的禁书，图书馆的书，有的烧了，有的被封存起来，变成特种书不能外借。被禁的书多是三十年代风行的作家的书，鲁迅、巴金、茅盾的著作，包括后来的《青春之歌》、《艳阳天》也是被禁的，那时候如果你拿一本什么斯基的书也会构成你的罪名，国民党不但反共，而且抗俄，他们认为共产党是俄国的走狗，反共抗俄，要把俄帝国主义驱逐出去，也要把俄国的儿皇帝——毛泽东政权也消灭掉。当年看到最多的漫画，就是一个人拿一杆枪做劈刺状，枪就戳着一个小人，上面写着'共匪'的字样，枪上写着'文艺'，表示我们要用文艺的力量打败共产党，所以那时叫战斗的文艺。不过那个时候，也不知道怎么会有这种能力。

那是青年运动在世界风行的时候，大陆正在搞红卫兵运动，搞文革；美国是在搞嬉皮士运动，反战。其时，痖弦在美国遇到访学的诗人余光中，余光中对痖弦说，大陆的革命青年给自己取名红卫兵，很有诗意，很有力量。那时他们不知道红卫兵运动后来会给大陆带来巨大浩劫。

矿区远离城市，远离政治和文化中心。

我们只有通过上级指示，通过红头文件，通过广播和报纸了解外面的世界，了解外面的生活。我们所在的矿区易名为红X矿，矿区领导机构易名为革命委员会。

保卫科与革委会在同一幢平房里。在矿区中心广场东边有数幢这样的平房，那是矿区的权力中心。保卫科的人出来进去都携带着枪，那些身穿便衣的人不小心就会露出腰间的手枪。对我们来说这是让我们畏惧的一些人。打人、拘捕、关押和看守都是他们的工作。我从来没敢走进去保卫科所在的大门，我在经过的时候只敢远远地朝里望一眼，看看那里彻夜亮着的灯光。

阶级斗争。现在的年轻人很难明白这个词组的意涵。当年这个词组对我们就意味着敌人的存在。在人群里分出敌我，凡是敌人拥护的我们就反对，凡是敌人反对的我们就拥护。毛泽东的语录就在现实中成为人们思想和行为的指导。那时候只要出街，我们都会警示自己注意敌情。注意察看那些像敌人的人。父亲经常被叫出去参加矿区革命委员会组织的集会，有时候是为庆祝毛泽东的某个讲话发表，有时候是为声讨某个被揪出来的阶级敌人。母亲也积极参加街道组织的革命行动，在家属之间组织批斗会和庆祝会。矿区的女人们在革命风暴到来以前，她们是可以坐到一起的。养鸡养猪做饭洗衣编织毛线活儿，她们都可以一起做，她们在一起总是有说不完的话。革命风暴到来，就改变了她们之间的关系。她们相互之间寻找异己的东西。从家族寻找，从祖籍寻找，找到与革命潮流相悖的地方。矿区俱乐部有库房。那里的戏曲脸谱和戏服被搬出来放到广场上点火烧。人们搜寻一切可以用来焚烧的东西。母亲在家里翻箱倒柜地找，找出她在乡间剧团演唱晋剧的行头，虽然舍不得，也只有这些东西还可以烧。旧的东西都被化为灰烬。旧时代的人被批斗。街上的树干和水泥电杆上是悬挂起来的大喇叭。喇叭里整天播放着铿锵有力的男女之声。还有就是武斗的枪声。

据说设在山上的军火库被抄了，工人们用那里的枪支弹药武装起来。

李树德的日子更难过。红卫兵和造反派找不到他在台湾的姐姐，就拿他是问。

他被押在太阳下长久地罚站。他的身体抖动着。

和他一起颤抖的是他的儿子。我们也一起批斗他的儿子。

因为他的姑姑是台湾人。台湾在我们的感觉系统就是一个妖孽丛生之地。

批斗在那时候成为成年人做的事情。也成为孩子的游戏。

在我们这些孩子群里，曾经联系我们的是一个精神式的纽带。

我们去煤厂捡煤，满脸炭黑，捡得多就高兴。但是革命让我们觉得应该在我们中间分出差异来。家庭出身是一个方式。地主、贫农和中农是容易区分的。那是写在户籍里的。

让李小树吃屎。这是齐志勇想到的鬼主意。我觉得这是人能想象出来的最恶毒也最肮脏的方式。齐志勇有这个权力，也有这个能力。他的父亲是保卫科长兼革委会主任，他的父亲出门的时候必带手枪和手铐，看到他认为的坏分子他随时会铐起来。那时候对人的拘捕和关押不需要经过任何诉讼和批准。按照孩子世界里的某种潜规则，父亲的权力也是儿子的，父亲的能力也是儿子的。齐志勇自然就成了我们的头。他说咱们让李小树吃大粪吧。这样的方式才可以配得上李小树这个特务兼反革命分子的后代。

这件事情实行起来并不难。我们有的是公厕。

公厕很肮脏，但是在公厕的墙上也有用红色油漆刷出来的标语：战无不胜的毛泽东思想万岁！全世界无产者联合起来！这些标语总是让人倍感力量的增强。但是公厕很脏，屎尿遍地，污水横流。我想这样的时刻，清洁工也不愿意工作，出去闹革命了。

齐志勇操着一柄铁掀来到公厕，我们在后边跟着起哄。他用铁掀铲起一团冻实的粪便跑出公厕。我们跟在他的身后，看他怎么让李小树吃进去。我感觉恶心，抑制着要呕吐的冲动看着他们。孩子的世界也是有权力的逻辑。那就是强权的逻辑。我们无法反抗。没有勇气，也没有力量。齐志勇的父亲是保卫科长兼革委会主任，我们的父亲只是普通工人，随时会被打入另册去。为了不给家里惹祸，也不给自己惹祸，隐忍是最有效的方式。

李小树的姑姑是台湾特务。他的父亲是反革命分子。我们在生活中没有见过特务，也没有见过反革命分子。但是我们看过电影，知道特务和敌人是什么样的，我们以为他们也是那个样子的。特务和反革命分子都是我们的敌人。对待敌人，对待特务就是要严厉打击，无情消灭。这是我们经常被教育的观念。在我们的意识里，李小树的爸爸是敌人，他的姑姑是敌人。李小树自然也是敌人。当然他不愿意吃屎。他反抗着。挣扎着。但是反抗带给他的是更严厉的惩罚。齐志勇有一把手枪，他经常带出来玩。齐志勇掏出手枪对着李小树。枪膛里没有装子弹，但那把枪还是把我们吓住了。齐志勇用枪膛猛杵李小树的胸脯。

李小树脚下站立不稳，不住地趔趄，摔倒又爬起。

那砣屎终于被齐志勇塞到李小树的嘴巴里，他哭着，想要吐掉。

齐志勇用手把着李小树的嘴巴，不让他吐掉。他死命摁着李小树不让他的身体来回挣扎。

后来李小树不再挣扎了。他说好香哩。他伸出舌头舔着嘴边的屎，他说粑粑好香，我要吃粑粑。粑粑好香，我要吃粑粑。李小树在很长时间就这么跟人说，他旁若无人地痴笑。

看到他的这个样子，我头皮酥麻。

我知道李小树是疯了。

5

生活是深埋在时间褶皱里的矿藏，也是沉积在人心里的化石。

眺望从前的时光，我以为我们所经历的生活是独有的，那是一种隔绝在世界之外的生活。

隔绝着我们的是群山，侏罗纪时代的岩石构成的山体连绵不绝，没有尽头。那是只有矮草生长的群山，荒无兽迹。少年时期，这些群山是我漫游的世界，我独自走在群山的褶皱里，心思浩渺，随意而行。很多时候我是忧伤的，那是少年最初面对世界的忧伤。对于生活在优裕环境中的人来说，忧伤很多时候是一种风雅的体验，具有文艺的气质。

然而，对于被群山围困的孩子来说，忧伤是真实而绝望的代词。

但是后来在我走出围困的群山的时候，发现我们还是被隔绝着。

在我们和世界之间，在我们和生活之间有看不见的更加深重的阻隔。

2011年11月26日。我再度前往台湾。这一次的行程意外的困难。回户籍所在地办理赴台手续。有邀请函，有入台证，有会议日程，但是公安局出入境管理人员就是不接受签证申请。完全没有通融的余地。我只好重返北京。前往国台办申请批文。但是国台办不受理个人申请。我只好通过所在报社申请。这样的艰难让我感觉到台湾与我们事实上的隔离。

在到达台湾之前，为赴台提供的签证申请在报批的时候，主审机关特别注明了不能前往的地方。比如蒋中正纪念堂。比如民主广场。我想作为一个成年人，作为一个社会的公民，我有能力鉴别是非和好坏，不需要再被他人规范禁区。然而这样的思想和意识，在多年前是可以被判罪的。

即使在今天生存在体制里的人，如果不恪守在禁区之内，也会被惩罚。

到达台湾的时候，我专程去了蒋中正纪念堂。在那里看了国军士兵交接的仪式。在严正的口令下，军容整齐威武的宪兵举行升旗仪式。纪念堂正壁是蒋介石端坐在座椅的雕像。那是一个神情平和慈祥的老人的形象。蒋介石的肖像在纪念堂的售卖厅可以买到，还有些物品可以买到：青天白日旗的徽章、孙中山的肖像、台湾岛的印笺。

若干年前，这些物品在我们的生活中被发现，就是被处以刑罚的罪证。

在我们的幼年，蒋介石的肖像通常被描绘成一个恶煞。对他的描述也多为贬义词，比如“独夫民贼”、“独裁者”，“战争狂人”等等。在我有限的中学教育中出现在教科书里的蒋介石和他的军队是反动和罪恶的势力之象征。随着社会的开放，意识形态的更新，很多历史的秘辛在解密，真相被还原。比如，一个儒雅温和具有卓越识见的蒋介石的形象被人所熟知。

在台湾作家蓝博洲的意识里，两岸的人民有着相同的命运，台湾和大陆如同孪生兄弟。1949年之后，大陆经历过文革，台湾也经历过戒严时期，同样的禁锢，同样的严酷。那时候，毛泽东被我们称为毛贼，共产党被我们称为共匪。蓝博洲说。他是我在香港参加浸会大学国际写作坊认识的台湾作家。蓝博洲是台湾省苗栗县客家人，青年时代就读于辅仁大学法文系，就读大学时，因演讲认识陈映真及杨逵两位白色恐怖政治犯，开始探究相关历史事件，也包括“二二八事件”。在谈及台湾青年的历史命运时蓝博洲说：那些原本只知重庆不知有延安的青年们，终于认识到：中国原来有两个；他们的祖国认同于是从“白色祖国”转而倾向“红色祖国”。他们随即在各地领导台湾民众，为着反对蒋政权的独裁统治和反对美帝的侵略而斗争。然而，在国际冷战与国共内战的历史的“双战架构”下，他们又纷纷在50年代白色恐怖时期，遭到流亡、监禁或者刑死的历史宿命。

6

现在我每次回到家乡的时候，会在马路上遇到一个老人。他的衣服前襟挂满各种勋章和纪念徽记。他出现在街上的时候就独自言语，有时候声音很大，有时候是在骂人。他奔跑的时候手里端起的树杈就成了他想象中的机枪，他打出一梭一梭想象出来的子弹。他端着由树杈想象出来的枪，他想象把眼前让他愤怒的敌人全部消灭。我们都知道这是战争时代的老兵。这样的老兵很多，如果父亲还在世，我想他很有可能就是这个样子。

李树德是在何时结束他作为敌人的生活，我不得而知。父亲和李树德是如何消弭多年仇怨的，我也难以知晓。总之，在我的记忆里，后来他们就成了兄弟。我们两家和睦相处，有稀罕的食物，比如炸了油糕，包了饺子，母亲就给李树德家送去。他们也会送过来稀罕的食物给我们吃。在这种状态的转化过程中，我们的命运和际遇也发生了变化。只是李树德的儿子李小树一直病着，难见好转。他出街的时候，人们开始还拿他取笑，后来也习惯成自然。仿佛疯痴样子就是他本来该有的样子。

生活更像一个标本或切片。现在我翻检出过去的生活，就如同一个医生在某个肌体切除出来的标本和切片，拿到显微镜下观看。我们不看历史，而是看我们的生活。看我们是怎样走过来和怎样走过去。政治就是这样渗透在我们的生活中，渗透在我们的身体间和血液里。

离开北京前往台湾以前，我在北京保利剧院看戏剧家赖声川执导的话剧《宝岛一村》。

这是关于1949年离开大陆退守台湾岛的国军士兵的故事，他们和成为他们的亲人的眷属生活在海岛一隅。这些在战乱中失去祖国的士兵，怀着复国之梦逐渐老去，最后只剩一腔乡愁。到达台湾的时候，我专程去看望眷村，看望荣民总院。前者是当年国民党军队退守台湾后聚居的地方，后者是失去家国的国民党军人养老的地方。据说在台湾有很多这样的军人，也有很多这样的遗属。这就是我们的敌人。他们在教科书出现的时候是凶神和恶煞。在现实中则是情义丰沛的忠勇之士。意识形态的差异或者政治立场的不同就是这样改变和影响着我们的生活。

2008年11月9日上午，我在北京长富宫饭店采访美籍华人陈香梅女士。

如果按照从前的逻辑推论的话，她应该是我们的敌人。我是通过她，认识了他们。

生于1925年的陈香梅如今是满头华发，步履蹒跚。然而她说话的时候，声音洪亮，思维敏捷。1980年，陈香梅应邓小平的邀请，带着刚刚被选为总统，还没宣誓就职的里根的亲笔函，作为他的特使到北京。里根总统要选一个对中国情形很清楚，对美国情形也很清楚，并且对他很忠诚的支持者。当时陈香梅是里根竞选委员会的主任委员之一，里根就派她作为总统特使到北京。而此时，陈香梅的舅舅，时任人大常委会副委员长的廖承志，已经通过驻美大使柴泽民转交了邓小平邀请陈香梅访问的邀请函。这一年陈香梅踏上阔别30年的中国土地，也接受了类似国宾如元首之礼的招待。当时会见的座位是邓小平亲自安排的。“他用浓重的四川话对她说：“你坐第一位。”然后又对参议员史蒂芬斯说：“你坐第二位”。

其他陪同人员都有预先安排的座次。坐定后邓小平对参议员史蒂芬斯解释说：贵国有一百位参议员，可是全世界只有一个陈香梅，而且她也有一半是属于我们中国的。”

陈香梅是国民党中央通讯社第一位女记者，1940年代的新闻机构还很保守，不愿女性做采访。1944年，陈香梅在昆明加入中央社昆明分社时是试用，在编辑部做助理。她的工作是在晚上，把所有来电阅读后再加标题。做晚间编辑不久，陈香梅就被调到采访部，因为会英语，因此被派到外事组采访美国援华美军的工作、中美空军共同抗日的一些消息。

陈纳德是美国1930年代年轻的杰出飞行员，1937年春，陈纳德接到蒋介石和宋美龄的邀请函，请他到中国秘密训练缺乏经验的中国空军。陈纳德原定在中国停留三个月，但到中国不到两月，"七七"卢沟桥事变发生，中日战争正式开始，南京的大屠杀，上海的大轰炸，以及其他日军的残暴行为，使陈纳德震惊。中国政府说服了陈纳德留在中国训练空军，他在中国的时间从三个月延长到三年，从三年延长到八年。中国需要有训练的空军抵抗日本的疯狂轰炸，陈纳德决心协助中国抗日，除了训练中国飞行员之外，陈纳德多次回到美国华盛顿向美国政府报告日军在中国和东南亚的侵略和暴行，并争取白宫的许可筹建美国空军志愿队，到中国协助抗日。1940年经过罗斯福总统特许，陈纳德受命征募美国飞行员到中国受训和参战。这就是后来被称为飞虎队的美国空军志愿队。

当时陈纳德只有40架战斗机和四架轰炸机，而他所面对的敌人是强大的。从汉口到香港到印度支那、缅甸，绵延2000英里，日本人在这条弧形的战线上拥有354—450架飞机。

中国的44架旧飞机，要在美国早就扔了，或干脆刮了油漆以废铁处理。但在这里，所有飞机都是补丁摞补丁。中国机场那碎石铺成的跑道，将四层轮胎划得遍体鳞伤。陈纳德的飞行员开着带有他们自制的尾翼轮——在轮胎外包上厚厚的破布，投入了战斗。在华东整个炎热的夏季里，机械师几乎没有工作服，为了减少更换衣服的时间，他们只身穿着短裤和鞋子工作。

陈纳德和他的"飞虎队"苦战八年，他苦心经营的飞行队，由几十架旧式飞机，200人的队伍，发展成拥有1000多架飞机，3万之众的强大的空中飞行力量。他们曾击落日机2600余架，至今保持着世界上最好的空战纪录。

飞虎队在中国的战功使陈纳德声名大噪，陈香梅是在美军第十四航空队总部新闻记者招待会上见到陈纳德的，这次相见使他们彼此倾心。

1945年7月日本投降，陈纳德取道欧洲回美。陈纳德所接受的告别仪式是特别的。在重庆，大约200万欢送人群挤满了战时首都的大街小巷，人们从窗户里，阳台上向陈纳德挥手致意，热情欢呼。"将军乘坐的小车在挤满人群的街道上无法行进，司机熄了火，人们用手推着车前进。”

此后，陈香梅也乘美军军机回到上海，他们各奔前程。

陈香梅成为中央通讯社驻上海记者，陈纳德则被人游说竞选路易斯安那州州长，也有航空企业请他去当主管。他是美国的英雄，每天被新闻媒体追踪，他有许多选择。

但最后，陈纳德选择回到中国，去中国办一个急切需要的民用航空公司。

1947年12月，陈香梅和陈纳德将军在上海结婚，其时陈香梅22岁，陈纳德55岁。

婚礼在上海虹桥路美华村五号陈纳德的私宅举行。由基督教牧师执行，美国驻上海领事证婚。婚礼非常简单，但大厅内有1000朵白菊花陪衬着冬天的炉火，美丽而温馨。

“我们的生命恰似两条溪水，汇成一条江河，我是最幸福的人”。陈香梅回顾自己的情爱之旅时说。

1957年6月，陈纳德和陈香梅赴欧洲去度延期了10年的蜜月。这是一次充满喜悦和忧伤的特殊蜜月，此时陈纳德已患癌症，但坚持要和陈香梅度过这迟来的蜜月时光。

1958年7月，陈纳德逝世。美国阿灵顿国家公墓的葬礼中，1000多人前来送葬，1000多人来自各地追悼，包括国家领袖，军中将领，飞虎队员，民航公司职员，以及他们的亲友。

陈香梅被护送走出教堂，走进阳光，走进灵车。配着黑缰绳与腰带的黑色马匹，慢慢拖着覆盖国旗的将军的灵柩，沿着浓荫遍地的大路，从教堂走向墓地。

陈香梅在墓前和爱侣作最后的告别：“泪水遮蔽了我的双眼，永别了我的将军。”

陈香梅在台湾住过10年。“我们在台北中山北路武昌新村时左邻右舍都是熟人。左右的邻居是阎锡山、美国驻台海军司令柯克，后面住的是蒋纬国将军。”

1975年，蒋介石去世。其时的美国总统是福特。虽然尼克松的上海公报早已发表，不过尼克松亦因水门事件被迫引退。美国当时虽然仍和台湾维持外交关系，但却尽量保持距离。蒋介石去世了，谁该代表美国去吊丧成为问题。白宫和国务院拟就了一个名单，代表团七人，陈香梅也在其中。

陈香梅第一次见到蒋介石和宋美龄是在1947年的冬天。陈香梅是在那一年11月底答应了陈纳德将军的婚约，陈纳德就带着陈香梅去晋见蒋介石夫妇。

那时陈香梅还是中央通讯社驻上海的记者。“宋美龄夫人确是才貌双全的美人，而且智慧甚高。她的标准的高领旗袍，长及足。旗袍的纽扣多是翡翠和珍珠镶配的，名贵高雅，别有韵味。初见面时她拉着我的手，用英语和我交谈。后来我发现她讲的国语都是上海口音。”

宋美龄在陈纳德病重的时候，带着蒋介石的手书，从台北远道来到美国路易斯安那州的新奥尔良市医院探望她的好友，在新奥尔良停了一天一夜。

10天之后，陈纳德去世，宋美龄和许多美国军政要人一同参加了陈纳德的葬礼。

素车黑马，极尽哀荣。陈香梅在访问时如是说。

陈香梅以为骄傲的是她向蒋经国建言，让居住在台湾的大陆同胞回家乡探亲。

那是在蒋经国的身体还甚健康之时。那一年陈香梅自华盛顿到台北办事，当局为她安排单独晋见蒋经国。“经国先生在‘总统府’办公室接见我，他和我多次见面。我总觉得他为人诚恳，对朋友有道义感，并不像报章上所呈现的那么严肃。当然他做事考虑仔细，每回答一个问题时都要沉思一阵。”那次会见，陈香梅向蒋经国进言：“允许开放探亲，否则移居台湾的几十万花甲之年的老人则是终身遗憾，叶落归根是人之常情。”这次建言的结果是，蒋经国沉思之后回答：“可以考虑。”

“台湾和大陆的对峙局面，敌对局面维持30多年。蒋氏父子当然有功有过。但平心而论，经国先生对于台湾实在有很深远的贡献，因为他确曾深入民间，到农村去探访；尤其是在他病重前解除了戒严令，又准非公职人员去大陆探亲，取消报禁，这一连串的措施，对于台湾的发展甚有影响。

1987年10月，台湾当局通过台湾居民赴大陆探亲方案。这一年，数以万计的人排队前往祖国大陆探亲。一时间“骨肉相聚，老泪纵横”的画面出现在两岸三地的传媒上。

我们身体里的莲花

你是对的，我是错的。

或者你是错的，我是对的。

我们的存在就是为了求证。同时也为互证。

证据是我们彼此都需要的，它使我们的存在有据可查，有章可循。

这是我们都意识到的，所以我们互相征服与反征服，控制与反控制，独裁与反独裁。

——题记

有一记耳光是打在你脸上的。那记耳光就是我们相互之间的一个证明。

那一记耳光，从它发出声响之后，就一直没有消失过。就像锋利的刀刃刻在树身上的痕迹。你是刀，我就是树。现在我再次听见那记耳光响起，它的响声使时光荡漾。我听见耳光响动，手背的神经会颤抖。你怔了一下，我也怔了一下，我们都怔了一下，那时候我迅速感觉到我手掌的酸麻和肿胀。你举起地上的凳子，四脚朝天举着它。凳子一直在你的屁股下坐着，多年以来，它总是在你的屁股下，因为你们经年累月的接触，凳子的面部光滑，映现出水流般的纹理。但是那个时刻，凳子被你从屁股下抽出来，你把它高高举起，你的意图是要把凳子砸在我头上。我看见你举起凳子眼睛血红。我站在你面前，静静地等待你的凳子砸到我头。我想象我的头顶被木凳棱角劈开的情景。我闭住了眼睛。

血冒出来。就像没有封堵的泉眼。我很慌乱。我看见我用手捂住头顶，血迅速漫过我的手指，沿着我的额头滑落下来。这是我在你面前闭上眼睛看见的情景，那是我心里的看见。

我觉得我的头会被你高举过头顶的凳子劈开，你的愤怒使你在做这件事的时候轻而易举。我迎接着这个时刻的来临。我站在你面前，闭起眼睛，我在做好准备的时候仍然内心慌乱，我做好准备迎接你给我的打击。我是忤逆的我知道。在我的手掌抬起来疯狂地打击在你脸上的时候，我已经意识到自己的忤逆。但我还是那样做了，就像泼出去的水，放出去的箭。我任由我的手掌抬起，挥动，看着它打击在你脸上。我的手掌年轻而叛逆，充满躁动的血液。你的脸苍老布满褶皱，连同生长在其间的胡髭一起构成岁月曲折的印迹。我的手掌在触到你脸上的褶皱和胡髭时颤抖了一下。那种颤动迅速传到心脏，我感觉到心脏抽搐。

我知道自己做了什么。是的，我动手打了你，我的父亲。

虽然你打过我无数次，而我只动手打你一次。但你的无数次是天经地意，而我唯一的这一次是忤逆不孝。你是顺理成章的，我是冒犯亵渎的。我准备好接受惩罚，你的惩罚和上天的惩罚。那一刻，我真的是把自己交出去了，我站在屋宇之下，站在你和天地之间，也站在人伦和良知之间。

我等待我的脑袋开花，鲜血喷涌。我等待疼痛和伤害。那是我应该接受和承担的。

举到你头顶的凳子掉在地上，那是因为你手的松动。凳子四脚朝天落在我的脚边躺在地上。松动的除了你的手还有你的身体你的愤怒。你突然就软下来，你的身体孤独无依，愤怒也在瞬间瓦解。你哭了，老泪涌出来，在布满褶皱和胡髭的脸上爬行。那是我崩溃的时刻。你的老泪比你高举头顶的凳子更具打击力。你像小孩那样哭起来，你背过身去，踉跄着走出屋子，我看见你的身影消失在破裂的吱哑作响的大门后。

我彻底傻了。站在那里发怔。母亲是站在我们之间的，她在你哭泣着走出房间的时候猛推我一把，我趔趄着差点摔倒。母亲严厉地看着我，愤怒的火焰在你的眼里熄灭，在母亲的眼里喷射出来。

我动手打你原本是为了母亲，因为你在打她。你开始是骂，后来是打。你骂母亲的时候我一直在忍受着，我躲在我的小屋里，但是你们争吵的声音我无法躲开。我一边看着一本叫《弗兰德公路》的书，一边听着你们的争吵。《弗兰德公路》是法国作家克劳德-西蒙写出来的。那是一部关于战争的书，做着葡萄种植园主的西蒙把血腥的战争写得色彩斑斓。你跟母亲的战争是单调的，它令我厌倦。我忍受着你们日复一日，年复一年的争吵。你们不仅争吵，而且经常大打出手，那是我厌恶的事情。你把拳头擂在母亲身上的声音从你们的房间传出来，传到我的房间。我把克劳德-西蒙的书摔在桌上，起身走出房间。这一年我二十岁。我已开始做工，我一边下矿井赚钱，一边读各种书籍。我变了声，在某一天我的声音突然就变粗，我的喉结突显，我的胸部肿胀。女性在青春期来临的时候是这样，男人在青春期到来时候也是这个样子。我躁动不安，我的血液在体内奔流涌动，浑身的力气增长着而无处使用。不工作的时候我经常跟我的伙伴在街上乱窜，在夜色降临的时候我们拥在小酒馆喝酒，我们寻衅滋事。有时候打人，有时候被人打。我们在马路奔跑，或者追击，或者逃窜。我也开始了暗中的手淫。在青春期到来的时候，我的生活中没有亲密的女性，我的身体出现欲望的时候，我尝试着依靠自己的力量来解决。

我的身体冲动而压抑，内心躁狂而迷失，就像我看见的生活本身。

在这个时候听到你们习惯性为鸡毛蒜皮的事情争吵，我觉得那是我突破压抑的时刻。你的粗壮的拳头习惯性地打在母亲身上的时候，我迅速站起来，走出我的房间。我的房间和你们的房间只隔了一个狭小的走廊，如果在我穿越这个走廊你们的争吵和战争能停下来，就不会有后来的事情。但是没有如果。在我走到你们的房间门前你的拳头更重地落在母亲的身上，我听见了那种声音。几乎不假思索，我踹开你们的房门。在一瞬间我看见你略微惊诧的眼神，你不明白我进来干什么。你显然不会理睬我要干什么。因为这个家是你的王国，你是统治者，你有天然的权力做你想做的任何事情，包括训斥我们，打骂我们。

你无法想象有一天你的权力会受到挑战。就是这一天我站在你的面前，我的身体高出你半头，我已经做过矿工的双手双臂可以把落道的“黑牛车”抬起来。但你无视这一切，你以为我还是你统治之下的小屁孩儿。你显然不满意我的出现，你凶悍地推我一把，你的意思是叫我滚开。但几乎是不假思索，我的手臂就抬起来，我的臂肘形成九十度的直角后迅速出击，我的手掌落在你的脸上。我听到了手掌发出的声音，那是耳光响起的声音。其实我完全不知道我做了什么。那个时候因为压抑和愤怒，我如同魔鬼附身。

愤怒就是我的魔鬼。是的，愤怒。愤怒是我们生活的基本形态。你的愤怒，我的愤怒以及母亲的愤怒，我们生活在愤怒之中。让我意外的是你哭了，像小孩一样咧着嘴抽泣，哭声从你苍老的身体里传出来，就像从空洞的水井里传出来森严而悲伤。我一时懵了，站在那里感觉手足无措。母亲狠狠瞪了我一眼，母亲嫌我多事，她是要在事后跟我算账的，那个时刻她先要跑出去追你。荒谬感是在那时来临的。我独自站在屋宇之中。屋宇之内是你和母亲战争的遗迹。碎裂的暖瓶，翻倒的桌凳，散落的碗筷和滚在一边的酒杯。战争的气氛凝结着，有阳光从窗棂照射进来，那一刻我看见尘埃飞舞。

有很长时间父亲像小孩一样哭泣，我像老人一样沉默。

父亲的哭泣从他和母亲的房间出来，只隐约听得到，我听到就五内俱焚。

这是我没有想到的结果。耳光响亮，耳光打在父亲脸上，打醒的是我的神智。我看见我黑暗的内心劈雳闪动。父亲的哭泣让我慌乱，让我感觉罪孽。我走进他和母亲的房间。我没有犹豫就双膝跪在父亲面前。我一生憎恨下跪这种身体姿态，憎恨下跪这种身体姿态展现的奴性。我一辈子没给任何人下跪过。但那一天我给父亲跪下来。我觉得只有这样的姿态能表达我的忏悔之心，我赎罪般跪在父亲面前。父亲哭泣着抱住我的头，把我的头抱在他怀里，用他长满厚茧的大手抚摸着我的头，叫着我的小名。

我请求父亲的宽恕。我们紧紧抱在一起，泪水交加，母亲站在一边也抽泣不断。

父亲在他的一生中都没有流露过他对儿女的感情。他用冷漠的外表包裹着他的为父之心。

父亲哭泣着让我起来，我从地上起来。但是我给父亲精神深处投下的阴影却无法消除。

父亲此后的忧伤是我看得见的。虽然我们被石头垒砌的房间隔绝着，但我能听到他的叹息。因为我施加在父亲脸上的那记耳光，此后他就失去了欢乐。

很长时间父亲茶饭不思。独自坐在房间里走神。父亲更加苍老，也少有的软弱。

父亲的软弱从前是绝少看见的。

母亲告诉我父亲经常会暗自垂泪。他不能接受儿子打老子这个事实。

我也不能接受。我认为那一刻我是中了魔障，这个魔在我心里。

很长的时间是母亲安慰父亲的，她像照顾她的众多的小孩一样照顾父亲，哄他开心。

这就是生活。父母始终是站在一起的。他们彼此保卫，彼此维护。即使是在他们的战争爆发的时刻。

我打了父亲。使我出手的是我心里的黑暗。我看见过父子相争，在矿区，我经常能看见一个父亲在街上追着他的儿子狂打，儿子会驯顺温良任由父亲打击。也有反抗的，躲避着父亲的打击。还有忤逆的，动手反击父亲。在我看来那是不可饶恕的。我也是不可饶恕的，但是我一直在给自己寻找出处。寻找事情的逻辑，寻找自我解困的方法。

是的，愤怒。我内心深藏的愤怒就是我内心的魔障。现在看愤怒是个情绪化的词语，更多的显示出某种浅薄的激烈。但是对我而言，愤怒是精神性的，它在我的身体间，在内心里，也在精神中。生存的现实只是我愤怒的来源之一，内心的黑暗才是我愤怒的真正源头。那个时候我沉陷在空前的精神危机中。我除了不热爱，还有厌弃以及深刻的怀疑。比如我不热爱我的生存之地，厌弃周遭人的生活及生活方式。同时我怀疑活在人世的意义。后者对我的影响是根本性的。并非青春期才有这种精神症候。我觉得我的精神危机来自我的生命意识。很长时间，我避免说出“生命意识”这样的词语。我觉得它太书面化，充满我不喜欢的那种矫情。但是我不说出来并不等于它不在。

活着的意义那时候很困扰我。真实的困扰。虚无感在内心不断扩展，还有厌倦，颓废。这些内心的危机不断加剧着我精神的困境。我仇恨我走过的矿区街道，仇恨那些穿行在街道的人。我厌倦我视野中矿区的天空，那里终年烟尘弥漫，那些烟尘的颗粒不断地落到你的头发里，使你永远有不洁的感觉。我每天必须换上的落满尘埃的工装，每天必须穿行的矿井，矿井里深邃幽长漫无边际的黑暗，不知道什么时候会出现的瓦斯爆炸，落顶和水患，这些是我每天必须要面对的。

工长的冷酷也是我每天必须要面对的。我的工长是个白胡子白发的老人，但是他喜欢年轻的女人，只要看见年轻的女人，板结的脸就会松动，绽放出笑容。工长还有一个嗜好，就是跳到肮脏的厕所大便池下偷窥拉屎拉尿的女人，为此多次被人当场捉住过。就是这样一个人掌管着我的活命资源。只要他不高兴，我一天的活儿就可以是白干。他跟工友的亲疏关系是决定他把各种轻重不同的工作分配出去的原则。我得到的工作是最辛苦的，我跑的路是最偏远也是最危险的。因为我不会逢迎这个有偷窥嗜好的白胡子老人。但是这样一来，我收获的果实就是惩罚性的苦役。

父亲一直不认为我经受的身心的困境是我真实的处境，即使是他也认为没有什么大不了。

他认为那是我应该经受的，应该承担的。男人不能是软骨头。这是他的信条。父亲喜欢烧酒，酒使他目空一切。每天在酒酣耳热之后，他要做的事情就是坐在家门口的青石上骂街，他骂的可能完全跟别人无关，但是有人经过他面前，他就把手指对准那个人。被骂的人有的回骂他，有的在惊惧中就逃掉。父亲在那时就完全沉溺到自己的世界里。

这是我在懵懂之中把手掌挥向父亲的原因。我打击的与其说是父亲，毋宁说是父亲的生存方式和生活形态。我的父亲，养育我的人，他的生存是我厌倦的，他的生活是我憎恶的。我甚至厌恶他使我来到这个世界。一条大炕睡着父亲母亲姐姐哥哥弟弟我，一共七口人，这是日常的状态。我从来不知道父亲和母亲怎样进行他们的肉体之欢，但是我看到我们兄弟姐妹躺满土炕的时候就知道他们是怎样不加控制地放纵自己身体的肉欲。那是我厌恶的，我偏执地认为我们是苟且之物，是一次耻辱的果实。我们来到这个世界并不是因为我们的意志，而是一个男人和一个女人的一次云雨之欢。现在看我的念头是幼稚而可笑的，但当时在我成长的时候，这是我的悲伤，它们加剧我内心的困境。

我内心的愤怒不可遏制地爆发的时候，其实也是我的绝望爆发的时候。是的，我的绝望。那时候我清晰地看见它的面容。它就在我的身边，在我的心中，在我的精神里。我要安妥我的灵魂。这是我后来才意识到的。那时候我还不能明白，我的愤怒和我的绝望只是我灵魂蒙昧的呈现。灵魂蒙昧。那是真正令我悲伤和绝望的事情。那是我所有苦难的源头。灾祸的起始，动荡及飘零的根。

你遇见的打击只是刚刚开始。

你住进了城里姐姐的家里。你是要躲开我，拒绝和我生活在同一屋宇之下。

你躲开了我，但仍然没有躲过即将发生的打击。有一天我去看你。哥哥也去看你。我们从不同的方向赶往城里姐姐的家。哥哥在15岁的时候就离家外出读书，他是依靠自己的能力获得独立资本的人。跟我不一样的是哥哥很小就表现出他的组织和领导才能，这种才能使他后来走着一条和我不同的道路。比如对权力的追逐和迷恋，对官场的洞悉和涉入。哥从宣传干事到部长到党务主任一路干上来，那年成为最有希望获得党委书记职位的年轻的干部之一。你坐在屋中央，坐在一把木椅上。你的神情显得郁郁寡欢。母亲是陪着你进城的，你需要被服伺。你是不能离开母亲的，离开母亲你什么也做不成。你坐在木椅上，你的面前是一张小圆桌，桌上是你爱吃的一盘猪头肉和一壶老白干。你喝着酒，吃着菜。你没有理睬我们。这是我们生活的常态。

非常态的是哥哥。他坐在了你面前，他拖来一把椅子，面对你而坐。哥哥的表情是隐忍的，但又是急切的。他显然是有问题需要解答。哥哥问:“爸，你能告诉我你以前的经历吗? ”

以前的经历你似乎已经不需要再赘述。比如你出生在山西省偏关县杨家营村，你从小给地主扛长工，14岁的时候被爷爷送到宜川给人放马。16岁的时候遇到黄河发大水，你放牧的马匹被洪水卷走。你的命大，被在下游河岸之上张网捞取财物的人救上了岸。但是没有了马匹你不敢回家，就在河岸哭。有人安慰了你，那个人带你进县城，给你买了两碗肉丝面和一个糖公鸡，那个人跟你说希望你跟他上山，就是打游击。那个人是活跃在当地的游击队员老豆。你走投无路的时候跟他上了山，参加了山里的游击队。你开始了在家乡的少年游击队员的战斗生涯，在枪弹和炮火中出生入死。后来游击队整编，你到了骑兵排，据你说是担任骑兵排长，继续战斗。张家口战役是你多次讲述过的战役，你说血流成了河，死人堆成一座又一座的山。但在那场战役中你立了战功，受到嘉奖。然后在1955年入朝参战，雄纠纠气昂昂跨过鸭绿江，在朝鲜战场上屡建奇功。抗美援朝之后你归国，转业至大同。

这是你告诉我们的履历。你的英勇事迹是你醉酒时候必须要讲述的。

从小我就听。有时候你对着跟你喝酒的人讲，有时候你自语。开始我们觉得新鲜，为你骄傲。久而久之就习惯了，习惯了就成自然了。甚至我们反感你的絮叨。听到你说当年，我们就躲。你兀自沉浸在自己光荣的往昔里。我们习惯了你的状态，也习惯了你充满风险和动荡的个人历史。

但是那天，拖着一把椅子坐到你面前的哥是颠覆了你的个人历史。哥显然是有备而来。

哥问：1943年的时候你在做什么?

你想了想说：给地主扛长工。

哥问：还做什么来?

你说：43年，村里发大水，在水里逃生。

哥问：还有呢?

你说：当八路。打游击。

哥问：46年你在干啥?

你说：当八路军的骑兵连长。

哥问：48年呢?

你不想回答了。你觉得哥的态度比较蹊跷，他的态度没有恭敬的心。

“48年，你当了逃兵跑回村里。然后又被抓走。”哥说：“你是一个逃兵”。

哥的单位提拔预备干部，哥是其中的候选者。单位派人外调，有人就去了我们的祖籍，你的家乡。那些外调的人去了半个月，找人谈话，取证。返回单位把调查结果汇报组织部。哥那时候认为提拔已是铁板钉钉的事情，因为上级领导已经明示过他。但是外调人员返回单位以后，迟迟没有结果。最后单位宣布提拔者的名单时，已经做好就任准备的哥落选，单位另一位竞争者踌躇满志地获胜。

有人不忍心看哥的失落，暗中告诉他：你的父亲有历史问题。这是外调的结果。

哥很诧异。那人说：你父亲在抗战的时候做过逃兵。

哥感觉到失败的同时也感觉到羞耻。他有被欺骗的感觉。因为他的记忆和我的记忆一样。

在我们的成长中，已经熟悉了你的英勇事迹，我们把你视为英雄。

但是外调人员颠覆了你作为英雄的历史，把你作为一个逃兵的经历陈列出来。

哥是愤怒的，他显然感受到屈辱和被欺骗。因为你当逃兵的历史，哥不仅是体制的一个出局者，而且因为你的历史问题，可能永久都会成为一个边缘人。你嗫嚅着，脸色苍白，嘴唇抖动。显然不只是愤怒。还有被揭穿以后的羞耻和尴尬以及害怕。你知道你的个人历史被揭穿以后将会带给你家庭的影响。儿女们的前程有可能就会被葬送。这令你失魂落魄。

哥离开姐的家，离开你。你陷入了颓唐。那时候我感觉到你内心的崩溃和坍塌。

你建立起来的个人历史和内心世界在一瞬间被击溃。

那些摧毁父亲的东西是什么时候在他的体内生长的？我不知道。

有很长时间父亲是在溃败中生活。他的内心已是废墟一片。这是我不能想象的。

父亲的火气消失了。暴戾也不在。他成了一个意志薄弱的人，经常独自一人面对着落日发呆。晚年的父亲跟青春期的我交叉在一起。我们的身影相叠。内心相合。精神相映。

父亲失去了他在我面前居高临下的威严，不再执着于他对我们的统治和控制。他的臣民——我和母亲过起了解放的没有压迫感的生活。但是父亲表现出来的悲伤比他对我们的统治和控制更令我们难过。

我的内心开始充满同情甚至爱怜。我长久地注视着他在落日下的身影，我看着光影在他坐着的弯曲的身形之上移动，他的身体逐渐变暗，变成一个抽象的剪影。

愤怒和暴戾从父亲的内心里消失，但是在我体内却不断生长。

在父亲归于安静状态的时候，我却日益躁动。

躁动来自我体内的血液吗？我好像能感觉到血液在血管里奔流的速度，它们涌往我的心脏。抚摸着我的心脏的时候，我就有悲伤的感觉升起。我不知道怎样才能使它感受到慰籍。我的生活，我的天空，我的道路，那时候遍布黑暗。抑郁是从心底升起的，但它们的到来实际上是通过我的眼睛，我的眼睛看见的是我不喜欢的景物。石头垒起的低矮房屋沿山势而筑，而山间布满那些被黑色尘埃覆盖的房屋，那是我的生活之地。人就在那里生息，繁衍。河流是黑色的，树木花草是黑色的，连飞翔的鸟雀身上也被黑色的煤尘浸透。这是我要面对的生活。在我的周围是重重的大山，一眼看不见尽头。

我的悲伤在于意识到我的被隔绝。我不仅被隔绝在黑暗的世界里，还有凋敝和荒凉。那种荒凉我从大街上过往的人群里看见，从他们的服饰，从他们面孔的神色和表情中看见。而凋敝就刻在那些简陋房屋及街道。其实我早年的阅读是从这里开始的，我的功课也从这里学起。我认识了悲伤，愤怒和忧郁这些人类内心的感觉。也认识了黑暗、凋敝和荒凉这些自然的特质。

那时候我已经开始了书写的生活。我一直认为写作的能力帮助了我。它们让我对周遭具有了审查的心。那时候，我住在黑暗的地心里。如果你有传说中的天眼通，就能穿透坚硬的地表和沉厚的黑暗看见我。你同时能看见我的心脏，能看见我的心脏涌流的血液和它纵横交织的神经组织。那是我的心脏，也是世界的心脏。我想。是的，我是这个世界的心脏。

我的黑暗就是世界的黑暗，我的光亮就是世界的光亮。如果你能看得见世界，你就能看见我。安静下来的时候，或者在时间和状态容许的时候，我会用一支钢笔把我内心里滑过的句子和词语书写下来。我的感觉，体验，意识和思想也被我记录下来。书写是我黑暗生活中照临的第一缕光。我被照临的时候真实地感受到获救的幸福。它们使我所有的一切开始具有了意义。包括我的困苦。罪衍。没有人能明白我在黑暗中书写时候，内心所获得的巨大的幸福感。我真的有感恩的冲动。写作使我永生，使我周遭的一切永生。我不再惧怕我内心的悲伤和哀痛，不再惧怕绝望。那些出现在我眼睛里的黑暗、凋敝和荒凉我也不再惧怕。我知道因为我的书写和记录它们也终将得救。

惟有你是不能解救的，父亲。

在你日益软弱的时候，你身体的某个部位却日益强大。你最先感觉到那个东西强大的力量。我们后觉。先是你脚步的踉跄，你不能长时间的走路。你没有了走路的力气。有一天你去粮站背一袋面粉回来，回到家就软在地上。你说：老子不知道咋球搞的身上没力气了。

母亲给你端去一杯热水，安慰你说："休息一下，人老了，力气肯定就不行了。"

你说："人老也不能老成这个球毛相。"

你不甘心自己的身体这样衰弱下去。你想跑步，早晨的时间去河边或者树林去锻炼身体。你去了，但是你回来的时候更加软弱。我看见你的无力感带给你的无奈和慌乱。你的眼睛失去了昔日的光。比你更加慌乱的是母亲。

她说："去医院检查一下吧，看看放心。"

你说："检查个球毛。"

母亲还是安排了你的体检。我陪着你们去。

在矿区保健站的CT室，坐在操作室里的男医生隔着CT的观测仪察看你的内脏肺腑。你站在CT机前，你被透视的身体清晰地出现在观测仪中。你按照医生的指令，把一杯白色的浆液喝下去，我们都能从观测仪里看见你吞咽时的情景，那些白色的浆液沿着你的胃部的管壁流动，在遇见某种东西的阻隔，那些浆液分流而下。母亲问医生，那个东西是什么东西。医生没有回答，但是他的神情比较凝重。医生通过对讲机对你说：再喝一口。然后我们又看到那些白色的液体沿着你的喉管向下流动，在你的胃部的时候分流而下。

医生说："估计胃里长了东西。"

母亲的身体晃了晃，她的身体斜着就倒下去。我和医生同时扶住了母亲。

你走下了CT机，穿着脱去的衣服，你一边吐着嘴里的浆液，一边骂着什么。

医生告诉你是胃溃疡。小毛病。这是医生在你走下CT机前告诉我们的病症。

我们都这么说。但是母亲在说的时候很艰难，她匆匆离开，说是给你取药。她踉跄着。其实她是怕你看见她的失魂落魄。你披着衣服回家，医院外边长满树林，但是那些树在冬天的时候落尽了叶子，只有裸露的萧瑟的枝干。我扶着你走，我不由自主地就伸出手去扶你。那时候我内心不断地有不祥的感觉滑过。

母亲通知了在外边的亲戚回来。母亲在你不在现场的时候就哭泣，她的眼睛里总是泪水不断。你在场的时候母亲的表情就回归常态。那时候我除了为你难过就是为母亲难过。我想，如果你有三长两短的时候，最恸苦的就是母亲。

姥姥从老家来了。姥姥和姥爷。他们相互跟随着。

姥姥的脚是三寸金莲，她走路的时候脚步是乍着的，远看就像是在扭秧歌。

我是在街口看见姥姥踩着碎步走来，她的臂弯间挎着一个黑色布包裹，那是她的头巾。姥姥的身后跟着姥爷。姥爷背抄着手，跟姥姥形成鲜明对照的是姥爷的一双穿着踢死牛棉鞋的大脚，它们踩在地上的时候结实，有力。姥爷打着黑色的裹脚，黑色的灯笼裤，对襟棉袄也是黑色的。姥爷走进我们家门的时候，对着朝他狂吠的狗儿阿花骂："这狗日的东西。"

母亲从姥姥臂弯间接过她的包裹，把姥姥迎到屋里。姥姥没有脱鞋就盘腿坐到了炕上。姥姥掏出别在后腰的烟袋锅，从吊在烟杆的黑布烟袋里捻出黄色的烟丝放到烟锅里，用打火机点燃。姥姥很快就被青蓝的烟雾罩起来。姥爷朝姥姥骂："这狗日的东西"。姥爷脱掉鞋坐到后炕，他的高大身躯挡住了从后窗照射进来的阳光。姥爷头顶的头发斑白，上唇和下颏间胡子斑白。他在骂出话的时候，那些白色的胡子跟着颤抖。

他们显然不知道你的情况。母亲事先也没有跟他们说，母亲只是希望他们能见到你一面。

你出去买了酒回来，你把一瓶白瓷瓶的老白干酒墩在炕桌上，跟姥爷面对而坐。你显然对姥爷的到来感觉兴奋，你的话多起来，嗓门大，声音也大。你给姥爷斟满杯中的酒，也给自己斟满一杯，你仰头便一饮而尽。然后再斟满。姥爷说：这狗日的。话音未落，他手里的杯中酒便已下肚。你们杯盏交错，直喝到酒酣耳热。

母亲显然对这一幕比较安慰。这就是她的初衷。也是她导演的戏。她知道怎样能使你高兴。她渴望你的快乐。如果割掉自己的肉能使你快乐，我猜想那时候母亲会毫不犹豫地割掉自己身上某处的皮肉。母亲注视着你的眼神那时候令我感动，那是爱的目光，在她眼睛里闪耀着一种光焰。那是一种祭献的热情。在你的身体查出病疡的时候，母亲对你的爱情升腾起来，它们弥漫在你的周遭，如同姥姥身体周围的蓝色烟雾。

我们都感受到了安慰。我们都希望你快乐。在那段时间里你的快乐比我们的快乐更加重要。如果在某个地方放置着能使你快乐的东西，我们一定会毫不犹豫地抢夺而来。我们的身体有一种力量在生长，就是卫护你，我们的父亲，使你在每个时刻感觉欢乐。我们，就是我和哥哥，姐姐。我们那个时候整天就围绕在你的身边对你大献殷勤使你满腹狐疑。但你是引而不发。你喝着酒，你做出大碗喝酒大块吃肉的好汉状，但我发现你在下咽食物的时候其实是困难的。你的表情比较难看。

“狗日的，”这是姥爷在酒桌上说得最多的话。姥爷把一杯一杯的白酒灌到肚里，酒精就在他的肚里燃烧起来，他的眼睛渐渐迷离。而你的眼睛在那时候已经血红。你面对着姥爷的时候说话的欲望很强，你不断地表达。屋里的炉火通红，而窗外那时候飘起雪花。这是冬天。一个安静而温暖的冬天。窗玻璃上的冰棱花在消融，积水沿着玻璃流淌。姥姥姥爷的到来为你打开了一扇记忆的门。我猜想，借着酒力，你那时候想起哥对你的质疑。你喝着酒，酒液使你在兴奋之中变得絮叨和罗嗦。你跟姥爷谈起过去。

姥爷是当年用麻绳五花大绑绑缚你的人之一。那时候你因为畏惧打仗逃回到乡下。

姥爷是搜索队员之一，他的职责就是返到乡下寻找那些因为贪生畏死脱离队伍的人。

你是姥爷在一个柴草垛里找到的。显然是因为有线人报告。姥爷在找到你的时候没有费吹灰之力。但是他后来用马鞭抽打你的时候使用的力气使你在多年以后依然痛楚难消。

在那个冬天，在炉火通红的时候，借着屋里的暖意和酒里的酒力，你重新体验到那种痛楚。那时候，坐在你对面的是你的岳父，我们的姥爷。但同时也是你的仇人。

“你那时候，拿马鞭抽老子的时候，下手太狠。”你对着姥爷说：“你为什么对老子那么狠毒？”

姥爷不愿意谈起这些往事，不仅因为他在当年对一个人施加过酷刑，而这个人现在是他的女婿。姥爷说：“狗日的，你个好狗记着个天年事。都是陈谷子烂芝麻的旧事还提他作甚？”

你不罢休。我猜想哥哥对你的质疑隐伏在你内心的溃败感加剧着你向往昔滑行的速度。

母亲开始意识到不妙。她看见你的话逐渐多起来，而且执拗。你开始纠结你在往昔中的经历。姥爷对你的鞭打只是一把开启记忆之门的钥匙。

让我们心惊的是你把酒杯墩在桌上发出的声响。你显然是用过了力气。满头白发的姥爷冷眼看了一下你。你没有注意到姥爷的眼神，你只是固执地让自己的心念向着过去走。你的肉身是坐在当下，但是神思回到了过去。你被捆绑着手脚吊在房梁上，被人用马鞭抽打的痛楚使你重回六十年前的岁月。那时候你是一个逃兵。因为贪生畏死而脱离队伍。那时候你不能听枪炮声响，听到就浑身筛糠，大小便失禁。

多年来，你一直把自己想象成一个出生入死勇敢无畏的战士。在我有记忆之后，我就听到你讲述你的往事。现在我觉得这是你对自己内心的慰籍。只有你自己明白你的真实历史。我猜想那是让你产生苦痛感的历史。

听到酒杯碎裂的声音我们惊了一下。我看见你把酒杯掼到地上。你表情愤怒地面对着姥爷。此刻在你的眼里姥爷已经不是那个身为你岳丈的老人，而是当年鞭打过你的老人。

母亲急了，她已经知道事情不妙。她看见你已经喝多了酒而不能控制。姥姥也很不高兴，她不能接受在他们大老远从家乡赶来的时候迎接他们的是这样的场景。但是姥爷很有风度，显示了一个长者的威严和风度。姥爷淡漠地说：“这狗日的喝多了。”

当年被鞭笞的痛楚使你迷失了心窍。你砸碎了酒杯，白色的雕花瓷酒瓶也被你摔到了地上。姥爷冷眼看着你。看你发泄狂怒的情绪。“老子一直跟你记着这笔账呢！”你手指着姥爷的鼻子破口大骂。

那时候你不知道自己正在犯一个严重的错误，你是不能对一个白发老人竖起你的手指而且破口大骂，那是被长者讳的。姥爷一直保持他作为一个长者的作派和风度，在乡间他的威信胜过官员。但是你冒犯了他。你的话音还未及落，桌子就被姥爷掀翻了。姥爷比你更凶猛地砸碎了手中的酒杯。他甚至把碗筷和餐盘都砸到了地上，姥爷跳下地，穿起鞋，拽起姥姥就走。

“狗日的，王八蛋”。这一次姥爷骂声暴响。

姥姥挽起她随身带着的包裹，跟随姥爷一起上路。

在母亲慌乱的拦阻中毅然决然地向着长途汽车站进发。

回到现实中的时候你是脆弱的，也是伤感和迷惘的。

这是让我难过的地方。虽然我不能接受你，但你的冷酷和坚硬是我尊敬的。一直以来尊敬。我不喜欢男人的软骨头。就像你不喜欢一样。可能我觉得生活是残酷的，跟残酷的生活相互匹配的就是人坚强的意志，甚至人的冷血。你是坚强的，甚至是冷血的。这是多年来你对待我的态度和方式。

那个时候你每天早晨都要叫我起来，在天色刚亮的时候就去河岸之上去捡漂浮下来的木头和煤炭。那是我极不愿意做的事情，不仅因为我正在酣睡。我要被迫从香甜的睡梦中醒来。还因为你让我捡拾的那些东西毫无价值。那都是被人遗弃的东西。你让我光着脚站在黑色的河水里打捞那些被河水冲积下来的废物。河水冰凉，已经是初冬的时节，河面只是未结冰而已。你完全不理睬我可能在河水里受到的冰冻，让我打捞那些不值什么钱的废物。那些木头和煤炭堆积在河岸上，它们分成两堆，分别被你装在两只大麻袋里。我要把它们背回到家里。我觉得这是很丢脸的事情，我非常不情愿做这些事情，但是你总是无可商量的样子，把它们放在我的背上。那时候我还没有多少力气，虽然我已经长大成人，但也仍然是在青春期，我的身体发育并不十分地好。瘦弱，单薄和矮小。但你放在我背上的麻包巨大，它们压在我的背上压弯了我的腰。我就那样弯着腰，把它们背回到家里。这是让我心里无比愤怒的事情，我觉得我背着那些沉重而毫无价值的东西的形象很丑陋。我在被压弯腰背的时候索性不愿抬头。我不愿意看到周围人看见我的神情。

也许根本就不会有人在意我。但我就是怀着一种羞耻感做着这件事情。你则毫无怜恤之意。根本不在意我能否承受，不管我的身体还是精神，我都觉得那是难以承受的。但是你让我做了。我暗中计算着回家的路程，我数着步计算着我的脚步迈了多少。走的时间越久，背负的重担越重。那种重压后来一直是我想逃离的。我觉得人不可以这样廉价地劳苦自己。

我觉得我不能像你一样。不可以。那时候你赤脚挽着裤腿在流动的河水里勤勉地捞取那些漂浮下来的碎木头和煤渣子，我对你的形象充满蔑视。我发誓这辈子只要活着就不能像你一样。我觉得你整个的生活就是一个悲剧的缩影。但你是浑然无觉的。你醉心于那些琐碎、无聊而又毫无价值的事情。

这是你能做到的。你看，你就是这样的无能。你用你的时间，用你的生命，做着这些毫无意义价值有限的事情。我虽然被你驱赶着被你强迫着做着那些在你看来乐趣无限的事情，但从内心里我跟你划清了界限。那时候我耻于与你为伍。你的很多方面是我不喜欢的。比如你的酗酒和打老婆，在醉酒之后对着路人骂街。每当你有这样的举动，我就恨不得地下开裂出一道缝隙让我钻进去。

但是很快这一切就成为过去。姥姥和姥爷负气离开你的时候，我看见你的眼神。那是软弱的和可怜的。你并不很清楚自己做了什么，但你知道自己犯了错误而且这个错误一发不可收拾。但是你没有力气追赶他们。只能眼睁睁地任由他们离你而去。

你也不能再去河流里捡拾漂浮的物质了。你已经没有力气跨进河流里去了。你只能在河岸之上徒然地看着那些物质在水里奔流。你不能伸出手去截住它们。我觉得这是你真正悲伤的时刻。你看见了自己的衰老，甚至我疑心你也看见了自己的衰亡。

母亲不甘心获得的那个医检结果。她抱着侥幸的心理，希望那不是最终的结果。她希望你是被误诊，而你曾经是有过被误诊经历的。那时候你因为咽喉痛而被误诊为“喉癌”，那时也是这样的情况，母亲在哀恸之中抗拒那个结果。她带着你不断地奔走在各地医院，她就要一个不是的结果。结果真的不是。这一次母亲依然希望会再现那个时刻。她已经原谅了你对姥姥和姥爷所犯下的错误。在那段时间，她会原谅你犯下的任何错误。包括你的婚外的情感的错误。母亲不再追究你曾经和一个女人好过的事情。那个女人很长时间都在你的生活之外注视着你。她曾经跟你共枕共眠共度云雨。但这一切母亲都愿意既往不咎。

我们陪着你。我和母亲还有哥。我们陪着你去了市区医院。哥托人找了关系，给那个医生塞了红包，希望他的检查会有不同的结果。你坐在医护室里，大张着嘴巴让医生给你下胃镜。那个冰凉的仪器被你咽到肚里。我再次看到你肚腹里的风景。那是一朵盛开的粉色的莲花。这株莲花被延伸到你肠胃的镜头拍摄下来映现在一份黑色胶片里。我们都感觉到晕眩，那株莲花如同毒性凶猛的红罂粟。我们都感觉到末日的来临。你浑然无知。完全不知道发生了什么。你只是厌倦那一次又一次的医检，你感觉不胜其烦。你穿行在医院的长廊分别把自己的尿液和粪便送到医生的手里化验的时候，你感觉到荒诞。

你说老子不去医院了，老子要回老家了。这是你回到家里的宣言。

你说："该死球一天，不该死又一天。"

"老子不去医院了，老子要回老家，老子死也要死在老家。"

你说到死的时候，吓我们一跳。我们都以为你觉察和发现了什么。其实你什么也没有发现，没有觉察。除了感觉自己一天天衰弱和无力，你并不知道发生了什么。你不知道自己正在一步步走向死亡，走向你生命的大限。我们是知道的。我们看着你一步步走向死亡，走向生命的大限。

你的身体，我的身体，那时候都有莲花开放。

只是你的莲花是可见的，它们可以透过胃窥镜清晰看见。

而我的莲花是无形的，它们只被我看见。

那时候，我进入到地心的时候是悲怆的。除了我必须经历的黑暗和困厄，我还要迎接死亡。你的死亡。

死亡我已经不陌生。在我穿行在地心的时候，死亡是寻常的景物。人命是脆弱的。但是在地心里，人命更加脆弱。我昨天看见的一个人——那个人在更衣室里，亮着他健硕的身体，胸肌，臂肌，腿肌。那是一个身材俊美的年轻人，酷爱健美运动，也酷爱时尚的衣服。他的裤线永远笔直，他的皮鞋永远擦拭得锃亮。但是有一天，那些衣服和鞋子长久地陈放在他的更衣箱里。因为他丧失了再穿的机会。冒顶是常见的情况，冒顶压住工作的窑工也是常见的情况。看见纷乱仓促满脸炭黑的人在一片乱闪的矿灯照耀中抬着被从煤岩中扒出来的人也是我经常的看见。那是我意识的哀恸。

你的将死带给我的是心脏的哀恸。我知道你终将离开我，但是不愿意你此刻离开我。

那时，我让自己安静下来的办法就是让自己盘脚静坐。

我在没有人的时刻，关闭灯光。在黑暗中静坐。

我像古印度的瑜珈师，趺跏盘坐。我想象我心中有一朵盛开的莲花。

我内心生长的莲花让我衰败的内心尚存生命的气息。

这是我抵御黑暗和哀恸的方式。在那段时间里，我找出无数种抵御黑暗和哀恸的方式。

这些方式帮助我，从根本上救援我。我想这是我身陷黑暗和困厄敏感而没有崩溃的因由。

如果真有精神分析的刀锋切开自己的意识，我想是能看见我的分裂和矛盾的。

我一方面是哀恸和悲伤的，一方面又是幸福而解脱的。我就是这样。

我是看着父亲坐进车里的。父亲缓慢地移动着身体，满面病容。

火气从父亲的身体里消失了，因为我看见他的眼睛没有了神采。载着父亲的车绝尘而去的时候，我竟然感觉卸去了重荷，我就像一匹耳马被卸去身上的重轾。一种笼罩着我内心的巨大的阴影被移开。我突然有种独在天地间的感觉，那是一种真正成人的感觉。

天边的流星在消逝，当我抬起头，在夜晚，我就看见有一颗流星在黑蓝色的夜空划过，向着遥远的天际坠落。我觉得那就像是父亲的生命。那时候我并没有意识到父亲的离去对我意味着什么，我只是抓住他离开带给我内心的自由感享受着。还有解放。我是如此的分裂和如此的矛盾。是的，我是悲伤的，但是我也知道从此将没有人能够再管束我，从父亲离开的这一天，我就是我的，我成为了自己。没有什么比这个更加令我感受幸福。随着父亲的离去，我开始享受生命的自由，享受我解放了的不受阻隔的意志。我看见我内心变得宽敞明亮。是的，这就是我的双重人格。它们在我的身体里合二为一。

这是你没有办法想象的，也没有办法理解的。

我知道你只是通过本能在行事，你有你作为父亲的本能。

你缔造了我，而又养育了我。但是你没有把我看成是一个独立的生命个体。你觉得我是你的，儿子只是一个称谓。我是你的一部分。你的意识，你的意志，你的观念和见识的一部分。你对待我就像对待你自己，我不符合你的心意时你就无情地打击我。多年来我就是生活在你的阴影之下。我没有我自己，或者我作为自己是被遮蔽的。我只是你的儿子。这是我不甘心的，也是我的殇。

我的成长可能面临很多的困扰。但你是最强大的困扰。你是横在我面前的一堵墙，我要有自己的生活的时候，你是我必须穿越的。我们之间的控制与反控制，独裁与反独裁，镇压与反镇压上演了二十几年。这部大戏只在我们内心和精神里演出，它不被人察觉。甚至不被你察觉。只有我能看见它的严酷和惨烈以及惊心动魄。

我的腿间至今有你留下的用飞来的斧子砍过的伤痕。那一次我已经在逃跑了。你在院子里劈柴，你坐在一块青石上，你的面前堆积着成垛的木柴，那是我和你从河水里捞取出来的。你劈动它们，为我们过冬天做着准备。斧头劈在木绊上的声音有力地回响，我很明白你的力气。对付那些木柴对你来说小菜一碟。

你把我唤到你的面前，我不敢去，但是我知道我必须去。你叫我的时候，我将无可逃遁。

你把一个蓝色的日记本丢到我面前，你阴沉着脸。你一边用斧头劈着木绊，一边对我说：“是你干的？”

我明白你说的什么。那个日记本是我的，里边写满了我对一个女孩子的爱情。我是把它递到了她的手里。我希望她能看见我的心思。但是我在交给它的时候，我看见她哭了，受了很大侮辱式的。那是一个清晨，我在那条她上学必须经过的道路等她，我担心她受到惊吓，在我远远看见她的时候，就站在道路边上，在她和我擦肩而过的时候，我把蓝色日记本从怀里掏出来。我不知道我说了什么，我只知道我的嘴是嗫嚅的。我的头脑一片晕眩。等我清醒过来的时候，她已经跑走了。她是拒绝了我，她试图把日记本还给我，我没有接受，我想我可能是近乎哀求地让她收下了。她跑走了，我就像犯了罪等待裁决的人一样，茫然无措。

裁决我的是你，我的父亲。走到你面前的时候，我犹如走进了法庭。我感到森严的力量。

但是你并没有裁决。你几乎不问我青红皂白。你是个惯于独裁的父亲。我试图取走我落到地上的日记本，但是我拿在手里，刚要转身跑的时候，你挥起了斧头。我知道不好，只有加快奔跑的速度，但是你飞起的斧头落在我的腿上，我踉跄一下就栽倒了。我的小腿肚钻心地疼痛。我一下就跪在了地上。

你习惯规定我的生活，比如我在十八岁的时候，你认定我不能跟女孩子有任何情感上的关系；我到二十二岁的时候你就认定我必须找女人结婚，我要找的女人又必须是你能看得上的。

那时候我想，如果我要反抗，首先要学习反抗的就是你，我的父亲。

你凭什么就认为你是对的呢？你对我的打击，对我的不满，你对我的控制和独裁，一定因为你认为自己是对的，是绝对正确和神圣不可侵犯。但是你凭什么就认为自己所思，自己所想，自己所行就是正确的呢？你对这个世界了解多少？你对这个世界的人心体察多少？你洞彻了这个世界的真理了吗？没有。你的公正性一直是我怀疑的。正确性也是我怀疑的。我觉得你对我的统治只是因为你统治的惯性。真理并不在你那里。知道了这些对我很重要。知道了这些我就不需要反省自己，反省是对的，人不能没有反省的精神，但人过多地责罚自己并无益处。那时候我才开始恢复我对自己的感觉。是的，我是我，不是你，我们彼此独立的两个人。在你离开的那一刻，我内心悲伤。但是在精神上我意识到我的自由，我的解放。

我就是这样一个意识分裂和矛盾的人。

这是我获得新生的时刻，而你却步向死亡。

这就是我们彼此的道路。

是的，我们身体里的莲花。

它们盛开的时候，是父亲的归期，也是我的出发。

父亲再见到姥爷的时候是在他的窑房里。

姥爷盘腿坐在炕上，在他背后的窗台跳满麻雀，那些小东西用尖嘴啄着木格的窗户。有太阳光照射进屋来。姥爷握着尺八的旱烟锅抽着兰花烟。窑房里飘满蓝色的烟雾。

姥姥在地上迈着三寸金莲为来到家里的人烧饭。母亲讲明了父亲回到老家的情况，说是回来养病的。

父亲执意要回到自己的出生之地。他想念家乡的山河草地，想念他一直未能改变的乡音。他对母亲说老子死也死在老家。他没想到自己能死。用死来比喻只是在加强他返回故乡的决心。

母亲没有办法，就叫姐夫开车把父亲送回到家乡。但是父亲在老家没有房子住，在他名下的家产被舅舅分走，回到老家居住之地是个问题。回到家乡，但是并没有家可归。这是父亲晚年的现实。

父亲渴望回到他的家乡，但是他的家乡并没有很痛快地接受他。

他坐在姥爷的窑洞里，他戴着一顶黑呢的帽子，披着他的黑呢大氅。那时候他的神情已经开始消瘦，他的目光茫然地面对着镜头。这是他回到家乡的一张照片，摄于姥爷住的窑洞里。坐在他后边的分别是母亲、哥、姐夫。坐在他们对面的是姥爷和姥姥，他们形成对峙的两方。因为像纸的缘故，照片有些发黄。但是留下了父亲在最后时刻回到家乡的情景。

父亲还记得姥爷是怎么离开矿区的。母亲也记得。这是他走到姥爷窑房前的障碍。他不愿意到姥爷家，除了姥爷是当年鞭笞过他的人以外，他还冒犯了姥爷。父亲对姥爷的感觉是复杂的，爱恨交加。他的自尊心让他走向姥爷在村里的窑洞时颇费踌躇。但是他只能走进去。因为在他怀着热望回到家乡以后，他竟然是无处栖身。

姥爷也没有接受父亲在他的窑洞里住下来。谈判是在暗房间，正房里坐着父亲和姥爷，姥爷似乎没有计较也没有追究父亲对待他的态度，他们在谈各自对家乡的观感。因为他们各自不同的视野和身处的环境和时间，他们对家乡的感觉不一样。父亲是殷切的，姥爷则淡然地多。虽然时而能听到他的笑声，但是他对父亲的到来其实是拒绝的。

谈判在暗房中进行。姥姥和母亲。母亲流着眼泪，她用手中的一块手绢不断地擦着泪。母亲平日里是不用手绢的，自从父亲诊断出病情后她日益增多的哭泣使她必须要有一块手绢来处理不断流出来的眼泪。

但是姥姥不为母亲的眼泪所动。她拒绝了父亲要留在窑房中的要求。69岁的父亲带病进来会影响两个老人的心境。姥爷那时是78岁，对老人来说，疾病是一种忌讳。

母亲那时候是个使者，她要不断地跟人谈判。真正回到家乡以后，他们都发现这个当年他们的出生之地，到处是乡亲的故乡竟然没有他们的栖身之地。姥爷拒绝了父亲的留住。舅舅也拒绝了。他们很清楚父亲是来日无多，他可能就会终老在这里。居留更加显得醒目。

父亲的病况一天盛于一天。母亲是焦虑的，她必须帮助父亲落实他回到家乡以后的栖身之地。

母亲开始了她的金钱外交。她抛出了谁能收留下来父亲就给他们相应的报酬。

四爹接受了这个条件。四爹把他准备给儿子结婚使用的新窑房为父亲腾出来。他去姥爷的窑房里把父亲接下山来，安顿在新起的窑房里。我们那时候对四爹充满感激之情。但母亲的态度是不忿的，她可能知道谈判的曲折和艰难。四爹必须要多少钱才肯接受父亲住到他的新窑里。

父亲找到了他在家乡的栖身之地。他的脸上开始绽放出笑容。那段时间他每天会拄着手杖站在院子里晒太阳，听鸟叫。那些鸟在柴草垛里奔跳，觅食。那些鸟和家乡清洁的空气和纯正的乡音使父亲感觉回归的幸福。

再看见父亲的时候，我感觉自己被重锤狠狠敲击了一下。

我跟工长请假，说我要回老家去看我父亲。工长不同意，他找了个理由，我知道那不是理由，只是他冷漠的方式。我说我必须去，我管不了那么多。工长说，你去了就别回来上班了。工长在威胁我，他就是希望我活在他的股掌之间。工长也是一个迷恋控制的人。我转身走了，在走出房间的时候我返身把门撞上。我在心里说：去你妈的罢。我去了长途汽车站，我找到一辆长安面包车，坐上去。那部车看上去很脏，但是它能送我到家乡去看望父亲，我就毫不犹豫地坐上去。我花了五个小时的时间，中途被转送到另一部更脏的车上。我一路颠簸，在午夜的时候到达我的家乡。我在一间窑房前看见有女人的身影，她正推开门端着一个脸盆出来倒水，我借着窑房射出来的灯光看见那正是我的母亲。看见我的时候，母亲手里的脸盆和水一起落到地上。脸盆落在地上的时候，发出金属持续碰击的声音。

父亲躺在那间窑房的土炕上，母亲把我从屋外石头遍布的乡路带进窑洞里。母亲对着躺在土炕的父亲说：你看谁来了。父亲缓慢地转过了头。什么能深刻地改变人的形容？除了时间，还有就是病痛。而病痛的改变是惨烈的。那时候我看见了父亲，他缓慢地艰难地转过了他的头，我看见他的面容的时候内心呻吟和哀泣着。我握住了父亲已经变得瘦骨嶙峋的手，我看见他的手指指甲很长，我本能地取出剪刀为他剪长出来的指甲。这是我从未有过的。父亲说他口渴，说他胃里着了火，他呻吟着。母亲把放在他身边的半颗西瓜抱起来，我接过去，用汤勺喂父亲。那颗西瓜是哥坐车跑到县城去买的，而时间还是在冬天。哥几乎跑遍了整个县城，最后才在县政府的宾馆里找到西瓜买回来。那段时间父亲渴望一切冰凉的物质，他的胃里升腾的火焰使他疯狂地渴望冰和水以及冰镇过的西瓜。

父亲最后的时光颠覆了我对他全部的感觉和思想。

父亲是走在西去的道路上，我们看着他前去。

第二天我去舅的家里。舅开着车马大店，他是个六十多岁的高大但是驼着背的男人，前额有一道巨大的疤痕，舅在五十多岁的时候才讨到一个老婆，那个老婆的面相跟姥姥一样，或者就像姥姥的妹妹。嫁给舅舅的时候，那个老婆带着一大群年龄不等的孩子。他们围着舅舅叫大。舅舅看上去一头雾水。我看见舅舅的时候，他正勤勉地工作，用一个刨子在推棺木的接口，他不时地闭起一只眼睛，用另外一只眼睛看过去。那些木头是哥哥从城里拉回来的。父亲说过如果他要做棺材，木头的尺寸一定不能低于三寸。他要耐久和结实的，那段时间父亲经常去看一些年老的人死去，看他们死去时候安卧的棺材。有的棺材在父亲看来很不屑，有的令他很满意。在舅舅的马厩里，我看见舅舅为父亲打造那口棺材，木板的厚度我想父亲要是看见的话会很满意。白木棺材就停在柴草中，舅舅骑在一端，用刨子狠命推着它们。看着父亲将要睡去的地方我的心已经开始麻木。

我参加了为你挖掘墓穴的劳动，我和乡间的众亲戚，我们坐着一辆拖拉机去后山，那些亲戚的表情是欢乐的，如同赶赴集市。他们坐在拖拉机上说笑着，拖拉机也一路狂歌。我们在一面被斜切开的崖壁取石头，那些石头一层一层嵌在山体间，我的几个表哥他们力气很大，用镐和撬棍把那些石头起出来，我和表弟们一块一块地背着运到山上。在山上我的一个表舅正挥动锹稿把一个深坑里的土挖掘出来，那个洞穴很深，两个人驾起来也探不出头。我想这个洞穴也将是你满意的，那是安放你的最好的归处。

我对你的爱是在那时候开始苏醒的。在此前如同沉睡的沙漠。我就像解除武装的士兵，归附在你的身前。回到窑房里，我坐在你的面前，我已经很累，但我还是帮你翻身，喂你食物，陪你说话。阳光好的时候，扶你起身，领你在院子里晒太阳。我就像你手里的那根手杖一样，帮助你用残存的力气站起来，站在窑洞前守望家乡。我们的敌意在这个时刻全部消弥。如同汇聚在一起的两条河流。

来看望你的人很多，那些跟你一样年老的乡人，见到你就紧握住你的手。

我还看见一个年老的女人，她在走进窑里就哭泣，泪水在脸上真实地滚落。她脱掉鞋盘腿坐在炕上，把身体伏在你的身体上，把她的脸贴在你的脸上，她心疼地念着你的乳名，泪水如断线的珠子滚落。这是让我们感动的一幕。母亲也没有计较，那个时刻，母亲成为胸怀宽阔而博大的一个女人，她对你的爱可以吞吐一切，包容一切。

你开始吐了。经常有黑色的东西被吐出来，那是你胃里溃烂的东西。你已经无力坐卧。

在这一刻，我们共同看见了虚无。你无法安坐，只有躺着。但是你躺着也无法长久保持一种姿势。你需要翻身，而翻身依靠你自己的力量也是无法完成的。为你翻身成为母亲在那时候的工作。这是人在最后时刻必然的结局，就像死亡是生命最后的道路。你对我的要求在这时候完全消失，我是谁，我会怎样，我从哪里来，要到哪里去。这些问题曾经对你至关重要。现在它们突然不重要了。相反，你自己的处境和道路变得显豁。你从哪里来，将往哪里去，这时候成为你必须面对的问题。我看见了舅舅打制后放置在马厩里的白木棺材。那具棺材放了三天以后，游走在乡间的一个油漆匠被请到大店里来。母亲请这个人为父亲油漆棺材，母亲交代了所有细节和她的要求包括完工以后支付的报酬。此后，在马厩里散发出油漆浓烈的味道。我很多时候都是蹲在油漆匠身边，我看着那具白色的棺木被各种色彩的油漆覆盖，又生出各种花卉的图案。

你有时候会问母亲，你的棺材打得怎么样了？

有时候你也会问四爹，你的墓室碹得怎么样了？

他们都会对你说：好着呢。放心吧你。

你并不放心。但是你已经没有力气让自己站起来走出窑洞去亲眼去看一下那些东西。

你只能在心里遥想着。你调动自己全部的想象力去遥想，但我觉得你是连最后想象的力量也没有了。

这是我看见的虚无。你突然就从我的身上卸下去。你的意志，你的愿望和理想甚至你的爱，曾经是那样紧密地焊接在我的身上，使我无法和你分开。现在你没有力气再管我，你撒手放任了我，如同跟随你的一只羊。

我突然就有种失重的感觉。我曾经那样渴望摆脱你给我施加的压力。我拼命逃离你，反抗你，试图把你的意志从我的身体剥离开，我认为这是我的巨大的困境。但是突然之间这些就消失，甚至我觉得也许它们并不存在，它们可能从来就没有存在过。我的反抗突然就没有了意义。那时候我真切地感觉到虚无。我感觉到无能的力量在生长。

那个时间，只有母亲是坚强的。她除了以无比坚强的意志和无比充沛的体力应对你的病体，还扮演着一个调停者的角色。母亲必须要说服他人收留你，让你在自己想要终老的地方终老。她迎接和面对着周围出现的各种挑战。你住的窑洞是四爹为表弟结婚准备的。表弟每天在下午放完羊回来都会去看望你一下。表弟生性幽默，会跟你开玩笑，逗你开心，虽然你笑得时候已经很吃力了。

但是四爹以表弟的名义跟母亲谈判，他希望能加钱给他。母亲已经付钱给他，但是他说不够呢，孩子的喜房成了个丧窑，怕是不吉利呢。母亲问四爹：怎样才能让你觉得不亏呢？四爹说再加两百块钱吧。母亲就又取出两百块钱给四爹。这就是你渴望回到的家乡。

四爹每天都会过来看你。在看你以前，四爹会赶着一群羊在后山放。他躺在山坡上，脸上盖一顶破草帽半睡半醒的状态。四爹跟你的相貌酷似。我们经常会想，你走了，四爹还在。我们依然能看见你的音容和笑貌。四爹在山上躺着，有时候他把羊放在山上，自己就去了恼头的一个女人家里。因为这个女人，四妈一直对四爹心怀不满。那天，四妈哭着，把屋里的东西砸了个稀烂。四妈要求你给评理，但是你已经没有力气为四爹的风流韵事耗费自己。

四爹每次来到窑里的时候，都会伸出手进你盖的被子里，四爹会摸你的睾丸，看看还在不在。四爹说甚时候，男人的那个东西不在了就是到了上路的时候。每次四爹来的时候，我们就精神紧张地注视着他的伸进你腿间的手。有一天四爹说：时候到了。

那一天你的睾丸消失了。你的两腿之间空如山谷。消失的还有你盛开在肺腑里的那朵莲花。

你走的时候什么都没有剩下。包括你身体里的一泡屎。你说你要拉，母亲就架你起来，把你稳在便桶之上。你拉尽了一生中最后一泡屎。金木水火土，你把这些东西全部从你的肉身里清除掉以后上路。

最后是你的睾丸的消失。这是我的悲怆。我和你，我们两个人腿间都有一个睾丸。那个东西分泌出来的物质，是我们人性的一部分，是我们欲望的一部分。我们就是由它牵引着生活。我们的爱和欲。

那曾经是你的困境，也是我的困境。

死亡近距离发生在我眼前，死亡近距离地被我看见，你是第一次。

我记得我是在外边。我去村里。我走在路上，时间是在下午。好像我是刚刚去过邮电局，我在镇上的邮局狭小的电话亭里跟哥通完电话。我的意思是你不行了，让他再来。其实他是刚刚离开。刚刚回到他的单位没多久。哥在电话里很不耐烦。他的心情很差，对谁都没好气。那个时候几乎没人敢惹他。但我觉得他放下电话，还是奔走在回乡的道路上。那时候我们就是这样，我们的生活就是奔走，你如同在轨道的行星，我们是在轨道的卫星。我们环绕你而行。

我记得我走出乡间邮局。正是下午，路上没有多少行人。我一边踢着路边的石子，一边往四爹的家里走。那时候头脑是混沌而茫然的。我走着走着，突然迎面遇见了舅舅。他骑着一辆旧自行车。我老远就听到自行车哗哗作响的链条声音。舅猛踩刹车停在我面前，他说：你大不行了。

我的心突突地跳起来。撞击着我的胸腔。我赶紧就往回走。我感觉到一阵慌乱，心里的慌乱。

我回到四爹的窑里，我然后就看见了你。母亲已经为你穿起了预先缝制好的衣服。蓝色的有着金色圆形图案的丝绸对襟大褂。蓝色的丝绸裤子，蓝色的带着白色厚底的丝绸靴子。还有一顶蓝色的丝绸帽子扣在你的头顶，那顶扣在你头上的帽子让我感觉到一种滑稽，那是一套清代的丝绸服装，你的帽子顶上还有一颗红色的绒球，一片像羽毛一样的花翎。这顶帽子和这套衣服让我在看见的时候突然很想笑。你就像清宫戏里的一个老臣。但是笑意只在我的心里闪了一下，然后像滑过的光影一样迅速掠过。

因为我看到你正在喘息。有一口气在你的喉间咽不下去，呼不上来，你挣扎着。我感觉你像只瘟鸡一样在挣扎，那是临死前的挣扎。母亲和姐姐守在你的身边，她们已经停止了哭泣，看着你。母亲说："老头儿，你准备好就上路吧，你别惦记我们，放心地走吧。"

你还是在挣扎。那口气在你的喉间咽不下去，呼不出来。四爹凑到你的脸前说："哥，你有甚还不放心么？放心吧，嫂嫂我们会照顾好的，你就放宽心走吧。"父亲依然吊着那口气在咽喉间。母亲找出一块从姥姥家里带来的银元，在父亲张大嘴巴的时候塞到他的嘴里。按照乡俗，人在死前嘴里要含银钱上路。但是银元放到你嘴里，你依然不愿闭上眼睛，你挣扎着，呼吸着，当然是用剩余的气力，看得出来你已经没有多少剩余的力气。那只是悠悠的一脉气息，你是在用那悠悠的气息挣扎。也许也是在等待。因为我听到院子外边有汽车停下来的响动，尖利的刹车声和车门撞击的声音同时响起。我们都听到哥闯进屋来的声音，你也听到了。哥叫着你，一边朝屋里走，哥走到你的面前，伏在你的身边。那时候你突然就咽下了那口气。

你是在等待着哥。你是想见他最后一面然后才肯离开。事情就是这样。死而瞑目，以及死不瞑目。那时候我是看见了。你是死而瞑目的。你做好了上路的准备。你的肉身在你离开的时候，已经所剩无几。先是肌肤的消失，然后是血液的消失，脏腑的消失，再后是睾丸的消失。再后是气息的消失。你把一具穿戴了清朝官服的枯架留下来，然后你离开。窑洞里那时响起哭声，母亲的，姐姐的，还有我和哥哥的。那时候我真实地感觉到死亡带给我的悲伤。这是你的死亡。离我最切近的死亡。我哭着，我听到我们响彻在窑洞里和冲出窑洞外的哭声。听到我们的悲伤。我想那时候我们的哭泣会传到乡间的上空，会传得很远。

但实际上你并没有走远。我明白你依然跟我们在一起。你试图安慰我们，你可能抚摸过我们。但是我们已经是阴阳相隔。我不甘心你的离去。不愿意我们的阴阳相隔，我掀开了蒙盖在你身上的红色丝绸。我看见你遗留给我们的容颜。那时候我承认了你对我们的遗弃。你是真正的撒手人寰。那时候我看见的你完全是陌生的。是的，我的父亲。那个做过我父亲的人，在那个时候在这个人世消逝了。这是我真正的悲伤的时刻。我说过，那时候我看见我生命的源头消逝了。我成了一条断流的河。

我那时候盘脚而坐。母亲哭泣完以后让屋里的人离开。只我留下来。

我盘脚而坐在你的身边。我闭起双眼，在静寂中为你守灵。我知道你没有走远。我在心里默诵着对你的祝祷，默诵着一个圣者的名字，祈祷她给你加持，护佑你的在尘之灵。我长久地静坐着，与你安然相对。那时候环绕着我的悲伤的潮水已经渐渐平息。我的心念复归于寂静。我与你安然相对。我当然没有能力看到你，但我知道你在。

你跟我在一起，守望着你的遗骸。你是我学习的一堂课。

我在你的身边学习了死亡这道题。

我看到了解法和未解之法。

代后记

我没有雅趣，也无意玩赏

夏榆

“我们需要的书，应该是一把能击破我们心中冰海的利斧。”

卡夫卡的这句箴言我铭记于心，也向往此境。一部书诞生于世间，如同漂流瓶投向大海。书在寂静中展开它的命运，在未来的时间等待与它的读者相遇，就像漂流瓶在冰海里漂浮，有缘人将与它交会。在喧哗的浮世，当我们与有缘人相遇，献出诚挚之心是应有的礼仪。

白天遇见黑暗。我一直偏爱这个句式与语境，它曾经是我第一部随笔集的名字。我想再以它命名出版一部书，以对自己的写作生涯作一次总结。于我来说这个句式与语境代表一种特别的时光，个人生命与黑暗的相互交融，以及黑暗之镜像在我身心留下的烙印和遗迹。

世界的尽头就在家门之外，小津安二郎如是说。在这部书里，有相当的篇幅在写荒凉的家庭内部景观。矿区是我的故土和原乡，闪现在文本之间的是内视的眼睛，它在观察矿区生活，有着中国旧工业时代的心灵风貌，也有底层社会的精神轮廓。重要的是人在其中的境遇与命运，人的身体、心灵与精神在不同时代的运行。当流逝的时间湮灭一切事物时，文学就是使它留驻和显影的有效方式。作家有诸多职业责任，对记忆的保存，抵抗遗忘是其中要义。

回想起来，千禧年是我的人生分界。1999年，新世纪到来时，我陷于恐慌——世纪劫难的忧虑充塞在心头。其时星球末日的预言盛嚣尘上，当然是虚妄之念。我们居住的星球并没有在新千年到来时相撞。然而因这忧患却开始了我对存在的思考，是的，存在，而不是生存。思考当然不会始于此刻，但是以末日的意识思考生活始于此刻。

生活如同泥沙俱下的洪流恣意奔涌，中国人的自由迁徙在经历过严厉的户籍管制后开始松动，热爱自由的人，或者无法在故乡活命的人涌向首都。如今回望过去的时光，如同蜜月。外省的漂流者进入京城，可以自由选择居住之地，只要能够支付基本的房租。其时没有歧视性的“低端人口”的说法，城市管理者不会驱赶漂流者。告别故乡，迁徙京城，对我来说北京除了是繁华都市，它还意味着独立书店、人文论坛、思想沙龙，以及大学林立的区域，尽管无缘作为学子进入大学，然而我可以作为游客进入大学，感受青年的精神状态。

居住在京城的不同区域，也经历着作为异乡人在首都的生活。那时我穿梭于北京城，骑着自行车，在钢铁洪流的夹缝里潜行。从自行车下来下半身是空的，如悬浮之身推着自行车移动，奇幻感也带给我异样的体验。这是我作为人而存在的时刻，也作为人而存在的意识苏醒时刻。完成工作回到租住的房间里，我会即刻坐下来，用台式电脑敲击内心的沉思和疑难。

我是在自由的时刻，眺望过去，观察此在。感受到内心涌动的激情，这是人的激情。

《黑暗的轮转》开启了我的随笔写作，之后是《失踪的生活》。这是对我正经历的漂流生活的观察和体验，那些生活的漩流直接进入叙事文本。“他们白天遇见黑暗，他们中午摸索而行，宛如在夜间。”美国作家里查·赖特的《黑孩儿》，我看见过，但并没有读完，然而这句印在书页之前的题记令我心弦振动，它如微光照亮我幽暗的经验。

我躲在密不透风的出租屋里，陆续写下那些文字。《黑暗之歌》《悲伤的耳朵》《黑暗中的阅读与默诵》、在天之上，地之下》《我知道黑夜的忧伤》，都是这个时期的作品。切入记忆，也切进个人的心灵和精神内部，观察其中的隐痛与创伤，剖析其中的沉陷和丧失，寻觅幽暗中的光芒及拯救的力量。这是写作的缘起。“作为一个自由人而写作。”这是诗人切斯瓦夫·米沃什对阿尔贝·加缪的鉴识。很长时间加缪是我的职业榜样，加缪在随笔《孤独与团结》写道：“他是众生中的一个人，他试图在众生中尽力为人。”

《白天与黑暗》保存了最初的生命的悸动。感谢《天涯》杂志前主编王雁翎女士，那些文字经由《天涯》“作家立场”发表出来，走向它的读者。感谢林贤治先生，是他催生了这部书最初的版本。当我再次以《白天遇见黑暗》为书名出版新的随笔集时，林先生说：“你也是一个爱夜——爱黑暗——的人”，我说是的，爱夜者。不然就不会有我们这么多年价值观的契合和精神的相通。我们都熟悉鲁迅先生写在《夜颂》里的这句话："爱夜的人要有听夜的耳朵和看夜的眼睛。自在暗中，看一切暗。"

时间流逝，世事迁移，千禧年并非世纪劫难。然而人类从没有离弃过灾难和厄运，就像没有失去过幸福和欢欣。战争、瘟疫、革命、离散和动荡，时代风云从我们的头顶呼啸而过。

2012年6月，我辞去供职十年的媒体工作，潜心侍奉个人的自由作家志业。

感谢刘雁女士。我们最初相识于日本作家大江健三郎的北京之行，其时她作为大江的责任编辑，也作为百花文艺出版社的副总编辑陪同大江访问。就是这次相识的机缘有了我的随笔集《黑暗的声音》的出版，刘雁以新星出版社的副总编辑出版了它。后来她移居美国，我的访谈集得以出版，现在《白天遇见黑暗》又在她的手里诞生。这是一次不受限制的出版，对于习惯审查和自我审查的写作者，无疑是值得珍视的机缘。

此刻，在我的世界，寒意和暗夜降临。隆冬之季——

惟愿我递给读者的是可以凿开冰海的利斧。

是为记。

2023年9月20日

www.ingramcontent.com/pod-product-compliance
Lightning Source LLC
Chambersburg PA
CBHW031001190726
48285CB00004BB/1414

* 9 7 8 1 9 4 9 7 3 6 8 6 1 *

About the Author

Terrie Sizemore has been publishing and writing since 2008. She enjoys children's literature, particularly children's picture books.

She decided to write this little book about grief after losing important people in her life. Grief is not an easy thing to endure. She is sure everyone agrees with this.

Over the years, the author has lost her parents, her brothers, uncles, aunts, and treasured friends. Even though her faith tells her she will see these loved ones again, she misses each and every one of them and knows every reader misses their loved ones as well.

'We read to know we're not alone,' was a quote Terrie Sizemore heard in a C. S. Lewis movie. She agrees. It's nice to know we're not alone in our journey of life.

Sometimes we may feel no one understands the thoughts and feelings we experience when we lose someone precious to us but, please know, others do know and so does this author.

www.ingramcontent.com/pod-product-compliance
Lightning Source LLC
Chambersburg PA
CBHW030807190726
48285CB00003B/1058

* 9 7 8 1 9 5 4 1 9 1 7 7 8 *